무엇을
선택할
것인가

지은이 장하준은 서울대 경제학과를 나와 영국 케임브리지 대학에서 경제학 석사 및 박사 학위를 취득했다. 1990년 이래 케임브리지 대학에서 경제학 교수로 재직하고 있다. 2003년 신고전파 경제학의 대안을 제시한 경제학자에게 주는 뮈르달 상을, 2005년 경제학의 지평을 넓힌 경제학자에게 주는 레온티예프 상을 최연소로 수상함으로써 세계적인 경제학자로서 명성을 얻었다.

지은이 정승일은 서울대 물리학과를 다니다 1980년대에 민주화 운동에 투신했다. 1991년 독일로 유학을 떠나 베를린 훔볼트 대학 사회과학부에서 석사 학위를, 베를린 자유대학에서 정치경제학으로 박사 학위를 취득했다. 베를린사회과학연구소와 한국자동차산업연구소, 금융경제연구소, 과학기술정책연구원 등에서 근무했으며, 현재 복지국가소사이어티 정책 및 운영위원으로 활동하고 있다.

지은이 이종태는 연세대 영문학과를 나와 같은 학교 대학원에서 경제학 석사 학위를 취득했다. 1995년 『매일신문』에 입사, 경제부와 사회부를 거쳤으며, 2001년엔 '한국전 직후 민간인 학살' 관련 기사로 한국기자상을 수상했다. 2000년 3월 진보적 시사 종합지인 월간 『말』로 직장을 옮겨 편집장을 지내고, 금융경제연구소 연구위원을 거쳐 현재 『시사IN』에서 경제·국제팀장을 맡고 있다.

2012년 3월 16일 초판 1쇄 인쇄
2012년 3월 23일 초판 1쇄 펴냄

지은이 장하준·정승일·이종태
펴낸곳 도서출판 부키
펴낸이 박윤우
등록일 1992년 10월 2일 등록번호 제2-1736호
주소 120-836 서울 서대문구 창천동 506-10 산성빌딩 6층
전화 02) 325-0846
팩스 02) 3141-4066
홈페이지 www.bookie.co.kr
이메일 webmaster@bookie.co.kr
ISBN 978-89-6051-212-2 03320

무엇을
선택할
것인가

장하준
정승일
이종태의
쾌도난마
한국경제

부·키

차례

4장 재벌 개혁, 이번에는 제대로 해야 한다

7장 노동도 부동산도 결국 복지 문제다

마치며 경제를 발전시켰듯이 복지도 발전시킬 수 있다 417

우리는 왜
자유주의를
경계해야
하는가?

한국에는 자유주의에 대한 환상이 있습니다.
신자유주의는 나쁘지만 자유주의는 좋은 것이란
식의 인식이 대중적으로 퍼져 있는 거죠.
이른바 경제 민주화를 주장하는 분들은
자신들이 신자유주의자가 아니라
그냥 자유주의 혹은 합리적 자유주의자라고 말합니다.

이종태 이제 2012년으로 '전 국민 성공 시대'를 구호로 내걸고 집권했던 이명박 정부의 임기가 끝납니다. 저는 요즘 지난 2007년 대선 당시 이명박 후보 지지 연설에 나왔던 어떤 청년이 자꾸 떠오릅니다. 그 청년, 집안이 어려운데 몇 년째 취업도 못하고 구직 활동만 하고 있었습니다. 눈물을 흘리며 이렇게 말했죠. "살려 주이소." 정말 가슴이 찡했습니다.

저는 요즘 궁금해집니다. 그 청년은 지난 4년 동안의 이명박 정부와 한국 사회, 그리고 자신의 당시 선택을 지금 어떻게 평가하고 있을까요? 양극화는 더욱 심해지고 청년 실업 문제 역시 해결의 기미가 보이지 않습니다. 그동안 경제 성장률이 3퍼센트 남짓한 것을 보면 이른바 파이도 그렇게 커진 게 아니죠. 말하자면 이명박 정부는 노무현 정부 당시의 사회적, 경제적 병폐들을 전혀 해결하지 못했습니다.

이런 시점에서 장하준, 정승일 선생님이 떠올랐습니다. 두 분은 지난 2005년 『쾌도난마 한국경제』라는 대담집을 냈죠. 그 책에서 노무현 정부를 이른바 신자유주의로 규정하고, 다각도로 비판했습니다. 한국 민주화 운동 세력의 전통적 교리였던 '재벌 해체'에 대해서도 '국제 투기 자본의 논리에 놀아나 우리 경제를 점점 더 수렁에 빠뜨릴 것'이라고 주장했고요. 심지어 극악한 독재자인 데다가 한국 경제를 망쳤고 지금도 나쁜 영향을 미치고 있다고 받아들여지는 박정희에 대해서도 객관적인 평가를 요구했습니다. 또 당시 분위기에서는 뜬금없어 보였던 복지국가를 한국 경제의 대안으로 제시했죠. 이는 어떻게 보면 지난 민주 정부와 민주화 세력의 사회관 역사관 경제관에 대한 총체적 비판이었습니다.

그런데 지금은 어떻게 생각하십니까? 예컨대 이명박 정부는 이른바 우파 시장주의 정책으로 우리 경제를 살리겠다고 했는데 지난 4년이 어땠나요? 지금도 예전과 동일하게 김대중 노무현 정부가 신자유주의 정책을 폈다고 평가하시나요? 사실 '안티 이명박'으로 뭉친 야권에서는 요즘 '노무현 복고주의'라 일컬어도 무리가 아닌, 상당히 강력한 흐름이 존재합니다. 그리고 요즘 여야에서 발표하고 있는 경제 정책은 어떻게 판단하시는지요? 오늘은 이런 문제들을 논의하면서 이야기의 물꼬를 트는 자리를 만들고자 합니다. 각 주제들에 대해서는 세부적으로 이야기를 계속해 나갈 테니 여기서는 개괄적인 말씀을 부탁드립니다. 개인적인 소회도 좋고요.

장하준 2005년 『쾌도난마 한국경제』에서 우리는 노무현 정부가 신자유주의 정책 기조대로 가다 보면 양극화와 경제 기반의 와해가 불가피하다고 주장했습니다. 이 부분은 2007년 말 이명박 정부의 집권으로 어느 정도 증명되었다고 생각해요. 빈부 격차와 실업을 견디지 못한 국민이 결국 이명박 후보에게 실낱같은 기대를 품고 2002년과 정반대의 선택을 한 것이니까요. 그런데 이명박 정부는 '원조 신자유주의자'였어요. 대규모 감세와 공기업 민영화 등 본격적인 신자유주의 변혁을 감행하려 했거나 감행했고, 그 결과가 지금의 현실이라고 생각합니다.

하지만 2008년 가을 세계 금융 위기 이후 분위기가 급속히 바뀌고 있습니다. 이명박 정부가 추진해 온 시장주의 개혁에 대해 국민이 문제점을 절실하게 느끼게 되었고, 그게 2010년 6월 지방 선거에서 야권의 압승으로 폭발한 것 같아요. 그해 10월 서울에 왔다가 복지가 다음 대선의 화두가 될 것이라는 말을 듣고 깜짝 놀랐습니다. 우리가 2005년에 복지국가를 거론할 때만 해도 '미친 거 아니야?'란 말을 많이 들었거든요.

정승일 2005년 당시 우리는 노무현 정부는 진보가 아니라고 비판했습니다. 당시 보수 쪽에서는 노무현 정부를 '좌파'이자 '종북 빨갱이'라고 했지요. 그러나 세계적 차원에서 볼 때 노무현 정부의 재벌 및 금융 시장 개혁 등은 좌파는커녕 신자유주의적인 보수 개혁에 가까웠습니다. 예컨대 김대중 정부 시절부터 추진되어 온 재벌 개혁은 돈 많고 권력 가진 자들을 때린다는 측면에서 민주화 운동 같은 외양을 띠고 있습니다만 사실은 노동자와 국민을 위한 게 아니라 미국 월스트리트 금융 자본의 장사를 위한 것이었습니다.

자유주의는
근본적으로 시장주의다

이종태 두 분은 재벌 혹은 그룹이라 하는 기업집단을 두고 대략 다음과 같은 이야기를 해 왔습니다. 예컨대 한국에서 기업집단의 대표 사례는 삼성이라고 할 수 있겠죠. 이건희라는 재벌 총수가 '삼성'이라는 이름 아래 삼성전자, 삼성생명, 삼성물산 같은 개별 기업들을 통제하고 있지 않습니까? 또 이런 기업들은 금융 지원이나 기술 개발 등을 통해

서로 도우며 긴밀한 관계를 형성하고 있고요. 그런데 이건희 가문은 삼성그룹의 실소유주가 아니에요. 그룹 산하 기업들의 주식을 모두 모았을 때 그중 이건희 가문의 소유는 3퍼센트도 안 되는 것으로 알려져 있습니다. 그런데도 자기 재산인 것처럼 계열사 전체를 지배합니다. 이른바 소유와 지배의 불일치라는 건데, 이런 특권을 지키기 위해 저지른 불법 행위도 수없이 폭로된 바 있습니다. 그리고 한국 민주화 운동 세력이 주장하는 '재벌 개혁' 또는 '재벌 해체'는 결국 기업집단에서 개별 기업들을 떼어 내자는 겁니다. 개별 기업들 간의 상호 협력도 금지하고요. 그런데 두 분은 재벌, 즉 기업집단에서 분리된 기업은 월스트리트 금융 자본의 노리개로 전락해 노동자와 국민에게 지금보다 훨씬 더 나쁜 결과를 초래할 거라고 이야기해 왔습니다.

정승일 김대중 정부가 이른바 4대 개혁이라 해서 금융 개혁, 재벌 개혁, 공공 부문 개혁, 노동 시장 개혁을 추진하지 않았습니까. 그러다가 노무현 정부가 집권하면서 공기업 민영화와 노동 시장 유연화는 약간 수그러들었습니다. 그러나 금융 개혁과 재벌 개혁은 그대로 추진했죠. 노동 운동 쪽은 노동 시장 유연화나 공기업 민영화는 그간 신자유주의라고 비판을 많이 했습니다만 재벌이나 금융 문제 등에는 제대로 된 관점을 가지지 못했던 것 같아요. 앞으로 김대중 노무현 정부가 추진한 재벌 개혁이 사회적으로 어떤 영향을 미쳤는지, 그리고 노동자 시민들에게 이로운 개혁이었는지는 구체적으로 이야기할 테니 여기서는 일단 접겠습니다. 아무튼 이런 정책들을 신자유주의라고 비판하니까 경제학계의 민주화 운동 세력이라 할 수 있는 경제 민주화를 주장하는 분들로부터 비판이 적지 않았습니다. 재벌의 앞잡이는 물론이고 심지어 국가사회주의자, 즉 '나치 아니냐?'는 말까지 나왔으니까요.

그런데 당시 노무현 대통령이 농담 비슷하게 아주 재미있는 발언을 했습니다. 북한 지원이나 양극화, 사회적 약자 배려를 말하면 '좌파'라 하고, 파병과 FTA 등을 말하면 진보 진영에서 '신자유주의'라 하니, 그럼 우리는 '좌파 신자유주의'란 말이냐고 한 겁니다. 물론 자신이 처한 모순적인 상황을 농반진반으로 비꼬아 말한 거지만 어쨌거나 굉장히 정확한 규정이라고 봅니다.

장하준 저는 농담이 아니었다고 봐요. 노 전 대통령이 학자는 아니었지만 사물을 통찰하는 직관력은 보통이 아니었어요. 그러니까 그렇게 딱 잘라 정리할 수 있는 거죠.

정승일 한국에는 자유주의에 대한 환상이 있습니다. 신자유주의는 나쁘지만 자유주의는 좋은 것이란 식의 인식이 대중적으로 퍼져 있는 거죠. 앞으로 많이 거론하겠지만, 이른바 경제 민주화를 주장하는 분들은 자신들이 신자유주의자가 아니라 그냥 자유주의 혹은 합리적 자유주의자라고 말합니다. 심지어 일부에서는 진보적 자유주의자, 사회적 자유주의자라는 말도 하더군요. 그러나 우리가 볼 때 그분들의 주장은 대부분 한국의 노동자, 시민이 아니라 국내외 금융 자본을 위한 신자유주의 정책입니다. 그렇다면 다시 민주화 세력이 집권하더라도 이런 정책 기조에서 벗어나지 못할 테고 그 경우 우리의 미래는 암울해질 수밖에 없는데, 바로 이런 점이 이 책을 내는 가장 중요한 이유이기도 합니다.

장하준 자유주의는 근본적으로 시장주의입니다. 그런데 이 개념을 둘러싸고 혼선이 빚어지는 이유는 미국 지식인 사회와 정계의 어법 때문이에요. 유럽에서 사민주의, 즉 사회민주주의라고 부르는 정책들을 미국인들은 '리버럴(liberal)'이라고 해요. 자유주의란 뜻이죠. 미국은 사회주의(socialism)라는 용어의 이미지가 워낙 좋지 않아 사회민주주의 정책마저도 그냥 애매하게 리버럴이라고 부르는 겁니다. 그 때문에 미국의 영향을 크게 받는 한국에서도 자유주의와 진보를 착각하는 경향이 있는 것 같습니다. 그러나 유럽에서 사용하는 어법은 좀 더 정확해요. 리버럴은 18~19세기 지주나 봉건 귀족 같은 특권 계급이 지배하던 이른바 앙시앵 레짐을 깨고 시장주의 질서를 형성하자고 했던 흐름을 가리키는 겁니다. 진보, 즉 사회주의 또는 사민주의는 이런 리버럴들이 만든 질서마저 바꾸자고 주장하는 세력이고요.

이종태 그런 사민주의 정책의 핵심이 복지라고 할 수 있겠지요. 그런데 두 분은 『쾌도난마 한국경제』에서 이미 한국의 사회적, 경제적 대안 차원에서 복지국가를 내세운 바 있어요. 아주 이른 시기에 말이죠.

장하준 그때 우리가 말한 복지는 단순히 국가가 가난한 사람들 생계나 잇게 해 주자는 식의 이야기가 아니었어요. 물론 그런 기초생활 보장도 포함하는 의미이기는 하지만, 그보다는 기업의 혁신과 산업 구조 고도화를 위해서도 복지가 반드시 필요하다는 맥락에서 제시한 것이죠. 그런데도 당시에는 '미쳤다'는 소리 많이 들었어요. 그래서 최근 거의 모든 분야의 지식인과 정치인이 복지를 말하는 걸 보면 정말 놀라워요.

정승일 사실 한국의 복지국가 담론을 본격화했다고 할 수 있는 복지국가소사이어티의 결성에도 『쾌도난마 한국경제』가 큰 역할을 했습니다. 그 책을 읽은 사회복지 운동가들이 경제학 쪽에서 복지국가로 접근했던 우리 같은 일군의 연구자들을 찾아와 뭔가 만들자고 해서 결성된 것이 복지국가소사이어티거든요.

각설하고 아무튼 당시에는 많은 사람들이 '생뚱맞게 뭔 복지국가냐'

했어요. 그런데 이명박 정부가 집권한 이후 분위기가 달라지더군요. 이명박 정부, 사실 처음에는 '100퍼센트 신자유주의 광고 모델' 같았잖아요. 우리가 신자유주의라고 비판한 노무현 정부도 감세를 하긴 했지만 그 규모가 크진 않았어요. 그런데 이명박 정부는 미국 공화당의 레이건이나 영국 보수당의 대처를 흉내라도 내듯이 그들의 정책을 그대로 수용했고 엄청난 규모의 감세도 단행했습니다. 그 반동으로 복지 국가 논의가 시민 사회에 확산된 감이 있어요. 전두환 정권이 들어서면서 한국의 민주주의 혁명이 본격화된 것처럼 말이에요.

장하준 이명박 정부가 전선을 명확하게 해 준 거죠. 신자유주의라는 것이 시민들의 생활을 그리 윤택하게 만들어 주지 못한다는 게 극명하게 드러난 겁니다.

노무현 정부의 실패는 진보의 착각 때문

이종태 지금은 수많은 부정부패가 드러나서 이명박 정부가 마치 사익을 위해 집권한 집단처럼 보이지만 그래도 출범 이전에는 나름대로 이데올로기적 기반도 있었습니다. 2003~2004년 무렵 등장한 뉴라이트라는 흐름이었죠. 그들은 박정희 찬양하고, 경제 성장 높이 평가하고, 시장 근본주의적인 개혁이 필요하다고 주장했어요. 그런데 어처구니없게 두 분을 '뉴라이트'라고 부르는 사람들이 있더군요. 박정희를 일정 부분 긍정적으로 평가한 결과인 거 같습니다.

장하준 그 뉴라이트들, 한때는 급진적 좌파들 아니었나요?

정승일 우리가 박정희의 경제 개발을 일정 정도 높이 평가했잖아요. 그런데 뉴라이트 분들이 박정희를 굉장히 좋아하고 칭찬합니다. 그러면서도 그중 일부는 일제 식민지 시대가 우리나라 자본주의 발전에 바람직했고 반드시 필요했다는 듯이 말하기도 하고요.

장하준 일본 자본주의가 조선에 들어와서 봉건 제도를 무너뜨려서 자본주의의 씨를 심고, 그걸 나중에 박정희가 키웠다는 식으로 보는 겁니다. 이런 시각에서 보면 박정희가 일본 식민주의의 계승자로 성공한 게 되는 거죠. 영국이나 미국 같은 나라의 이른바 정통 마르크스주의자들도 제3세계 문제에서는, 무조건 자본주의만 발전시키면 진보적 변화로 인식하는 경향이 있습니다.

정승일 일본 식민지 시대에 근대적인 학교나 공장, 철도 같은 것이 생기고, 이를 통해 GDP(국민총생산)가 높아진 건 일정 부분 사실이기는 하죠. 그러나 일본이 한반도에서 발전시켰다는 자본주의는 착취만을 위한 것이었다고 봅니다. 그 때문에 선진 자본주의 국가로 발전할 수 있는 산업 기반이나 이와 관련된 과학적, 기술적 진보는 거의 이루어지지 못했어요. 아니, 오히려 일본 식민주의자들이 그 길을 봉쇄했다는 게 올바른 표현이겠죠. 이런 측면에서 볼 때 박정희가 식민지 자본주의를 이어 한국 경제를 발전시켰다는 시각에는 문제가 많습니다.

장하준 게다가 당시 한반도의 산업 시설이라는 것도 대개는 북한에 있었죠. 중국을 침략하기 위한 전진 기지였다고나 할까요. 남한의 경우에는 대구에 방직 공장을 만들고, 여기저기에 정미소 같은 것들이 생긴 걸 빼면 실질적으로 산업 발전이 없었어요.

정승일 한국에서 본격적으로 근대화를 시작할 수 있었던 이유 중 하나는 박정희 정권의 성향이 뉴라이트가 말하는 것과는 달리 나름대로 민족주의적이었기 때문입니다. 삼성이나 현대 키울 때 일본의 미쓰비시 같

은 데서 자본과 기술을 도입했지만 일본 기업이 한국에 들어와서 영업
하는 건 막았거든요. 일본차 수입도 차단했고요. 더 이상 식민지처럼
살기를 거부했기 때문에 박정희식의 발전이라도 가능했던 겁니다.

이종태 뉴라이트는 이명박 정부가 집권한 시기를 전후해 아주 극단적인
시장주의 노선을 표방했습니다. 예컨대 노동 시장에서 노동자를 보호
하는 그 어떤 정책에도 좌파라느니 저런 정책 때문에 한국 경제가 발
전하지 못한다느니 하면서요. 또 건강보험 해체를 주장해 온 인사를
국민건강보험공단 이사장으로 앉혀 놓기까지 하고요.

정승일 그걸 보면 이명박 정부가 한국의 건강보험 체계를 미국식 '식코
(sicko)' 시스템으로 바꾸고 싶어 했구나 하는 생각이 들지 않을 수 없
어요. 이명박 정부가 박정희 정부와 여러 면에서 비교되었던 건 사실
입니다. 이른바 보수 쪽이 이명박에게 박정희의 재림을 기대했다면,
진보 측에서는 박정희 체제의 연장선상이라며 비판했거든요. 그러나
이렇게 우왕좌왕하는 모습을 지켜보고 있으면 이명박은 박정희보다는
이승만과 가깝다는 생각이 들어요.

장하준 박정희 체제는 특히 경제 부문에서 민족주의 성향이 상당히 강했
습니다. 또 남로당 출신이었기 때문에 공산주의적 사고에서 알게 모르
게 영향을 받았다고 생각해요. 쿠데타 직후부터 계획 경제니 교도 자
본주의니 하며 시장 자유주의는 우습게 봤으니까요. 그래서 5·16 쿠
데타 때 미국이 겁먹었던 겁니다. 공산당 전력이 있는 자가 정권을 잡
았으니….

• 의료보험이 국민 모두에게 적용되는 것이 아니라 민간 보험회사의 의료보험에 가입한 사람
에게만 적용되는 데서 생기는 미국의 비극적인 의료 현실을 고발하는 단어로, 2007년 마이
클 무어가 제작한 다큐멘터리 〈식코(sicko)〉 개봉 이후 많이 사용되고 있다.

정승일 당시 이집트에서 나세르가 쿠데타에 성공한 이후 미국과 영국을 몰아냈잖아요. 박정희도 그런 의심을 받은 거죠.

장하준 박정희는 그런 의심에서 벗어나고자 겉으로는 자유 시장을 말했지만 내용적으로는 좌파적인 정책을 쓰면서 민족주의적 경제 개발 노선을 추진했습니다. 이렇게 보면 이른바 뉴라이트라는 분들은 자기네 우상도 제대로 이해 못하고 박정희를 자유 시장주의자였다고 강변하고 있어요. 한미 FTA가 박정희 정신을 계승한 것이라니 정말 기가 찬 말입니다.

정승일 뉴라이트 쪽 사람들은 박정희를 찬양하면서 동시에 이승만을 건국의 아버지로 칭찬합니다. 제가 보기에는 이승만과 박정희 사이에는 뚜렷한 역사적 단절이 있는데, 그걸 이분들은 인정하지 않는 것 같아요.

이종태 그런 허술한 사람들에게 민주화 세력이 패배했습니다.

정승일 그렇죠. 시민들이 민주화 세력에게 실망한 겁니다. 어떤 정권보다 확실한 진보를 표방했잖아요. 또 노무현 전 대통령의 풍모가 얼마나 서민적이었습니까. 그래서 희망을 걸었다가 절망한 겁니다. 그러나 노무현 개인의 잘못은 아닙니다. 진보적 지식인 집단 전체가 재벌 개혁, 관치 금융 폐기 등 신자유주의 노선을 진보로 믿고 지지했기 때문에 실패한 겁니다. 이런 정책들이야말로 신자유주의 노선으로, 우리나라를 양극화로 몰고 가는 원인이라고 우리가 주장해 왔음에도 말입니다.

장하준 보수 쪽에서는 노무현 전 대통령이 재벌 때리고 노동 시장 개입하는 등 신자유주의 개혁을 확실하게 추진하지 못해서 실패했다고 주장했잖아요. 그러면서 노동 시장 화끈하게 유연화하고, 세금 깎아 기업 하기 좋은 나라 만들고, 개인들에겐 열심히 스펙 쌓으면 경제가 좋아진다고 했고요. 이런 말에 시민들이 넘어간 게 2007년 대선이었다고 생각해요. 그러나 이명박 정부를 겪으면서 이른바 시장주의 개혁 그 자체의 문제점을 시민들이 알게 되고, 최근 복지국가를 지향하는 움직임이 서서히 형성되는 건 매우 바람직한 현상이라고 생각합니다.

이종태 두 분이 선도적으로 복지국가를 이야기한 건 사실이지만 당시엔 진보 세력들로부터도 좋은 평가를 받지 못했습니다.

정승일 웃지 못할 이야기도 많이 들었어요. 요즘 식으로 말하자면 '너희들 꼼수 부리는 것 아니냐. 재벌 개혁 반대하며 재벌 편이나 들다가 욕먹으니까 어차피 안 될 복지국가로 오리발 내밀고 있다'는 거죠. (모두 웃음)

이종태 『쾌도난마 한국경제』에서 두 분은 이른바 '사회-재벌 대타협론' 을 주장했어요. 당시는 자본 시장 자유화로 누구나 재벌 계열 대기업 의 주식을 대량 매입할 수 있게 되면서 재벌 가문이 자칫하면 산하 기업에 대한 경영권을 외국 자본에 뺏길 수 있는 환경이 마련된 시기였죠. 두 분은 해외 금융 자본이 국내 기업의 경영권을 위협할 수 있다고 봤어요. 더욱이 이런 상황이 오면 국내 기업들은 외국 자본의 눈치를 보며 제대로 투자도 못 하고, 그에 따라 노동자들의 일자리도 지금보다 더 불안해질 거라고 내다봤고요. 그래서 차라리 재벌 가문과 우리 사회가 타협해 경영권을 보장하는 법적 사회적 장치를 만들어 주되, 노동이나 복지, 세제 등에서 재벌의 양보를 얻어 내자고 했던 거지요. 그런데 그걸 욕하는 사람들이 정말 많았습니다.

정승일 그런 말 많이 들었어요. '말로는 복지국가 운운하면서 실제로는 재벌의 돈이나 먹는다'고까지 하더군요. 그런데 정작 재벌들한테 받은 건 없으니….

좌파 신자유주의 대
우파 신자유주의

이종태 유쾌한 이야기도 아닌데, 그럼 원래 주제로 돌아가 볼까요. 그런데 어떻게 생각하세요? 이명박 정부가 정말 화끈하게 신자유주의를 추진한 걸까요? 많은 사람들이 이명박 정부를 친재벌 정부라고 불렀습니다. 그런데 두 분 이야기에 따르면 친재벌은 신자유주의가 아니잖습니까?

정승일 저는 신자유주의에 두 가지 버전이 있다고 생각해요. 먼저 아까 말한 노무현 정부의 좌파 신자유주의는 '공정한 시장 질서'를 강조하기 때문에 대기업의 시장 독점을 경계하고, 기업집단에 대단히 적대적이에요. 또 금융 시장 자유화를 강조하지만 노동 시장 유연화 같은 대목에서는 멈칫거리는 편입니다. 그다음에 우파 신자유주의라고 부를 만한 경향이 있는데, 한마디로 정의하자면 미국 공화당의 입장과 같은 거죠. 사실 우리나라의 담론 지형은 미국을 많이 따라 갑니다. 예컨대 지금은 새누리당이 된 한나라당 주변의 논의가 미국 공화당과 비슷하다면, 진보를 말하는 분들, 즉 민주통합당이나 통합진보당, 참여연대, 경실련 등은 미국 민주당과 비슷한 이야기를 많이 하는 식이죠.

장하준 그런데 좌파 신자유주의라 할 수 있는 미국 민주당의 클린턴이나 영국 노동당의 블레어는 각각 레이건과 대처를 통해 사회 구조가 이미 신자유주의화된 상황에서 선거에 임했습니다. 그 과정에서 과거의 좌파 노선으로는 집권이 힘들다고 판단해 신자유주의 논리를 기본적으로 수용했던 거고요. 금융 자본주의 노선을 밀어붙이고, 노동 시장에 최소한의 보호 장치는 존속시키지만 기본적으로 '유연화'를 지지하고, 노동조합이 자본에 밀려 약체가 되는 것을 방관하고, 공공 부문 민영화를 지지한 것도 그래서이죠. 그러면서 공정한 시장을 주장하니까 독점은 규제하고요.

그에 비해 이명박 정부 같은 원조 신자유주의는 노동 시장의 완전한 유연화를 주장합니다. 심지어는 최저임금제에도 반대해요. 또 독점 대기업도 용인합니다. 왜냐하면 독점 대기업도 시장 경쟁을 통해 성장한 거니까 국가가 개입할 필요가 없다는 거죠. 그러니까 이명박 정권은 레이건과 대처 정권에, 김대중 노무현 정권은 클린턴과 블레어 정권에 비교할 수 있어요.

이종태 이명박 정부가 처음 집권할 때는 제법 이데올로기 집단처럼 보였습니다. 사실 상당히 과격한 시장주의를 천명했거든요. 그런데 나중에 보니 정부가 행정 지도로 물가를 조정하려 들지 않나, 공기업뿐 아니라 대형 은행이나 KT 같은 민간 대기업에 자기네 사람들을 간부로 집어넣지 않나, 신자유주의 이론으로도 설명할 수 없는 일을 많이 하더라고요.•

장하준 신자유주의자들이 정경 유착과 그에 따른 부정부패를 강도 높게 공격하는 건 사실입니다. 그러나 알고 보면 신자유주의 시스템을 도입한 나라에서 오히려 부패가 늘어나는 경향이 있어요. 인도의 경우 과거 국가가 경제를 통제할 때 부정부패가 많았다면서 1990년대에 국가의 시장 개입을 막는 자유화 정책을 폈습니다. 그런데 최근의 연구를

• 정통 신자유주의 이론의 원칙 중 하나는 정치와 경제의 완전한 분리다. 국가가 경제(시장)에 개입하는 경우 정부 관료가 민간과 유착해서 자기 이익을 챙기게 되고, 그 과정에서 자원 배분이 심각하게 왜곡되기 때문이다. 이런 면에서 민간 대기업에까지 대통령 측근을 내려 보낸 처사는 신자유주의 이론으로 설명할 수 없는 일이다.

보면 자유화한 다음 부정부패가 더 늘어난 걸로 나와요. 신자유주의라는 게 오히려 부패를 늘리는 경향이 있는 거죠.

그 이유는 신자유주의자들이 교과서적으로 말하는 '완전 경쟁 시장'이라는 게 존재하지 않기 때문이에요. 예컨대 '완전 경쟁 시장'이라는 것이 작동해서 경제를 공정화, 효율화할 거라고 철석같이 믿고 정부가 시장에서 손을 떼었다고 합시다. 그런데 현실에서는 그 완전 경쟁 시장이 작동해서 기업과 개인들이 공정한 경쟁을 하고 적절한 보상을 얻는 일은 일어나지 않아요. 그 대신에 정부가 아니라 민간의 누군가가 권력을 쥐고, 그 권력을 이용해 좋지 못한 일을 벌이게 됩니다. 부정부패가 정부에서 민간으로 옮겨 가는 거죠. 게다가 공기업을 민영화하는 과정에는 떡고물이 워낙 많아 거기서 생기는 부패 사건도 꽤 많습니다. 물론 신자유주의 이론은 부패를 배격하죠. 그래서 부패 많은 정부는 신자유주의가 아니라고 주장할지도 모릅니다. 그러나 신자유주의 시스템을 도입한 나라들은 칠레건 인도건 부패가 심각합니다. 이건 심지어 미국에서도 마찬가지이고요.

이종태 조금 전에 민영화 이야기를 하셨는데, 이명박 정부가 정권 말기인데도 불구하고 상당한 흑자를 내는 인천공항, KTX의 알짜 구간 등을 민영화한다고 해서 의심의 눈길이 쏠리고 있어요. 더욱이 대통령의 친지가 인천공항 등을 매입하겠다는 해외 사모펀드에서 일하고 있다는 의혹도 나오고요.

장하준 인천공항을 왜 판다고 하는지 저는 정말 모르겠네요. 그것도 사모펀드에….

정승일 민영화하면 더 효율적으로 운영된답니다.

장하준 원래 다 그렇게 말하는 거예요. 교과서적인 완전 경쟁 시장을 상정하는 신자유주의자들 편에서 보자면 정부의 시장 개입만 없애면 부패도 사라지고 독점도 없어질 테니까요. 그런데 문제는 현실에서는 그런 시장이 없다는 거예요. 바꿔 말하면 국가가 떠나면 '빈 공간'이 생기잖습니까. 그런데 이 빈 공간에는 돈 있고 권력 있는 사람들이 따먹을 이익이 가득합니다. 그래서 신자유주의 시스템을 도입하는 것이 부패를 증가시키는 길이기도 한 겁니다.

이종태 이명박 정부는 결국 신자유주의 우파로 볼 수 있다는 말이군요. 부정부패가 신자유주의의 한 요소라면 그런 규정도 크게 이상하지는 않고요.

장하준 김대중 노무현 정부는 부패를 줄여야 한다는 강박관념이라도 있었어요. 그런데 이명박 정권은 이런 의식도 강하지 않은 상황에서 자유화라며 풀어놓으니까 알게 모르게 부패가 늘어날 수밖에 없는 겁니다. 덧붙이자면 신자유주의에는 새로운 유형의 정경 유착이 있어요. 예를 들어 금융 감독 기관의 공무원이 현직에 있을 때 금융 기관을 도와주고, 퇴직한 후 관련 회사에 취직해서 엄청난 돈을 챙기는 식이지요. 심지어 사모펀드를 만든 경우도 있다고 하더군요. 이런 건 법률적으로는 뇌물 수수가 아닐지 몰라도 내용적으로는 명백한 부정부패예요.

이종태 론스타가 외환은행을 매입할 수 있도록 도와준 관료들이 있었어요. 그중 한 분이 공직을 그만둔 뒤 사모펀드를 만들었습니다. 그런데 나중에 알고 보니 론스타가 소유한 외환은행이 이 전직 공무원이 만든 사모펀드에 무려 400억 원을 출자했더군요.

장하준 경제 부문 부총리가 퇴직한 이후 대형 로펌에 들어가 사실상 로비스트 역할을 하는 경우도 있습니다. 퇴직 관료가 로비스트가 되는 걸 막기 위해 일정 수준 이상의 자본금이나 매출액을 보유한 기업에는 들어가지 못하게 하는 법률이 있다던데, 그 때문에 대기업에는 가지 못하고 로펌에 들어간 모양이에요.

그런데 보니까 장관 하다가 로비스트 하고, 로비스트 하다가 다시 장관 물망에 올라요. 이건 신자유주의에서 전형적으로 일어나는 회전문 인사로, 미국에서는 흔한 일입니다. 이런 행태들까지 감안하면 신종 정경 유착이 나타나고 있고 부패가 한층 심화되었다고 봐야 하죠. 게다가 이런 식으로 선배들이 돈 버는 걸 본 현직 공무원들이 과연 공평무사할 수 있을까요? 막말로 젊을 때부터 금융 기관 쪽에 잘 보여야 나중에 퇴직하면 펀드라도 운영할 수 있다는 생각이 들지 않을까요?

정승일 일반적으로는 정경 유착이라든가 부정한 거래가 마치 관료들과 재벌 간에만 일어나는 것처럼 보입니다. 그러나 조금 더 자세히 보면 한국에 들어와 있는 사모펀드, 해외의 대형 투자은행 등이 새로운 유형의 부패와 유착을 만들어 내고 있고 여기에 걸린 돈의 규모는 예전보다 훨씬 커요. IMF 사태 때 외국인들은 한국 자본주의를 아는 사람들끼리 짜고 해 먹는 '연고 자본주의'라고 불렀는데, 실제로는 그간 글로벌 차원의 연고 자본주의가 활개를 친 겁니다.

이종태 고위 공무원들이 정부에서 퇴직 후에 들어가는 사기업을 보면 우리는 상상도 못할 만큼의 보수를 제공하는 곳들이더군요. 그렇다면 현직에 있을 때 충분히 눈치를 볼 만하겠죠. 게다가 고위 경제 관료들이 금융 자본주의를 반길 만한 또 하나의 이유가 있습니다. 제가 최근에

• 현행 공직자윤리법에 따르면, 퇴직 공무원이 '자본금 50억 원 이상이며, 외형 거래액이 연간 150억 원 이상인 영리 사기업체'에 취업하고자 하는 경우 심사를 받게 되어 있다. 그러나 기계 설비 등이 필요 없는 로펌의 경우 자본금 규모가 작기 때문에 아무리 매출액이 많아도 심사를 피해 취업할 수 있다.

조사해 보니 이런 분들 자제나 친지들이 외국계 대형 금융 기관에서 일하는 경우가 많았어요.

장하준 그러니까 예컨대 금융 감독과 관련된 관료의 경우, 같은 부문의 로펌이나 회계 법인 등에는 취업을 금지하는 법률을 만들어야 합니다. 펀드 만드는 것도 못하게 해야 해요. 박정희 때 정경 유착이 심했다고 하지만, 이런 행태를 그대로 내버려두면 그때보다 훨씬 더 심각한 정경 유착 문제가 빚어질 겁니다. 예전에는 사회적으로 신분이 노출되어 있는 재벌 회장 같은 사람이 관료나 법관과 유착했기 때문에 그 사실을 밝히기도 비교적 쉽고 사회적 제재도 가할 수 있었어요. 그런데 우리가 말하고 있는 새로운 형태의 부패는, 얼굴도 모르는 사모펀드나 로펌같이 그림자 같은 존재들과 관료 사이에 벌어지는 일이니 파악하기도 더 어렵고 사회적 제재도 쉽지 않은 상황입니다.

정승일 그런데 그보다 더 심각한 유착이 나타날 가능성도 있습니다. 재벌 개혁을 주장하는 분들이 해외 금융 자본과 함께 사모펀드를 만든 경우가 있어요. 그분들이 말하는 경제 민주화가 성공해 재벌로부터 일부 기업을 떼어 냈다고 가정해 봐요. 이 경우 경제 민주화를 주장했던 분이 이번엔 사모펀드로 해당 기업에 들어가 수익을 창출하려 할 겁니다. 새로운 먹이사슬이 만들어지게 되는 거죠.

이제는 정말
불판을 갈아야 할 때다

이종태 다시 주제를 바꾸겠습니다. 2012년은 대선 등 권력 구조 개편이 이루어지는 해입니다. 또 현재 야권은 '안티 이명박'으로 뭉치는 중이고 정권 교체의 가능성도 상당히 크다고 봅니다. 그런데 어떨까요? 만약 야권이 집권한다면 진정한 의미의 경제 민주화가 이루어질 수 있을까요?

정승일 이명박 정부에 시민들이 잔뜩 분노한 상태이고, 그에 따른 사회적 대립도 격렬하게 진행 중입니다. 이런 시기에는 분노와 대립의 본질이 묻힐 위험이 커요. 제가 보기에는 지금의 여야가 내놓는 대안들도 사실은 상당 부분 신자유주의적이라고 생각합니다.

장하준 지금까지 이야기해 왔지만 이명박 정부는 물론 김대중 노무현 정부도 기본적으로 모두 신자유주의 노선을 추진해 온 게 사실이에요. 시민들이 이런 측면을 명확히 인식해야 한다고 생각합니다. 그렇지 못하고 '안티 이명박'이 노무현 시대로 회귀함을 의미한다면 정말 허무한 일 아닐까요? 더욱이 안티 이명박 진영이 죽은 박정희에 매달려 있는 것도 문제예요. 최근 그분들이 쓴 책을 보니까 '모든 문제는 박정희 때문'이라고 하는데, 나중에 다시 말할 기회가 있겠지만 박정희는 30년 전에 죽었고 그동안 세상이 몇 차례나 바뀌었습니다. 그런데도 책임을 죽은 박정희에게 계속 전가한다면 그 어떤 문제를 해결할 수 있을까요?

노무현 전 대통령에게는 물론 그 나름의 시대적 역할이 있었습니다. 그러나 백보를 양보해도 그때가 태평성대는 아니었어요. 국민이 이명박 대통령을 뽑은 이유가 뭡니까? 지금 와서 그 시대를 미화하는 건 곤란합니다. 심지어 '노무현 FTA는 좋은 FTA이고, 이명박 FTA는 나쁜 FTA'라고 하는 분까지 있더군요. 노 전 대통령의 정책으로 다시 돌아가 예전에 확실히 하지 못했던 종부세나 재벌 개혁을 완수하면 문제가 해결될 것처럼 환상을 조장하면 안 됩니다. 그러면 진보 정권을 창출했다 하더라도 다시 실망해 그다음에는 또 우파 신자유주의에 표를 던지는 악순환이 계속될 가능성이 높아요. 이런 악순환을 반드시 끊어야 합니다. 그게 바로 우리의 주장이고 이 책의 목적입니다.

정승일 노회찬 통합진보당 공동 대변인이 예전에 '이제 불판을 갈자'라고 해서 화제가 된 적이 있어요. 저도 지금 그 이야기를 하고 싶어요. 우파 신자유주의가 마음에 안 든다고 좌파 신자유주의로 가면서 이를 경제 민주화로 포장하는 일은 그만했으면 좋겠어요. 이젠 정말 불판을 갈아야 합니다.

이종태 저는 노무현 전 대통령에게 어느 정도 공감하는 측면이 있습니다. 2008년 세계 금융 위기 이전에는 그야말로 신자유주의가 지구적 대세였어요. 그러니 동북아시아의 작은 나라 대통령으로서는 그런 대세를 거스르긴 힘들지 않았겠나 하는 생각이 많이 듭니다. 노 전 대통령의 한미 FTA 추진에 대해서도 비슷한 생각이 들어요. 그러나 2008년 세계 금융 위기 이후에는 상황이 많이 변하지 않았나 싶습니다.

정승일 맞아요. 『쾌도난마 한국경제』가 나왔던 2005년 즈음에도 그런 말을 많이 들었어요. '그래서 어쩌란 말이냐. 한국 혼자 신자유주의를 안 할 수는 없는 것 아니냐. 세계가 신자유주의 시스템으로 들어갔고, 또 잘 굴러가고 있는데…'. 그러나 2008년 금융 위기 이후에는 실제로 분위기가 많이 바뀌었어요. 우리나라뿐 아니라 전 세계적으로 판갈이가 필요한 시기가 온 거죠.

이종태 더욱이 금융 위기가 터진 지 3년이 지났는데도 최근 들어서는 오히려 금융 불안이 더 심화되는 것 같은 국면입니다.

정승일 지금이 전 세계가 새로운 시스템을 모색하기 시작한 시점이라는 건 분명합니다. 그런데 문제는 전환기라는 게 좋은 방향과 나쁜 방향

중에서 어느 한쪽을 선택해야 하는 양자택일 상황이라는 거죠. 지금부터 계속해서 신자유주의 정책을 강화하다 보면 나치 같은 정치 세력이 나타날 수도 있어요.

장하준 유럽에서도 나치까지는 아니지만 극우 민족주의 정당들이 득세해 시민들을 놀라게 하는 경우가 종종 있더군요.

10년 앞을 내다보고 99퍼센트가 나서자!

이종태 그런 면에서 보자면 '월스트리트 점령'이나 '런던 증권거래소 점령' 운동처럼 신자유주의에 정면으로 문제를 제기하는 대중 운동이 일어나고 있어 다행입니다.

장하준 금융 위기가 터졌을 때 선진국 중에서도 가장 문제가 심각했던 곳이 미국과 영국이었어요. 그런데 시민들의 반응은 의외로 담담했습니다. 따지고 보면 대공황 때보다 피해 규모가 훨씬 컸지만 당시와 달리 현재는 미국이나 영국 같은 나라들도 최소한의 복지 제도는 실시하고 있으니 당장 굶어야 하는 상황은 아니거든요. 그리고 금융 위기 초기에는 각국 정부가 나름대로 신속하게 대처했습니다. 그동안 구석에 처박아 두었던 케인스 책을 꺼내 먼지를 털어 내고 경기 부양을 하다 보니 2009~2010년쯤에는 다행히 회복기로 들어가나 싶을 정도였죠. 그런데 다시 경제 위기가 불거지면서 시민들이 시스템 자체에 문제를 제기하기 시작한 겁니다.

정승일 이번 금융 위기의 주범은 일반 시민이 아니라 미국 월스트리트 등에 있는 탐욕스러운 금융 자본이었어요. 이런 금융 자본을 대표하는 사람들이 어떤 비리를 저질러 금융 위기를 촉발했는지도 언론 보도 등을 통해 상세히 알려졌고요. 그럼에도 각국 정부는 국민의 세금을 퍼부어 금융 기관들을 구해 주었고, 심지어 책임자들에게 법률적 제재도 가하지 않았습니다. 그런 상태에서 정부 지원금을 받은 금융 기관들이 CEO와 직원들에게 무려 수십억 달러를 보너스로 지급해 시민들을 격분하게 만들었죠.

장하준 게다가 금융 기관들은 자기네가 받은 구제 금융 때문에 재정 적자가 발생하고 있는데도 정부에 국가 신용 등급을 떨어뜨리겠다고 위협하며 복지 지출을 깎으라고 했어요. 시민들이 이런 부당한 시스템의 심장부에 있는 자들에게 책임을 묻기로 한 것이 지금 세계적으로 일어나는 아큐파이(occupy) 운동이라고 생각합니다. 제가 최근에 '런던증권거래소 점령' 시위대에게 강연을 했어요. 어떤 분들은 점령 운동을 하는 젊은이들을 반(反)자본주의자라고 생각하는데, 실제로 대다수는 그렇지 않아요. 오히려 이념적으로 상당히 느슨한 집단이라는 느낌을 받았습니다. 아나키스트들부터 시작해서 '나도 금융인이지만 바꿔야 할 게 많다'는 사람까지 구성원들이 다양하더군요. 시위대가 점거하고 있는 런던 외곽의 세인트폴 성당 앞에서 강연을 했는데, 질문을 30개 정도 받았어요. 그러다 보면 질문자들 성향을 대충 알 수 있잖아요. 제가 보기에 참석자 중 20~30퍼센트는 반자본주의적이지만 나머지는 개혁론자들이었어요.

이렇게 다양한 성향의 사람들이 모인 만큼 노선이 불명확하고 조직도 느슨합니다. 그래서 아큐파이 운동에 너무 기대하지 말라는 분들도 있어요. 맞아요. 아큐파이 운동만으로 뭔가를 이루기는 힘들겠지요. 그러나 주류 언론이 복지 때문에 금융 위기가 터졌다며 여론을 호도하고, 그게 대중에게 먹히는 상황에서 젊은이들이 뛰쳐나와 '꼭 그렇지 않을지도 몰라'라고 하는 분위기를 계속 살리고 있다는 점은 높이 봐야 한다고 생각합니다.

이종태 저도 '아큐파이 월스트리트' 운동을 취재한 적이 있는데, 참 재미있는 게 이 친구들의 목적 자체가 정리되어 있지 않았다는 거예요. 심지어는 인터넷 투표로 목표를 정하더군요. 그 목록을 보고 저는 조금 실망했을 정도로 반자본주의 성향이 별로 강하지 않아요. 표가 많이 나온 목표를 보면 '그램 리치 블라일리법 폐지'*, 금융 범죄자 처벌, 기업의 선거 자금 지원 금지, 공정 과세, 로비 규제 등이었는데 정말 온건하지 않습니까? 이색적인 주장으로는 대마초 단속 중단이 있더군요. (모두 웃음)

정승일 지금까지 장하준 교수나 스티글리츠 등 세계적 영향력을 지닌 학자들이 학문적 차원에서 신자유주의의 문제점과 대안적 경제 질서에 대해 많은 이야기를 했어요. 그러나 대중적인 차원에서는 큰 공감이 이루어지지 않은 상태였죠. 그런데 아큐파이 운동을 보면 점점 더 많은 사람들이 신자유주의 시스템의 문제를 실감하고 행동에 나서기로 결심하는 것 같아 매우 반갑습니다.

　이 신자유주의라는 시스템은 1970년대에 싹을 틔웠고 1980년대에

---

* 과거 미국에서는 글래스 스티걸법에 의해 (예금과 대출 업무를 하는) 상업은행은 (주식 발행 및 인수, 증권 중개 등 증권 시장 관련 업무를 하는) 투자은행업을 겸영하지 못하도록 되어 있었다. 그러나 1980년대 이후 미국 정부는 금융을 성장 산업으로 육성한다는 명분하에 금융 산업의 규제를 대폭 완화했다. 그 과정에서 1999년 그램 리치 블라일리법이 제정되어 한 금융 기관이 상업은행업과 투자은행업(증권업), 보험업을 모두 겸영하는 일이 가능해졌다. 그 결과 금융 기관의 무모한 대형화와 겸업화가 진행되었는데, 바로 이것이 2008년 세계 금융 위기의 단초가 된 것으로 받아들여지고 있다.

만개해 무려 30년 동안 세계를 강고하게 지배해 왔습니다. 심지어 이 시스템은 한국에서 보듯이 정신적으로 보수파뿐 아니라 개혁적 지식인들까지 포섭하고 있기 때문에 하루아침에 무너지진 않을 거예요. 따라서 한국에 바람직한 시스템을 만들어 내기 위해서는 이후 10년을 보고 새로운 힘을 결집해 나가야 한다고 생각합니다.

이종태 이렇게 정리할 수 있겠네요. '지금은 세계적인 과도기다. 과도기의 역사는 어느 쪽으로 진행될지 모른다. 그러나 바람직한 변화를 일으키려면 신자유주의의 피해자인 99퍼센트의 성찰과 노력이 필요하다. 이 99퍼센트를 위해 지금부터 이야기를 풀어 보겠다.' 그러면 이미 화제가 런던과 뉴욕의 아큐파이 운동으로 흘러갔으니, 세계 경제에서 시작해 한국 경제로 논의를 좁혀 가는 식으로 분석하고, 그다음 두 분의 대안을 듣는 순서로 진행하겠습니다.

1장

지금의
금융 위기는
복지와 무관하다

주식회사에서 나타난 '위험의 사회화' 원칙이
더욱 발전한 게 현대의 복지국가입니다.
세상이 이렇게 변했는데도 시장주의자들은
여전히 18세기식의 자기 책임의 원칙을 말합니다.
게다가 그 이데올로기를 자기들에게는 적용하지도 않아요.

이종태 2008년 가을 미국과 영국에서 시작되어 2010년 초반 유럽까지 덮친 글로벌 금융 위기가 지금도 계속되고 있습니다. 이제는 글로벌 금융 위기를 대불황(Great Regression)이라고도 표현하더군요. 대공황(Great Depression) 이래 최악이라는 의미에서요. 어쨌든 글로벌 금융 위기가 일어난 이래 세계 경제는 4년째 침체의 늪에서 빠져나오지 못하고 있습니다.

물론 모든 나라, 모든 지역이 다 심각한 경제 위기를 겪는 건 아니죠. 브라질과 중국, 인도 같은 이른바 브릭스(BRICs) 경제는 성장을 지속하고 있고, 한국과 남미 경제 역시 전반적으로는 성장세에 있으니까요. 그래서 어떤 이들은 이번 위기가 서구, 즉 미국과 유럽의 위기라는 점에서 과거 남미 금융 위기, 동아시아 금융 위기에 대비되는 북대서양 금융 위기라고도 하더군요.

우리는 14년 전인 1997년 말 이미 이와 비슷한 금융 위기, 즉 IMF 사태를 겪은 바 있습니다. 그래서인지 요즘 미국과 유럽에서 벌어지는 일들을 보면 우리가 이미 14년 전에 겪었던 것과 비슷한 상황, 비슷한 논쟁이 많아요. 당시 서구 세계는 한국 등 동아시아 국가들을 비웃었어요. '너희가 못나서 금융 위기가 터진 것이니 이참에 체질 개선하라'는 식으로요. 그렇다면 이번에는 우리가 되갚을 차례가 아닌가 하는 생각도 듭니다. 이를테면 '너희 서구가 우리보다 못나서 벌어진 위기다'라고요. (모두 웃음)

아무튼 우리는 오늘 글로벌 금융 위기에 대한 몇 가지 의문을 풀고자 합니다. 예컨대 미국과 유럽은 지금 왜 이런 금융 위기를 겪고 있는지, 그게 과연 일부 보수 언론과 보수적인 경제학자들이 말하듯 복지를 너무 많이 해서 그런 건지 아니면 다른 이유가 있는지, 그리고 이번 금융 위기가 좀처럼 수습이 되지 않는 이유는 무엇인지 등에 대해서 말입니다. 그러면 그 출발점으로 먼저 이번 글로벌 금융 위기에 대한 각국 정부의 대응이 적절한 것이었는지부터 이야기하기로 하죠.

장하준 2008년 가을 미국에서 글로벌 금융 위기가 발생하자 세계 경제가 마비되지 않도록 전 세계 정부가 공조하여 재정 지출을 늘리고 통화를 확대합니다. 위기 당사국들은 자국 은행에 긴급 공적 자금까지 수혈하고요. 그런데 이런 정책은 어디까지나 응급조치에 불과합니다. 말하자면 급성 복통으로 쓰러진 환자에게 진통제를 투여해 일단 고통을 덜어낸 정도인 거죠. 하지만 진통제로는 급성 복통이 치료되지 않습니다. 일단 경제의 심장인 금융이 멈추지 않도록 해서 환자가 숨은 쉴 수 있도록 한 다음에 금융 시장 규제 강화라는 근본적인 처치나 수술을 통해 실물 투자를 늘리고 경제를 회복시켜야 했어요.

정승일 그런데 경제가 조금 회복되는 기미를 보이자 시장주의자들이 빨리 긴축으로 돌아가야 한다는 목소리를 높이기 시작한 겁니다. 비유하자면 의사가 진통제를 투여해 환자가 조금 회복되는 기미를 보이자 환자 가족들이 '이제 다 나았으니 퇴원시켜 달라'고 요구하는 셈이라고 할까요. 환자를 근본적으로 살리기 위해 정말로 필요한 건 퇴원이 아니라 환자를 병동으로 옮겨서 이런저런 검사를 하고 필요한 치료를 해야 하는데도 말입니다.

장하준 좀 더 구체적으로 이야기하면, 경제가 조금 회복되는 듯 보이던 2009년 중반부터 정부의 역할이 너무 커졌다느니 재정 적자를 줄여야 한다느니 하는 미명하에 정부 역할을 다시 축소시키려는 움직임이 등장합니다. 그 대표적인 경우가 영국이에요. 영국은 본래 금융업에 엄청나게 의존해 온 나라입니다. 미국은 GDP(국내총생산)의 8퍼센트가 금융업에서 나온다고 하는데 영국은 15퍼센트까지 볼 정도니까요. 그런 영국에서 2008년 가을 글로벌 금융 위기가 터지니 영국 정부로서도 거액의 공적 자금을 투입해 런던 시티의 금융 기관들을 구제할 수밖에 없었던 겁니다.

당시 영국의 중앙은행인 영란은행 총재가 나중에 한 말에 따르면, 만약 2008년 가을에 영국 정부가 막대한 긴급 구제 금융을 투입하는 결정을 내리지 않았더라면 바로 런던발 금융 공황으로 세계 금융 시장이 한순간에 날아갔을 거랍니다. 그만큼 긴박하고 무서운 상황이었다는 거죠.

아무튼 그런 구제 금융 덕에 영국 경제의 목숨은 살렸는데, 그렇다고 바로 회복되는 건 아니잖아요. 그 직후부터 경기가 큰 폭으로 가라앉았고, 2009년에도 경기가 더 나빠지지는 않았지만 회복도 안 되면서 정부 세수도 줄어 영국 정부의 재정 적자가 늘어난 겁니다.

정승일 그러면 영국인들의 불만이 당시 집권당인 노동당에 쏠렸겠네요. 1930년대 대공황 이후 최악의 대불황이 발생했으니 집권당으로서는 그 책임을 지지 않을 도리가 없잖습니까?

장하준 2010년 5월 총선에서 노동당이 참패하고 보수당-자유당 연립 정권이 집권한 게 바로 그래서예요. 그런데 이 보수당-자유당 연립 정권은 경제 정책의 초점을 완전히 바꿔 버렸습니다. 그 이전까지만 해도 금융 자본의 지나친 탐욕으로 국가 경제가 어려워졌으니, 이제는 금융 시장을 강력하게 규제하자는 게 영국의 전반적인 흐름이었는데, 보수당-자유당 연립 정부가 들어서면서 최우선 과제를 정부 재정이 모자라니 이제부터는 재정 적자를 줄여야 한다로 돌려 버린 거죠. 그런데 보수파로서 증세는 용납할 수 없으니 남는 대안은 정부 지출 축소일 수밖에요. 그렇게 해서 지금까지 보수당-자유당 연립 정부는 복지 혜택을 계속 줄여 나가는 작업을 하고 있습니다. 그래야 경제가 살아난다면서요.

하지만 2011년 중반부터 영국 경제는 제로 성장 상태에 돌입했습니다. 아니, 그동안 인구가 늘었으니 1인당 GDP는 오히려 줄었든 거죠. 이런 상황에서 재정 긴축이 중요하다며 공무원들 해고하고 서민들 복지 혜택을 줄이니 국민은 미래에 대한 불안으로 지갑을 닫게 되고, 그에 따라 경기가 더 냉각됩니다. 이걸 본 소비자들은 다시 지갑을 열지 않으려 하고…. 이런 식으로 악순환이 빚어지고 있는 거죠.

구제 금융 투입, 방향은 맞았으나…

이종태 그런데 자유 시장 경제학에서는 경제 불황이라는 걸 그리 나쁘게만 보지는 않더군요. 불황 속에서 비효율적인 기업, 비효율적인 투자가 정리되는 만큼 매우 건전한 자동 조절 메커니즘이라는 거죠. 너무 극단적인 것만 아니라면 경기 불황에 정부가 개입해서 정부 재정 투입하고, 초저금리로 통화량 늘리고 할 필요가 없다는 겁니다. 일면 아주 근거가 없는 말은 아니지 않습니까?

정승일 실제로 자유 시장 경제학자들은 2008년 가을 리먼 브라더스가 파산했을 때 미국 연방정부의 대규모 공적 자금 투입에 반대했습니다. 노벨 경제학상 수상자인 로버트 루카스까지 포함하여 170여 명의 시카고학파 경제학자들이 구제 금융에 반대하는 성명서를 냈죠. 그 골자는, 지나치게 탐욕을 추구한 골드만삭스 같은 투자은행이나 헤지펀드들을 왜 국민 세금으로 살려 주느냐는 거예요. 그들은 투자의 제1원칙인 자기 책임하에 투자한 것이고, 자기 책임하에 돈 더 벌겠다고 남의 돈 빌려 투자했다가 다 날린 건데, 그걸 정부가 구제해 주면 월스트리트 금융 자본에 일종의 도덕적 해이(moral hazard)를 조장하게 된다는 거죠.

어차피 망할 기업이나 은행, 펀드 들은 그냥 파산하게 놔두어야 한다는 게 그들 주장입니다. 그래야 비효율적인 거품이 청산되고 효율적인 기업과 투자자들만 생존하여 자본주의의 건전성이 회복된다는 겁니다. 일면 그럴듯하게 들리죠. 하지만 문제는 그게 탁상공론에 불과하다는 거예요. 당시 미국 정부가 구제 금융을 투입하지 않았다면 리먼 브라더스뿐만이 아니라 골드만삭스, AIG 같은 초대형 금융사들까지 파산하면서 미국 경제와 세계 경제 전체가 쑥대밭이 되었을 판이니까요.

그런데 루카스 같은 시카고학파 경제학자들은 1997년 말 동아시아 금융 위기 때도 비슷한 말을 했어요. '봐라, 동아시아의 기업과 은행이 무모하고 비효율적인 곳에 마구잡이로 대출하고 투자해서 거품을 일으키더니 마침내 금융 위기로 무너졌다'며 이번 기회에 혼을 내줘야 한다는 식이었죠. 한국이 샴페인을 일찍 터뜨리며 흥청망청하다가 금융 위기가 터졌으니 그에 대한 죄과를 물어야 한다는 겁니다. 그런데 재미있는 건 당시 국내의 경제 민주화를 주장하는 진보적, 개혁적 인사들 역시 루카스와 생각이 같았다는 거예요.

장하준 1998년 당시 한국에서는 IMF(국제통화기금)의 구제 금융을 받은 뒤 부실기업 대주주와 경영자들을 엄하게 처벌했습니다. 그때 감옥도 많이 보냈잖아요. 그런데 이번 글로벌 금융 위기를 유발한 미국과 영국의 금융 회사 경영자들 중에는 감옥에 간 경우가 거의 없어요. 심지어 정부로부터 구제 금융을 받은 금융 회사들에서 부실 경영에 대한 책임을 지고 물러나는 CEO에게 거액의 퇴직금을 주는가 하면, 직원들에게 보너스를 수십억 달러씩 나눠 주는 일까지 벌어졌고요.

그런 면에서는 루카스 같은 사람들 말도 일리가 있어요. 그렇지만 대형 금융사들이 파산하는 걸 그냥 놔두면 나라 경제 전체가 함께 망할 것 같으니까 정부가 울며 겨자 먹기로 나서서 구제 금융을 제공한 거잖습니까. 다만 구제 금융을 주더라도 잘못된 결정을 내려 사고를 친 경영자에게는 반드시 그에 합당한 벌을 줘야 하는데, 미국과 영국은 그렇게 하지 않았어요. 이건 그 금융 회사들에게 앞으로 똑같은 잘못을 다시 저질러도 좋다는 신호를 준 거나 마찬가지입니다. 금융 기관이나 기업을 구제하는 것과 그곳의 경영자나 대주주를 구제하는 건 완전히 다른 차원이에요. 루카스는 그 둘을 분리해서 생각하지 않았기에 그렇게 주장한 거고요.

정승일 1998년 우리나라에서는 혹독한 도덕적 법적 문책 과정에서 은행들을 국유화하는가 하면, 일부 재벌은 해체되기까지 했어요. 대우그룹 김우중 회장 같은 재벌 총수를 감옥에 집어넣었고, 관치 금융 때문에 금융 위기가 일어났다면서 관련 경제 관료들을 물러나게 했습니다. 구제 금융이 투입된 은행들에서는 은행장 강제 퇴직은 물론 부장, 차장급까지 대거 명예퇴직을 시켰고요.

반면에 미국에서는 상황이 달랐습니다. '은행 국유화는 사회주의'라는 색깔론을 펼치면서 월스트리트는 물론 루카스 같은 시카고학파 경제학자들까지 모두 반대하는 통에 오바마 정부는 할 수 없이 골드만삭스나 메릴린치 같은 금융 회사에 보통주가 아닌 우선주 방식으로 구제 금융을 제공하게 됩니다. 그런데 우선주의 경우 배당은 일반주보다 더 많이 받지만 의결권이 없어요. 그러니 정부 대표가 이사회에 참여할 수가 없고요. 그 회사들이 퇴직 CEO에게 거액의 퇴직금을 주건 임직원들에게 수십억 달러씩 보너스를 주건, 합법적인 방법으로는 정부가 일체 개입할 수 없는 거죠.

장하준 영국도 마찬가지예요. 영국 제2의 은행인 스코틀랜드왕립은행(RBS, Royal Bank of Scotland)에 수백억 파운드의 구제 금융을 제공하면서 영국 정부가 그 은행 지분의 80퍼센트를 갖는 대주주가 되었어요. 미국처럼 우선주도 아니고 한국처럼 보통주로 들어갔고, 지분이 80퍼센트면 절대적 경영권을 가진 셈인데도 아무 문책이 없었어요. 더구나 정부가 은행 이사회에서 은행장에게 '당신의 잘못된 경영 때문에 은행이 망할 위기에 처해 국가의 구제 금융까지 투입했으니 당분간 10만 파운드만 받으면서 일해!' 하며 연봉을 깎을 수도 있었을 텐데, 그마저도 하지 않고 그냥 입을 다문 겁니다. 겁이 나서요.

정승일 뭐가 그렇게 겁이 났을까요?

장하준 시장주의 이데올로기가 무섭고 금융 자본이 무서웠을 거라고 생각해요. 지난 오랜 세월 동안 사람들은 정부의 첫째 임무는 금융 자본

의 이익에 충실하는 것이라고 엄청나게 세뇌당했거든요. 또 금융 자본
이 로비도 많이 했고요.

금융 위기의 주범,
금융 자본의 항변은…

이종태 자유주의 경제사상에 따르면 각 경제 주체들은 자신의 결정에 스
스로 책임을 져야 합니다. 경제학자 루카스가 지적했던 것도 바로 그
점이고요. 그런데 금융 자본은 자기 나라 경제는 물론이고 세계 경제
까지 말아먹었는데, 그런 엄청난 피해를 책임지기는커녕 특혜만 누리
고 있으니 이런 걸 보면 금융 자본주의라는 게 시장주의도, 자유주의
도 아니네요.

장하준 그뿐만이 아닙니다. 아예 책임 소재를 다른 사람들에게 돌리기까
지 하고 있어요. 예컨대 요즘 영국에서는 가난한 사람들에게 복지 혜
택을 주는 경우 온갖 의무를 부과합니다. 그 의무를 이행하지 않을 시
에는 복지 혜택을 제공하지 않겠다는 거죠. 가난한 사람들에게는 그렇
게 혹독하게 책임을 물으면서 금융 자본가들에게는 아무런 조건도 걸
지 않고 책임도 부과하지 않은 채 국민 세금으로 거액의 구제 금융을
제공한 겁니다. 미국의 유명한 작가 고어 비달이 '미국 경제는 부자에
게는 사회주의이고, 가난한 사람들에게만 자본주의'라고 꼬집은 적이
있는데, 그 말이 지금 영국에도 딱 들어맞아요.

정승일 자본주의를 대변하는 경제 사상이 자유주의인데, 그 자유주의의
제1원칙이 바로 '자기 책임'입니다. 대표적인 것으로 재테크를 하는
사람들이 다 아는 '투자자 자기 책임의 원칙'이 있어요. 한마디로 스스

로의 판단과 결정에 의해 투자했다가 손실이 발생하면 그건 투자자 본인의 책임이라는 거예요. 은행이나 증권사 같은 금융 자본은 입만 열면 이 원칙을 고객들에게 강조합니다. 그런데 정작 금융 위기가 발생하자 이들 회사의 금융 자본가들은 손실을 남에게 떠넘기고 자기들은 책임을 지지 않은 거죠. 자유주의의 지고지순한 최고 원칙이 금융 자본주의의 현실 속에서 무너져 버린 겁니다. 신자유주의와는 약간 거리를 두는 이른바 질서 자유주의자들이 이런 자본주의를 자기 책임 원칙이 무너진 '막가파식 자본주의'라고 비판하는 것도 그래서이고요.

장하준 하지만 자기 책임의 원칙 자체에 문제가 있어요. 역사적으로 볼 때 자본주의는 초기에 자기 책임 100퍼센트 원칙에서 출발했어요. 예컨대 기업가가 사업을 하다 보면 자기 돈만 가지고는 부족하니까 은행이나 사채업자들로부터 돈을 빌려 쓰게 마련인데, 만약 사업에서 손실을 보거나 파산이라도 하면 그 기업가는 채무에 대해 모든 책임을 져야 했습니다. 자기 책임 100퍼센트는 말하자면 '무한 책임'의 원칙입니다. 한번 파산을 하면 빌린 돈을 다 갚을 때까지는 버는 돈을 모두 채권자에게 갖다 바쳐야 하고, 그게 안 되면 감옥행이라는 식이니까요. 그래서 한때 영국을 비롯한 대부분의 유럽 나라에는 채무자 감옥이 있었어요.

그런데 이러다 보니 사람들이 겁을 먹고 기업 활동을 하지 않으려 해서 자본주의가 제대로 발전하지를 않는 거예요. 자칫 잘못하면 인생을 망칠 판인데 어떻게 기업을 세우겠습니까? 그래서 생긴 게 주식회사예요. 주식회사에서는 채무에 무한 책임을 지는 명의상의 주체가 '주식회사 법인'이니까 회사가 망한다 해도 투자자 개인은 자신이 투자한 돈만큼만 책임지면 되거든요. 이렇게 볼 때 18세기에 주식회사

제도가 생기면서 이미 자기 책임의 원칙은 그 현실성을 잃어버린 겁니다. 기업 활동의 위험을 기업가에게만 지우지 않고 일정하게 공동 책임의 형태로 분담하게 된 것이니까요. 달리 말하면 자본가들도 주식회사라는 새로운 제도를 통해 사회적으로 보호받게 된 거고요.

주식회사에서 나타난 '위험의 사회화' 원칙이 더욱 발전한 게 현대의 복지국가입니다. 복지국가에서는 실업이나 질병 같은 다양한 위험을 실업보험이나 건강보험 같은 사회 제도를 통해 분담하고 있어요. 위험 공동 분담의 원칙이 사회적 차원으로 발전한 거죠. 세상이 이렇게 변했는데도 시장주의자들은 여전히 18세기식의 자기 책임의 원칙을 말합니다. 이미 이데올로기에 불과한 게 되어 버렸는데도 말이에요. 게다가 그 이데올로기를 자기들에게는 적용하지도 않아요. 금융 위기를 일으킨 사람들이 바로 힘 있는 사람들, 금융 투자자들, CEO들인데도 그들에게는 대충 넘어 가고 오히려 힘없는 사람들에게만 자기 책임을 묻고 있는 겁니다.

정승일 그런데도 요즘 미국과 유럽의 보수 세력은 이번 글로벌 금융 위기가 복지를 많이 했기 때문에 벌어진 것처럼 말합니다. 실제로는 그들이야말로 이번 금융 위기의 발생에 엄중한 책임을 져야 하는데도, 정작 금융 위기와는 아무런 관련도 없는 가난한 사람들이 이번 금융 위기를 일으키기라도 한 양 몰아세우고 있습니다. 복지 혜택을 줄이겠다느니 세금을 더 내라느니 하면서요.

장하준 자기 책임을 그렇게 강조하는 루카스 교수 같은 시카고학파 사람들은 이번 금융 위기에 대해 그야말로 무거운 자기 책임을 져야 하는 거 아닌가요? 바로 그분 같은 자유 시장 경제학자들이 이번 금융 위기를 배태시킨 여러 가지 금융 시장에 대한 규제 완화 조치에 이론적 기반을 제공했으니까요. 그런데 루카스 교수는 기껏 신문에 칼럼 몇 줄 쓰고 끝내 버리던데요.

정승일 자기 책임 원칙은 귀에 걸면 귀걸이, 코에 걸면 코걸이 같은 원칙이에요. 이번 금융 위기 때 처벌받지 않은 CEO들도 할 말은 있다는 거죠. '내가 그런 행동을 한 건 무슨 도덕적 결함이 있어서 그런 게 아니다. 당시에는 금융 시장 전체가 나처럼 행동했다. 2002년부터 2006년까지 미국의 주택 값은 오르고 있었고, 서브프라임 채권 가격도 오르고 있었다. 내 회사 주가도 계속 올라가서 고객들도 돈을 많이 벌었고, 소액주주들도 투자 수익을 많이 냈다. 모두 경영을 잘해서 주가가 오른 거라고 내게 보너스도 주었다. 말하자면 고객과 소액주주들, 나는 모두 공범이다. 그런데 왜 유독 나에게만 도덕적, 법적 책임을 묻느냐'는 거죠.

저는 그들의 항변에도 일리가 있다고 봅니다. 그러니까 모든 금융 위기를 특정 개인의 도덕적 결함이나 모럴 해저드, 지나친 탐욕 때문으로 몰아가면서 마치 그들 몇몇을 법적 도덕적으로 처벌하면 문제가 다 해결되는 것처럼 이야기하는 건 옳지 않다는 겁니다.

장하준 사실 글로벌 금융 시장에서 활동하는 소액주주(minority shareholders)라고 하는 게 우리나라 시민 단체처럼 무슨 사회 정의를 위해 나선 투사들이 아니에요. 소액주주라는 게 바로 연기금 투자자나 기관 투자자들인데, 이들 소액주주들이야말로 수익 극대화를 위해 자기들이 투자한 회사의 CEO들에게 단기 수익성 위주의 경영을 강요했던 만큼 그들 역시 이번 글로벌 금융 위기에 책임을 져야 합니다.

그리스,
복지가 아니라 유로존이 문제다

이종태 이번 세계 금융 위기의 주범은 역시 글로벌 금융사들, 은행들이
라고 봅니다. 정부가 국가재정을 축내 가면서 그들을 구제한 것은 단
지 파국적 위기에 직면한 국가 경제를 살리기 위해서였고요. 그런데
공적 자금이 워낙 크다 보니 각국의 재정 적자 역시 큰 폭으로 늘어났
어요. 그러자 이번에는 정부의 재정 적자가 큰 문제로 부각되기 시작
합니다. 말하자면 금융 시장 위기가 국가 재정 위기로 전이된 거죠.

　이렇듯 세계 각국에서 재정 위기가 발생하니까 이번에는 국제 금융
자본이 '재정 위기 문제를 해결하는 게 더 중요하다, 그러려면 재정
적자를 줄여야 한다, 특히 복지 재정은 더 줄여라'고 하며 정부는 더
이상 금융 시장에 개입하지 말라고 선동하기 시작합니다. 한마디로 물
에 빠진 사람 구해 줬더니 보따리 내놓으라고 대드는 격이죠. 그런데
전 세계적으로 재정 긴축 여론이 확산되기 시작한 건 2010년에 남유
럽 재정 위기가 표면화되면서부터입니다. 그리스를 비롯한 남유럽 국
가들은 복지로 흥청망청하다가 재정 위기를 자초했다는 건데, 이게 사
실인가요?

장하준 유럽 전체 차원에서 비교해 볼 때 그리스나 스페인, 이탈리아, 포
르투갈 같은 남유럽 나라들은 오히려 복지 시스템이 허약한 곳이에요.
따라서 이들 나라의 재정 위기는 복지를 많이 해서가 아니라 2008년
의 글로벌 금융 위기에서 비롯된 겁니다. 심각한 불경기가 닥치자 정
부의 세수는 크게 준 반면에 다른 나라와 마찬가지로 금융권에 사상
최대의 공적 자금을 수혈하다 보니 재정 적자가 심각해진 거죠.

한마디로 유럽의 재정 위기는 복지와 아무 상관이 없어요. 2009년까지는 지은 죄 때문에 납작 엎드려 있던 국제 금융 자본들이 남유럽에 재정 위기가 현실화되니까 정부 때문이라고 억지를 쓰면서 엎어치기를 시도하고 있는 겁니다. 정부가 복지 정책을 너무 많이 시행해서 이렇게 됐다는 식으로 만들어 자기들이 원하는 걸 챙기자는 전술이죠.

　유럽 재정 위기의 원인은 나라마다 다릅니다. 영국과 아일랜드, 아이슬란드 같은 나라들은 그야말로 금융 자본주의, 금융 허브 같은 걸 많이 하다가 망한 경우이고, 스페인은 금융 버블이 부동산 시장 쪽에서 커지다가 터진 경우예요. 특히 아일랜드나 아이슬란드는 영국처럼 전통적인 금융 강국도 아닌데, 최근 10여 년간 급작스럽게 금융 허브니 뭐니 하다가 망해 버린 겁니다. 이게 완전히 남의 나라 이야기가 아닌 게 우리도 '동북아 금융 허브'를 하자면서 두바이니 싱가포르니 하며 말들이 많았잖아요.

　그리고 유럽의 재정 적자가 심하다고 하는데 실제로는 그렇지도 않아요. 유로존 전체를 보면 미국이나 영국보다 훨씬 건전합니다. 유로존● 전체의 최근 연간 신규 재정 적자는 GDP 대비 6퍼센트 정도예요. 그에 비해 미국이나 영국은 11~13퍼센트에 이릅니다. 아일랜드조차 금융 위기 전 10여 년 동안 연평균 GDP 대비 3퍼센트 수준의 재정 흑

● EU의 단일 화폐인 유로를 국가 통화로 도입하여 쓰는 나라 또는 지역을 통틀어 이르는 용어로, 1999년 1월 1일 유로가 공식 도입되면서 탄생했다. 유로존의 통화정책은 유럽중앙은행이 담당하는데, 2011년 1월 1일 현재 새로 가입한 에스토니아를 포함해 오스트리아·벨기에·핀란드·프랑스·독일·그리스·아일랜드·이탈리아·룩셈부르크·네덜란드·포르투갈·스페인 등 총 17개국이 가입해 있다. 반면에 덴마크·스웨덴·영국·체코·헝가리·폴란드·루마니아 등 10개국은 EU 가입국임에도 유로를 국가 통화로 도입하지 않았으며, 모나코·산마리노·바티칸 시국·안도라 등은 EU 가입국은 아니지만 유로를 사용하고 있다.

자를 내고 있었어요. 물론 금융 위기가 터지고 나서는 매년 신규 재정 적자가 GDP 대비 33퍼센트에 달하니 거의 원자 폭탄을 맞은 거나 다름없는 상황이기는 하지만요. 스페인도 아일랜드 정도의 건전 재정은 아니었지만, 금융 위기가 터지기 2~3년 전까지만 해도 GDP 대비 2~3퍼센트에 해당하는 재정 흑자를 내고 있었고, 이탈리아, 포르투갈 등도 금융 위기 이전에는 연평균 신규 재정 적자가 1.5~4퍼센트로 재정 위기가 심각한 나라들이 아니었어요.

정승일 결론은 '유럽 각국은 복지를 많이 해서 원래부터 재정 적자가 심각했던 탓에 이번에 경제 위기, 재정 위기를 맞게 됐다'고 주장하는 국내외 보수 언론, 보수 경제학자들의 주장은 현실과 전혀 다르다는 겁니다. 그들은 그저 우기고 보는 거죠. 아니면 말고 식으로요.

이종태 그렇다 해도 한 가지 의문은 듭니다. 영국과 아일랜드, 아이슬란드처럼 금융 자본주의 또는 금융 허브 전략을 추구하다가 망한 나라들이야 그렇다 치더라도 스페인이나 이탈리아, 포르투갈 같은 나라들의 재정 위기는 왜 진정되지 않느냐는 겁니다. 장하준 교수님이 설명했듯이 위기 직전까지만 해도 그들 나라의 재정 적자가 그리 심각한 게 아니었다면 지금쯤 진정되어야 하는 게 아닌가요?

정승일 그건 유로존 때문이에요. 복지가 문제가 아니라 유로화 체제가 문제입니다. 유로존의 경우 유로화로 통합된 화폐 체제 자체에 심각한 결함이 있기 때문에 유럽의 재정 위기가 쉽게 수습되지 않는 거니까요. 유로화는 현재 각국의 중앙은행이 아니라 유럽중앙은행(ECB)이 찍어 내게 되어 있어요. 따라서 화폐 측면에서 보면 유로존은 하나의 통일 국가처럼 보이지만 실은 세금도 따로 거두고 복지 정책도 나라마다 달리 하고 노동 정책과 경제 정책도 각자 알아서 하는 식으로, 서로 완전히 독립적인 나라들입니다. 독일, 프랑스같이 유로존을 이끄는 나라의 국민이 EU 소속 형제 국가인 그리스가 국가 부도 위기에 처했는데도 좀처럼 구제 금융으로 도와줄 생각을 하지 않는 것도 그래서고요.

장하준 유로화라는 단일 통화를 함께 사용하고 있기는 하지만 유로존 국가들은 '우리는 하나의 국가'라는 생각이 없어요. 그게 근본적인 문제입니다. 가령 우리나라에서 강원도가 재정 위기로 파산 상태에 빠졌다고 쳐요. 그런 상황에서 서울 시민들이 저건 우리 문제가 아니라 강원도 문제니까 정부는 절대로 도와주면 안 된다고 하겠어요? 그런데 유럽에서는 실제로 그런 일이 벌어지고 있어요. 독일이나 네덜란드 국민들이 왜 그리스에 우리 세금을 퍼 주느냐고 항의하는 거죠. 상황이 이렇다 보니 그리스 경제 위기가 장기화되어 버린 겁니다. 그리고 이런 상황을 역이용해 우파는 '복지 때문에 파국이 왔다'는 선전을 하는 거고요.

독일이나 프랑스 시민들은 그리스 구제 금융에 따른 조세 부담이 결국은 자기들에게 돌아올 걸 걱정하는 겁니다. 사태가 더 악화되어 그리스 같은 나라가 EU에서 탈퇴라도 하면 독일이나 프랑스 시민들이 더 큰 피해를 보게 될 텐데, 그것까지는 보지 못하고 그저 단순하게 '왜 우리 돈 가져다가 남유럽 게으름뱅이들에게 퍼 주느냐'는 식인 거죠.

정승일 유로존 경제 전체에서 그리스가 차지하는 비중은 아주 작아요. 만약 EU와 유로존이 연방국가 같은 단일 국가였다면 그리스에서 발생한 재정 위기 정도는 간단하게 해결할 수 있었을 겁니다. 예컨대 그리스는 물론이고 한국보다 경제 규모가 더 큰 미국 캘리포니아의 주정부가 2년 전에 파산했는데, 국제 금융 시장이 크게 동요하지 않고 조용했던 이유도 궁극적으로 캘리포니아 주정부를 지원하는 미국 연방

정부의 능력을 믿기 때문이에요. 결국 문제의 핵심은 '게으른 그리스인'도 아니고 그들의 '방만한 복지'도 아닙니다. 단일 통화는 사용하되 단일한 연방 국가는 아닌 유로존이 마치 모래 위에 세운 성처럼 붕괴하는 것이 현재 그리스 경제 위기의 본질인 거죠.

이종태 그러니까 문제는 그리스가 아니라 유로존이고, 지금 진행 중인 위기는 그리스의 위기가 아니라 유로존의 위기라는 거군요.

정승일 네, 우리가 눈여겨봐야 할 곳은 그리스가 아니라 유로화와 EU라는 겁니다. 그런데도 요즘 EU와 IMF는 그리스에 구제 금융을 주는 대가로 엄청난 희생을 요구하고 있어요. 마치 그리스 인들의 방만한 복지 때문에 이 모든 일이 일어난 것처럼, 따라서 모든 위기의 책임이 그리스 인들에게 있는 것처럼 '네가 일으킨 일이니 네가 책임져라'고 몰아붙이며 공무원 자르고 복지 삭감해 지출을 줄이라고 강요하고 있는 겁니다. 그런데 가뜩이나 불경기로 힘든 나라에 이런 요구까지 하면 그 나라 경제가 완전히 무너질 수 있어요. 이건 우리도 1998년에 IMF로부터 똑같이 당했던 일입니다.

장하준 만일 그리스나 아일랜드가 유로존 회원국이 아니었다면, 그래서 그리스가 전에 쓰던 드라크마 같은 자국 통화를 사용하고 있었더라면 지금보다 상황이 훨씬 나았을 겁니다. 표준적인 거시 경제학 교과서에 나오는 설명처럼 이런 상황에서는 자국 통화의 가치를 낮추는 전략으로 수출을 증진시킴으로써 일자리도 창출하고, 외채도 빨리 갚을 수 있으니까요. 실제로 우리도 1998년 IMF 사태 이후 원화 가치가 폭락하자 수출이 급증했고, 그에 따라 외환 보유고가 늘어나면서 비교적 빨리 경제 위기에서 탈출했잖습니까.

실제로 유로존 회원국이 아니었던 아이슬란드는 금융 위기 발발 이후 자국의 통화 가치가 폭락한 덕분에 요즘 조금씩 경제 상황이 개선되고 있어요. 그렇지만 그리스나 스페인, 이탈리아 같은 나라들은 유로화를 사용하기 때문에 자기 마음대로 통화도 평가절하하지 못하는 상황입니다. 이런 제약이 있는 데다 재정 긴축까지 해야 하는데, 어떻게 경제를 살릴 수 있겠어요?

현실적으로 지금 같은 경제 불황기에는 정부가 재정 긴축을 한다고 해서 재정 건전성이 회복되지도 않습니다. 언뜻 생각하면 정부가 지출을 5퍼센트 줄이면 재정 적자도 5퍼센트 줄어들 것 같지만 현실에서는 그렇게 되지 않아요. 지금처럼 경기가 내려갈 때 정부까지 재정 지출까지 줄여 버리면 경기가 더욱 바닥을 기게 되고, 그로 인해 정부의 세금 수입도 더 줄기 때문이죠. 결국 경기 하강과 세수 위축, 재정 적자 확대의 악순환이 계속 심화되는 겁니다.

정승일 미국의 경우 금융 위기가 터지니까 재정 적자를 무릅쓰고 구제 금융을 투입했습니다. 정부의 재정 지출도 크게 늘리고요. 케인스 경제학 지침에 따라 현명하게 행동한 거죠. 미국 경제가 더 이상의 하강을 멈춘 것도 그 덕분입니다. IMF 같은 국제 금융 기관은 미국에는 뭐라고 시비를 걸지 않아요. 그런데 그리스에는 IMF와 EU가 구제 금융 제공의 전제 조건으로 재정 긴축을 요구합니다. 1998년에 우리에게 그랬듯이 말이에요.

18세기 이데올로기에 세계 경제가 무너진다

이종태 그리스 같은 남유럽 시민들이 너무 게을러서 경제 위기를 자초했다는 말도 있는데, 그건 어떻습니까?

정승일 앞서 지적했듯이 그건 금융 위기를 개인과 민족의 도덕적 결함 문제로 환원시키려는 시도에 불과해요. 말하자면 금융 위기에 대한 '죄와 벌' 식 설명이죠. 청교도적으로 검약 검소하게 살지 않고 흥청망청했기 때문에 도덕적으로 처벌받는다는 말입니다. 그런데 그런 벌을 내리는 주체가 누군지 아세요? 바로 하느님같이 떠받들어야 하는 자유 시장이에요. 즉 '보이지 않는 손'의 효율적인 처벌 메커니즘이 작동해서 죄와 벌을 판정한다는 겁니다. 이런 식의 설명은 아까 이야기했듯이 자유주의 사상의 자기 책임의 원칙과도 직결되어 있어요. 그리스 인들이 게으름 피우다가 위기에 빠졌다, 자업자득이다라고 생각하는 건 정말 잘못된 인식이에요.

장하준 솔직히 말해서 우리나라는 그런 말할 자격이 없어요. 그리스는 국민소득이 2009년 기준 2만 8000달러로 당시 2만 달러가 채 되지 않던 우리나라보다 더 높았어요. 이게 뭘 말합니까? 그리스 인들이 우리보다 노동 시간은 더 짧아도 노동 생산성은 그만큼 더 높기 때문에 더 많은 돈을 버는 겁니다. 그렇다면 그들을 존경해야죠. 일을 오래 한다고 반드시 좋은 건 절대 아닙니다. 우리나라 학생들의 공부 시간이 핀란드 학생들의 2배쯤 된다더군요. 그런데도 국제 테스트를 하면 한국이나 핀란드나 성적이 비슷해요. 그렇다면 '부지런한' 한국 학생들로서는 부끄러운 일 아닌가요?

제가 저번에 『가디언』에 '18세기 이데올로기 때문에 세계 경제가 붕괴한다'는 칼럼을 썼어요. 검약하고 검소하지 않았기 때문에 그리스가 망했다는 사고 자체가 18세기 이데올로기입니다. 18세기 유럽인들은 가난하게 사는 것은 검약하지 않은 자의 도덕적 결함 때문이라고 청교도적으로 생각했습니다. 너무 놀고 낭비했거나 아니면 남을 속이기 좋아해서 가난해진 거라고 믿은 거죠. 이렇게 가난을 윤리 문제로 환원시키다 보니 금융 위기가 벌어져도 그 원인을 윤리적 결함에서 찾아요. 시스템적 위기(systemic crisis)라는 개념은 나올 수가 없는 거죠.

2011년 12월에 EU 조약을 재조정하는 협상 과정에서 그나마 독일 정부는 앞으로 국가 재정 위기가 일어나면 채권자들도 손해를 일부 감수해야 한다고 주장했다더군요. 반면에 프랑스 정부는 '채권자가 왜 책임져야 하느냐'고 극구 반대했답니다. 프랑스 정부의 이런 태도는 18세기처럼 파산법도 없고, 채무자가 돈을 갚지 못하면 감옥 보내던 시절 이야기로 들립니다. 채권자는 아무것도 잃지 않고, 오직 '게으른 채무자'만 돈을 잃어야 한다는 게 청교도 윤리거든요.

요즘 그리스의 곤경을 그리스 인들의 윤리적 결함으로 몰아붙이며 가혹한 구제 금융 조건을 제시하는 것도 18세기 청교도 윤리와 비슷한 겁니다. 많은 사람들이 18세기 이데올로기를 내세우며 그리스의 국가 부도 위기를 자업자득이라며 방관하고 있는데, 그렇게 하다가는 자칫 세계 경제 전체에 시스템적 위기가 발생해 궤멸하게 될 수 있어요.

격세지감이죠. 예전에 그리스가 세계를 지배하던 시절에는 그리스 사람들이 서유럽 사람들을 멍청하다고 깔보았거든요. 아리스토텔레스가 『정치학』에 쓴 바에 따르면 '아시아(지금의 중동) 사람들은 더운 날씨 때문에 머리는 좋으나 게으르고 교활해 인간성이 좋지 않다. 유럽은 날씨가 추워서 사람들이 용맹하긴 한데 머리가 둔하다. 그러나 우리 그리스는 날씨가 적당하게 좋아서 사람들이 용맹하기도 하고 머리도 좋다'고 합니다.

정승일 그랬던 그리스가 다른 유로존 회원국들에 비해 가난할 수밖에 없

는 구조적인 이유가 있습니다. 바로 EU 내에서의 자유 무역 때문이에
요. 유럽 경제 통합의 기본 아이디어는 회원국들이 서로 무역 및 서비
스 시장을 활짝 열면 EU와 유로존 전체에서 생산성이 골고루 발전해
공존공영한다는 생각이었습니다.

장하준 그거 어디서 많이 듣던 말인데요. 한미 FTA 찬성론자들이 그렇게
말하곤 하거든요. 그게 바로 전형적인 자유 무역 이론이고 비교 우위
이론이에요.

정승일 그렇죠. 자유 무역 체제가 형성되면 무역 상대국들의 생산성이
골고루 발달한다는 것이니까요. 게다가 EU의 경우 노동력이 상대편
나라로 자유롭게 이동하는 것까지 허용되니 자유 시장 이론이 잘 작동
해 각 나라의 생산성이 고루 성장하게 되리라고 기대할 수밖에요.

장하준 그렇지만 현실적으로 그런 일은 잘 일어나지 않아요. 아무리 법
적으로 그리스에서 독일로 이민을 무제한 허용한다 해도 언어 장벽 등
한계가 많아 노동력이 실제로 자유롭게 움직이기는 어려우니까요.

정승일 그래서 EU 내에서의 자유 시장, 자유 무역 실험이 실패한 증거가
바로 그리스의 위기라는 겁니다. EU 내에서 자유 무역이 이루어지면
서 비교 우위의 논리가 작동하자 독일이나 핀란드 같은 수출 제조업
강국들은 더욱 더 수출이 늘어나 무역 흑자도 많아지고 수출 제조업도
강해져요. 반면에 그리스나 포르투갈처럼 원래 제조업이 약했던 나라
는 EU 내의 완전한 시장 개방으로 말미암아 제조업 발전의 길이 막히
면서 농업이나 관광업, 해운업 같은 것에 특화되고요. 결국 이들 남유
럽 나라들은 독일이나 네덜란드, 핀란드 같은 제조업 강국들로부터 제
조업 제품을 수입하고 대신에 관광과 레스토랑, 호텔 등의 서비스를
수출하게 되는데, 이게 불균형이 심하다 보니 그리스 같은 나라들에

매년 국제수지 적자가 누적된 겁니다.

이종태 말하자면 남유럽에서 경상수지 적자가 발생해도 그걸 메꿀 방법이 없다는 거군요.

정승일 그걸 외국으로부터의 차입으로 메꿔 왔습니다. 독일이나 프랑스의 은행에서요. 바로 그런 외채 차입이 커지면서 이번 위기가 발생했는데, 그리스 사람들이 게을러서 이렇게 됐다는 건 본말이 전도된 거죠. 특히 유로존 통합의 최대 수혜국인 독일이 정작 자신과 운명을 함께 하기로 약속한 '형제국' 그리스에 문제가 생기니까 네 천성인 게으름을 고치기 전에는 구제 금융을 줄 수 없다고 버티는 건 문제가 많다고 봐요. 도원결의를 맺어 놓고는 배신한 거죠. 그리스 사람들이 요즘 독일인들에게 느끼는 배신감이 그런 겁니다.

물론 자유 시장 이론가들이 꿈꾸는 것처럼 노동력의 이동이 자유롭다면, 즉 그리스 사람들이 소득이 낮은 자국을 떠나 소득이 높은 독일 땅으로 언제든 옮겨서 살 수 있다면, 그리스에는 상대적으로 노동력 부족 현상이 일어날 테고 그에 따라 그리스의 생산성이 향상되면서 그리스 인들의 소득이 독일 수준으로 평준화되었을 겁니다. 그런데 실제로는 그렇게 되지 않았어요. 독일 뮌헨에 있는 독일 회사들이 왜 굳이 먼 그리스나 스페인 등에서 온 외국인을 채용하겠습니까? 언어도 다르고 사고방식도 달라 커뮤니케이션에 심각한 장애가 있는데요.

결론적으로 유로존에서는 화폐만 통합되었을 뿐 나머지는 각국이 알아서 해야 하는 상황이에요. 그러니 소득 격차, 생산성 격차가 줄어들 수 없었던 거고요. 통일 독일은 동독을 흡수 통일하여 단일 국가로 재탄생하면서 20여 년간 동독 경제와의 소득 격차, 생산성 격차를 줄이기 위해 서독 경제가 휘청거릴 정도로 막대한 재정을 쏟아부었습니다. 오늘날 동독의 실직자들이 서독 수준의 높은 실직 수당을 받는 등 높은 복지 혜택을 누릴 수 있는 것도 그 덕분이에요. 문제는 독일인들이 그리스를 위해 그런 정책을 펼칠 가능성은 거의 없다는 겁니다.

파산을 선언한
아르헨티나의 극적 반전

이종태 요약하자면 문제는 그리스가 아니라 EU와 유로존에 있다는 거네요. 그런데 '게으른 그리스 인들' 또는 '복지에 흥청망청 쓰다가 망한 그리스'와 관련하여 제기되는 이야기 중에는 그리스 복지 제도에 구멍이 대단히 많았다는 비판도 있어요. 제가 들은 이야기로는 1000명이 사는 섬에 400명이 맹인으로 등록되어 국가의 장애인 복지 혜택을 받는 일까지 있었다더군요.

장하준 그런 경우가 분명 있을 겁니다. 어떤 시스템이든 만들어 놓으면 남용하는 사람들이 있게 마련이니까요. 그런데 교통사고 많이 난다고 자동차를 없앨 겁니까? 특정 지역에서 운전 습관이 좋지 않다거나 안전벨트를 잘 매지 않는다거나 해서 사고가 많이 나는 문제가 있을 수는 있어요. 그러나 이런 경우를 일반화해서 자동차 없애자고 하면 안되는 거죠.

정승일 게다가 그런 결함을 지나치게 강조하면서 모든 잘못은 그리스의 내재적 결함 때문이라고 몰아가는 국제 금융 자본들, 특히 이번 경우 독일과 프랑스의 은행들은 그리스 위기가 발생하기 전부터 그리스 국채를 많이 보유하고 있었어요. 그런데 독일이나 프랑스 은행들이 과연 그리스 정부에, 그리스 복지 시스템에 그와 비슷한 결함이 많다는 걸 전혀 모르고 돈을 빌려 줬을까요? 아마 자세히는 몰랐어도 문제가 많다는 것 정도는 진작부터 알고 있었을 겁니다. 그러면 알면서도 빌려 준 채권자들도 책임이 있는 거고, 따라서 채권 손실을 나눌 각오를 해야 하는 거 아닌가요?

이런 일이 우리나라에서도 있었어요. 1997년 IMF 사태가 터졌을 때 우리나라 은행과 재벌, 종금사 등에 돈을 꿔 줬던 선진국 은행들은 이번 위기는 재벌과 관치 금융 때문이라고 일제히 비판하면서 '너희들 잘못 때문에 큰 손실이 생겼다'고 했어요. 국내의 이른바 진보 개혁적인 경제학자들이나 언론도 마찬가지였고요. 따라서 선진국 채권은행들은 다 네 책임이니 손실을 모두 책임져라, 한 푼도 탕감해 주지 못하겠다고 우겼어요. 그런데 이른바 첨단 금융 기법을 자랑하는 그 은행들이 과연 우리나라 재벌과 관치 금융에 여러 결함이 있다는 걸 사전에 몰랐을까요?

장하준 그럼요. 게다가 정말로 몰랐다면 그게 더 문제죠. 첨단 금융 기법을 자랑하는 선진국 은행들이 채무자의 결함도 제대로 파악하지 않고 돈을 빌려 줬단 말입니까? 그건 거의 직무 유기죠. 그런 말도 안 되는 이야기로 자기 책임을 모면하려고 기를 쓰는 건 다 자기네 채권은 한 푼도 탕감당하지 않으려고 그러는 거예요. 아르헨티나에 '탱고를 추려면 둘이 있어야 한다'는 속담이 있어요. 누가 잘못 빌렸다면 분명 잘못 빌려 준 사람도 있는 겁니다.

이종태 그리스 경제가 현재로서는 출구가 보이지 않는 상황이군요. 그래서인지 그리스가 유로존을 탈퇴하는 게 차라리 낫다고 말하는 사람들이 의외로 많은 거 같습니다.

장하준 충분히 가능한 이야기죠. 그와 유사하게 행동했던 아르헨티나를 예로 들어 설명해 보죠. 아르헨티나도 20년 전 지금의 그리스처럼 통화 주권이 없었습니다. 1990년대 초부터 자국 통화인 페소화와 미국 달러화를 일대일로 연동시키는 동시에 통화 발권량을 달러 보유고에 묶었기 때문이죠. 그 이래 아르헨티나 정부는 달러화에 대한 페소화 가치를 동일하게 유지하기 위해 재정 긴축을 시행합니다. 그렇게 되니 아르헨티나 통화의 화폐 가치가 안정되어 좋기는 한데, 문제는 미국 달러가 고평가되면서 아르헨티나 페소도 같이 고평가되어 수출이 늘지 않고 무역 적자가 쌓였다는 거예요.

결국 아르헨티나는 1990년대 말부터 경제 위기에 빠집니다. 아르헨티나는 처음에 지금의 그리스처럼 긴축 정책을 써서 이 문제를 해결하려 했다가 결국 경제가 파탄이 나요. 그러자 2002년에 집권한 새 정부가 과감하게 디폴트, 즉 국가 파산을 선언하고 페소화-달러화 연동을 끊어 버립니다. 말하자면 그리스가 유로화에서 탈퇴하는 것에 해당하는 일을 벌인 거죠. 그러고는 현재의 그리스와 달리 복지와 재정 지출을 늘리면서 경기 부양을 추진하자 아르헨티나 바깥에서는 난리가 납니다. 안 그래도 기울어 가는 나라, 이젠 완전히 망했다고요.

하지만 현실에서는 그런 비판과는 정반대의 일이 벌어집니다. 그 정책을 시행한 2003년부터 2011년까지 아르헨티나의 연평균 경제 성장률은 무려 7.5퍼센트에 달했는데, 이는 남미에서 1등인 건 물론이고 전 세계적으로도 대단히 높은 수치예요. 이 기간에 경제 성장률이 4퍼센트대이던 우리보다도 훨씬 높고요. 물론 아르헨티나가 수출하는 콩 같은 농산물의 국제 가격이 최근 크게 오른 것도 한몫했습니다. 그러나 기본적으로는 아르헨티나가 구제 금융 조건을 받아들여 축소 지향적 균형 회복으로 가지 않고 정부 지출을 통한 '확대 지향적' 균형 회복으로 간 덕분이라고 봐야 해요.

그리스도 정 안 되면 아르헨티나처럼 할 수 있다고 말하는 사람들이 있고, 저 역시 마찬가지 생각입니다. 제가 그리스 언론과 인터뷰했을 때 '당신들이 정말로 유로존에 남고 싶다면 탈퇴할 각오도 해야 한다'고 말했어요. 말하자면 필사즉생의 정신으로 정 안 되면 나도 아르헨티나처럼 탈퇴할 수도 있다며 EU를 압박하며 협상해야지, 지금처럼 제발 EU에 남아 있게 해 달라고 애원하면 아무런 양보도 얻지 못한다는 거죠.

아무튼 EU는 그리스가 재정 긴축을 하지 않으면 구제 금융을 주지 않겠다는 건데, 이건 소방수가 불 끄러 와서는 집주인에게 '내가 원하는 걸 들어주지 않으면 물을 뿌리지 않겠다'고 협박하는 거나 다를 바 없어요.

양적 완화,
왜 효과를 거두지 못하나?

이종태 1997년 IMF 사태 당시 우리는 그나마 수출 제조업이 강했고, 통화 주권도 잃지 않은 상태라 원화 가치의 평가절하를 통해 수출을 대폭 늘리면서 경제가 기사회생할 수 있었죠. 그런데 그리스는 이것도 전혀 불가능한 상태에서 설상가상으로 EU와 IMF로부터 재정 긴축과 복지 축소까지 요구받고 있으니, 상황이 참 서글프군요.

그런데 재정 긴축, 복지 축소라는 말이 나왔으니 여기서 미국 이야기를 좀 했으면 합니다. 유럽과 마찬가지로 미국도 앞으로 재정 긴축이 불가피하다더군요. 미국은 이른바 정부 부채 상한선이라고 해서 연방정부의 부채가 14조 2500억 달러를 넘지 않도록 법에 정해져 있습니다. 하지만 부시 정부가 대규모로 감세하고, 더구나 이라크 등의 전쟁에 막대한 예산을 쏟아붓다 보니 이미 정부 부채가 12조 달러 수준에 이른 상태였다고 해요.

그 결과 2008년 가을에 집권한 민주당 오바마 정부가 문제에 부딪치게 됩니다. 공적 자금 투입하고, 경기 부양하고, 소외층 복지 지원을 하기 위해서는 국채를 추가로 더 발행해야 하는데, 그렇게 되면 정부 부채 상한선을 초과하게 되더라는 거죠. 그래서 오바마 정부가 공화당이 우세한 의회에 정부 부채 상한선을 2조 1000억 달러 더 늘려 달라고 요청했고, 그에 반대하는 공화당과 치킨 게임을 벌이다가 결국 2011년 8월 굴욕적인 타협을 하고 맙니다. 앞으로 10년간 연방정부 부채 규모를 2조 5000억 달러를 감축하겠다고 약속한 거죠. 그런데 이걸 지키려면 복지 예산을 늘리기는커녕 오히려 줄여야 할 가능성이 높다고들 합니다.

정승일 앞에서 말했지만 그게 모두 오바마 정부의 잘못된 구제 금융 정책에서 시작된 겁니다. 월스트리트의 금융 회사들을 구제하겠다고 국민 세금으로 수조 달러의 구제 금융을 투입하면서 정작 금융 회사의 보너스 지급 하나 막지 못했잖아요. 그러자 분노한 미국인들 사이에서 국민의 세금으로 은행 경영자들만 호의호식하게 만들었다는 인식이 확산되더니 급기야 그런 데 쓰일 바에는 아예 세금을 안 내겠다는 운동이 미국 전역에 퍼져 나간 겁니다. 바로 그 유명한 티파티(tea party) 운동이에요. 세금을 반대하는 이 운동은 성격상 당연히 감세를 주장하는 미국 공화당을 지지했고, 그 덕택에 공화당은 2010년 선거에서 하원을 장악하게 됩니다. 오바마 정부로서는 증세도 못 하고 재정 투자도 못 하는 진퇴양난의 지경에 몰린 거죠.

장하준 그 연방정부 부채 상한선이라는 게 원래 20세기 초 연방정부가 걸핏하면 외국에서 전쟁을 벌이는 걸 막기 위해 미국 의회가 제정한 법이에요. 또 상한선 상향 조정도 지금까지 100회 가까이 이루어졌다고 하더군요. 거의 일상적인 절차였던 셈이죠. 사실 상한선을 올리지 않으면 연방정부가 부도를 내고 문을 닫아야 하는데 누가 동의하지 않겠습니까? 그런데도 이번에 공화당이 정략적 이유에서 억지를 부린 겁니다. 이런 역사적 사례를 논증하면서 더 세게 밀어붙였다면 별 어려움 없이 돌파할 수도 있었을 텐데 유약한 오바마 민주당이 공화당에 질질 끌려다니다가 결국 굴욕적인 타협을 하게 된 겁니다.

이종태 그런데 문제는 세계 경제의 3대 축 중 두 축인 미국과 유럽이 모두 재정 긴축으로 들어간다는 겁니다. 어떨까요? 과연 이런 방법으로 지금도 계속되는 글로벌 금융 위기에서 벗어날 수 있을까요?

장하준 암담하죠. 정부의 재정 지출마저 더 이상 늘리지 못한다면 유일하게 남는 정책 수단이라는 게 금리를 내려서 경제를 자극하는 방안인데, 금리는 이미 세계적으로 최저 상태까지 내려와 있잖아요. 유럽중앙은행도 2011년 12월에 그간의 반대 입장을 거두고 처음으로 미국 연준˙처럼 양적 완화 정책을 펼치기 시작했어요. 위기에 빠진 유럽계 은행들에 초저금리의 돈을 빌려 주기 시작한 거죠. 문제는 그 돈이 은행권이나 금융권을 맴돌면서 기업 투자 같은 생산 부문으로 흘러 들어가지 않는다는 겁니다.

˙미국의 중앙은행에 해당하는 관련 기관을 총칭하는 말로, 의사 결정 기관인 연방준비위원회 이사회와 그 집행 기관인 연방준비은행(Federal Reserve Bank) 외에도 연방공개시장위원회, 연방자문회의, 소비자자문회의 등으로 구성되어 있다.

예컨대 미국 연준 같은 경우 수조 달러를 새로 찍어 내어 월스트리트 은행들에 빌려 줬어요. 그 돈이 자연스럽게 생산적인 부문에 투자되어 미국 경제가 살아나기를 기대한 겁니다. 그런데 월스트리트 금융 자본은 그 돈을 움켜쥐고 있거나 아니면 국제 선물 시장이나 남미, 아시아 등지의 외환 시장, 증권 시장에서 투기를 일삼았어요. 정작 미국의 메인 스트리트(main street), 즉 기업이나 소비자에게는 돈이 흘러가지 않고 엉뚱하게 국제 선물 시장의 투기가 늘어나 원유가나 곡물가만 크게 오르게 된 거죠. 선진국에서 인플레 압력이 나타나고 개발도상국에서 식량 폭동이 일어난 게 그 결과입니다.

정승일 2011년 튀니지에서 시작된 '아랍의 봄'에도 이런 국제 곡물 가격 상승이 한몫을 했습니다. 밀 가격이 폭등하면서 빵 값이 오르자 중동의 가난한 나라들에서 빵을 달라는 시위가 시작된 거니까요. 그런데도 서구 언론은 오로지 중동의 독재자들만 비난하고 있어요. 마치 그 독재자들만 물러나면 모든 문제가 해결될 것처럼 말하는데, 실은 국제 곡물 가격의 상승을 불러온 월스트리트의 금융 자본도 처벌하고 규제해야 하는 겁니다.

이종태 미국 연준에서 발표하는 자금 흐름표에 방금 말씀하신 내용에 대한 통계가 나옵니다. 가령 월스트리트 은행들의 지급준비금˙은 2007년 불과 200억 달러였는데 2011년에는 무려 1조 4000억 달러로 늘어나요. 결국 월스트리트 은행들이 미국 연준이 제공한 초저리 자금을 기업이나 가계에 대출해 준 게 아니라 그냥 가지고 있거나 아니면 다

˙은행이 예금자들의 인출 요구에 대비해 예금액의 일정 비율 이상을 중앙은행에 의무적으로 예치하도록 한 지급준비제도에 따라 예치된 자금. 우리나라의 경우 은행은 저축성예금 및 요구불예금 총액의 11.5퍼센트를 한국은행에 예치해야 한다.

시 연준에 맡긴 겁니다. 게다가 2009~2011년 사이 미국 금융권은 대출해 준 돈보다 회수한 돈이 훨씬 더 많았다고 해요. 즉 메인스트리트는 월스트리트로부터 대출을 추가로 받기는커녕 상환 독촉에 시달렸던 겁니다. 이래서는 미국에서 일자리가 계속 줄고 경제가 회복되지 않는 게 당연하지 않을까요?

장하준 우리나라에서도 IMF 위기가 계속되던 1998년과 1999년에 그와 똑같은 일이 벌어졌습니다. 한국은행이 시중은행에 초저금리 자금을 많이 공급했는데, 그 돈이 은행권에만 머물면서 정작 기업 대출로는 가지 않은 거죠. 심지어 시중은행들이 기업 대출을 대거 회수하면서 흑자 도산하는 기업들이 속출했고요.

그렇다 해도 미국과 유럽이 양적 완화 정책을 통해 돈을 많이 푼 것 자체는 잘한 일이라고 봐요. 문제는 그렇게 돈을 푼다고 해서 그게 실물경제로 흘러 들어간다는 보장이 없다는 겁니다. 개별 은행 입장에서는 그렇게 행동하는 게 합리적이에요. 가뜩이나 불안한 경기 침체 국면에서 돈을 떼일지도 모르는 중소기업들에게, 서민들에게 왜 빌려 주겠어요. 신규 대출은 줄이고 기존 대출도 회수하는 게 개별 은행의 경영자로서는 가장 합리적인 선택이 되는 거죠. 이럴 때에는 정부가 직접 나서서 은행권 대출을 규제하고 통제해야 합니다.

미국의 경우에도 단지 양적 완화로 돈만 풀 게 아니라 그 돈이 반드시 생산적 대출에 사용되도록 은행들에 대한 대출 규제 정책을 병행해야 했어요. 예컨대 양적 완화로 풀린 돈의 일정 비율 이상은 반드시 중소기업이나 가계에 대출하도록 하고, 국제 선물 시장 같은 데에는 쓸 수 없도록 강력하게 통제했어야죠.

그것이 우리나라에도 좋지 않은 영향을 미치고 있습니다. 월스트리트 금융사들이 양적 완화로 얻은 초저금리 자금을 한국 같은 동아시아 증권 시장에 투자해 엄청난 수익을 올리면서 우리나라에서는 경기 침체에도 불구하고 주가가 내려가지 않는 기현상이 벌어지고 있어요. 경제를 살리려는 미국 정부의 양적 완화 자금이 이렇게 미국을 벗어나 제3국의 주가나 올려놓는 현상을 막으려면 미국 정부도 자본 통제•, 외환 시장 통제를 해야 합니다.

양적 완화가 반복되면서 미국의 투기성 핫머니가 동아시아와 남미에 대규모로 유입되어 얼마나 많은 문제를 일으키는지는, 자본 통제라면 펄펄 뛰던 IMF까지 나서서 남미 국가들에게 자본 통제를 권유한 것만 봐도 알 수 있어요. 지금까지 미국 정부가 한 일은 말하자면 목마른 사람들이 앉아서 물을 기다리고 있는데, 그 위에 물 폭탄을 퍼부어 버린 겁니다. 물 폭탄을 퍼부으면 그 아래에 있는 사람들이 한두 모금은 받아 마실 수 있겠죠. 그러나 갈증을 완전히 해소할 수는 없어요. 미국 정부는 물 폭탄이 아니라 물을 컵에 담아 목마른 중소기업과 가계에 선별해서 나눠 줘야 했어요. 은행들에 구체적인 대출 방안을 제시하고 그 방향으로 나아가도록 채찍을 휘두르며 규제하거나 아니면 정부가 미래 성장 산업의 육성에 나서서 금융권의 자금이 자연스럽게 이런 부문으로 흘러 들어가도록 당근을 제시해야 했다는 거죠.

• 자본 통제란 초단기 투기성 자본의 거래나 수출입 무역에서 외화 자산의 이동을 제한하는 조치를 말한다. 자본 통제를 시행하면 투기성 자본 유입이 억제되어 환율이 안정되는 등의 장점은 있지만, 장기화되면 투자와 생산 위축, 물가 상승과 같은 문제점이 발생하는 데다가 선진국의 개방화, 자유화 정책에 반한다는 이유로 그간 IMF 등이 반대해 왔다.

재정 적자,
너무 두려워할 필요 없다

이종태 요약하자면 지금처럼 재정 긴축을 유지하면서 통화나 더 푸는 정책 정도로는 미국은 물론이고 세계 경제의 회복도 불가능하다는 말이군요. 그런데 여기서 좀 더 이야기하고 싶은 게 재정 적자 문제입니다. 사실 재정 적자라는 건 결국 정부 부채인데, 대부분 부채라는 건 그다지 좋지 않다고 알고 있습니다. 그런 맥락에서 보자면 재정 적자에 대한 우려 자체는 타당하다고 볼 수 있지 않을까요?

장하준 그렇지 않죠. 지금의 글로벌 금융 위기 같은 비상시국에서는 재정 지출을 크게 늘려 일단 경제의 숨통을 터놓아야 하는 겁니다. 설령 그로 인해 정부의 재정 적자가 늘어나 누적 정부 부채가 많아진다 하더라도 말이에요. 앞에서 말한 진통제나 진정제 같은 역할을 해야 하는 거예요. 그래야 환자가 일단 숨이라도 쉴 수 있으니까요. 환자가 숨도 쉬지 않으면 금융 시장 규제나 주주 자본주의 규제, 산업 구조 조정 같은 근본적인 수술을 할 수가 없어요.

물론 정부 부채가 많은 게 좋지는 않습니다. 언젠가는 다시 낮추어야죠. 그러나 지금은 정부 부채 감축을 강조할 때가 아니에요. 그런데도 전 세계 시장주의자들은 재정 긴축 여론을 조성하면서 세계 경제를 더욱 구렁텅이에 빠뜨리고 있어요. 중환자에게 진통제나 진정제로 일단 생명을 이어가게 했으면 다음 단계로 본격적인 치료약을 투여하거나 수술을 해야 하는 거 아닙니까? 그런데 지금까지 세계 각국 정부들은 진통제나 진정제만 투여했을 뿐 제대로 된 치료제 투약이나 수술은 한 적이 없어요. 이런 와중에 시장주의자들이 나서서 환자에게 진통제도 투여하지 말라고 외치고 나선 겁니다.

정승일 미국과 한국의 보수주의자들은 국채를 더 발행하는 식으로 정부가 빚을 내서 서민 복지를 늘려 봐야 결국 그 빚을 갚아야 하는 건 그 서민들의 후손이라고 비판합니다. 후손의 부담을 늘리는 복지 재정 확대는 '복지 포퓰리즘'이라는 거죠.

장하준 그건 기본적으로 말이 안 돼요. 우리 후손이 전부 채무자의 후손들뿐인가요? 우리 후손 중에는 해당 국채를 보유한 채권자의 후손도 있을 거 아닙니까? 그렇다면 국채를 더 보유할 채권자의 후손은 현 세대의 정부가 국채를 많이 발행할수록 오히려 미래에 돈을 더 많이 벌게 되는 게 아닌가요?

이종태 미국과 한국의 보수주의자들이 좋아하는 로버트 배로 같은 경제학자는 국채 발행이 많아지면 그로 인해 민간 채권의 발행이 힘들어진다고 하더군요. 시중 자금을 정부가 싹쓸이해 가기 때문에 기업들이 회사채 발행하기가 힘들어져서 결국 정부가 민간 투자를 구축(驅逐)하는 셈이 된다고요. 그 경우 비효율적인 국가가 자금을 많이 가져가고, 효율적인 민간 기업들은 그만큼 덜 가져가게 되니 국가 경제 전체의 효율성이 떨어지게 된다는 겁니다. 따라서 재정 긴축을 통해 국가 채무를 줄여야만 민간 기업들이 자유롭게 투자를 늘려 경제를 활성화하고 효율화할 수 있다는 거죠.

장하준 로버트 배로 같은 보수적 경제학자들의 논리에는 문제가 있어요. 요즘처럼 정부가 빚까지 내어 가면서 재정 지출을 늘리려는 이유가 뭡니까? 바로 민간 부문이 소비와 투자를 하지 않기 때문에 경제가 제대로 돌아가지 않고, 그로 인해 세금 수입이 줄어드니까 돈을 빌려서라도 정부가 재정 지출을 늘려 민간 경제를 살리려는 거잖습니까? 이런 상황에서 국가 빚을 줄인다고 민간 부문이 활성화되나요? 대단한 착각입니다.

그런데 요즘의 재정 긴축론자들은 배로보다도 더 단순한 논리로 접근해서 문제예요. 먼저 빚이 많은 것 자체가 나쁘다는 생각이 만연해 있어요. 2011년 9월에 영국의 캐머론 총리가 '빚이 너무 많으면 좋지 않으니 다 같이 빨리 빚을 갚자'고 말했는데, 그럴듯하게 들리죠? 하지만 캐머론 총리는 그 발언으로 거세게 비판받았고 결국에는 발언을 철회했습니다. 캐머론 총리는 개인의 빚과 국가의 빚을 같은 차원으로 혼동한 겁니다. 개인 차원에서는 일단 빚이 많은 게 좋지 않다고 치죠. 그러나 국가 차원에서는 이야기가 달라집니다. 모든 개인이 부채를 줄이겠다면서 저축만 늘리고 소비를 줄이면 어떻게 될까요? 국민 경제가 망합니다. 사실은 내가 돈을 써야 다른 사람이 그 돈을 버는 거 아닙니까? 그런데 국민 경제와 가계 경제를 혼동해 빚이 많으면 안 된다고 했으니 욕을 먹은 건 지극히 당연합니다.

또 개인의 경우에도 빚을 낼 필요가 있을 때는 당연히 빚을 내야죠. 예컨대 현재 가난한 사람이 대학 가서 학력을 쌓아 더 많은 돈을 벌어 보겠다고 생각한다면 지금 빚을 늘리는 게 맞아요. 돈을 빌려 술 마시고 해외 여행 가겠다는 게 아니잖아요. 이렇게 개인 차원에서도 빚을 어디 쓰느냐에 따라 옳을 수도 있고 그를 수도 있는 겁니다. 그런데 무조건 청교도적인 논리를 들이대면서 빚은 나쁘고 어떻게든 빨리 갚아야 한다고 하면 국민 경제에 큰 문제가 생기게 돼요.

정승일 다시 경제의 문제를 윤리의 문제로 환원시키는 겁니다. 그런데 1990년대 말 당시 우리나라가 요즘의 그리스처럼 IMF의 긴축 등쌀에 한창 시달리던 시기에 IMF의 수석 이코노미스트를 지낸 케네스 로고

프 하버드대 교수가 그와 비슷하게 단순한 이야기를 합니다. 지난 수백 년간의 역사를 통계적으로 검토해 보니 국가든 가계든 기업이든 부채가 많으면 결국 금융 위기가 터지더라, 그러니 빚을 줄이라고 하는 겁니다.

장하준 문제는 빚이 많다는 것 자체가 아닙니다. 과거의 우리나라 대기업들처럼 나중에 더 큰 돈을 벌기 위해 생산적 투자를 많이 하고 고용을 늘리느라 빚을 많이 진 경우는 괜찮아요. 빚이 어떤 이유에서 생겼고 또 어떤 식으로 쓰이는지를 따져 봐야 하는 거죠.

정승일 국가 부채도 마찬가지 아닐까요? 국가 부채를 통해 조달한 돈을 산업 정책 자금으로 사용해 미래 산업을 키울 수도 있고, 아니면 당장 굶주릴 위기에 처한 수백만 명의 개인과 가정을 복지 정책으로 지원해 회복시킨 다음 그들로부터 세금을 더 받아 낼 수도 있는 거니까요.

　복지국가라는 스웨덴도 1990년대 초반에 금융 위기가 터지는 바람에 재정 적자와 정부 부채가 크게 늘어나 힘들었던 적이 있습니다. 당시 스웨덴 정부는 요즘 IMF나 EU가 요구하는 것처럼 무조건 재정 지출 줄이고, 무조건 민영화하고, 무조건 공무원 해고하고 그러지 않았어요. 물론 일부 복지를 줄이기는 했지만 동시에 증세도 하고 금융 시장 규제도 강화했으니까요. 이후 위기에서 벗어난 1990년대 후반부터 스웨덴은 다시 세계 최고 수준의 복지국가가 되었습니다. 그렇게 노력해서 경제가 살아나자 정부의 세수가 늘어서 위기 후 십 년도 지나지 않아 정부 부채가 다시 원래 수준으로 낮아졌어요. 요즘에는 오히려 재정 흑자가 가장 많이 나는 나라예요.

장하준 독일에 맞서 제2차 세계 대전을 수행하던 시기의 미국과 영국도 국가 부채가 지금의 몇 배나 됐어요. 그런데도 그 후 결국 다 갚았잖아요. 경제가 성장하고 세금 수입이 꾸준히 늘어나면서 이후 세대가 다 갚은 겁니다.

이제는 국가파산법을
만들어야 한다

이종태 요즘 미국의 GDP 대비 국가 부채 비율이 55퍼센트 전후인데, 이 게 역사상 초유의 사태도 아니더군요. 1943~1956년 사이에도 50퍼 센트 이상이었고 제2차 세계 대전 중에는 112퍼센트까지 올라갔다고 해요. 재정 적자가 아니라 흑자를 기록하던 클린턴 대통령 당시인 1996년에도 49퍼센트까지 올라간 적이 있고요. 결국 현재 미국의 국 가 부채 비율이 높은 건 전임 부시 대통령이 워낙 감세를 많이 해서 세 수가 줄어들어서 그렇게 되었다는 겁니다.

　또 하나 특기할 만한 사항은 현재 미국 정부가 금융 위기에 대처하 기 위해 엄청난 재정 지출을 하고 있고, 양적 완화로 달러 통화량이 대 폭 늘어났는데도 예상 외로 물가 상승률이 낮다는 거예요. 신고전파 주류 경제학 이론에 따른다면 당연히 폭발적인 인플레 현상이 일어나 야 하는데 말이죠.

정승일 그래서 폴 크루그먼 같은 케인스주의 경제학자들은 '공화당과 오 바마 정부가 재정 긴축으로 미국 경제를 헤어날 수 없는 늪 속으로 빠 뜨리고 있다'고 비판하는 겁니다. 지금 같은 글로벌 금융 위기 때에는 인플레 위험보다는 디플레[•] 위험을 더 걱정해야 한다는 거죠.

● 디플레이션의 약어로, 경기 불황기에 물가가 떨어지는 현상을 말한다.

장하준 미국은 1930년대에도 국가 부채 비율이 엄청났어요. 대공황 시기에 뉴딜 정책을 펼치면서 재정 적자를 무릅쓰고 재정 지출을 늘렸기 때문이죠. 그리고 앞에서 나왔지만 로고프처럼 단순하게 빚이 많다고 해서, 부채 규모가 크다고 해서 금융 위기가 터지는 것도 아니에요. 우리나라의 경우 1997년 IMF 사태 당시 외채 규모가 GDP 대비 25퍼센트 정도에 불과했어요. 더군다나 그게 모두 국가 부채인 것도 아니었고요. 그런데도 외환 위기가 터졌습니다. 외채 규모가 큰 건 아니지만 단기 외채가 많았던 게 문제였죠.

　다시 강조하지만 부채도 부채 나름입니다. 말도 안 되는 부적절한 부채가 있을 수 있고 정당한 목적과 상환 방법, 전략을 가진 부채도 있는 거예요. 부채의 이런 다양한 측면을 신중하게 살펴보지도 않고 무조건 빚은 나쁘다, 줄이라고 하는 건 문제예요. 그럼에도 글로벌 금융 자본은 빚에 대한 이런 공포를 악용해 '그래, 빚 많으면 큰일 나니까 복지 지출 깎아!'라고 하는 겁니다.

이종태 제가 여전히 궁금한 건, 지금처럼 재정 긴축을 강요해 그리스 경제가 망가지면 그리스의 빚 갚을 능력까지 사라지게 되고, 그 경우 채권자인 국제 금융 자본도 막대한 손해를 보게 될 텐데, 왜 국제 금융 자본이 저렇게 혹독하게 나오느냐는 겁니다. 두 분 말씀대로라면 국제 금융 자본이 자기 발등 찍고 있는 거 아닙니까? 혹시 국제 금융 자본이 정말로 루카스나 배로 같은 자유 시장 경제학자들과 마찬가지로 정부 재정 확대와 통화량 증대가 인플레 위험을 증가시킬 위험이 매우 크다고 믿어서 그런 건 아닐까요? 실제 인플레가 진행될 경우 금융 자본은 무조건 손해를 보게 되니 말입니다.

장하준 그런 믿음도 있을 거예요. 그런데 그 믿음이 현실과 맞지 않으니 국제 금융 자본 역시 갈팡질팡하면서 갈피를 못 잡는 것 같아요. 예컨 대 2010년 신용 평가사인 S&P가 스페인 정부에게 국가 부채를 줄이 라며 긴축 재정을 요구했어요. 그렇게 하지 않으면 신용 등급을 깎겠 다고 협박하면서요. 그래서 스페인 정부가 S&P의 요구대로 했더니 스 페인의 경제 상황이 더 나빠지는 거예요. 그러자 S&P는 스페인 경제 전망이 더 어두워졌다는 이유로 스페인의 신용 등급을 강등해 버립니 다. 한마디로 세계에서 가장 똑똑한 사람들이 모였다는 S&P에서 코미 디 같은 일들이 벌어지고 있어요.

지금 유럽 금융 시장은 독일과 프랑스 은행 등이 각기 자기 이익을 먼저 챙기려다 공멸하는 상황입니다. 개별 채권자 입장에서 보자면 채 무자나 채무국이 지불 불능 위기 상황에 빠졌을 때는 다른 채권자들보 다 먼저 달려가 자기 돈부터 챙기는 게 최선이거든요. 문제는 모든 채 권자가 똑같이 그렇게 생각하니까 금융 시장에 패닉이 발생하는 겁니 다. 말하자면 극장에 불이 났는데 모든 관객이 너도나도 하나밖에 없 는 비상구를 찾아 한쪽으로 쏠리면서 다 같이 죽는 비극이 일어나고 있는 거죠.

이종태 그렇다면 어떻게 해야 국제 금융 시장, 특히 유럽 금융 시장의 이 런 갈팡질팡한 상황과 공멸의 위험을 막을 수 있을까요?

장하준 기업에 적용하는 파산법이란 게 있어요. 말하자면 법원 판결로 해당 기업의 파산이 인정되면 채권자는 일정 기간 동안 채무 기업의 털끝 하나도 건드릴 수 없습니다. 그렇게 해야 부채 상환과 이자 지불 의무에서 해방된 채무 기업이 숨이라도 쉬면서 차분하게 영업을 재개 해 언젠가 매출과 수익을 늘려 부채 상환을 할 여유를 얻게 되니까요.

그런 파산법이 결국은 채권자들에게도 좋은 거예요. 사실 개별 채권자들이 너도나도 내 빚부터 내놔 하며 한꺼번에 달려들어 채무 기업이 소위 '빚잔치'라도 벌이게 되면 채권자 전체로 봐서도 별로 가져갈 게 없어요. 그러느니 차라리 파산법을 통해 채무 기업을 살린 다음 천천히 벌어서 갚게 하는 편이 전체 채권자에게도 장기적으로 이익이 되는 겁니다.

그러니 기업파산법의 취지를 국가나 정부 차원에도 적용해 '국가파산법' 같은 제도를 도입하면 됩니다. 예컨대 경제 위기에 직면한 채무국의 경우 S&P 같은 곳에서 국가 신용 등급을 매기는 것은 한시적으로 금지시키고, 채권자들도 다 같이 어느 정도씩 손해를 보자고 합의하면 된다는 거죠. 그러면 지금보다 문제를 최소화할 수 있습니다.

이종태 말하자면 지금은 채권 추심이 무정부적으로 이루어지기 때문에 문제가 더 커지고 있다는 거네요. 유럽이나 국제 금융 시장의 채권자들이나 한국의 불법 사채업자들이나 하는 짓이 비슷하군요. 돈을 받기 위해 채무자를 너무 핍박한 나머지 채무자의 상환 능력 자체를 없애 버리는 거죠. 심지어 채무자가 끝내 빚을 갚지 못하면 사채업자들이 채무자를 팔아 버린다는 무시무시한 소문도 있습니다.

장하준 IMF가 바로 그 사채업자들처럼 채권을 추심합니다. 구제 금융을 빌려 주면서 무시무시한 조건을 붙이니까요. 재정 긴축해라, 복지 예산 삭감해라, 공기업 매각해 빚 갚을 돈 마련해라…. 이런 게 다 결국은 IMF와 EU가 그리스에 빌려 준 돈을 다시 짜내기 위해서입니다.

이종태 다만 IMF와 EU의 재정 긴축 요구에는 '그렇게 해야 그리스 경제가 살아난다'는 배로 같은 경제학자들의 비현실적인 논리마저 없다는 말이군요. 결국 논리도, 목적도 없이 18세기 청교도 논리를 가지고 맹목적으로 그리스를 몰아대는 셈이고요.

장하준 그렇죠. 맹목적이죠. 그걸 보여 주는 또 다른 사례가 바로 1997년 IMF 사태를 당한 우리나라예요. IMF 사태 직전에 우리나라는 재정이 적자이기는커녕 흑자였어요. 재정 적자가 많아 IMF 사태가 터진 게 아니라는 말이죠. 그런데도 IMF는 우리 정부에 재정 흑자를 더 내라, 정부 지출을 더 삭감하라고 강요했습니다. 정상적인 상황이 아니었던 거죠. 그런데도 당시 IMF와 협상한 우리 대표들도 무조건 다 우리 잘못이라며 설설 기었어요. 우리나라 엘리트들 특유의 사대주의와 식민주의적 자학이 깔려 있었던 겁니다. 그런 식으로 협상하니 결과가 좋겠어요?

정승일 엘리트들만 그랬던 게 아니에요. 그때는 시민 단체는 물론이고 사회 전반의 분위기가 그랬어요. 심지어 일각에서는 '내 탓이오' 운동까지 벌어졌잖습니까. IMF 사태를 우리의 도덕적 결함 때문에 발생한 재난으로 보는 관점이 성행했던 거죠. 재벌 총수와 관치 금융만 몰아내면 모든 문제가 해결될 듯이 떠들어 댄 것도 그래서예요. 만약 그때 장 교수님이 말씀하시는 국가파산제 같은 게 있었다면 경제가 그처럼 참혹한 파국을 맞지는 않았을 겁니다.

이종태 그 국가파산제는 어떤 구상인가요? 간단하게 설명 좀 해 주시죠.

장하준 국제 조약으로 국가 파산 법정을 만드는 겁니다. 이를테면 IMF 회의 등을 통해 그리스에 국가 파산이 선언되면 일정 기간, 예컨대 1년 동안 그 나라에서 자본 유출이 금지되고 부채의 원금과 이자 상환 의무도 정지되는 거죠. 또 국가파산위원회 같은 국제기구를 만들어 채권단과 협상해 채무 일부 탕감 같은 일도 질서정연하게 이루어지게 하고요.

금융 위기,
저금리 때문이 아니다

이종태 하지만 가장 좋은 건 아예 금융 위기가 벌어지지 않는 거겠죠. 지금부터는 이번 금융 위기가 왜 발생했는지 그 원인에 관해 이야기했으면 합니다. 금융 위기의 발생 이유를 알면 최소한 그 비슷한 방식의 금융 위기는 피할 수 있을 테니까요. 가장 흔히 지적되는 원인은 미국의 그린스펀 연준 의장이 2001년부터 2006년까지 장기간 지속한 저금리 정책입니다. 미국 연준이 기준 금리를 수십 년 이래 가장 낮은 수준으로 내리는 바람에 미국인들이 저금리 모기지 대출을 받아 주택을 구입하기 시작했고, 그 결과 미국의 모기지 대출 시장이 과열되었다는 설명이죠.

장하준 그렇지만 모든 책임을 저금리에 물을 수는 없다고 봐요. 우리나라의 1960~1970년대에는 저금리 정도가 아니라 마이너스 금리였어요. 명목 이자율은 꽤 높았지만 물가 상승률이 높아서 실질 이자율이 마이너스였던 거죠. 하지만 당시 우리나라에 부동산 거품이 터지고 금융 위기가 발생하지는 않았잖습니까?

전 세계적으로 금융 위기가 자주 일어나게 된 건 1980년대 중후반부터입니다. 그런데 이 시기는 바로 금융 자본주의가 세계적으로 확산된 시기와 겹쳐요. 시장주의자들은 금융 자본주의처럼 시장의 자유가 보장되는 시스템에서는 큰 사고가 일어날 수 없다고 맹신했습니다. 예컨대 미국의 그린스펀 연준 의장 같은 경우 2006년까지만 해도 '미국 부동산 시장에 거품은 없다'고 단호하게 말하다가 2007년 들어 사태가 너무 심각해지니까 그제야 국지적으로 '작은 거품(froth)'들이 있다고 마지못해 인정했어요.

결국 세계 금융 위기는 시장 경제 맹신이라는 문화적 분위기 속에서 금융 자본주의라는 구조적 요인에 저금리 정책까지 가세하면서 터진 사건이라고 봅니다. 주류 경제학자들이 지금 저금리에만 책임을 돌리고 있는 건 앞의 두 가지, 즉 시장 경제 맹신과 금융 자본주의가 자기들이 늘 옹호해 오던 것이기 때문이에요.

정승일 그린스펀이 2001년에 기준 금리를 대폭 내린 건 그 직전에 터진 IT 거품의 붕괴로 인한 경제 하강 충격을 막기 위해서였어요. 그 금리 인하 덕택에 미국 경제가 2002년부터 회복세를 보입니다. 따라서 주류 경제학자들의 비판은 그린스펀이 2002년이나 2003년 무렵부터는 기준 금리를 올려야 했다는 거예요. 그런데 그린스펀이 2002년 이후에도 저금리 정책을 지속했기 때문에 모기지 대출 붐이 일어났고, 그것이 2008년 서브프라임 위기로 이어졌다는 거죠. 일리가 있는 지적이라고 생각합니다.

그런데 문제는 2002~2003년에 이미 경기가 부양되었는데도 그린스펀이 왜 저금리를 고수했느냐는 거예요. 그 질문에 그린스펀 스스로가 이렇게 대답한 바 있습니다. '당시 경기 부양은 되었는데 일자리는 늘어나지 않았기 때문'이라고요. 이른바 '고용 없는 성장' 탓이었다는 겁니다. 그런 상황에서 기준 금리를 인상하면 그나마 유지되던 경제 회복세마저 멈출 테고, 그렇게 되면 고용 수준이 더 떨어질 걸 걱정했던 거죠.

그렇다면 왜 당시 미국에서 고용 없는 성장이라는 현상이 나타났을까요? 저금리에 따른 경기 회복으로 기업들의 매출과 수익성이 회복되었는데, 왜 미국 기업들은 신규 고용을 주저하고 오히려 기존 인력까지 정리해고를 했을까요? 저는 그것이 바로 주주 자본주의 때문이라고 봅니다. 그리고 주주 자본주의는 금융 자본주의의 다른 표현이고요.

이번 글로벌 금융 위기 발발에 저금리보다는 주주 자본주의가 더 큰 역할을 했다는 결정적 증거는 기업들의 달라진 행동입니다. 2000년대 초중반 기업들은 저금리에도 불구하고 미국이건 한국이건 은행 대출을 별로 받지 않았어요. 예컨대 1990년대 초중반에 우리나라 금리가 2000년대 초중반처럼 낮았다고 해 보죠. 그러면 대기업이건 중소기업이건 대출 받아 설비투자를 늘리는 데 치중했을 겁니다. 그런데 이번에는 전혀 그러지 않았어요. 저금리 대출 자금이 두드러지게 주택 대출 쪽으로 흘러가게 된 것도 그래서입니다. 그렇다면 기업들은 왜 이렇게 달라졌을까요? 바로 기업들이 주주 자본주의에 포획되면서 단기 수익성 위주로 경영하게 되었기 때문입니다.

이종태 말하자면 고용 없는 성장은 주주 자본주의와 금융 자본주의라는 경제 구조에서는 필연적이라는 말이네요. 그리고 고용 없는 성장의 문제를 해결하지 못하는 한 저금리 기조를 바꾸기가 쉽지 않다는 거고요.

정승일 그렇죠. 그런데 우리나라에서도 주주 자본주의가 본격적으로 작동하기 시작하는 2000년대 초반부터 미국과 똑같은 고용 없는 성장 현상이 나타납니다. 삼성전자나 현대자동차 같은 대기업의 경우 매출과 수익성이 그때부터 큰 폭으로 늘어나는데도 신규 일자리는 거의 생기지 않거든요. 반면에 주주 배당은 늘어나고 주식 가격은 천정부지로 올라가는데, 이게 전형적인 주주 자본주의 현상입니다.

또 하나 지적할 게 금융 시장 규제 완화예요. 미국에서 주택 담보 대출이 늘어난 건 주로 모기지 회사들에 의해서입니다. 그런데 이들은 자금 조달을 신용파생상품 발행에 의존했어요. 만약 1990년대 말에 그린스펀 의장이 추진한 신용파생상품 규제 완화가 없었다면 미국에서 모기지 회사들이 그렇게 많은 자금을 조달하지 못했을 겁니다. 결국 저금리도 문제였지만, 보다 근본적으로는 금융 시장 규제 완화가 이번의 미국발 금융 위기를 배태하는 데 결정적이었죠.

장하준 더 범위를 넓히면 1990년대 초중반부터 각국의 금융 시장 규제 완화와 대외 개방의 흐름을 타고 월스트리트 금융 자본이 여기저기 돌아다니면서 금융 거품을 만들어 냅니다. 그런데 그 거품이 꺼질 때마다 금융 위기가 터졌어요. 예컨대 1997년 말 우리나라와 동아시아에서 금융 위기가 발생하자 월스트리트 금융 자본이 대거 빠져나가 IT와 인터넷 기업으로 몰려갑니다. 그 결과 1999년을 전후해 엄청난 IT 거품이 발생했다가 2000년 초에 붕괴해요. 그러자 이번에는 미국의 모기지 대출 시장으로 대거 몰려간 거예요. 그린스펀은 2001년 IT 거품 붕괴의 충격을 막기 위해 금리를 낮췄는데 그게 결국 새로운 거품, 즉 부동산 버블을 만든 겁니다. 저는 이걸 '거품을 거품으로 돌려막기'라고 표현해요. 어처구니없는 금융 거품이 생겼다가 터졌는데, 그걸 제대로 처리하는 게 아니라 또 다른 금융 거품을 만들어 해결하니까요.

금융 자본주의는
위기를 몰고 다닌다

이종태 그렇다면 이번 세계적 금융 지진의 진원지인 금융 자본주의라는 건 도대체 뭡니까?

장하준 흔히 실물경제가 몸통이고 금융은 꼬리라고 하잖아요. 그런데 1980년대 이후 최근에 이르기까지 미국에서는 금융이 몸통이 되고,

실물경제는 오히려 꼬리로 퇴락하는 이상한 과정이 전개되어 왔어요. 그러니까 금융 자본주의란 금융이 몸통이 되어 실물경제라는 꼬리를 흔들어 대는 자본주의라고 할 수 있겠죠.

이종태 한갓 꼬리에 불과했던 금융이 몸통으로 신분 상승하려면 경제 제도나 구조에 많은 변화가 있어야 할 것 같은데, 구체적으로 어떤 제도적 구조적 변화가 있었나요?

장하준 그게 바로 금융 시장 규제 완화인데, 그 시작은 1980년대 미국에서입니다. 당시 미국에는 저축대부조합(S&L)이라는 작은 금융 기관이 전국 곳곳에 있었어요. 우리나라의 마을금고처럼 동네에 자리 잡고는 주민들로부터 소액의 예금을 받아 주택 대출 등의 영업을 하는 식이었죠. 이렇게 서민들의 소액 예금을 받는 금융사여서 정부도 신용카드나 상업용 부동산 대출 같은 위험한 업무는 하지 못하게 하는 등 규제를 세게 합니다. 자칫 저축대부조합이 위험한 대출이나 투자를 하다가 부도라도 내면 많은 서민들이 재산을 잃게 되는 걸 우려해서죠.

그런데 1980년 레이건 대통령이 이런 규제를 모두 풀어 버려요. 저축대부조합 입장에서는 신나는 일이었죠. 그간 규제 때문에 못했던 업무를 할 수 있게 되었으니까요. 이후 저축대부조합은 상업용 빌딩을 비롯한 각종 부동산에 마구잡이로 대출하면서 수익률이 급상승합니다. 하지만 수많은 저축대부조합들이 한꺼번에 상업용 부동산 대출을 늘리다 보니 미국에 부동산 투기 붐이 일어나게 돼요. 이른바 금융 거품이 만들어진 거죠. 결국 이 거품이 1980년대 후반에 터지면서 저축대부조합에서 비롯된 금융 위기가 일어납니다.

정승일 저축대부조합 위기가 남의 나라 일이 아닙니다. 우리도 저축은행들이 대거 파산한 게 작년과 재작년인데, 그 양상이 저축대부조합 사태와 비슷했어요. 저축은행들이 프로젝트 파이낸싱이라고 하여 상업용 부동산에 위험한 대출을 많이 해 주다가 그게 부실화되면서 저축은행까지 부실해진 거니까요.

그런데 미국의 저축대부조합도 그랬지만 우리나라 저축은행들도 구조적으로 위험한 사업에 뛰어들 수밖에 없는 이유가 있어요. 우리나라도 1990년대 말부터 주식 열풍이 불면서 은행 예금이 매력을 잃게 됩니다. 많은 고액 예금자들이 은행 예금보다 수익성이 높은 증권 시장으로 이동한 거죠. 이러니 원래부터 시중은행보다 이자를 더 많이 줘야 예금을 유치할 수 있던 저축은행들로서는 주식 투자만큼이나 높은 수익률을 내지 않으면 안 되는 상황이었어요. 그래서 위험하지만 수익이 더 높은 프로젝트 파이낸싱 같은 데 뛰어든 겁니다.

장하준 미국의 저축대부조합에서 시작된 금융 위기는 아버지 부시 대통령이 GDP의 3퍼센트에 달하는 5000억 달러라는, 당시로서는 역사상 유래 없는 대규모 공적 자금을 투입하고, 저축대부조합에 돈을 많이 빌려 줬다가 운영이 곤란해진 일부 은행을 국유화하면서 겨우 진정시킵니다. 그 덕분에 1990년대 초반부터는 미국의 금융 시스템이 조금씩 안정이 돼요. 그런데 클린턴 민주당 정부가 1990년대 초반부터 월스트리트를 대대적으로 키우면서 또 다른 규제 완화를 해 줍니다. 그중 가장 큰 사건이 1999년의 글래스 스티걸법* 폐지예요. 이로써 미국

• 글래스 스티걸법이란 1929년의 주가 폭락과 그에 이은 경제 대공황의 배경 가운데 하나로 은행들의 방만한 경영에 대한 규제 장치가 없었다는 점이 지적되면서 1933년 제정된 은행에 관한 법률이다. 이 법이 발효됨에 따라 기업이 발행하는 유가증권 인수 업무는 투자은행(증권사)에만 한정되고, 상업은행에게는 금지되었다. 그러나 1999년 클린턴 정부 당시 통과된 그램 리치 블라일리법으로 상업은행에 투자은행 업무는 물론 보험업까지 허용해 주면서 이 법은 폐기되었다.

에서도 하나의 금융 기관이 (지주회사 형태로) 상업은행업과 투자은행업•을 모두 운영할 수 있게 된 겁니다.

정승일 이어 그다음 해인 2000년에는 이른바 금융현대화법으로 파생금융상품에 대한 규제를 대폭 완화하죠. 이번 글로벌 금융 위기의 주범으로 불리는 CDO(부채담보부증권) 같은 극히 위험한 신용파생상품이 만들어질 수 있었던 게 그 덕분이고요. 또 2000년대 중반에는 골드만삭스나 리먼 브라더스 같은 투자은행들이 사실상 무제한으로 돈을 차입해 '고위험 고수익(high risk, high return)' 투자를 감행할 수 있도록 규제를 풀어 줍니다.•• 그 결과 자본금 100억~200억 달러의 투자은행이 무려 1조 달러를 차입해 투자 자금으로 운영하는 일까지 벌어져요.

어마어마하죠? 1조 달러면 세계 경제 11~13위권인 우리나라의 총 GDP 규모예요. 또 2010년 10월 기준으로 보자면 우리나라 상장사 시가총액이기도 하고요. 이 정도의 돈을 운용하면 우리나라 주가 변동의 방향 정도는 마음먹은 대로 움직일 수 있습니다. 이렇듯 오늘날 글로벌 금융사들은 단순한 시장 참여자가 아니라 시장의 지배자예요. 이런 규제 완화를 통해 많은 돈을 차입할 수 있게 된 월스트리트는 고위험 고수익 상품에 투자해 막대한 수익을 올리게 되죠. 금융 위기 발발 직전에는 심지어 미국의 기업 전체 수익 중 40퍼센트 이상이 금융 산업에서 나왔다고 하더군요. 엄청난 거죠.

- 상업은행(commercial bank)은 우리의 시중은행을 말한다. 투자은행(investment bank)은 우리의 증권사에 해당된다.

•• 어느 나라나 '레버리지 규제'라고 해서 금융사의 차입금을 자기자본의 일정 수준 이하로 규제한다. 잘못되었을 경우 위험을 줄이기 위해서이다. 그런데 미국의 경우 2004년 당시 골드만삭스 CEO였던 헨리 폴슨의 강력한 로비에 의해 골드만삭스 등 5대 투자은행에 대해 사실상 레버리지 규제를 면제해 주었다.

장하준 재미있는 건 금융에서 엄청난 수익이 나니까 제조 업체까지 직접 금융업을 시작했다는 겁니다. 그래서 겉으로는 제조 업체이지만 전체 수익 중 금융업의 수익 비중이 더 큰 회사들이 생기는데 GM이나 포드, GE 같은 미국 대기업의 경우 이미 2000년대 초반부터 금융에서 버는 이윤이 본업에서 나오는 이윤보다 더 커집니다.

자동차 회사인 GM을 예로 들면, GM의 금융 자회사인 GMAC는 원래 차 구매 고객들에게 자동차 할부 금융 서비스를 제공하던 회사였어요. 그런데 이 회사가 나중에는 파생금융상품 같은 매우 위험한 금융 자산에 거액을 투자해 돈을 많이 벌어들입니다. 그야말로 꼬리가 몸통이 된 거죠. 제조 업체가 사실상 금융 회사로 바뀐 거니까요. 그러다가 파생금융상품이 부실화되면서 엄청난 손실이 발생하는데, 이게 모기업인 GM을 파산하게 만든 결정적 원인이 됩니다. 한마디로 제조 업체가 기술 혁신으로 좋은 상품을 만들려 하지 않고 금융으로 한몫 보려다가 망한 거죠.

정승일 GM이 그렇게 변모한 데는 주식 시장의 단기 수익성 압력이 큰 영향을 미쳤습니다. 말하자면 GMAC이 위험한 파생금융상품에 투자해 큰 수익을 올릴 때 CEO도 그것을 환영했고 주식 투자자들도 환영했다는 거죠. 1980년대 중반 이후 이른바 주주 자본주의 시스템이 등장하는데, 그건 기업 경영의 목표를 주주 이익의 극대화에 맞추는 거였어요. 주주에게 배당금을 많이 주고 주가를 단기간에 빨리 올리는 CEO가 최고라는 거죠. 그런데 그렇게 되면 기업들은 당장 수익이 나는 분야 이외에는 잘 투자하지 않으려 합니다. 이런 과정에서 미국의 제조 업체들은 본업에서 서서히 국제 경쟁력을 잃게 된 거고요.

자본주의 자체의
패러다임이 달라졌다

이종태 지금 말씀하신 것과 관련해 아시아개발은행연구소가 2010년 12월 '아이폰은 어떻게 미국의 대(對)중국 무역 적자를 악화시키나?'라는 제목의 의미심장한 보고서를 낸 바 있습니다. 2009년 당시 애플의 아이폰을 조립하는 중국 하청 회사 폭스콘 노동자들은 월급 250달러라는 최악의 노동 조건에서 일하고 있었어요. 반면에 애플의 매출액 대비 수익률은 무려 64퍼센트로 세계 최고였고요. 이런 상황에서 연구소는 중국 소재 애플 조립 공장을 미국으로 옮기는 걸 가정해 봤습니다. 미국 노동자의 임금을 중국의 10배로 가정하고 애플의 수익률을 계산한 거죠. 한데 그렇게 해도 애플의 수익률은 50퍼센트에 이르더라는 겁니다. 그래서 이 연구소는 조립 라인을 미국으로 옮겨도 애플의 수익성에 큰 타격은 없다고 주장하면서, 미국의 일자리도 늘어나고 대중국 무역 적자도 줄어들 테니 이것이 애플의 사회적 책임이라고 했어요. 그러나 보고서는 공장 이전은 어렵다고 했는데 그 이유가 바로 주주들의 반대입니다. 그러니 스티브 잡스가 폭스콘에 지시해 종업원 임금을 올렸거나 아니면 조립 공장을 미국으로 옮겼다고 해 보세요. 그만큼 애플의 주가는 떨어졌을 테고, 그런 반(反)주주적인 행동에 분노한 주주들의 반란으로 스티브 잡스는 애플의 CEO 자리를 박탈당했을지도 모릅니다. 그랬다면 '스티브 잡스 신화'도 없었겠죠.

장하준 그러니까 오늘날 미국 경제의 위기는 단지 중앙은행이 금리 정책을 잘못 시행해서 발생한 게 아니라는 겁니다. 미국 경제의 위기는 1980년대 초반부터 시작해 계속해서 금융이 몸통이고 실물경제가 꼬리인 금융 자본주의를 심화시킨 결과예요. 금융 자본이 미국 경제의 몸통이 된 걸 상징적으로 보여 주는 게 월스트리트-워싱턴 간의 회전문 인사입니다. 1990년대부터 미국의 재무 장관은 거의 월스트리트 출신입니다. 그리고 퇴직하면 다시 금융계로 돌아가고요. 골드만삭스 회장 출신인 로버트 루빈은 1990년대 말에 재무 장관을 맡으면서 글래스 스티걸법 폐지를 주도했는데, 퇴직 후 씨티그룹의 이사회 의장이 됩니다. 헨리 폴슨은 골드만삭스 회장이던 2004년에 강력한 로비를 통해 투자은행의 레버리지 규제를 대폭 허물었는데, 그런 사람이 2006년에는 아예 재무 장관으로 취임합니다. 이런 식으로 권력 핵심부까지 월스트리트가 먹어 버린 거죠.

이종태 그런데 주주 자본주의라는 게 정확하게 뭔가요? 자꾸 금융 자본주의와 뒤섞여 나오니까 약간 혼란스럽군요. 이참에 그걸 좀 정리하고 갔으면 합니다만….

장하준 앞에서 정승일 박사님이 말씀하신 대로 주식 투자자들의 이익 극대화가 기업의 최우선 경영 목표로 부상한 걸 주주 자본주의라고 부를 수 있겠죠. 예컨대 짧은 기간 내에 주가를 최대한 올린다든가 하는 방식으로 말입니다. 이와 관련해 눈여겨볼 만한 통계가 주식의 평균 보유 기간이에요. 영국의 경우 1960년대까지만 해도 사람들이 주식을 샀다가 매각할 때까지 평균 보유 기간이 5년이었다고 해요. 그런데 2007~2008년이 되면 그 기간이 7.5개월로 떨어지고, 은행의 경우는 3개월까지 줄어들어요. 1960년대나 지금이나 우리가 살고 있는 경제 체제는 똑같이 자본주의이지만, 그 성격이 판이하게 달라진 거죠. 과거와는 달리 오직 주주들, 특히 주식 투자자들의 단기적인 수익 지향성이 기업의 주요 경영을 좌우하는 새로운 패러다임이 시작된 겁니다.

이종태 그렇다면 언제부터 전 세계로 퍼져 나간 건가요?

장하준 월스트리트의 금융 자본주의와 주주 자본주의를 '글로벌 스탠더드'라고 부르며 다른 나라들에도 금융 시장과 기업지배구조를 다 그렇게 바꾸라고 공개적으로 요구하기 시작한 게 1990년대 중후반이에요. 마침 그때 한국 같은 동아시아 나라들은 외환, 금융 위기를 겪게 됩니다. 그러자 월스트리트가 IMF와 세계은행을 앞세워 '우리가 구제 금융에 필요한 달러를 빌려 줄 테니 그 대가로 금융 규제를 대폭 완화하고 자본 시장도 개방하라'고 요구한 겁니다. 말하자면 월스트리트의 금융 자본, 주주 자본이 한국 시장을 마음대로 드나들면서 수익을 낼 수 있도록 한 거죠. 다른 나라에서도 그런 식으로 토양을 바꾸었고요.

이종태 우리도 그때부터 금융 자본주의, 주주 자본주의 시스템에 포섭되었다고 할 수 있겠군요. 그런데 프랑스나 독일 같은 유럽의 대국들은 우리 같은 금융 위기를 겪지 않았는데도 자진해서 받아들이지 않았나요?

장하준 그게 『이코노미스트』나 『월스트리트 저널』 『파이낸셜 타임스』 같은 영미계 유력 경제지들의 여론 공세가 먹힌 결과예요. 예를 들어 '유럽은 노동 규제와 금융 규제가 너무 심해서 주식 시장이 활성화되지 않아 M&A 시장이 취약한 탓에 경제가 동맥경화에 걸렸다'는 식으로 여론을 조성한 거죠. 게다가 독일이나 프랑스 같은 유럽 국가들에도 월스트리트처럼 쉽게 돈 버는 걸 좋아하는 금융 엘리트들이 많았어요. 한국도 비슷하지 않나요? 1997년에 IMF 사태가 터졌을 때 우리나라 경제 엘리트들의 상당수가 'IMF 사태는 위장된 축복'이라며 정말 잘된 일이니 빨리 우리도 월스트리트처럼 금융과 기업을 바꾸자고 말했잖습니까?

이종태 결국 금융 자본주의, 주주 자본주의라는 경제 구조는 1980년대 미국과 영국에서 시작되었고 1990년대 중후반에는 글로벌 스탠더드로 전 세계에 확산되었다가 2008년 말의 글로벌 금융 위기를 야기하면서 몰락의 길로 접어들었다고 할 수 있는 거네요. 그리고 금융 위기를 계기로 전 세계에서 금융 자본을 강력하게 규제하자는 움직임이 시작되었고요. 그런데 그런 규제가 쉽게 진행될 것 같지는 않습니다.

정승일 앞에서 이야기했듯이 유럽의 재정 위기가 시작되자 월스트리트를 비롯한 전 세계의 금융 자본 엘리트들과 주류 경제학자들이 나서서 재정 적자를 막는 게 더 중요하고, 그러려면 재정 긴축이 우선이라고 하면서 금융 시장 규제 논의를 회피하고 있어요. 어쩔 수 없이 규제 강화가 필요하다는 걸 인정할 때도 외적이고 피상적인 수준에 그치도록 온갖 논리를 동원하고 있고요.

정보 공개 강화?
면죄부만 줄 뿐이다

이종태 그렇다면 여전히 자유 시장 경제의 효율성을 믿는 주류 엘리트와 경제학자들은 어떤 규제 개혁 방안을 가지고 있나요?

정승일 그들은 이번의 금융 위기가 시장주의 경제학이 절대적 전제로 삼는 '모든 경제 주체가 동등한 시장 정보를 가져야 한다'는 원리가 왜곡되었기 때문에 발생했다고 주장해요. 일부 불법적인 부정행위로 말미암아 시장이 왜곡되었다는 점을 강조하고요. 말하자면 이번 금융 위기는 투명성 결여나 부정부패의 문제이지 자유 시장이 잘못되어 그런 게 아니라는 겁니다. 참고로 그들은 1997년의 동아시아 금융 위기도 똑같이 투명성 결여와 부정부패 때문에 일어났다고 했어요.

따라서 이런 일이 재발하지 않게 만드는 근원적 처방으로 그들은 더 완전한 금융 시장 정보의 공개, 즉 '투명성 강화'를 주문하죠. 말하자면 부유한 개인 자산가나 헤지펀드 매니저 같은 금융 소비자들이 골드만삭스의 창구에 가서 고위험 고수익 금융 상품을 구매할 때, 은행 직원들의 사탕발림에 쉽게 속아 넘어가지 않고 더 신중하게 그 상품에 대해 알아보고 구매할 수 있도록 금융 상품에 관한 정보를 더 투명하게 공개하면 된다는 겁니다.

장하준 그런데 정보가 더 많이 공개된다고 문제가 해결되지는 않습니다. 어떤 금융 상품들은 그 자체가 너무 복잡하거든요. 예컨대 CDO(부채담보부증권) 같은 파생금융상품이 만들어지는 과정을 보세요. 누가 집을 사려고 모기지 회사로부터 주택을 담보로 대출을 받을 경우 거기에 필요한 서류만 해도 수십 매는 될 겁니다. 그런데 이런 비슷한 모기지 대출 계약을 수천 개씩 하나의 패키지로 묶어서는 그 패키지를 담보로 MBS(주택저당증권)라는 파생금융상품을 만들고, 그런 MBS를 수백 개씩 패키지로 묶어서는 그 패키지를 담보로 CDO라는 2차 파생금융상품으로 만들어 내잖습니까?

그런 단계 단계마다 얼마나 많은 정보와 복잡한 수학 계산식이 적용되었겠어요? 영국 중앙은행에서 일하는 앤디 핼데인(Andy Haldane)이라는 경제학자가 계산한 바에 따르면, 금융 소비자가 CDO 스퀘어˙를 구입하면서 그 상품에 관한 정보를 제대로 파악하려면 무려 10억 페이지에 이르는 관련 서류를 읽어야 한다고 하더군요. 이게 가능할까요? 아무리 투명하고 정확하게 정보가 공개된다 해도 이건 소비자가

˙ CDO를 기초로 다시 만들어 낸 CDO. 흔히 CDO^2, 즉 CDO의 제곱으로 표시된다.

읽고 소화할 수 있는 양이 아니에요. 심지어 MBA 학위를 가진 금융 전문가들도 제대로 이해할 수 없는 금융 상품이 만들어진 겁니다.

정승일 우리가 매달 몇십만 원씩 납부하는 손해보험이나 생명보험을 계약할 때 보험 약관이나 보험 계약서를 10억 페이지는커녕 겨우 10페이지만 읽으면 되는데도 제대로 읽지 않잖아요. 설령 읽는다고 해도 무슨 뜻인지 이해하기가 힘들고요. 대부분 그냥 '보험 설계사가 설마 내게 사기 치지는 않겠지'라는 믿음에서 계약하는 거 아닌가요?

장하준 그렇죠. 그런데도 자유 시장의 저력을 신뢰하는 시장주의자들은 기본적으로 모든 인간이 매우 합리적이며 온갖 종류의 정보를 소화하고 이해할 능력이 있다고 가정하는 겁니다. 그래서 기업과 금융 회사들이 정보를 더 투명하게 공개하기만 한다면 만사 오케이라는 거죠. 그런데 이번에 문제가 된 복잡한 금융 상품들의 문제점은 투명성이 부족해서 생기는 게 아니에요.

정승일 게다가 보다 투명한 정보의 공개라는 해법은 앞서 우리가 비판했던 투자자 자기 책임의 원칙과 밀접하게 결부되어 있어요. 말하자면 복잡한 주가-연계 파생상품을 판매하는 증권사 직원이 고객에게 '고객님이 구입하려는 금융 상품의 모든 정보와 투자 위험성은 상품 안내서에 다 나와 있습니다. 그것을 상세히 읽어 보신 다음 거기에 동의하시면 여기 맨 아래의 투자자 자기 책임 원칙 난에 서명해 주세요'라고 말합니다. 그래서 고객이 거기에 서명하는 순간 고객은 그 투자로 인해 발생할 모든 미래의 손실을 스스로 책임져야 하는 거죠.

이런 경우 나중에 법정에 가서 '증권사 직원이 나를 속였다'고 아무리 항변해도 판사가 손을 들어 주지 않을 겁니다. 글로벌 금융 위기가 일어나기 전에 우리나라 은행과 증권사들이 중소기업들에게 팔았다가 법정 소송으로 비화한 환율-연계 파생금융상품 키코가 그렇고, 월스트리트 투자은행들이 사기 혐의로 소송까지 당한 CDO도 그렇고, 투자자 자기 책임의 원칙이 전제된 금융 상품의 판매에 대해서 법원은 모두 '무죄' 판결을 내리게 되어 있으니까요.

앞으로 '더 많은 정보 공개'가 규정되면 월스트리트의 금융 회사들은 법정 소송에서 더 유리해질 겁니다. 왜냐하면 투자자들은 과거보다 더 많은 정보를 얻었고, 따라서 그 투자의 위험을 더 확실히 알았는데도 그 금융 상품을 구입했으니 판 사람에게 책임을 떠넘길 수 없다고 주장할 테니까요. 그러니 제아무리 금융 소비자, 즉 투자자에게 더 많은 정보를 공개한다 해도 문제는 사라지지 않고 반복될 뿐입니다.

장하준 결국 이런 문제를 해결하는 유일한 방안은 정보 공개가 아니라 그런 금융 상품 자체의 구조를 간단하게 만드는 것이라고 생각해요. 말하자면 CDO 같은 복잡한 파생금융상품을 아예 팔지 못하게끔 금지해야 한다는 말입니다.

1980년대 초 주식, 채권, 파생상품 같은 전 세계 금융 자산의 가치를 모두 합치면 전 세계 GDP의 1.2배 정도였는데, 2006년에는 4배를 훨씬 넘어섰어요. 그런데 금융 상품이란 게 일종의 청구권이잖습니까? 예컨대 주식을 가지고 있다는 건 그 주식에 해당하는 가치를 '실물 경제인 기업에 내놓으라고 청구할 수 있는 권리인 거죠. 따라서 1980년부터 2006년까지 금융 자본의 청구권이 4배로 증가했다는 건 그만큼 실물경제가 엄청난 청구권에 시달리게 되었다는 말이에요.

이렇게 금융 자본의 청구권 가치가 폭증하게 된 주요 이유 중의 하나가 바로 CDO 같은 신용파생상품입니다. 물론 이런 파생상품에 순기능도 있어요. 일례로 어떤 한국 회사가 환율이 1달러당 1200원인 시점에서 미국에 상품을 수출하고, 한 달 뒤에 수출 대금인 100만 달러를 받기로 했다고 해 보죠. 그런데 그 한 달 사이에 환율이 1달러당 1000원으로 바뀌면 그 회사는 엄청난 손해를 보게 되는 겁니다. 12억 받을 게 환율 변동으로 졸지에 10억으로 줄어든 셈이니까요. 선물-옵션 계약을 맺는 건 바로 그런 위험에 대비하기 위해서입니다. 선물 계약을 맺어서 일정 액수를 내고 한 달 뒤에 환율이 1달러당 1000원으로 떨어지건 말건 100만 달러를 12억 원에 팔 권리를 사서 환율 변동으로 인해 손실이 발생할 수 있는 리스크를 헤지, 즉 막는 거죠.

정승일 그렇지만 우리나라 은행들이 판 키코의 경우 일반의 예상과는 반대로 환율이 1달러당 1800원으로 폭락하면서 문제가 됐어요. 2008년 초까지만 해도 저명한 국책 연구소들도 그렇고 경제 일간지들도 그렇고 대부분 앞으로 달러화 약세, 원화 강세가 예상된다고 했거든요. 중소기업 재무 담당 임원들도 그런 일반적인 예측을 믿고 1달러당 1100원 이하 쪽으로 갈 위험에 대비해서 선물을 사 놓았는데, 환율이 반대로 움직이는 바람에 엄청난 손해를 보게 된 겁니다. 심지어 그 손실을 감당하지 못해 흑자 부도를 낸 우량 중소기업들도 꽤 있습니다. 그만큼 선물-옵션 시장은 베팅, 즉 투기판의 성격이 강합니다. 그래서 카지노 자본주의라는 말도 나오는 거고요.

장하준 하지만 더 큰 문제는 국제 금융 시장에서 거래되는 대부분의 파생금융상품들이 키코처럼 실수요자를 위한 위험 헤지 상품도 아니라는 겁니다. 대다수의 파생금융상품 거래는 위험을 방지하기 위한 게 아니라 순수한 투기 목적으로 이루어지고 있거든요. 그런데도 그린스펀이나 서머스 같은 시장주의자들은 파생금융상품을 '위대한 혁신'이라고 칭찬했어요.

하지만 결과는 어떻습니까? 그런 위대한 혁신에서 비롯된 CDO 같은 혁신적 금융 상품들이 2008년 말 이후 대거 부실화되면서 세계 경제가 최악의 금융 위기로 빠져들지 않았나요? 이미 글로벌 금융 위기 이전에 워런 버핏까지 '파생상품은 대량 살상 무기'라고 비판한 적이 있어요. 그리고 미국 금융계의 대부라 할 수 있는 폴 볼커조차 '지난 50년 동안 사회에 진정한 도움을 준 금융 혁신은 현금자동인출기뿐'이라며 그런 혁신적 금융 상품을 비판했고요.

정승일 파생금융상품이 대량 살상 무기라는 워런 버핏의 말이 맞다면 그걸 전면 금지시키는 게 맞지 않나요? 대량 살상 무기를 찾아내 없애겠다고 이라크에 수십만의 군인을 파견하고, 요즘에는 이란 해역에 항공모함까지 보내는 미국 같은 경우에는 더더욱 그래야 할 거 같고요.

장하준 저도 파생금융상품 같은 건 사회에 폐를 끼칠 수 있는 '잠재적 무기'로 간주해 금융 감독 당국이 면밀하게 검사한 뒤 '이 금융 상품은 안전하고 사회적으로 효용이 있겠다'고 판단하여 판매를 허가하기 전까지는 원칙적으로 금지시켜야 한다고 봅니다. 이건 마치 새로운 의약품을 출시할 때 식품의약품안전청이 면밀하게 심사해 그 출시 여부를 허가하는 것과 똑같은 거예요.

결국 문제는
자유 시장에 대한 맹신이다

이종태 어떤 사람들은 '파생금융상품을 전면 금지하자는 걸 보니 제정신이 아니다'고 비판하던데, 전면 금지는 아니고 원칙적 금지를 말씀하신 거였군요. 의약품 수준으로 정밀 심사를 받아 공인되기 전까지는

거래해선 안 된다, 그거네요. 그런데 그렇게 강력하게 파생금융상품을
규제하면 뭐가 좋은가요?

장하준 우선 두 가지를 꼽을 수 있어요. 첫째, CDO처럼 너무 복잡해서
금융 전문가들조차 이해하기 힘든 상품이 사라지기 때문에 금융 시장
의 위험을 근본적으로 제거할 수 있습니다. 둘째, 실물경제를 부양할
수 있어요. 지금 같은 상황이라면 파생금융상품에 투자해서 쉽게 많은
돈을 벌 수 있기 때문에 굳이 땀 흘려 가면서 자동차나 조선 같은 제조
업을 키우려고 애쓸 필요가 없어요. 그런데 만약 파생금융상품을 엄격
히 규제해 금융 투기 수익을 떨어뜨리면 자금이 장기적 실물 투자 쪽
으로 흘러 들어가게 됩니다. 그럼에도 미국의 월스트리트와 한국의 금
융사들은 이런 규제에 반대하는데, 그건 앞으로도 계속 파생금융상품
으로 돈을 벌겠다는 욕심 말고는 다른 이유가 없습니다.

정승일 우리나라도 그렇지만 미국과 영국의 엘리트들과 경제학자들은
정보 공개를 강화하고 금융 사기를 엄단하는 등의 금융 소비자 보호를
강화해 문제를 해결할 수 있다고 봅니다. 말하자면 기존의 금융 자본
주의를 잘 수리해서 쓰면 되지 그걸 꼭 폐기할 필요까지야 없다는 거
죠. 지금 미국의 오바마 민주당도 그렇게 말하고, 우리나라에서 시장
개혁과 경제 민주화를 주장하는 분들도 비슷하게 말합니다.

　그런데 과연 그럴까요? 앞에서 CDO와 키코에 대해 이야기할 때 빠
진 부분이 있는데, 그건 바로 왜 금융 소비자들은 자기들이 잘 이해하
지도 못하는 그런 파생금융상품을 대량으로 구입했느냐는 겁니다. 그
이유는 고수익을 약속하는 금융 상품이었기 때문이에요. 고위험이라
는 게 좀 불안하긴 하지만 눈앞의 고수익에 정신이 팔린 거죠.

　따라서 아무리 미국의 오바마 민주당처럼 금융 소비자 보호를 강화

해 봐야 금융 위기는 예방할 수가 없습니다. 2000년대 초중반처럼 미국의 주택 가격이 상승세를 지속하고 그에 따라 관련 CDO를 구입한 금융 소비자들도 수년간 큰돈을 버는 상황에서는, 아무리 정보 공개를 강화해 그 CDO의 위험성에 대한 소비자 이해도를 높인다고 해도 소용이 없다는 거죠. 왜냐하면 그들 스스로 고수익 투자를 원했거든요. 이런 점에서는 미국의 리먼 브라더스 같은 투자은행 임직원들도 다르지 않습니다. 위험하지만 떼돈을 벌 수 있는 그런 고위험 고수익 상품을 열심히 팔면 그 수익금 중 많은 몫을 보너스로 챙길 수 있으니까요. 그 회사에 투자한 주주들 역시 파생금융상품으로 고수익을 올린 덕택에 주가 상승과 고배당이 이어지자 환호성을 질렀습니다.

따라서 해결책은 금융 소비자 보호도 아니고, 정보 공개 강화나 투명성 강화도 아닙니다. 미국 리버럴들과 한국에서 경제 민주화를 주장하는 분들은 막말로 헛다리를 짚고 있어요. 가장 근본적인 문제는 모든 경제 주체들이 이렇듯 단기 수익성에, 재테크에 넋이 나가 있다는 것이고, 그게 바로 금융 자본주의, 주주 자본주의의 본성이라는 겁니다. 따라서 단기주의를 강하게 규제하지 않고서는 문제가 해결되지 않아요. 이런 식으로 누구나 눈앞의 자기 이익만 쫓는 단기 이익 추구 행동을 강력하게 제한해야 합니다.

장하준 보수파든 개혁파든 정보 공개와 투명성 강화 정도로 문제를 풀 수 있다고 생각하는 건 여전히 시장 경제의 효율성과 인간의 합리성에 대한 환상이 있기 때문인데, 이건 정말 오산입니다. 그리고 그들이 말하는 금융 개혁은 말하자면 금융 시장의, 금융 자본을 위한, 금융 자본에 의한 금융 개혁에 불과해요. 말하자면 금융 시장이 계속 돈을 더 잘 벌기 위해 약간의 수리를 하는 금융 개혁이지, 경제의 다른 부분을 도와주려는 금융 개혁이 아니라는 겁니다.

　정 박사님도 말씀하셨듯이 금융 자본주의의 가장 큰 문제는 모든 경제 주체들이 단기주의 또는 단기 수익성 지상주의에 물들어 일반 기업 조차 생산적 투자는 별로 늘리지 않고 재테크에 열중한다는 데 있어요. 이렇게 되면 실물경제에서 장기 투자도 잘 일어나지 않고, 그에 따라 일자리는 계속 불안해지기만 합니다. 그 결과 삶 자체가 불안해지면서 사람들이 안정적인 일자리만 찾으려 하게 되고요. 지금 우리나라만 해도 좀 똑똑하다는 학생들은 다 의사, 변호사만 되려고 하는 게 그래서잖습니까?

　이런 상황에서 금융 시장의 투명성 좀 높이고 부패 줄인다고 해서 문제를 근본적으로 해결할 수 있을까요? 그런 식의 개혁이 월스트리트를 중심으로 하는 국내외 금융 시장의 오작동을 조금 막는 데에는 도움이 될지 몰라도 우리가 직면한 사회적, 경제적 문제들을 원천적으로 해결하는 데에는 도움이 안 된다고 봅니다. 여전히 금융 시장의 기본 논리를 수용하고 있는 거니까요.

이종태 요즘 '월스트리트를 점령하라'는 운동이 벌어지고 있습니다. 그런데 앞에서 말한 정도의 개혁 조치는 월스트리트의 옷깃 정도만 좀 수선하고 넘어간다는 거네요.

정승일 금융 자본주의란 바로 금융 자산가들, 즉 부유한 자산 계급을 위한 자본주의이고, 따라서 금융 자산이 없는 나머지 사람들은 배제되고 소외되는 체제입니다. 빈부 격차가 심화될 수밖에 없는 구조인 거죠. 따라서 우리가 금융 자본주의의 문제점을 근본적으로 해결하고자 한다면 금융 시장 규제만으로도 부족합니다. 부자 증세도 해야 하고 복지국가도 필요한 거죠. 세계적으로는 크루그먼이나 스티글리츠, 그리

고 여기 계신 장하준 교수님 같은 분들이 그렇게 이야기합니다. 그에
반해 루카스나 라잔, 서머스 같은 미국 경제학자들은 모두 공화당 계
열의 보수주의자건 아니면 민주당 계열의 리버럴이건 관계없이, 좀 망
가진 월스트리트 금융 자본주의를 수리해서 쓰면 문제없다고 말합니
다. 정보를 좀 더 공개하도록 하고, 이상하게 사기 치는 사람만 좀 잡
아들이면 되지 않겠냐는 거죠. 미국만 그런 게 아닙니다. 유럽도 지금
그런 식으로 가고 있어요. 우리나라도 마찬가지고요. 이런 현실을 직
시하고 대응하지 않으면 지금 같은 위기는 계속 되풀이될 겁니다.

이종태 결국 세계 경제의 양대 축이라고 할 수 있는 미국과 EU의 수뇌부
및 여론 주도층들이 아직도 기존의 금융 자본주의 시스템을 약간 수정
해 지속시키는 길로 나아가고 있다는 거군요.

오늘은 지난 2008년 글로벌 금융 위기 이후 글로벌 자본주의가 회복
되지 못하고 점점 더 수렁으로 빠져드는 이유를 따지면서 자연스럽게
금융 자본주의나 주주 자본주의 같은 구조적 원인을 밝히는 순서로 진
행되었습니다. 더불어 '신자유주의 본부'라 할 수 있는 미국에서 금융
자본주의가 심화되고 이 시스템이 해외로 수출되는 과정까지 상세히
설명해 주셨고요. 또 한국의 일부 진보주의자들에게 새로운 생산 조직
으로 각광받는 애플 역시 금융 자본주의 시스템으로 굴러가는 기업일
뿐이라는 분석도 매우 인상적이었습니다.

그러나 뒷맛은 씁쓸하네요. 미국과 EU가 재정 긴축이라는 신자유주
의 처방을 포기하지 않으면 세계 경제는 한동안 불황에서 벗어나지 못
하거나 최악의 경우 공황 상태까지 몰릴 수 있을 테니까요. 그러면 세
계 경제에 대한 이야기는 이 정도로 정리하고 다음부터는 우리나라 문
제로 돌아갈까 합니다.

2장

보수도
진보도
월스트리트를
선망한다

유럽에서는 이른바 좌파라는 사람들이
중앙은행 독립에 절대 반대해요.
통화 정책이 얼마나 중요한데
그걸 민주적 통제 밖에 둘 수 있느냐는 거죠.

이종태 여기서 글로벌 금융 위기가 폭발하기 직전인 2008년 여름의 한국으로 화제를 돌려보죠. 그해 초여름은 뜨거웠습니다. 6월 한 달 동안 지속된 촛불 시위가 출범 초기의 이명박 정부를 뒤흔들었으니까요.

그런데 당시 세계 경제 상황은 아슬아슬했습니다. 미국에서는 서브 프라임 위기가 본격화되기 시작하고, 제3의 오일 쇼크 우려가 제기될 정도로 원유가가 급등합니다. 2008년 초까지 70달러대로 유지되던 유가가 불과 6개월 뒤인 그해 7월에는 148달러로 2배 이상 뛸 정도였죠.

곡물, 구리, 철광같이 시카고 선물 시장에서 거래되는 원자재 가격은 더했습니다. 밀은 2000년대 초중반 톤당 110~140달러 수준이던 것이 2007년 후반부터 상승하기 시작해 2008년 3월에는 424달러까지 올라갑니다. 6개월 만에 4배가 된 거죠. 또 톤당 옥수수 선물 가격은 80~110달러에서 2008년 6월 275달러로, 콩 가격은 180~220달러에서 553달러로 올라 3배가 됩니다.

이렇게 밀가루 값이 오르니 라면과 자장면 값이 뛰고, 사료 값이 오르니 고기와 우유 값이 뛰고, 그러니 김치찌개 가격이 올라가고…. 이런 물가 인상은 우리나라에서만 벌어진 게 아닙니다. 미국과 유럽 등 전 세계적인 현상이었어요. 사실 밀턴 프리드먼 같은 신자유주의 경제학자들이 가장 싫어하는 게 이런 인플레, 즉 물가 상승이에요. 당시 세계의 많은 주류 경제학자들이 '정부는 뭐하나, 금리 올려서 인플레를 잡아라'고 한 것도 그래서이고요. 우리나라도 수입 물가의 영향으로 국내의 도소매 물가가 급등하자 이른바 시장 개혁과 경제 민주화를 주장하는 분들이 일제히 '물가 상승 억제를 위해 금리 올리고, 원화 가치도 올려야 한다'고 외칩니다.

그게 2008년 9월 미국의 리먼 브라더스가 파산하기 한두 달 전의 일입니다. 2007년부터 시작된 미국의 서브프라임 모기지발 위기의 그림자가 세계 경제를 어둡게 만들고 있을 때였죠. 그런데 당시의 원유가나 원자재 가격 급등 역시 서브프라임 모기지 위기의 영향 때문이라고 하던데 맞나요?

장하준 그렇죠. 골드만삭스 같은 미국 투자은행들이 금융 시장 상황을 보니 앞으로 미국 부동산 대출 시장의 거품이 꺼질 것 같거든요. 그 결과 경기가 냉각되면 주가가 떨어질 거고 그걸 막기 위해 미국 정부가 달러를 풀면 달러 가치가 하락할 테니 '이제부터는 금이나 구리, 석유, 곡물 같은 현물 자산을 사 두자'는 새로운 포트폴리오 전략으로 이동했는데, 국제 금융 시장의 다른 큰손들도 덩달아 골드만삭스를 따라 원자재 매점매석에 나서면서 벌어진 일이었으니까요.

정승일 당시 중국 경제가 연 10퍼센트가 넘게 성장하면서 모자라는 석유와 구리, 기타 원자재를 국제 시장에서 하도 많이 사들이는 통에 가격이 올랐다고 하는데, 그것만으로는 불과 반 년 만에 국제 선물 시장 가격이 2배, 3배로 폭등할 수가 없어요. 미국 의회의 조사에서도 지적되었듯이 월스트리트의 큰손들이 국제 선물 시장에서 매점매석에 나선 것이 훨씬 더 근본적인 이유였죠.

이종태 그렇다면 당시 오르는 물가를 잡기 위해서는 금리 인상이나 원화 가치 인상 같은 걸로는 효과가 없었겠네요?

장하준 그렇죠. 골드만삭스 같은 큰손들이 그런 짓을 못하도록 금융 시장을 규제해야지 금리 인상이나 원화 가치 인상으로는 별 효과가 없었을 거예요. 더군다나 2008년 여름은 미국에서 이미 서브프라임 위기가 진행되고 있을 때였어요. 주택 대출 받은 사람들이 이자를 못내 파산하기 시작하는데, 그 상황에서 금리를 올리면 어떻게 되겠어요? 파산자들이 더 늘어나고 그에 따라 은행 파산도 속출하겠죠. 그래서 미국만이 아니라 전 세계 중앙은행들이 금리를 못 올린 겁니다.

정승일 한국은행도 그 때문에 금리를 올리지 못한 거예요. 자칫하면 가뜩이나 위험한 수준으로 늘어난 가계 대출, 주택 담보 대출이 부실화되면서 우리도 부동산발 금융 위기가 터질 수 있으니까요.

외환 시장 개입, 우리만 한 게 아니다

이종태 만약 당시 우리가 금리를 올렸다면 어떻게 됐을까요? 과연 물가 상승이 잡혔을까요?

장하준 전 세계가 저금리인 상황에서 우리만 고금리 정책을 펼쳤다면, 게다가 원화 가치까지 올렸다면 그로 인해 발생하는 금리 차익과 환차익을 노리고 국제 금융 시장의 헤지펀드들이 우리나라 금융 시장에 몰려들었을 겁니다. 이른바 캐리 트레이드(carry trade) 죠.

• 이자가 싼 나라에서 빌린 돈으로 수익이 높은 다른 나라의 유가증권이나 상품에 투자하는 것을 말한다. 성공하면 고수익을 거둘 수 있으나 위험성도 매우 크다는 양면성을 지니고 있다.

정승일 그리고 그렇게 외국 돈이 몰려들었다면 우리나라 주가가 뛰고 부동산을 비롯한 온갖 투자 자산의 가격도 다시 한 번 급등했겠죠. 자산 가격이 이렇게 뛰면 물가가 잡히겠어요? 게다가 금리를 올리면 경기가 한풀 꺾인다는 게 교과서 경제학의 설명이에요. 대출이 많은 가계와 기업의 소비와 투자가 줄면서 경기가 하강하는 거죠. 그렇게 되면 금융 자산 가격이 올라가 금융 자본은 좋겠지만 기업이나 가계 같은 실물경제는 힘들어집니다. 양극화가 심화되는 거예요. 그런데도 당시 시장 개혁을 주장하는 경제학자들은 '당장 금리 올리고 원화 가치를 인상해 물가를 잡지 않으면 우리나라가 1997년의 IMF 사태 같은 위기를 다시 겪을 수 있다'고 했어요.

장하준 선진국에서는 진보 세력이 금리 인상이나 재정 긴축을 앞장서서 주장하는 경우가 없는데…. 금리 인상이나 재정 긴축은 금융 자산가들에게나 좋은 일이고 그게 바로 시장주의거든요.

정승일 그런 점이 좀 걸렸던지 당시 시장 개혁을 주장하는 분들은 '서구에서는 진보 세력이 재정 긴축과 금리 인상을 주장하는 것은 거의 금기시되는 일이지만 우리의 경우 특수한 상황을 인식할 필요가 있다. 재정 긴축으로 경기가 위축되면 노동자와 서민층이 가장 타격을 받는 것은 사실이지만, 외부 충격을 무시하고 저금리나 원화 가치 인하 같은 경기 부양책을 펴면 더 큰 위기를 불러올 수 있다'고 주장했어요.

지금 와서 보면 말도 안 되는 주장이지요. 불과 두 달 뒤에 리먼 브라더스가 파산하면서 한국도 유동성 위기에 직면했고, 그에 따라 원화 가치가 몇 달 만에 1100원에서 1800원으로 폭락하는 등 시장 개혁을 주장하는 분들의 예상과는 정반대되는 일이 벌어졌으니까요.

이종태 그런데 당시 시장 개혁을 주장하는 경제학자들의 비판의 초점은 강만수 장관과 이명박 정부의 '관치'였습니다. 이명박 정권이 외환 시장과 금융 시장에 대해 관치를 중지하지 않으면 당시의 경제적 위기가 제2의 IMF 사태로 비화될 수도 있다는 거죠. 이들 시장 개혁을 주장하는 학자들은 1997년의 IMF 사태 역시 '박정희식 관치' 때문에 일어났다고 믿거든요. 그런데 10년 만에 재출범한 보수주의 정권이 과거 관치 경제의 대명사였던 강만수, 최중경 같은 재정경제부 관료들을 전면에 내세워 외환 시장과 금리 정책에 깊숙이 개입하니까 거기서 제2의 IMF 사태의 가능성을 본 거죠.

정승일 말하자면 외환 시장에 그냥 맡겨 두었으면 1달러당 원화 가치가 1100원까지 올라가야 하는데 당시 강만수 장관, 최중경 차관이 외환 시장에 개입하는 바람에 1200원 수준으로 떨어졌다는 거였습니다. 그 바람에 덕을 본 건 삼성전자, 현대자동차 같은 수출 재벌들뿐이라는 거고요.

장하준 정부가 하는 건 인위적인 거고, 한국에 들어오는 외국 투기 자본이 하는 건 인위적인 게 아니란 말인가요? 그건 그냥 시장의 자연스러운 흐름이라는 건가요? 그런 시각 자체가 왜곡된 겁니다. 당시 미국 경제가 가라앉기 시작하니까 월스트리트의 거대 자본이 한국 같은 이머징 마켓으로 몰려들면서 원화 가치가 올라간 건데, 그걸 규제하고 통제할 생각은 하지 않고….

정승일 다른 이유도 있겠지만 아무튼 그 상황을 보다 못한 강만수 장관이 개입해 원화 가치를 떨어뜨린 건데, 시장 개혁을 주장하는 경제학자들은 외국 투기 자본이 우리나라 금융 시장에 쏟아져 들어오는 건 문제 삼지 않고 오로지 강만수 장관이 개입한 것만 문제 삼은 겁니다.

장하준 당시 원유가, 곡물가 인상은 국제적인 현상이었어요. 우리나라 물가만 오른 게 아니었다는 거죠. 한국만이 아니라 중국과 인도, 브라질 같은 브릭스(BRICs) 나라들은 물론이고 일본도 몰려드는 월스트리트 자금으로 인해 자국의 통화 가치가 상승하자 강만수 장관처럼 인위적으로 외환 시장에 개입했어요.

이종태 다른 나라도 정부의 외환 시장 개입은 당연한 거군요?

장하준 당연하죠. 2010년 스위스를 보세요. 아예 환율 기준선을 딱 정해 놓고, 이 선을 넘어서면 중앙은행이 무제한으로 자금을 공급해 스위스 프랑화의 평가절상을 저지하겠다고 선언하잖아요. 그때 스위스도 우리와 상황이 비슷했어요. 미국의 금융 위기가 심화되면서 달러화 자산 가치가 떨어지니까 월스트리트의 금융 자본이 대거 스위스 프랑화 자산으로 이동하면서 스위스 프랑화 가치가 크게 올라갔거든요.

그런데도 '오로지 이명박 정부가 나쁘니까 강만수 장관의 정책도 나쁘다'는 관점은 문제가 있어요. 사실 강만수 장관이 훌륭한 장관이었다고 하기는 힘들지만 그렇다고 자기 생각과 맞지 않는다는 이유로 비판하면 안 되죠. 그런 비판을 하는 분들은 금융 자본 논리에 너무 물들어서 그런 겁니다.

정승일 우리나라에서 시장 개혁을 주장하는 학자들은 국제 금융 시장과 월스트리트에 대해서는 한 마디도 비판하지 않고, 오직 '강만수가 저렇게 해 놓은 바람에 수출 제조업 하는 재벌들만 이익을 보고 서민들은 피해를 본다'는 식으로 몰고 갑니다. 이명박 정부가 미우니까 그 정부가 하는 정책은 모두 틀렸다는 대중 정서에 영합한 거죠.

장하준 그렇죠. 만약 한국이 금리 인상하고 원화 가치를 올렸으면 월스트리트 자금이 한국에 더 많이 몰려들어 주가가 더 뛰었을 겁니다. 그러면 펀드 매니저들과 소액주주들, 재테크에 몰두한 사람들은 만세를 불렀겠죠. 하지만 그렇게 해서 덕 볼 사람이 몇 명이나 되겠어요? 당시 우리나라 원화 가치가 올라가고 있었던 게 무역 흑자가 많았던 이유도 있지만, 그보다는 미국의 달러 자금이 주식 시장에 많이 들어와 그렇게 된 겁니다. 그런 문제는 말하지 않고 원화 가치를 인위적으로 떨어뜨리니까 수입 물가가 올라 서민들이 피해를 본다는 식으로만 말하면 안 되죠.

정승일 시장 개혁을 주장하는 경제학자들은 '벼랑 끝에 내몰린 자영업자들의 현실을 보더라도 강만수 경제팀의 교체가 불가피하다'고 했어요. 물론 우리나라의 자영업자 비중이 33퍼센트로 서구의 10퍼센트에 비해 3배나 많은 건 사실입니다. 이들이 당시 고유가, 고환율에 따른 물가 상승의 타격을 받고 있었던 것도 사실이고요. 그렇다고 시장 개혁을 주장하는 분들이 원하는 대로 금리 올리고 원화 가치 올린다고 과연 자영업자들이 살아날까요?

자영업자들의 어려움은 2008년에 시작된 게 아닙니다. 이미 1998년부터 시작된 거예요. 김대중 노무현 정부와 시장 개혁을 주장하는 지식인들이 합동으로 추진한 이른바 경제 민주화 과정에서 명퇴당하고 정리해고된 사람들이 먹고살 길이 없으니까 대거 식당 차리고 통닭집 열면서 공급 과잉 문제가 발생한 거잖아요? 그래 놓고는 2008년 촛불 시위 열기를 등에 업고 모든 것을 '이명박 탓이야, 인위적인 관치 때문이야'로 몰아간 겁니다.

이종태 어쨌든 물가가 오르면서 자영업자들이 상당한 타격을 받은 건 사실 아닌가요?

정승일 당시는 원유가와 곡물가만 오른 게 아니라 구리 같은 금속 원자재 가격도 크게 올랐어요. 골드만삭스 같은 곳에서 미리 사재기를 하는 바람에요. 그 직격탄을 우리나라 하청 중소기업들이 맞게 됩니다. 하청 중소기업은 구리나 철강 같은 금속 원자재를 수입해다가 가공해서 대기업에 납품해 왔는데, 하청 단가를 계약할 때 대기업이 원자재 값 올라간 걸 반영해 주지 않았거든요. 그래서 하청 중소기업들이 하청 단가-원자재 가격 연동제를 주장하는 겁니다. 대기업도 이런 문제에 관한 한 타협할 자세가 되어 있다고 해요. 누가 봐도 타당한 이야기니까요. 그런 식으로 해결할 수 있는 문제를 침소봉대하면서 정부의 외환 시장 개입으로 빚어진 문제, 이명박 정부의 관치 문제로 과장하고 비약시킨다는 거죠.

장하준 국제 원자재 가격 인상의 본질이 뭔가를 생각하고 그걸 비판해야지, 왜 엉뚱한 걸 비판하죠? 전 세계 외환 시장을 마음대로 드나들면서 주물럭거리는 외국 투기 자본이 문제이니 그걸 규제해야 하는 것 아닌가요? 이건 말하자면 산적이 쳐들어와 마을이 위험에 처했는데, 마을 사람들이 정작 산적들하고 싸울 생각은 않고 마을 이장을 두들겨 패고 욕하면서 '네가 잘못 건드는 통에 산적들이 쳐들어왔다. 그러니 산적들이 우리가 고분고분하다는 걸 의심하지 않도록 앞으로 조용히 있어. 아니면 차라리 물러나라'고 하는 격 같은데요.

이종태 실제로 2008년 여름, 아직 촛불 시위의 열풍이 꺼지지 않은 상태에서 당시 경제 민주화를 주장하는 교수들과 박승 전 한국은행 총재 같은 시장 개혁을 주장하는 경제학자들이 공개적으로 '이명박 정부는 강만수를 잘라라' '외환 시장에 대한 인위적 개입을 중지하라'고 요구한 바 있습니다. 그런데 그 무렵 장 교수님도 칼럼을 통해 원화 가치를 내릴 필요가 없다고 하시지 않았던가요?

장하준 당시 신문에 '우리나라 외환 보유고가 2000억 달러를 넘었는데,

그런 상태에서는 굳이 무역 흑자를 더 많이 내려고 애쓸 필요가 없는 만큼 일부러 원화 가치를 내릴 것까지는 없다. 환율이 1100원에서 1200원으로 떨어지지 않아도 삼성전자나 현대자동차는 수출 잘할 수 있다'는 내용으로 칼럼을 쓴 바 있습니다. 그런데 그것과 '환율 시장에 인위적으로 개입하면 제2의 IMF 사태가 터질 것'이라고 말하는 건 전혀 다르죠. 너무 심하게 과장한 거예요.

경제에서 환율이 어느 정도면 적정 수준인지에 대한 객관적 기준은 없어요. 수출 업체들에는 원화 약세가 유리하고, 수입 업체들에는 원화 강세가 반가울 수밖에 없죠. 현대자동차에는 원화 약세가 좋지만, 현대자동차에 소재와 부품을 납품하는 협력 업체들은 원화 강세로 수입 원자재 가격이 낮아지는 게 좋은 식으로요. 따라서 '내가 보기에 너무 원화 약세 쪽으로 가 있는 것 같다'고 비판할 수는 있습니다. 하지만 그걸 가지고 마치 나라가 망할 것처럼 말하면서 장관을 갈아야 한다고 주장하는 건 과하죠.

정승일 당시 이명박 정부가 환율 시장에 개입하는 수준이나 방식이 거칠기는 했어요. 그렇지만 정부의 환율 시장 개입 자체를 '반(反)시장주의적 관치'라고 비난하고, 그 때문에 제2의 IMF 사태가 터질 것이라고 하는 건 논리 비약이 너무 심한 거죠.

이종태 그런데 시장 개혁을 주장하는 경제학자들은 무슨 근거에서 제2의 IMF 사태가 터질 거라고 했나요? 그런 징후가 있었습니까?

정승일 당시 강만수 장관이 좌충우돌하기는 했어요. 입만 열면 나는 시장주의자다, 감세주의자다, 복지 같은 건 절대 안 된다며 이명박 정부의 신자유주의 기조를 대변하면서도, 한편으로는 산업은행 민영화를 중단하고 우리은행과 합쳐 메가뱅크로 키우겠다, 외환 시장 개입은 당연하다, 한국은행의 독립성은 절대적인 게 아니라고 했으니까요.

이러면 외국인 투자자들이 한국 정부는 이랬다저랬다 해서 못 믿겠다며 갑자기 한국을 떠나리라는 게 시장 개혁을 주장하는 경제학자들의 말입니다. 그 경우 주가가 폭락하고 금융 시장이 붕괴되면서 1997년 말의 상황이 재현될 수 있다는 거죠. 2008년 여름의 경제 위기가 1997년의 IMF 사태형 위기로 전환될 수도 있다, 제2의 IMF 사태로 전환되는 과정에서 키워드는 강만수다 하는 지적이 나온 것도 그래서이고요.

한마디로 강만수 장관처럼 시장주의와 반시장주의 사이에서 왔다 갔다 하는 정책으로는 시장의 의구심을 불식시키지 못하니, 오로지 시장주의 정책을 쓰겠다고 약속하는 장관으로 교체해 외환 시장과 금융 시장에 신뢰를 줘야 한다는 겁니다.

장하준 그 '시장'이 누굽니까? 외환 시장과 금융 시장을 좌우하는 국제 금융 자본이잖아요? 그걸 규제하고 통제할 생각은 하지 않고 오히려 그들에게 신뢰를 주는 정책을 써야 한다고요? 물론 강만수 장관도 잘한 건 아니라고 생각해요. 관치를 하려면 일관되게 해야 정책의 예측 가능성이 높아지고 시장의 신뢰도도 높아질 텐데, 오락가락한 게 사실이니까요.

정승일 그렇지만 적어도 자칭 진보적 경제학자들이라면 '슈퍼 관치'라는 욕을 먹더라도 외환 시장과 금융 시장을 제대로 통제하는 구상을 했어야죠.

장하준 당시 우리도 브라질처럼 금융 거래세나 토빈세 같은 걸 도입해 쓸모없는 국제 금융 자본이 우리나라 외환 시장에 들락날락하지 못하도록 해야 했어요. 자본 통제를 해야 한다는 거죠. 과거 자본 통제를 결사반대하던 IMF조차 요즘은 자본 통제가 필요하다고 말합니다. 2008년에 시작된 금융 위기 이후로 인식이 변한 거죠.

정승일 그런데 시장 개혁을 주장하는 경제학자들은 당시 자본 통제 같은 데에는 관심도 없었고 그건 지금도 마찬가지입니다. 그런 면에서 보면 그분들이야말로 강만수 같은 경제 관료들처럼 오락가락하지 않는, 투철한 시장주의자들이에요.

저격하면 될 걸
왜 무차별 폭격하나

이종태 그렇지만 시장 개혁을 주장하는 학자들은 강만수 장관의 인위적인 저환율 정책으로 말미암아 원유와 원자재, 식품 등 수입 물품의 가격이 크게 오른 결과를 강조합니다. 원화 가치 하락으로 인해 빚어진 물가 상승으로 중소기업과 서민의 실질소득은 떨어진 데 비해, 그 혜택은 수출 제조업 관련 대기업, 그러니까 재벌에 돌아갔다는 거죠. 따라서 원화 가치를 높여서 수입 물가의 하락을 유도하고 중소기업과 서민의 실질소득을 높여야 한다는 게 시장 개혁을 주장하는 학자들의 말입니다. 그 과정에서 원화 가치 상승을 위해서라도 금리 인상이 필요하다는 거고요. 일리가 있지 않나요?

장하준 아니, 재벌만 수출하나요? 중소 벤처 기업은 수출 안 하나요? 만약 그분들이 바라던 대로 원화 가치가 올라갔다고 합시다. 그래서 현대자동차나 삼성전자의 해외 수출 물량이 줄면 그 회사에 납품하던 하청 중소기업들도 다 물량이 줄지 않나요? 시장 개혁을 주장하는 경제학자들은 마치 재벌 계열의 수출 대기업들과 중소기업들의 이해관계가 완전히 상충하는 걸로 가정해 말하는데, 반드시 그런 건 아니에요.

당시 미국발 서브프라임 위기가 이미 세계 경제에 그림자를 드리운 상태에서 금리를 올리라고 하는 건 도저히 이해할 수가 없어요. 그분들 주장대로 원화 가치를 올리면 환차익을 노리고 우리나라 외환 시장과 주식 시장에 들어오는 월스트리트 자금이 너무 많아져 문제가 될 판인데, 거기에 금리까지 올리면 더 많은 해외 투기 자금이 한국으로 몰려들지 않겠어요?

정승일 그렇죠. 미국의 서브프라임 모기지 사태의 위험 때문에 전 세계가 저금리를 유지하는 상황에서 우리만 금리를 올릴 경우 금리 차액을 노린 외국 투기 자본이 무더기로 들어올 수 있죠.

장하준 그렇기 때문에 금리를 정말로 인상하고 싶다면 자본 통제를 해야 하는 겁니다. 즉 헤지펀드 같은 해외 투기 자본이 쉽게 들락날락하지 못하도록 장벽을 쌓은 다음에 금리를 인상해야 하는 거예요.

브라질의 룰라 정부가 그렇게 했습니다. 브라질은 실질금리가 한창 높을 때는 12퍼센트까지 갔고, 2008년 이후 조금 내려가긴 했지만 그래도 3퍼센트도 안 되는 국제 금리보다는 여전히 높아요. 그 때문에 자본 통제하고 자본 거래세도 올리고 해서 캐리 트레이드를 노린 외국 투기 자본의 유입을 막으려는 거예요.

물론 브라질의 실질금리가 이렇게 높다 보니 경제가 활발하게 돌아가지를 않습니다. 요즘 브릭스다 뭐다 해서 마치 브라질 경제가 잘나가는 것처럼 말들을 하지만, 실제 룰라 정부하에서 경제 성장률은 연 3퍼센트 정도로 그다지 높지 않았어요. 다만 과거 수십 년 동안에 비해서는 상당히 양호한 수치이기 때문에 요즘 브라질이 잘나간다고 할 뿐입니다.

룰라 정부가 극빈층에게 복지 지출을 늘리고 해서 소득 분배를 개선한 건 아주 잘한 일입니다. 그렇지만 브라질 기업들은 여전히 투자를 잘 안 해요. 금리가 너무 높기 때문이죠. 그래서 브라질이 수출하는 것도 우리나라처럼 제조 제품이 아니라 주로 광물 같은 천연자원이에요.

아무튼 2008년 여름에 이미 세계가 거의 다 제로 이자율로 가고 있는데 한국 혼자 금리 올리겠다고 하는 건, 국제 투기 자본에 공식적으로 초대장을 보내는 거나 마찬가지였을 겁니다.

정승일 게다가 2008년 당시 이미 경기가 그리 좋지 않은 상태에서 금리까지 인상되면 가계 대출, 주택 대출, 신용카드 대출 같은 게 훨씬 더 빠른 속도로 부실화되어 서민 가계에도 큰 타격이 왔을 겁니다. 이런 지적은 시장 개혁을 주장하는 학자들도 인정해요. 금리 인상으로 금융 시장이 더 불안정해지고, 그 과정에서 빚이 많은 가계와 기업의 파산이 더 많아질 거라고요. 경제적 약자부터 파산할 거라는 점도 인정합니다. 다만 '어차피 터질 폭탄은 빨리 터뜨리는 게 좋다'는 겁니다.

장하준 그게 바로 시장 개혁을 주장하는 학자들이 1997년 IMF 사태 때에도 말했던 겁니다. 어차피 파산할 기업은 금리를 올려 빨리 손들게 하는 게 더 효율적이라는 거죠. 신자유주의 경제학이 바로 그렇게 말합니다. IMF가 당시 한국의 금리를 30퍼센트대로 올린 것도 그래서이고요. 그 결과가 어땠습니까? 많은 기업이 흑자 부도를 맞았잖아요.

정승일 당시 은행까지 우량 기업, 부실기업 가리지 않고 기업 대출을 모두 중단시키는 바람에 더 많은 기업들이 흑자 부도가 나고, 그에 따라 기업 대출이 대거 부실해지면서 은행도 부실화되지요. 1997년 IMF 사태가 그토록 악화된 데에는 IMF의 고금리 정책이 큰 역할을 했습니다. IMF도 나중에 그 점을 공식적으로 반성했고요. 그런데도 시장 개혁을 주장하는 학자들은 여전히 예전과 똑같은 논리로 말하고 있어요.

장하준 금리라는 건 아주 둔한 도구예요. 말하자면 무차별적으로 쏘는 대포나 융단 폭격 같은 거죠. 그런데 저격수가 한 방으로 적군 지휘관을 없앨 수 있다면 그렇게 하는 게 맞지 않나요? 왜 꼭 대포를 쏘려는 거죠? 물론 문제가 전반적으로 다 퍼져 있으면 대포를 쏘는 게 맞습니다. 하지만 부동산에 거품이 있다면 부동산 하나만 타깃으로 공격하면 되지, 왜 금리를 올려 기업 대출이니 하는 다른 대출까지 다 죽이는 겁니까?

이종태 그렇다면 그렇게 무차별적으로 하는 게 아니라 정밀하게 조준해 저격하는 방법이 있나요?

장하준 그럼요. 그게 바로 금융 시장 규제고 자본 통제예요.

정승일 일반적인 거시 경제학 교과서에는 규제에 관한 언급이 별로 없어요. 외환 시장이나 금융 시장에 문제가 생기면 한국은행이 금리를 올리거나 내려서 해결하는 것이지, 그 시장을 규제하거나 통제하라는 말이 나오지 않거든요. 그게 자유 시장 이데올로기인데, 시장 개혁을 주장하는 이른바 진보적이라는 경제학자들마저 그걸 그대로 따르고 있는 겁니다.

장하준 그래도 금리 같은 둔한 무기로 공격해야 한다면 경제 전반에 영향이 너무 큰 만큼 금리를 올리더라도 서서히 조금씩 올려야 합니다. 그리고 만약 주공격 대상이 부동산 대출 거품이라면, 부동산 대출에 대한 담보 비율이나 소득 비율 조정 같은 규제를 통해 해결하는 게 맞아요. 주공격 대상이 해외에서 몰려드는 투기적인 핫머니라면 브라질처럼 자본거래세를 도입해 자본 통제를 하면 되는 거고요.

정승일 더 당혹스러운 건 그렇게 금리를 올린 결과 가계와 기업에서 대량으로 발생한 사상자는 복지로 해결하면 된다는 겁니다. 이건 사람 다치게 해 놓고 '그 사람들 병원에 데려가 치료하면 되지, 뭐가 걱정이냐'는 것이나 다름없지 않나요? 1997년 IMF가 한국 정부에 재정 긴축과 고금리 정책을 강요하는 동시에 그로 인해 대량 구조 조정이 발생할 테니 사회복지 예산을 늘리라고 권고했던 것과 마찬가지예요.

장하준 그런데 그게 실제로 도움이 되기는 하나요? 한국 경제 전체를 향해 고금리라는 대포를 마구 쏴 대면 사상자가 수백만 명에 달할 텐데, 그 사람들을 전부 구급차로 실어다 병원에서 치료하면 된다는 건 너무 현실을 모르는 말 아닌가요?

정승일 우선 그 많은 응급 환자를 실어 나를 구급차가 부족해 난리가 나겠죠. 병원도 마찬가지 상황일 테고요. 게다가 그 사상자 중 많은 수가 평생 불구로 지내게 될 거 아닙니까?

물론 시장 개혁을 주장하는 경제학자들도 요즘엔 보편적 복지국가에 찬성합니다. 부자 증세 정책에도 찬성하고요. 그런데 복지국가가 만능은 아니거든요. 스웨덴과 핀란드의 경우 1980년대에 금융 시장 규제 완화로 은행 대출에 거품이 생겼는데, 그게 1990년대 초반에 꺼지면서 전후 최악의 금융 위기를 겪게 됩니다. 실업률이 급증하고 세수가 줄면서 복지 예산이 바닥나 버린 거죠. 그 바람에 스웨덴과 핀란드가 재정 긴축하고 복지국가 축소하고 하면서 홍역을 치렀던 거고요.

만약 우리가 시장 개혁을 주장하는 경제학자들처럼 경제 정책을 펼쳤다가는 복지국가를 제대로 만들기도 힘들 테고, 만든 다음에도 유지하기가 쉽지 않을 겁니다.

장하준 그럼요. 2008년 금융 위기 이후 그리스, 스페인의 좌파나 사회민주당을 보세요. 집권을 했는데도 EU나 IMF의 재정 긴축과 통화 긴축 요구를 제대로 된 반박도 못한 채 받아들여서는 자기 손으로 복지국가를 때려 부수고 있잖아요.

정승일 시장 개혁과 경제 민주화를 주장하는 분들이 말하는 걸 따르면서 복지국가를 만들다가는 우리도 필시 그렇게 될 겁니다. 이미 1997년 IMF 사태 때 그 맛을 조금 봤지만요.

중앙은행 독립?
EU의 경험을 새겨라

이종태 시장 개혁과 경제 민주화를 주장하는 분들은 정부가 외환 시장이나 금융 시장에 개입하고 규제하는 걸 아주 싫어한다, 또 그래야만 경제 민주화가 달성된다고 생각한다는 얘기네요. 그런데 그분들이 요구하는 유일한 정부 정책인 금리 인상도 엄밀하게 따지면 정부 개입 아닌가요? 물론 이때는 기획재정부가 아니라 한국은행이 금리 인상의 주체가 되겠지만요.

장하준 그렇죠. 엄밀하게 따지면 한국은행이 하는 금리 조정도 관치죠. 중앙은행이 통화 발행 독점권을 갖고 그 통화량을 조정함으로써 이자율을 바꾸는 거니까요. 유럽의 18세기 시장주의자들이 중앙은행조차 반대한 이유가 거기에 있어요. 그런데 우리나라에서 시장 개혁을 주장하는 학자들은 그렇게 관치 금융을 싫어하면서도 중앙은행에 대해서는 다르니 도대체 그 이유가 뭐죠?

이종태 우리나라의 진보 개혁적 경제학자들이 주로 관치 금융이라고 비판하는 대상은 기획재정부입니다. 기획재정부는 한국은행의 금리 정책에 왈가왈부하지 마라, 금리는 한국은행의 고유 권한이며 한국은행은 독립성을 가져야 한다는 거죠. 이런 주장은 1970년대부터 계속되고 있습니다. 2008년 당시 논쟁이 금리 정책에 개입을 주장하는 기획재정부 경제 관료와, 한국은행의 독립성을 주장하는 진보 개혁적 경제학자들 사이의 대결 양상으로 비친 것도 그래서이고요. 어쨌든 2008년 논쟁 당시 경제 관료들은 저금리를 요구했고, 한국은행과 금융통화위원회 주변의 진보 개혁적 학자들은 금리 인상을 주장했습니다.

정승일 좀 더 부연하자면 1997년 이후의 시장 개혁 과정에서 IMF와 우리나라에서 시장 개혁을 주장하는 분들이 공동으로 요구한 게 바로 한국은행의 독립성입니다. 그 결과 1997년 한국은행법이 개정되면서 재정경제부, 그러니까 지금의 기획재정부 관료들은 아예 한국은행의 금리 결정 회의인 금통위(금융통화위원회)에 참석하지 못하게 됩니다.• 이후 재정경제부 차관이 금리 결정 회의에 참석한 사례는 1998년에 한 번, 1999년에 세 번 등 네 차례에 불과했다고 해요. 그런데 강만수 장관의 후임인 윤증현 장관 아래에서 기획재정부 차관이 10년 만에 다시 금리 결정 회의에 참석합니다. 그 후에도 정례적으로 참가하고요. 이걸 가지고 시장 개혁을 주장하는 경제학자들이 일제히 한국은행의 독립성을 위협하는 '폭거'라고 비판하는 거죠.

장하준 미국의 중앙은행인 연준의 경우 두 가지 공식적인 목표가 있어요. 하나는 물가 안정이고, 또 하나는 완전 고용이에요. 말하자면 실업자가 증가하는 시기에는 물가 안정보다 완전 고용을 더 중시해서 저금

• 금융통화위원회는 한국은행의 통화 신용 정책에 관한 주요 사항을 심의·의결하는 정책 결정 기구로서 한국은행 총재 및 부총재, 그리고 기획재정부 장관·한국은행 총재·금융위원회 위원장·대한상공회의소 회장·전국은행연합회 회장의 추천을 받아 대통령이 임명한 5인을 포함해 총 7인의 위원으로 구성되며, 한국은행 총재가 의장을 맡는다.

리 정책을 쓸 수 있는 여지를 남겨 둔 겁니다.

　그런데 우리나라 한국은행법에는 오로지 물가 안정만 목표로 정해져 있어요. 신자유주의적 통화주의의 교리를 만들어 낸 밀턴 프리드먼이 가장 바람직하게 보는 모델인 거죠. 반면에 완전 고용을 책임지는 것은 기획재정부입니다. 미국과 달리 물가 안정과 완전 고용을 서로 다른 조직이 맡고 있는 거예요. 그렇다면 금리 인상 같은 대포를 발사하기 전에 한국은행이 기획재정부와 공동으로 협의해야 하는 게 정상 아닌가요?

정승일 게다가 금리 인상 시 발생하는 가계 파산과 기업 파산에 대비하려면 사전에 사회복지 예산을 늘릴 필요가 있다는 건 시장 개혁을 주장하는 분들도 이야기하는 게 아닙니까? 그렇다면 더더욱 한국은행이 금리를 인상할 때 사전에 정부 예산을 담당하는 기획재정부와 협의하고 합의해야 맞지 않나요? 만약 그 협의 과정에서 기획재정부 차관이 '우린 지금 예산이 모자라기 때문에 그렇게 많이 사회복지 예산을 늘릴 수 없다'고 하면 어떻게 하죠? 금리를 올리더라도 정부 예산을 고려해 가며 조금만 올리는 게 정답 아닌가요? 이렇듯 금리 조정과 정부 예산 조정이 반드시 한 묶음으로 이루어지는 거라면, 한국은행의 금리 결정 회의에 예산 당국의 관료가 참가하는 게 당연하지 않나요?

이종태 말하자면 대포를 쏠지 말지 결정할 때 구급차와 병원이 충분히 준비될지도 협의하라는 거군요.

장하준 진정한 민주주의 국가라면 관치를 하는 게 맞습니다. 금리 인상 같은 국가적인 중대사에 개입하지 않을 거라면 정부는 뭐하러 두나요? 그냥 시장에 다 맡겨 놓으면 그만이지.

정승일 생각해 보면 한국은행의 금리 결정을 좌우하는 금통위 인사들 중에 국민이 민주적으로 선출한 사람이 단 한 명도 없어요. 대한상공회의소나 은행연합회처럼 친기업적, 친금융 시장적인 인사들은 들어가 있지만요. 스웨덴 같은 경우 노조 대표가 금통위에 들어갑니다. 금리 결정이 자칫 잘못될 경우 가장 타격을 받는 게 노동자들이니까요.

장하준 시장 개혁을 주장하는 분들 요구대로 하면 결국 1996년 전경련 보고서처럼 되는 겁니다. 그 보고서에서는 민간 부분이 할 수 없는 외교와 국방 빼고는 전부 시장에 맡겨라, 기업에 맡겨라 그래요. 민주화 투쟁을 해서 집권하면 뭐합니까? 정작 국민의 운명을 결정하는 통화 정책은 한국은행이 독자적으로 결정하겠다고 하는데요. 그래서 유럽에서는 이른바 좌파라는 사람들이 중앙은행 독립에 절대 반대하는 거예요. 통화 정책이 얼마나 중요한데 그걸 민주적 통제 밖에 둘 수 있느냐는 거죠.

그리스 사태에서 보듯 유럽의 경제 위기가 심각해지면서 요즘도 가장 많이 비판받는 게 유럽중앙은행(ECB)의 독립성입니다. EU 어디에도 유럽중앙은행을 민주적으로 통제할 장치를 만들어 놓지 않은 거예요. 유럽위원회에 권한이 없다면 하다못해 유럽의회에라도 그런 권한이 있어야 하는데, 의회에도 그런 권한이 없거든요.

정승일 앞에서 이야기했듯이 유럽의 작은 나라 그리스에서 발생한 재정 위기를 GDP(국민총생산)가 그 수십 배인 EU가 해결하지 못해 쩔쩔매는 이유가 바로 그 때문이죠. 이건 그리스에 불이 나 사방으로 번지고 있는데도 소방관들은 손과 발이 묶여 있는 꼴이나 다름없어요. 그야말로 속수무책인 거죠.

장하준 하다못해 미국 연준도 3개월인가 6개월인가에 한 번씩은 미국 의회에 가서 머리를 숙여야 해요. 의회 청문회에 가서 연준 총재가 고분

고분 말하는 거 보셨죠? 우리나라도 마찬가지지만 EU에는 그런 것도 없어요. 유럽중앙은행이 요즘같이 어려운 상황에서 자기 멋대로 금리를 올리겠다고 주장하는데, 그걸 막을 뾰족한 장치가 없는 겁니다. 통제를 완전히 벗어난 거죠. 그런 걸 보더라도 민주화를 이야기하는 사람은 중앙은행 독립성 같은 말을 하면 안 되는 겁니다.

제2의 IMF 사태론은
어떻게 나왔나

이종태 그런데 2008년 여름에 환율 인상과 금리 인상을 둘러싸고 벌어진 이명박 정부 경제팀과 시장 개혁을 주장하는 경제학자들 간의 논쟁은 바로 한두 달 뒤인 9월에 미국의 리먼 브라더스가 파산하면서 싱겁게 끝났습니다. 정확하게 말하자면 리먼 브라더스의 파산으로 미국과 전 세계 금융 시장이 얼어붙고 신용 경색이 본격화되면서 시장 개혁을 주장하는 분들의 주장이 완전히 현실적 기반을 잃어버린 거죠.

장하준 그럴 수밖에 없죠. 미국 연준이 금리를 올리기는커녕 그간의 저금리에서 아예 초저금리로 가 버렸으니까요. 게다가 연준은 통화 긴축은커녕 양적 완화를 통해 수조 달러를 풀기까지 했잖아요. 1997년 IMF 사태 당시 미국 재무부나 IMF, 한국의 시장 개혁을 주장하는 경제학자들이 위기 극복책으로 주장한 금리 인상 및 통화 긴축과는 정반대의 처방을 쓴 거죠.

이종태 그런데 문제는 우리나라였습니다. 그 전까지는 한국 등 이머징마켓으로 몰려들던 국제 핫머니가 그나마 안전하다는 미국 국채 시장으로 방향을 틀고 갑작스럽게 빠져나면서 우리나라가 달러 부족으로 유동성 위기에 빠진 거예요. 금융 위기 진원지는 미국인데, 정작 그 유탄이 돌고 돌아서 한국을 때린 거죠. 당시 달러당 원화 가치가 몇 달 만에 1100원대에서 1800원대까지 폭락했어요. 그야말로 제2의 IMF 사태가 다가오고 있었죠.

그래서 이명박 정부가 당시 2600억 달러에 달하던 한국은행 외환 보유고를 외환 시장에 투입합니다. 달러를 내다팔고 원화를 사들인 거죠. 그 결과 2009년 7월에는 외환 보유고가 2000억 달러까지 떨어졌다고 해요. 1년 동안 600억 달러가 넘는 외환 보유고를 환율 방어에 사용한 셈인데, 특히 리먼 브라더스 파산 이후 원화 가치가 폭락하던 2008년 가을과 겨울에 집중적으로 쏟아부었다고 하더군요.

그랬더니 2008년 말부터 다시 시장 개혁을 주장하는 학자들이 나서서 '이명박 정부가 외환 보유고를 함부로 축내는 바람에 제2의 IMF 사태가 터질 수 있다'고 외치기 시작합니다. 심지어 '이미 외환 보유고가 바닥나서 곧 제2의 IMF 사태가 일어난다'는 말까지 나올 정도였죠. 『이코노미스트』나 『파이낸셜 타임스』 같은 해외 매체들도 2008년 겨울에 한국이 위험하다고 보도하기 시작합니다. 제대로 알지도 못하면서 '한국이 1997년 말과 비슷하게 해외 단기 차입이 많다, 외환 보유고를 다 풀어도 방어가 안 된다'고 떠들어 댄 거예요.

장하준 만약 그때 외환 보유고가 바닥났다면 정말 위험했겠네요. 그런데 그게 사실이었나요?

이종태 그건 제가 잘 압니다. 당시 『이코노미스트』는 한국이 파키스탄, 인도네시아, 터키, 베네수엘라보다도 취약하므로 곧 헝가리 같은 나라처럼 IMF 구제 금융을 받을 나라로 꼽았어요. 1997년에 이미 쓰라린 IMF 사태를 겪은 한국으로서는 기겁할 일이었죠.

그렇지만 당시 한국은 외환 보유액이 200억 달러에 불과했던 1997년 말과 달리 외환 보유액이 2600억 달러에 달해 세계 6위의 외환 보유 대국이었어요. 그런데도 해외 매체들이 한국을 잠재적 구제 금융 대상 국가로 꼽은 이유는 이른바 유동 외채 비율 때문이었습니다. 『이코노미스트』 같은 경우 2009년 한국의 유동 외채, 즉 1년 만기 단기 외채가 외환 보유고를 초과하는 만큼 구제 금융이 불가피하다고 예측했어요.

그런데 『이코노미스트』가 몰랐던 사실이 있어요. 한국의 유동 외채 비율이 높게 나온 건 한국이 파키스탄이나 인도네시아 등과는 달리 단기 외채 통계에 1년 미만의 단기 외채는 물론이고 1년 안에 만기가 돌아오는 장기 외채까지 포함시켰다는 겁니다. 전 세계에서 오직 한국만이 통계를 그렇게 추계해서 공표했던 거죠. 그 결과 일종의 해프닝이 벌어진 셈인데, 한국은행이 나서서 적극적으로 해외 금융 기관들에게 통계의 진실을 설명한 덕에 사태가 진정되었습니다. 외국 자본의 한국 탈출 러시가 조금 가라앉은 거죠.

그런데 그때 인터넷 사이트 「다음」의 '아고라'라고 하는 토론방에서 또 다른 문제가 발생해요. 당시는 2008년 촛불 시위의 열기가 채 식지 않은 탓에 아고라를 통해 열띤 시사 토론이 벌어지고 있었는데, 여기서 시장 개혁을 주장하는 학자들이 '한국은 가용 외환 보유액이 이미 바닥났다'고 외치기 시작한 겁니다. 그것도 유명한 민간 경제연구소 소장이나 전 경제 수석 같은 저명한 경제학자들이요.

그 근거로 제시된 것이, 우리나라 외환 보유고의 대다수가 미국 정부가 발행한 국채인데, 그게 이미 부실해져 휴지 조각이 되었다는 거였어요. 사실 좀 어이없는 주장이었는데도 그게 인터넷 등을 통해 계속 확산되더군요. 서브프라임 위기가 현실화되면서 패니메이나 프레디맥˙ 같은 미국의 모기지 대출 보증 기관들이 파산 위기에 처했으니까 패니메이나 프레디맥이 발행한 채권 역시 휴지 조각이 되었다고 생각한 겁니다.

장하준 그렇지 않죠. 만약 패니메이와 프레디맥을 파산하게 놔뒀으면 그야말로 미국은 지옥의 문 앞까지 가는 겁니다. 미국 정부가 두 기관을 살리기 위해 국유화시킨 것도 그런 사태를 방지하기 위해서고요. 게다가 그 기관들이 발행한 채권 역시 미국 정부가 지급 보증을 한 건데요.

정승일 그 의미를 잘 몰랐던 모양입니다. 그러니 한국은행이 보유한 패니메이와 프레디맥의 채권이 휴지 조각이 되었다고 착각한 거겠죠.

장하준 그건 좀 심한 착각이네요. 국가와 공공 기관이 발생한 채권은 절대로 휴지 조각이 될 수 없어요. 심지어 2001년 모라토리엄, 즉 국가 파산을 선언했던 아르헨티나 국채도 지금 시장에서 유통됩니다. 물론 가격은 엄청 낮죠. 액면가의 10~20퍼센트 정도던가…. 아무튼 그런 식으로 부도가 난 나라 채권도 2차 시장에서 거래되는 만큼 휴지 조각은 될 수가 없어요.

정승일 그럼요. 기업이 부도나면 해체되어 없어질 수 있고 그 회사가 발행한 회사채는 정말로 휴지 조각이 되지만, 국가는 다르죠. 혁명이 일어나 정권이 바뀐다 해도 나중에 바뀐 정권에 채권자가 채권 변제를 청구할 수 있다고 할 정도니까요.

● 패니메이와 프레디맥은 미국의 주택 금융 기관으로 패니메이는 1938년 국유 기업으로 설립되어 1968년 민영화했고, 프레디맥은 1970년에 설립되었다. 2008년 서브프라임 사태가 일어나면서 둘 다 국유화되었다. 그러나 국유화 이전에도 미국 정부가 이 두 기관의 채권을 보증하는 형식으로 사실상 공기업으로 운영되었다.

장하준 그게 반드시 좋은 건 아니에요. 아무튼 지금 문제가 된 건 미국 정부가 발행한 국채와 패니메이나 프레디맥의 채권인데, 그건 절대로 휴지 조각이 안 돼요.

이종태 실은 더 이상 논쟁할 필요가 없었습니다. 2009년 초에 미국 국채 가격과 패니메이, 프레디맥의 채권 가격이 국제 시장에서 치솟고 있었거든요. 오히려 가장 안전한 자산으로 취급된 겁니다. 국제 투자자들이 '모든 국가가 파산하는 사태가 벌어지더라도 미국 정부는 가장 마지막에 파산할 것'이라고 믿은 결과죠.

정승일 당시 일부 시장 개혁을 주장하는 인사들이 한국의 외환 보유고가 바닥났다고 주장한 건 일종의 해프닝이었습니다. 문제는 그냥 해프닝에 그쳤을 그런 발언들이 당시 이명박 정부를 비난하는 분위기와 결합되어 들불처럼 번졌다는 거예요. 그런 속에서 미네르바 사건이 터진 거고요.

첨단 금융 기법이
우리에게 남긴 것은

이종태 그렇지만 2009년 초반 당시 아고라 사이트를 보고 있으면 정말 이명박 정부의 잘못 때문에 제2의 IMF 사태가 터질 것 같은 느낌이 들기는 했습니다.

정승일 미네르바 논쟁이 한창이던 2009년 초에 우리나라 은행들이 심각한 유동성 위기에 빠졌어요. 우리나라 은행들이 그간 일본이나 미국 같은 선진국 은행에서 단기 자금을 많이 끌어다 썼는데, 글로벌 금융 위기가 시작되자 해외 은행들이 당장 내 돈 내놓으라며 대출 회수에 나섰기 때문입니다. 리먼 브라더스 파산으로 미국과 영국 은행들이 대거 파산할 위험에 처하게 되면서 자기 나라 은행들끼리도 못 미더워 뀌 준 돈을 받는 판에 다른 나라 은행, 특히 한국처럼 아직 뭔가 개발 도상국 분위기가 나는 나라의 은행은 더더욱 못 믿겠다는 거였죠.

장하준 결국 당시 이명박 정부가 우리 은행들의 모든 해외 단기 차입에 지급 보증을 해 주고, 미국 정부와는 필요할 경우 달러화 자금을 뀌다 쓸 수 있는 한미 통화 스와프 협정도 맺고, 외환 보유고가 세계 제일인 중국 정부와도 위급 시 달러 자금을 꿀 수 있는 통화 스와프 협정을 맺고 하잖아요. 그 덕택에 한국의 외채 상환 능력에 대한 국제 금융 시장의 의심과 동요가 진정됐고요.

정승일 그렇지만 당시 한국의 외환 보유고가 시장 개혁을 주장하는 경제학자들의 말처럼 정말 고갈되었다면 그렇게 쉽게 의심과 동요가 진정되지는 않았을 겁니다. 아무튼 이렇게 해서 이명박 정부가 시중은행들을 위기에서 구해 줬어요. 그런데 당시에는 누구나 글로벌 금융 위기가 제2의 대공황으로 치달을 거라고 걱정하던 상황 아닙니까. 그래서 정부가 나서서 은행들더러 앞으로 글로벌 금융 위기가 더 심해질 수 있으니 주주 배당 줄이고 내부 유보금 적립을 늘리라고 합니다. 미래 위험에 대비하라고 요청한 거죠.

이런 정부의 요청을 대부분의 은행 경영진이 거부해 버립니다. 당연하죠. 주가 상승에 도움이 안 되거든요. 그런데 은행 경영진의 이런 이기적 행동을 두고 당시 경제 민주화를 주장하는 분들이 별로 비판하지 않았어요. 재벌이 사회적 책임은 무시하고 자기 이익만 챙긴다고 비판하던 분들이 은행 문제에 입을 다문 거죠.

어쨌든 당시 글로벌 금융 위기가 심상치 않자 이명박 정부는 수조 규모의 공적 자금을 조성합니다. 바젤 규제에 따른 BIS 비율 최저 기준인 8퍼센트를 못 맞추는 은행들에 공적 자금을 투입할 준비를 시작한 거죠.· 그러자 은행 경영진들은 BIS 비율을 8퍼센트 이상으로 유지하려 기를 씁니다. 미국이나 영국과 달리 우리는 공적 자금이 투입되는 순간 경영권에 제약을 받는데, 그게 싫었던 거죠.

이종태 당시 우리나라 은행들의 BIS 비율이 10퍼센트 수준이었어요. 양호하게 유지한 거죠.

정승일 문제는 그 과정이 우리가 바람직하게 생각하는 방식으로 이루어지지 않았다는 거예요. 자기자본을 늘려 그렇게 된 게 아니라 대출을 회수해서 이룬 것이니까요. 여기서 특히 문제가 되는 건 중소기업에 대한 대출 회수예요. BIS 비율을 계산할 때 중소기업에 대한 대출은 위험한 것으로 분류돼 불리하게 작용하니까 은행들이 일제히 회수에 나선 겁니다.

장하준 앞에서도 말했지만 사실 이번 글로벌 금융 위기에서 가장 비판받은 게 기존의 바젤 규제였어요. 현재는 경기가 좋으면 은행들이 특별히 잘한 게 없음에도 자산 가치 상승으로 BIS 비율이 올라가요. 그러니 은행들은 추가 대출에 나설 수 있고, 그래서 자산 가치 상승이 이루어지는 식으로 진행되면서 결국 거품이 생기는 거죠. 반면에 경기가 얼어붙으면 자산 가치 하락으로 BIS 비율이 떨어지니까 은행들이 대출 회수에 급급해 결국 경기가 더 악화되고, 그러면 자산 가격이 더 떨

●바젤 규제는 은행의 건전성과 안전성 확보를 목적으로 1988년부터 BIS(국제결제은행)의 바젤위원회(은행규제감독위원회)가 제정해 발표한 '자기자본 측정과 기준에 관한 국제적 합의'에 의한 규제로, 지난 1992년 말부터 은행들에는 BIS 비율을 8퍼센트 이상 유지하도록 권고하고 있다.

어지니까 은행들은 더더욱 대출 회수에 나서는 악순환이 일어나게 되고요. 이른바 경기 증폭 작용을 하는 거죠. 이것을 두고 이미 10여 년 전부터 많은 비판이 있었어요. 그런데 이번에 글로벌 금융 위기를 겪으면서 이런 우려가 현실화되자 바꾸겠다고 하는 겁니다.

그런데 이런 일이 우리나라에서만 벌어진 게 아니에요. 미국과 영국에서도 똑같은 일이 많이 일어났습니다. 위기에 빠진 은행들이 생존하기 위해 바젤 규제에 따른 BIS 비율을 맞추려고 중소기업 대출을 대거 줄였어요. 그 바람에 신용 경색이 더 심해졌고요. 그러자 할 수 없이 미국 연준이 나서서 정부가 기업 대출에 지급 보증을 하게 돼요. 말하자면 정부 보증을 통해 중소기업 대출의 리스크를 없애 준 거죠.

이종태 그런데 이렇게 우리나라 은행들이 중소기업 대출을 늘리기는커녕 기존 대출까지 회수해 중소기업들이 난리가 나니까 이명박 대통령이 갑갑한 나머지 금융위원회에 직접 전화를 해서 은행들이 기업 대출을 늘리도록 '창구 지도'를 지시합니다. 당시 금융위원회 전광우 위원장은 이창용 부위원장과 마찬가지로 시장주의자를 자임하는 분인데, 그런 분이 직접 은행장에게 전화해 중소기업 대출을 늘리라고 한 거죠. 그러자 '은행 창구 지도라니, 웬 관치 금융이냐?'고 시장 개혁을 주장하는 경제학자들이 들고일어나 이명박 정부의 관치 금융을 공개적으로 비판합니다. 진보 언론들도 거들었어요. '드디어 관치의 망령이 살아났다, 박정희의 망령이 살아났다'고 대서특필하는 식으로요.

장하준 정말 당혹스럽네요. 이른바 진보적 경제학자들과 언론이 은행 경영진의 탐욕이나 주주 자본주의의 탐욕은 비판하지 않고 오히려 정부의 관치를 비난하다니요. 그것도 글로벌 금융 위기의 한가운데에서 말입니다.

정승일 더 큰 문제는 대통령까지 나서서 다그치는데도 은행장들이 전부 말을 듣지 않더라는 겁니다. 전광우 금융위원장이 은행장들 다 불러 모아 놓고 제발 중소기업 대출 회수하지 말라고 부탁하는데도 은행장들이 꿈쩍 않더라는 거죠. 심지어 '그랬다가 나중에 문제 생기면 책임질 거냐?'고 따지는 분위기였다고 해요.

장하준 그렇죠. 대출 회수를 하지 않아 나중에 은행에 손실이 발생하면 주주총회에서 자기들이 잘릴지도 모르는 판이니까요. 하지만 이명박 정부가 잘했다고 할 수도 없어요. 관치 금융을 하려면 제대로 끝까지 했어야죠. 창구 지도만 할 게 아니라 은행들이 아예 주주 자본주의 같은 거 못하게끔 규제하는 식으로요.

정승일 이렇게 미국발 금융 위기로 수출이 위축되어 가뜩이나 힘든데 은행들까지 일제히 대출 회수에 나서거나 추가 담보를 요구했으니 중소 기업들이 난리가 났죠. 그런데도 표면적으로는 아무 일 없이 지나갔습니다. 바로 정부가 운영하는 공공 기관인 중소기업진흥공단과 기업은행, 산업은행이 중소 벤처 기업 대출을 크게 늘렸던 덕택이에요. 신용 보증기금과 기술보증기금도 지급 보증을 크게 늘렸고요. 합쳐서 거의 50조를 늘렸어요. 시중은행들이 회수한 중소기업 대출을 정부 기관들이 다 막아 준 거죠. 만약 이명박 정부가 그렇게 50조를 늘리지 않았더라면 중소기업발 금융 위기가 터질 판이었어요. 말하자면 은행과 경영진, 그 뒤에 있는 주식 투자자들의 이기적인 탐욕 때문에 생긴 문제를 국민 세금으로 메꿔 준 거죠.

이종태 거기에 왜 국민이 낸 세금이 들어갔다고 하시는 거죠?

정승일 그렇게 공적 대출이나 지급 보증 혜택을 받은 중소 벤처 기업들 중에는 아무래도 나중에 부도날 회사들이 많을 거 아닙니까? 예컨대 위기 상황이 아닌 평상시에는 은행의 기업 대출 부도율이 1년에 1퍼센트가 안 돼요. 하지만 이런 공공 기관들을 통해 나간 대출은 평상시에도 부도율이 3~5퍼센트 정도이고, 2009년 초처럼 경제가 얼어붙었을 때는 부도율이 7퍼센트, 10퍼센트까지 올라갑니다. 그러면 그 공공 기관들이 그만큼 손실을 입게 되고, 그 손실을 메꾸려면 국민 세금이 투입될 수밖에 없으니까요.

장하준 그런데도 한국의 자칭 진보 경제학자들은 은행들의 주주 자본주의를 비판하지 않는다니 정말 심각한 문제네요. 은행들이 그렇게 이기적으로 행동하는 문제를 해결하기 위해 이미 국제 사회가 동태적 바젤 규제 같은 것을 논의하고 있는데, 한국에서는 진보나 보수나 이런 문제에는 별 관심을 보이지 않고 그저 재벌이 금융 못하게 규제하기만 하면 만사형통인 식으로 말하고 있으니….

1990년대 초까지만 해도 은행 대출의 90퍼센트 가까이가 기업에 빌려 준 돈이었습니다. 그런데 요즘은 기업 대출이 30~40퍼센트 정도예요. 나머지가 다 가계 대출인데 그중 절반이 부동산 대출이잖아요. 그리고 미국이나 영국과 마찬가지로 우리 은행들 역시 주식 펀드들 압력 아래 있어요. 은행 주식의 60퍼센트 정도를 월스트리트나 런던 시티의 펀드들이 소유하고 있으니까요. 그러니 은행들이 어떻게든 수익을 내서 주주들에게 나눠 주려 할 수밖에 없는 겁니다.

정승일 부동산 대출 이야기가 나왔으니 말인데, 2008년 이후 부동산 경기가 나빠지면서 부동산 대출이 서서히 부실화되고 있어요. 시한폭탄인 셈이죠. 10년 전인 1997년만 해도 은행에 기업 대출이 너무 많아서 문제였는데, 지금은 정반대가 된 거예요. 그런데 은행 경영진 입장에서는 자기 임무를 다한 겁니다. 경제 민주화를 주장하는 분들이 원했던 대로 관치 금융의 손에서 빠져나왔고, 주식 투자자들 요구에도 충실히 따르고 있으니까요.

우리나라 은행권이 그렇게 가계 대출, 부동산 대출을 늘린 이유가 주주 자본주의의 이해관계와 직결되어 있어요. 그런데 경제 민주화를 주장하는 분들은 이 점을 절대 인정하지 않으려 합니다. 은행들이 가계 대출을 늘린 이유는 단지 바젤 규제가 도입되었기 때문이라는 거예요. 물론 일리는 있죠. 바젤 규제라는 게 대출 리스크에 따라 위험을 측정하게 되어 있는데, 부동산 담보 같은 게 있는 가계보다는 기업에 대한 대출 리스크가 더 높으니까요. 그러니 은행들이 리스크가 높은 기업 대출은 공장 설비나 부지 같은 담보물이 없으면 잘 빌려 주지 않게 된 거고요.

그런데 바젤 규제라는 게 결국 대출 위험도에 상응해서 자기자본을 쌓아 놓으라는 거잖습니까? 기업 대출의 위험도가 높다는 건 그만큼 기업 대출이 가계 대출보다 부도날 확률이 높으니 은행들이 미리 알아서 그 손실을 충당할 준비금을 많이 쌓아 놓으라는 말도 되고, 혹시 그래도 모자랄지 모르니 완충 장치(buffer)로 자기자본도 많이 쌓아 두라는 말도 되는 겁니다. 그래서 자기자본을 최소한 8퍼센트, 10퍼센트 쌓아야 한다고 규제하는 거고요.

장하준 문제는 주주 자본주의에 물든 은행 경영진 입장에서는 자기자본을 많이 쌓아 두는 게 못마땅하다는 거예요. 은행이 자기자본을 더 쌓으려면 전년도 순이익 중에서 주주들에게 배당하는 몫을 줄여 내부 유보금을 늘리거나 아니면 유상 증자를 해야 합니다. 그런데 이 두 가지 모두 주식 투자자들이 싫어하는 거예요. 유상 증자를 하면 주가가 떨어지니 싫고, 배당을 줄이면 당장 자기에게 떨어지는 수익이 줄어드니 싫은 거죠. 또 스톡옵션을 부여받은 은행 경영진은 그렇게 되면 보너스가 줄어드니 싫고요.

은행들이 그래서 가능하면 자기자본을 늘리려 하지 않는 겁니다. 정부가 은행 감독 기준으로 정한 최소 8퍼센트를 약간 넘어서는 선에서 조절하는 거죠. 그런데 바젤 규제라는 게 말하자면 최소선이거든요. 이건 반드시 이행해야 하는 거고, 은행 자체적으로 필요하다면 더 늘려 놓으면 좋은 거예요. 예컨대 은행이 수익을 많이 내는 호황기에 15퍼센트 정도 쌓아 놓으면 나중에 경기가 얼어붙어 은행에 손실이 발생하고 자본 잠식이 일어나도 마지노선인 8퍼센트까지 갑자기 낮아지지는 않을 테니까요.

이걸 은행들이 알아서 하도록 맡겨 놓았더니 호황기에 자기자본 더 쌓을 생각은 않고 주주 배당만 한 거예요. 그러다가 글로벌 금융 위기가 닥치면서 BIS 비율이 문제가 되니까 정부가 나서서 세금으로 공적 자금 만들어 은행들 자기자본을 메꿔 주지 않으면 안 되게끔 됐어요. 요즘 나오는 동태적 바젤 규제라는 게 바로 이런 일이 벌어지지 않도록 아예 호황기에는 자기자본을 더 많이 쌓아 두라고 강제하는 겁니다. 그러니 월스트리트는 동태적 바젤 규제가 주주 자본주의와 금융 자본주의를 심각하게 제약한다면서 반대하는 거고요.

정승일 맞습니다. 결국 근본적인 문제는 은행들의 주주 자본주의예요. 그런데 우리나라에서는 여전히 누구도 그걸 문제 삼지 않고 있습니다. 진보나 보수나 그 점에서는 똑같아요. 아무튼 우리는 2009년 초반에 제2의 IMF 사태를 겪을 뻔했던 겁니다. 그래서 1997~1998년 때와 비슷한 논쟁 구도가 다시 나타났던 거고요.

은행 민영화야말로
반중소기업적이다

이종태 그런데 원래 우리나라 은행들은 중소기업 대출이 의무화되어 있지 않았나요? 가령 전체 대출의 50퍼센트는 반드시 중소기업에 배정해야 한다든가 하는 식으로요.

정승일 과거에는 그런 게 있었죠. 그런데 김대중 노무현 정부가 이른바 시장 개혁을 하면서 그런 반시장주의적인 은행 대출 규제를 대폭 완화해 버렸어요. 덕분에 의무 비율도 많이 줄어 요즘은 30퍼센트로 내려갔다는데, 위반해도 벌금이 얼마 되지 않아 은행들이 그것마저도 지키지 않고 그냥 벌금 내고 만답니다. 그런 행태가 심한 곳이 외국계에 넘어간 은행들, 즉 씨티은행이나 스탠다드차타드은행 등이라더군요.

그런데 은행 대출의 규제 완화라는, 사실상 반(反)중소기업적인 정책을 지지한 분들이 바로 '재벌 위주의 경제에서 중소기업 위주의 경제로'라고 외치며 경제 민주화를 주장하는 분들이에요. 심지어 그들은 과거 중소기업은행이었던 기업은행의 민영화에도 침묵으로 일관하고 있어요. 기업은행이 완전 민영화되면 은행권의 중소기업 대출이 그야말로 3분의 1은 줄어들 텐데도 말입니다.

경제 민주화를 주장하는 분들은 과거에 우리나라 은행들이 첨단 금융 기법만 배우게 되면 중소기업 대출도 많이 늘어날 거라고 말했어요. 보수적 시장주의자들 역시 그 점에서는 마찬가지였고요. 그런데 시장 개혁 이후 은행들의 중소기업 대출 비중은 거꾸로 줄어들었습니다. 그나마 해 주는 대출도 담보 있고 재무제표 좋은 우량 회사들에만 주고 있고요.

장하준 그게 바로 김대중 노무현 정부 시절 경제 민주화를 주장하는 분들이 그렇게 배우고 싶어 하던 첨단 금융 기법이에요. 영국 은행가들 사이에 격언이 있습니다. 돈 필요한 놈한테는 절대 돈 꿔 주지 마라는 거죠. 그게 바로 첨단 금융 기법입니다.

정승일 그래서인지 요즘은 직장이 괜찮은 사람들에게는 은행에서 수시로 이메일을 보내요. 돈 꿔 가라고요. 대출도 자동화되었어요. 은행들이 첨단 금융 기법을 배우고 가장 많이 한다는 짓이 바로 서류 심사만으로 간단하게 대출하는 겁니다. 소득 증명서나 납세 증명서, 담보용 주택 소유 증명서 같은 것만 은행에 제출하면 자동적으로 '너는 신용 등급이 얼마니까 대출 이자율은 얼마' 라고 계산되어 나오는 식이죠. 사정이 이러니 정작 가난한 사람들은 은행에서 돈을 꿀 수가 없어요. 금리가 훨씬 높은 저축은행이나 대부 업체로 갈 수밖에요.

이종태 우리나라 은행들은 과거 기업 대출의 경우에도 담보나 연대 보증을 요구했잖습니까? 그래서 공장 설비나 부지가 없는 신생 기업들은 은행 대출 받기가 하늘의 별따기라며 불만이 많았습니다. 우리 은행들에 제대로 된 대출 심사 능력이 없다는 비판이 많았던 것도 그래서였고요. 1997년 IMF 사태 이후 금융을 개혁하고 해외 선진 은행으로부터 첨단 금융 기법을 배워야 한다는 주장도 그 때문에 나온 걸로 알고 있는데, 지금도 마찬가지인 것 같으니 실망스럽네요.

정승일 첨단 금융 기법을 너무 잘 배워서 그 모양이 된 거예요. 그 첨단 금융 기법이라는 게 사실은 대출 받으려는 기업으로부터 매출액과 부채, 순익, 재산 같은 데이터 몇 개 받아서 컴퓨터 프로그램에 입력하고 돌리는 게 다예요. 그렇게 해야 비용이 적게 들거든요. 기업 대출할 때마다 일일이 그 회사 사무실 방문하고, 공장 찾아가 분위기 확인하고 해 보세요. 은행원 인건비가 많이 들지 않겠어요?

그런데 컴퓨터 프로그램으로 심사하면 비용은 최소화될지 몰라도 은행 대출 담당 직원들이 해당 기업에 대해 알 수 있는 게 별로 없어요. 매출이나 수익 같은 재무제표 수치 아니면 부동산, 설비 같은 외형적 지표 정도죠. 그 경우 당장 매출과 수익이 없을지 몰라도 잠재력 있는 유망 중소 벤처 기업들은 어떻게 대출을 받겠어요? 언젠가 은행의 대출 심사역에게 '왜 기술력 있는 중소 벤처 기업에 대출해 주지 않느냐'고 물었더니 '그런 기업들 한 달에 10개 대출해 줘 봤자 대기업 1개 대출해 주는 수익도 안 나온다. 은행 직원 한 달 월급도 못 번다'고 하더군요. 그러면서 '그런 일은 우리에게 기대하지 말고 공공 기관들이 하면 좋겠다'고 하더라고요.

이종태 그러면 그 말대로 하면 되지 않나요? 지금처럼 은행들은 대기업이나 우량 중소기업들에 대출해 주고, 기술력 있는 유망 중소 벤처 기업에는 공공 기관들이 대출해 주는 역할 분담 체제를 구축하면 되지 않습니까?

정승일 그것도 하나의 방안이긴 하죠. 문제는 공공 기관들마저 이른바 '시장 원칙'의 압력을 받고 있다는 거예요. 예컨대 보수적 시장주의자들도 그렇고 시장 개혁과 경제 민주화를 주장하는 분들도 그렇고, 다들 이런 공공 금융 기관을 관치 금융의 유산이라고 비판합니다. 너무 많은 자금을 별로 희망도 없는 중소 벤처 기업들에 제공해 정작 '문 닫는 게 좋을' 중소기업들까지 버티게 한다는 거죠.

이종태 그런 면이 실제로 있지 않을까요? 은행과 달리 수익성에 별로 관심이 없는 공공 기관들이 하는 일이니 은행들처럼 철저하게 심사하지 않을 거 아닙니까?

정승일 물론 은행과는 다르죠. 그런데 철저하게 심사한다는 게 무슨 뜻이죠? 은행들은 재무제표나 담보 여부를 철저하게 심사합니다. 그렇지만 기업의 기술력이나 미래 성장 가능성에는 까막눈이에요. 은행 직원 중에 그런 일을 담당하는 인력도 없고 그런 조직도 없어요. 그에 반해 공공 금융 기관들은 재무제표나 담보 여부는 설렁설렁 봐도, 기업의 기술력이나 미래 성장 가능성 같은 건 철저하게 심사합니다. 그게 그 조직의 존립 목적이니까요.

바로 이 점이 우리나라 금융의 미래 발전을 위해 정말로 중요한 요소입니다. 사람들은 우리나라 은행은 담보와 연대 보증만 요구한다, 심사 능력이 떨어진다고 비판하는데, 그렇듯 은행에 결여된 부분이 지금 공공 금융 기관에서 서서히 갖춰지고 있어요. 예를 들어 중소기업진흥공단 같은 경우 중소 벤처 기업의 매출액 같은 외형적 지표만이 아니라 해당 기업의 기술 개발 능력이나 마케팅 능력 같은 것까지 평가할 수 있는 조직을 키워 왔어요. 그 기관에는 대기업의 R&D 부서, 마케팅 부서 등에서 수십 년 일하다가 퇴직한 분들이 많습니다. 기술도 알고 경영도 알아서 그런 문제들에 컨설팅 능력까지 갖춘 분들이죠.

장하준 그런 분들이 봐야 해당 기업의 진정한 잠재력을 알 수 있는 겁니다. 미국 유학 가서 몇 년 동안 재무 관리 공부한 박사라고 해서 중소기업의 사업 내용을 파악할 수 있는 게 아니거든요. 은행이 기업을 서류만으로 심사하면 당연히 현재 수익이 높고 부도낸 적 없는 이미 성숙하고 안전한 기업하고만 거래하게 되죠. 그런데 혁신적 기업의 경우 애타게 대출이 필요한 사업 초기에는 매출 같은 지표가 우수할 수가 없어요. 이런 기업들을 서류로만 심사하면 당연히 대출이 제공될 리가 없죠. 이런 게 무슨 첨단 금융 기법입니까?

정승일 그런 점에서 저는 정책 금융 기관들이야말로 우리 금융의 미래라고 생각해요. 주주 자본주의에 포섭된 상업적 은행들이 도저히 흉내낼 수 없는 일을 하고 있거든요. 그리고 이건 뒤에서 이야기할 박정희 체제의 유산, 특히 산업 정책 논란과 관련해서 중요해요. 중소기업진흥공단 같은 곳이 수행하는 정책 금융이 뭐겠어요? 바로 정책, 즉 산업 정책과 그 일부인 중소 벤처 기업 육성 정책을 위한 금융을 하는 거죠.

장하준 그런데도 우리나라에서 경제 민주화를 주장하는 분들은 박정희 식의 정부 개입을 무조건 백안시하고, 특히 산업 정책이나 정책 금융은 특혜와 비효율의 극치라고 생각하죠. 보수적 시장주의자들도 마찬가지고요. 그런 관점을 가지고 어떻게 중소기업을 육성하겠다는 걸까요? 중소기업 육성 역시 정부가 하는 산업 정책 아닌가요?

정승일 실제로 경제 민주화를 주장하는 분들 중 상당수는 중소 벤처 기업에 주는 정책 금융의 역할을 축소해야 한다고 말합니다. 중소 벤처 기업들에 공공 대출 자금을 지나치게 주는 통에 망해야 마땅한 회사들까지 버티게 된다는 거죠. 이들이 이명박 정부가 보수주의 경제학자들의 요구에 따라 추진하는 중소기업진흥공단이나 신용보증기금, 기술보증기금 같은 기관들의 축소나 통폐합에 노코멘트로 일관하는 것도 그래서예요. 입으로는 중소기업 위주의 경제로 전환을 말하면서요.

이종태 그래서 그분들이 기업은행이나 산업은행 민영화에 별로 비판의 목소리를 내지 않는 거군요. 말하자면 관치 금융을 줄이는 것이니까요.

정승일 그렇죠. 그런데 은행을 다녀 보면 경기가 얼어붙었을 때 기업 대출을 회수하는 게 관행화된 곳이 있고, 그렇지 않고 기업을 도와주려 애쓰는 게 관행화된 곳이 있어요. 기업을 도와주려 애쓰는 은행은 수십 년 전부터 정부의 산업 육성 정책과 결합되어 있던 곳들이라, 충분치는 않지만 기업들을 재무제표나 담보 여부만으로 심사하지 않는 조직 관행이 아직 남아 있어요.

이건 우리나라 은행들의 미래 성장을 위해 매우 중요한 요소입니다. 소중하게 살리고 유지해 나가야 해요. 그런데 그런 소중한 관행이 지금 민영화와 주주 자본주의의 파도에 휩쓸려 그대로 사라질 위험에 처해 있어요.

장하준 그 때문에 기업은행이나 산업은행 같은 곳은 민영화하면 안 되는 겁니다. 우리은행도 마찬가지고요. 아직 다행히 이 은행들을 정부가 소유하고 있는데, 관치 금융이라는 욕을 먹는 한이 있더라도 계속 정부가 끌어안고 소중하게 잘 키워 우리나라 은행 산업의 미래를 만들어야 합니다. 박정희 시대에 시작된 산업 정책과 정책 금융의 전통을 앞으로도 잘 살려 진정으로 첨단 금융을 세워야 하는 거예요. 그 좋은 전통을 민간의 시중은행에 접목하기 위해서라도 은행권의 주주 자본주의는 강력하게 규제해야 하고요.

은행 해외 매각, 그 책임은 누구에게?

이종태 여기서 론스타 문제를 좀 짚고 넘어가죠. 두 분은 2005년에 나온 『쾌도난마 한국경제』에서 론스타 펀드에 외환은행을 매각하는 걸 아주 강하게 비판했습니다. 그 론스타가 최근 마침내 외환은행을 매각하고 한국을 떠났습니다. 김석동 금융위원장이 하나금융에 인수를 인가해 준 덕분이죠.

정승일 김석동 위원장은 노무현 정부 초기부터 노무현 정부의 금융 정책을 좌우했죠. 변양호 당시 금융정책국장과 함께 말입니다. 당시 외환 은행은 금융위원회가 정한 부실은행 기준에서 벗어난 상태였는데도 뭔가 석연치 않은 이유로 부실은행으로 지정되더니 곧이어 론스타에 매각되었어요. 그게 노무현 정부에서 일어난 일이었습니다.

장하준 김대중 노무현 정부가 투기 자본에 넘겼던 은행이 한두 개인가 요. 제일은행은 뉴브리지 캐피털에게 넘겼고 한미은행은 칼라일에 넘 겼고…. 이렇게 된 데에는 그것을 결정한 실무자인 경제 관료들의 잘 못도 크지만, 동시에 시장 개혁을 주장하는 경제학자들과 시민 단체들 의 잘못도 크다고 봅니다. 왜냐하면 1998년 금융 구조 조정이 한창 진 행될 때 이분들은 관치 금융은 절대로 안 된다고 하면서 사실상 은행 들을 조속히 민영화하라고 촉구했거든요. 1997년 IMF 사태로 부실해 지면서 국유화되었던 은행들을 가능한 한 빨리 시장에 팔라고 요구한 거죠.

정승일 당시 경실련이나 참여연대 같은 시민 단체들이 모두 부실은행과 부실기업의 조속한 매각을 촉구했어요. 진보 언론 역시 마찬가지였고 요. 더구나 그분들은 '은행을 재벌에 파는 건 절대 안 된다'고 못을 박 았습니다. 재벌이 종금사 같은 금융 기관을 갖게 되는 바람에 IMF 사 태가 벌어졌다고 믿고 있었으니 당연한 일이겠죠. 사회 분위기가 그렇 게 돌아가니 김대중 정부 역시 은행과 대기업들을 해외에 헐값으로 넘 길 수밖에 없었던 겁니다. 이어지는 노무현 정부 역시 그에 따라 별 다 른 문제의식 없이 외환은행을 론스타에 넘겼던 거고요.

이종태 정말 지금 돌이켜 보니 당시 두 분도 참여한 대안연대회의 말고 는 은행을 아무 생각 없이 해외 사모펀드에 넘겨 버린 것에 대해 누구 도 문제 제기가 없었네요. 진보 언론 역시 마찬가지였고요.

정승일 우리가 『쾌도난마 한국경제』에서 론스타에 외환은행을 넘긴 노무현 정부와 그에 유리한 분위기를 만드는 데 큰 역할을 한 경제 민주화 세력을 신랄하게 비판했죠. 그리고 그 비판에 호응해 많은 분들이 진심으로 노력한 덕택에 론스타의 외환은행 인수의 불법성이 사회적으로 많이 알려졌고요. 한때 저는 노무현 정부를 비판하며 등장한 이명박 정부라면 혹시 노무현 정부의 잘못을 공론화하면서 론스타의 외환은행 인수를 불법으로 판정하지 않을까 기대한 적이 있어요. 그런데 그 외환은행 매각의 책임자인 김석동 씨가 금융위원회 위원장으로 등장하는 걸 보면서 기대를 접었죠.

장하준 이명박 정부라고 해서 김대중 노무현 정부와 다른 게 뭐 있나요. 강조점만 조금 다를 뿐 다 같은 신자유주의자들이고 경제의 금융 자본화를 추진한 정부인데요. 이명박 정부도 집권하고 나서 금융을 우리 경제의 미래 성장 동력으로 키우겠다고 했잖아요. 노무현 정부 때 금융 허브 정책이라는 걸 펼치면서 나왔던 정책들, 1998년 김대중 정부가 4대 개혁의 하나인 금융 시장 개혁이란 이름으로 펼쳤던 정책들이 이명박 정부에서 그대로 이어지는 거죠. 이런 점에서 보면 이명박 정부는 김대중 노무현 정부의 정통 후계자입니다. 세 정부 모두 하나같이 우리나라에서도 뉴욕 월스트리트 유형의 금융 시장과 금융 기관들이 등장하기를 염원했으니까요.

정승일 노무현 정부가 '우리도 헤지펀드 산업을 발전시키겠다'는 구상을 발표했는데, 이명박 정부 들어 실제로 과거 토종 헤지펀드의 출현을 어렵게 했던 관련법을 폐지했다고 합니다. 그래서 요즘에는 국민연금이나 군인공제회 같은 대규모 연기금들이 토종 헤지펀드의 투자자로 나설 준비를 열심히 하고 있는 모양이더군요. 또 노무현 정부 때부터

'우리도 한국판 골드만삭스를 만들겠다'고 했는데, 이명박 정부도 그 뜻을 이어받아 실제로 산업은행 민영화를 통해 한국판 골드만삭스를 만들겠다고 추진 중이고요.

　이렇듯 이명박 정부가 지난 4년간 금융에서 하고 있는 일들은 큰 틀에서 볼 때 김대중 노무현 정부와 다른 게 하나도 없어요. 차이가 나는 지점이 있다면 단 하나, 재벌에 관한 겁니다. 우리나라 은행 중에 아직까지 재벌이 운영하는 곳이 하나도 없는데, 그건 은행법의 관련 조항들이 가로막고 있기 때문이에요. 그런데 이명박 정부가 초기에 이 조항들을 개정해 산업 자본, 즉 재벌도 은행을 소유할 수 있게끔 바꾸려 한 적이 있어요.

이종태 이명박 정부는 은행법을 개정해 산업 자본이 4퍼센트 이상 소유할 수 없도록 한 것을 9퍼센트로 올리고, 또 사모펀드도 금융 주력자 자격을 얻어 은행을 인수할 수 있도록 했습니다.

정승일 그때 시장 개혁을 주장하는 경제학자들이 난리가 났습니다. 예컨 대 우리은행의 매각, 민영화에 참여한 토종 사모펀드에 삼성그룹이 투자자로 참여하게 되면, 또 그 사모펀드가 우리은행을 인수하게 되면 사실상 삼성그룹이 은행을 인수하게 되는 것 아니냐는 비판이었죠. 그 래서 온갖 복잡한 제한이 가해지는데, 사모펀드에 참여하는 산업 자본의 지분이 대략 30퍼센트 이하여야 한다는 정도입니다.

장하준 아무튼 사모펀드도 은행의 주인이 될 수 있다는 것 아닙니까? 왜 시장 개혁을 주장하는 경제학자들은 그걸 문제 삼지 않는 거죠? 사모펀드가 은행을 인수하도록 허용하는 것 자체가 근본적으로 문제가 있는 건데요. 사모펀드는 익명의 돈 많은 투자자들이 모여서 만든 것으로, 3년에서 5년 이렇게 한시적으로 운영되는 게 대부분입니다. 그런 사모펀드에 어떻게 국가 경제의 핏줄을 관리하는 은행을 준다는 거죠? 은행을 소유하고 있는 그 3년에서 5년이라는 짧은 기간 동안 최대한 단기 수익성 위주의 경영을 할 게 뻔한데 말입니다.

　이미 사모펀드에 넘어간 외환은행이나 제일은행(현 SC은행), 한미은행(현 씨티은행)에서 보았잖습니까? 당장 돈이 안 되는 기업 대출은 확 줄여 버리고, 대신에 돈이 되는 부동산과 고리 대금 같은 쪽으로만 대출을 늘리는 걸요. 사모펀드 투자자 중에 재벌이 있건 없건 상관없이 사모펀드는 은행의 대주주 자격이 없다고 은행법에 못 박아야 합니다.

정승일 문제는 그것 말고도 더 있습니다. 지난 몇 년간 '론스타는 외환은행을 인수할 자격이 없었다. 왜냐하면 론스타는 산업 자본이기 때문'이라는 주장이 시장 개혁을 주장하는 경제학자들과 국회의원들을 중심으로 제기됐어요. 론스타 펀드가 여러 군데 투자를 하다 보니 외환은행의 대주주이기도 하지만 극동건설 지분도 갖고 있고, 일본에 골프장 130곳을 소유한 퍼시픽골프그룹 지분도 65퍼센트를 매집해 지배주주가 됐으니 사실상 '비금융 주력자', 즉 금융업에 주력하는 자가 아니라는 겁니다. 따라서 오직 '금융 주력자'만 은행의 대주주 자격이 있다고 규정한 은행법에 어긋나는 론스타는 외환은행을 인수할 자격 자체가 없으므로 외환은행 매각 자체가 불법이라는 거죠. 꽤 설득력 있는 논리 아닌가요?

장하준 그런 논법이라면 론스타만이 아니라 뉴브리지 캐피털이나 칼라일도 모두 불법적으로 우리나라 은행을 인수한 게 되겠네요. 뉴브리지 캐피털은 우리나라 하나로통신에 투자하고 있었고, 칼라일은 미국 등전 세계의 무기 관련 업체에 투자해서 수백억 달러의 지분을 소유하고 있었으니까요.

재벌 금융 규제보다
파생상품 규제부터

이종태 아무튼 이명박 정부는 재벌에게 은행을 줄 수 있지 않을까 하고 잠시 노력했던 것 같습니다. 그런데 재벌이 별로 관심이 없어서 그랬는지, 아니면 보수주의 경제학자들마저 재벌에게 은행을 주는 것만은 반대해서 그랬는지는 몰라도 어쨌든 유야무야되었고요.

장하준 이승만 대통령 시대에 잠시 재벌이 은행을 소유한 적이 있는데, 이명박 정부가 그 시절로 되돌아가려 한 거군요. 우리나라에서 진보적이라는 분들은 늘 금산 분리를 말하면서 재벌이 은행을 소유하지 못하게 막는 정책이 매우 진보적이고 개혁적 정책인 것처럼 말하는데, 사실 우리나라 역사에서 그 금산 분리 정책을 최초로, 그리고 가장 오랫동안 실시했던 정부가 박정희 정부예요. 이승만 정부가 민영화했던 걸 박정희 정부가 다시 국유화했으니까요.●

정승일 금산 분리라는 건 정확하게 말하면 은행과 재벌의 분리인데, 사실 그 둘을 분리하는 데는 여러 가지 방안이 있어요. 박정희 정부는 은행을 정부가 소유하고 통제하면서 재벌로부터 분리한 반면에 김대중 노무현 정부는 은행들을 해외 사모펀드에 팔아서 재벌로부터 분리한 겁

● 우리나라의 시중은행들은 대부분 일본 식민지 시대에 설립되었으며, 1945년 해방과 더불어 미군정에 의해 적산으로 몰수, 즉 국유화되었다. 그런데 이승만 정부 최대의 후원자인 미국이 주요 은행과 산업을 국유화한 '반시장주의적' 정책을 유지하는 한 경제 원조를 승인할 수 없다고 하자 이승만 정부는 1950년대 말 은행과 기간산업을 민영화한다. 이때 은행을 인수한 것이 재벌들이었다. 하지만 1961년 군사 쿠데타로 집권한 박정희 정부는 은행을 재국유화했으며, 은행 국유화는 사실상 1997년 말에 이르기까지 계속되었다.

니다. 정부가 은행을 소유하는 데 대해 국내외의 시장 개혁 세력으로 부터 관치 금융이라고 하도 욕을 들으니까 그 진보(?) 정부들이 은행을 해외 투기 자본에라도 후딱 팔아 버린 거죠. 관치 금융을 하지 않고 재벌 때리기만 하면 그 어떤 나쁜 것도 용서되던 시절이었으니까요.

장하준 론스타보다 더 나쁜 게 재벌이고 경제 관료라는 분위기였으니까요. 당시 뉴브리지 캐피털, 칼라일 같은 사모펀드에 넘어갔던 제일은행과 한미은행은 다시 영국계 스탠다드차타드나 미국계 씨티은행 같은 영미 은행에 넘어갔는데, 노무현 정부 역시 그 매각을 반대하지 않았습니다. 뉴욕 월스트리트의 첨단 금융 기법을 배울 수 있다는 명분을 내세워서요. 그런데 나중에 보면 2008년 글로벌 금융 위기를 유발시킨 게 바로 씨티은행이나 스탠다드차타드 같은 미국, 영국 은행들이니 참….

정승일 결과론적으로 볼 때 이 점에 관한 한 이명박 정부는 김대중 노무현 정부보다는 나았습니다. 더 이상 은행들을 해외 사모펀드나 해외 은행에 팔아 버리지는 않았으니까요. 물론 그렇게 하면 안 된다고 생각해서가 아니라 우리은행과 산업은행, 기업은행 외에는 더 이상 팔아치울 은행도 남지 않았고, 게다가 집권하자마자 2008년 가을에 글로벌 금융 위기가 터져 정부가 달리 어떻게 해 볼 도리가 없었기 때문이지만요. 결국 의도는 김대중 노무현 정부와 별로 다를 게 없었는데, 시대를 잘못 만나는 바람에 그 뜻을 펼치지 못한 셈이죠.

이종태 이명박 정부가 재벌들에게 준 선물이 또 하나 있습니다. 노무현 정부 때만 하더라도 LG나, SK, GS처럼 지주회사 체제로 그룹이 유지되는 재벌의 경우에는 금융 회사를 자회사로 둘 수 없었거든요. SK그룹이 SK증권을 유예 기간 내에 매각해야 했던 것도 그 때문입니다. 그런데 이걸 바꿔서 허용해 준 겁니다.

정승일 시장 개혁을 주장하는 학자들은 SK증권이 SK그룹 지주회사의 자
회사로 있으면 우리나라 금융 시장이 아주 위험해지니 당장 떼어 내야
한다고 주장하죠.

장하준 아니 은행이면 몰라도 증권 회사 하나 때문에 뭐가 그렇게 위험한
가요? SK증권이 미국의 골드만삭스 같은 대형 투자은행이어서 세계
금융 시장을 들었다 놨다 하면 몰라도 과장이 좀 심한 거 같은데요. 기
본적으로 규모를 봐야 하지 않나요? 아무리 재벌이 갖고 있어도 조그
만 증권 회사 하나 가지고 있다고 난리법석을 떠는 건 좀 그런데요.

게다가 SK증권이 SK그룹에서 떨어져 나와 어디 신한금융그룹 같은
곳에 매각되었다고 쳐 보죠. 그러면 신한금융그룹도 그 증권사 때문에
위험해지게 되겠네요? 왜 SK 같은 비(非)금융 재벌이 갖고 있을 때는
위험하고, 신한금융 같은 금융 재벌이 갖고 있으면 위험하지 않다는
거죠? 말이 좀 안 되는 거 같은데요.

재벌이 은행을 소유하고 있으면 계열사에 대출을 많이 해 주다가 망
할 우려가 있다고 하지만 그런 문제야 앞에서 말했듯이 계열사 대출
금지를 하면 되거든요. 동원금융그룹이나 하나금융그룹, 신한금융그
룹 역시 말하자면 금융 재벌 아닙니까? 그것은 아무 문제가 없고 오직
일반 재벌들만 문제가 있다는 건 좀 억지스럽네요. 금융 재벌이건 일
반 재벌이건 정부가 금융 규제 잘 못하고, 금융 감독 제대로 못하면 경
제가 망하는 겁니다. 아니 리먼 브라더스, 베어스턴스가 재벌이어서
망했나요?

이종태 그렇다면 뭘 우선적으로 해야 하는 거죠?

장하준 이번 미국발 금융 위기에서 드러났듯이 정말 중요한 건 재벌 금

융 규제가 아니라 헤지펀드나 신용파생상품, 국제 신용 평가사, 이런 것들을 규제하는 거예요. 이런 데 집중해야 하는데, 근원적인 문제는 생각하지 않고 지엽 말단적인 문제를 가지고 마치 국운이 걸린 것처럼 말하면 안 되죠.

정승일 예컨대 재벌 계열사인 SK증권이 헤지펀드를 조성해 운영하는 것이나 독립 증권사인 키움증권이나 대신증권이 헤지펀드를 조성해 운영하는 것이나 그 위험성은 크게 다를 바가 없다는 겁니다. 정말로 위험한 건 헤지펀드 같은 그림자 금융 시스템(shadow banking system)• 이니 그걸 규제하고 금지하는 거예요.

그런데 시장 개혁을 주장하는 학자들은 지금 '재벌만 증권사, 보험사를 소유하지 않으면 한국의 금융 시장은 아무 문제없다. 우리도 헤지펀드, 사모펀드, 한국판 골드만삭스 다 키워 미국 월스트리트처럼 가자'고 하는 셈입니다. 실제로 지난 가을 『한겨레』 칼럼에서 '삼성그룹 해체'를 주장해 인기를 얻은 이동걸 교수는 노무현 정부 시절 금융위원회 부위원장을 하면서 한국판 사모펀드, 헤지펀드, 골드만삭스 같은 걸 키워야 한다고 주장했어요. 지금도 마찬가지고요. 아, 하나 정정해야겠네요. 이동걸 교수는 우리는 골드만삭스는 불가능하니 그것보다 낮은 '실버만삭스'라도 키우자고 했군요.

이종태 그러고 보니 이명박 정부가 헤지펀드를 육성하려는 데 대해 시장 개혁을 주장하는 학자들이 비판하는 목소리를 들어 본 적이 별로 없네요. 그렇지만 증권사의 경우에도 잘못하면 파산할 수 있는 거 아닙니까? 미국의 J.P. 모건도 파산 위기 직전에 뉴욕은행에 인수되었듯이

• 글로벌 금융 위기 이전까지 투자은행이나 헤지펀드, 사모펀드처럼 정부의 규제를 거의 받지 않은 상태에서 이루어지는 금융 시스템을 말한다.

말입니다.

정승일 앞에서 나왔던 이야기지만 여기서 한 번 더 분명히 해 두고 싶은 게 있어요. 많은 분들이 1997년 IMF 사태의 발생 원인으로 재벌계 금융사를 지목합니다. 예컨대 쌍용그룹의 경우 쌍용증권, 쌍용화재 같은 금융 회사를 가지고 있었어요. 그런데 당시에도 쌍용화재가 쌍용자동차 같은 그룹 계열사에 일정 한도 이상 대출하는 건 불법이었습니다. 하지만 쌍용자동차가 1997년 위기에 직면한 상태에서 금융 기관으로부터 추가 대출이 불가능해지자 쌍용화재에서 불법을 무릅쓰고 대출해 줬어요.

이건 분명 잘못된 일이고, 그로 인해 쌍용그룹 총수는 재산 대부분을 잃었고 법적 처벌도 받았습니다. 아마 다른 재벌 그룹들에도 큰 교훈이 되었을 거고요. 하지만 이런 일이 있었다고 해서 그룹 내 금융사의 자금을 사금고처럼 이용했기 때문에 IMF 사태가 터졌다는 건 사실과 다릅니다. 당시 우리나라에 IMF 사태가 닥친 근본적인 원인은 자본 시장을 외국에 개방했기 때문이에요.

한번 따져 보죠. 재벌계 종금사들만 외국에서 돈 빌려 왔나요? 은행들도 외국 은행들로부터 엄청난 돈을 빌려 왔지 않습니까? 그것도 1년짜리 단기 자금을요. 이런 것들을 전체적으로 봐야지 오로지 종금사들만 문제 삼고, 마치 그것 때문에 모든 일이 일어난 양 말하는 건 그야말로 침소봉대라고 봅니다.

장하준 그렇죠. 재벌들에게 은행도 아닌 다른 금융업을 허용하는 건데, 마치 그것 때문에 금융 위기가 터질 것처럼 말하는 건 인과관계가 잘못되었죠. 이건 그냥 문제를 덮어 버리는 것에 불과해요.

금산 분리는
절대선도 만능도 아니다

이종태 재벌에게 금융 회사를 허용해서는 안 된다고 할 만한 근거가 또 있습니다. 이른바 too big to fail, 즉 대마불사의 논리죠. 심지어 미국에서는 이번 금융 위기가 발생하자 볼커 전 연준 의장이 글래스 스티걸법을 부활시켜야 한다고 말하기까지 하더군요.

정승일 미국에서 그런 말이 나온 데에는 배경이 있습니다. 과거 미국에서는 글래스 스티걸법에 따라 상업은행, 즉 우리가 말하는 은행과 투자은행, 즉 증권사가 분리되어야 했어요. 보험사나 자산 운용사 등도 모두 독립적인 회사여야 했고요. 그런데 1990년대에 금융 시장 규제가 완화되면서 글래스 스티걸법이 사실상 폐지됩니다. 상업은행과 투자은행, 보험사 등이 하나의 금융 그룹으로, 즉 금융 지주회사 안으로 들어올 수 있게 된 게 그 덕분이죠.

그런데 막상 금융 위기가 터지자 이런 엄청난 규모의 금융 그룹은 퇴출시킬 수가 없더라는 겁니다. 덩치가 너무 커서 이놈을 없애면 다른 것들까지 동시에 죽게 되면서 위험이 커지니까, 이놈이 잘못한 게 분명하지만 울며 겨자 먹기로 살릴 수밖에 없더라는 거죠.

장하준 그런데 그게 우리나라의 금산 분리와 무슨 관계가 있죠?

정승일 우리나라 시장 개혁을 주장하는 분들이 늘 말하는 게 '미국은 이렇게 하더라' 아닙니까? 그런데 글래스 스티걸법은 단지 상업은행과 투자은행만 분리한 게 아니라, 상업은행들로 하여금 산업 자본 주식을 전혀 소유하지 못하게 했거든요. 말하자면 은행·산업 자본 분리였죠. 반면에 J.P. 모건 같은 투자은행들에는 증권사 영업의 속성상 불가피하게 임시로 기업 주식의 보유를 허용하게 된 거고요.

장하준 이번 미국발 금융 위기가 미국의 상업은행이나 투자은행들이 일반 기업의 주식을 많이 가지고 있어서 생긴 것도 아니잖습니까? 서브프라임 모기지 같은 주택 담보 대출과 관련된 신용파생상품에서 시작된 건데, 그것과 무슨 관계가 있죠?

정승일 그러니까 한국에서 시장 개혁을 주장하는 학자들이 말하는 건 '봐라, 미국도 다시 볼커 룰(Volker Rule)을 도입해 대마불사 위험이 있는 대형 금융 그룹을 여러 개로 강제 분리하려 하고 있다. 그런데 왜 우리는 재벌에게 금융 그룹을 허용해 초대형 금융 그룹을 만들도록 하느냐'는 겁니다.

장하준 만약 그런 논리라면 모든 금융 그룹을 해체해야 하는 거 아닌가요? 가장 먼저 신한금융그룹이나 하나금융그룹, 우리금융그룹 같은 것부터 분리시켜야죠. 그런데 왜 재벌계 금융 그룹만 문제 삼죠? 도무지 앞뒤가 맞지 않는 것 같은데요.

정승일 그래서 문제인 겁니다. 게다가 이번 미국발 금융 위기가 글래스 스티걸법이 없어지면서 탄생한 대형 금융 그룹으로 인해 발생했다는 것도 지극히 미국적인 편견이에요. 왜냐하면 유럽에는 이미 100년 전부터 그런 대형 금융 그룹들이 있었거든요.

독일이나 스위스 같은 나라의 은행은 이른바 유니버셜 뱅킹이라고 해서 은행 자체 업무에 증권사 업무와 자산 운용사 업무, 보험사 업무 같은 게 다 포함되어 있습니다. 굳이 우리나라나 미국처럼 금융 지주회사를 만들고 그 아래 자회사로 은행, 증권사, 보험사 같은 걸 갖지 않더라도 은행 자체에 보험 사업부도 있고 증권 사업부도 있는 식이죠. 프랑스도 비슷합니다. 그런데 이번 글로벌 금융 위기가 이런 유럽

나라들에서 시작된 게 아니거든요.

장하준 어느 나라나 역사적인 맥락 속에서 제도가 발전하는 겁니다. 우리나라가 1990년대 말까지는 지주회사를 금지했는데, 그 이유는 맥아더와 관계가 있습니다. 일본이 제2차 세계 대전에 패하고 미군에 점령당했을 때 일입니다. 맥아더 사령부가 일본 재벌을 해체하는데, 당시 일본 재벌들이 모두 지주회사였거든요. 그러니까 간단하게 '지주회사 설립 금지'라고 해 버린 겁니다. 그리고 그 맥아더 사령부가 만든 법을 이승만 정부가 그냥 베낀 거고요. 그랬는데 요즘에는 정부가 재벌들더러 다 지주회사로 전환해야 한다고 말하고 있어요.

이렇듯 제도라는 게 어떤 나라에서 어떤 역사적 배경을 가지고 어떻게 만들어져 어떻게 쓰이느냐, 어떤 목적으로 쓰이느냐에 따라 그에 대한 평가가 달라지는 겁니다. 이건 모든 나라 모든 시대에 좋은 제도이고, 저건 모든 나라 모든 시대에 나쁜 제도라는 식으로 말하면 안 되는 거죠. 글래스 스티걸법도 마찬가지예요. 우리나라의 진보 개혁적 인사들은 글래스 스티걸법을 신주단지 모시듯 하고 그 안에 포함된 작은 부분인 금산 분리를 마치 성경 교리 다루듯이 하는 모양인데, 그건 그다지 올바른 태도가 아닌 것 같습니다.

정승일 금산 분리가 지금은 일종의 신앙고백이 되고 있습니다. '너는 금산 분리 찬성? 그럼 천당행' '너는 금산 분리 반대? 그럼 지옥행' 하는 식이죠.

장하준 1980년대까지만 해도 글래스 스티걸법 때문에 미국에는 유럽처럼 대규모 금융 그룹이 없었어요. 전국적으로 영업도 할 수 없고 보험이나 다른 영업도 못하게 하니, 경제 규모는 미국이 훨씬 큰데도 불구하고 미국의 은행들은 유럽계 은행들보다 규모가 작을 수밖에 없었던 거죠. 그런데 1980년대부터 미국에 주주 자본주의가 발전하면서 자꾸 은행 예금이 증권사 투자 계정으로 빠져나가는 거예요. 그러자 은행들이 자구책으로 '우리도 증권사 업무도 하고, 전국적으로 영업도 할 수 있게 해 달라'고 요청하는데, 그게 먹히면서 유럽에서는 100년 전부터 있었던 대형 금융 그룹이 1990년대에 들어서 미국에서도 만들어지게 된 겁니다.

이종태 그렇다면 대형 금융 그룹의 탄생 역시 이른바 '신자유주의적 규제 완화'의 하나라고 볼 수 있으니 그걸 다시 되돌리자는 주장은 의미 있는 거 아닙니까?

정승일 별로 그렇지 않아요. 그렇게 말하는 건 마치 우리나라에서 신한 금융, 우리금융 같은 대형 금융 그룹이 존재하기 때문에 앞으로 필연적으로 금융 위기가 발생할 거라고 말하는 것과 똑같아요.

대마불사 금융 기관은 강제로라도 분리해야 한다는 주장은 굉장히 미국적인 현상이에요. 유럽의 경우에는 대형 금융 그룹이 있어도 별 문제가 없었거든요. 왜 그랬을까요? 유럽에서는 미국과 달리 모기지 대출을 은행들이 엄격하게 심사하는 데다, 주택 대출 같은 가계 대출은 대부분 공립 은행이나 협동조합 은행 같은 비영리 금융 기관에 의해 이루어졌거든요. 또 미국처럼 신용파생상품 시장이 활성화되지 못하도록 규제도 했고요.

이런 건 하지 않고 금융 그룹을 해체하라, 더구나 재벌계 금융 그룹은 즉각 해체하라는 건 맞지 않다고 생각합니다.

장하준 그리고 미국도 그렇죠. 그렇게 분리한다고 문제가 해결되나요? 대형 금융 그룹이나 금융 회사들을 분리하자는 주장의 전제는 그렇게 분리해 놓으면 문제가 있는 한 금융 회사만 망하고 다른 금융 회사는 망하지 않는다는 겁니다. 그런데 이번에 본 것처럼 금융 시장은 전염성이 아주 강합니다. 아무리 분리되어 있어도 하나가 망하면 10개, 20개가 한꺼번에 흔들리게 되죠. 이번처럼 다 함께 망하는 식이면 작은 것 10개가 망하나 5개씩 2개로 합쳐져서 망하나 결과는 마찬가지예요. 분리한다고 해서 근본적인 해결책이 나오는 게 아니라는 말이죠.

정승일 일례로 이번에 리먼 브라더스가 파산하면서 바로 AIG가 파산 위기로 몰렸잖아요. 그렇다고 그 두 회사가 한 금융 그룹 안에 있었나요? 아니잖아요?

장하준 그렇죠. 신용파생상품이라는 악성 채권이 월스트리트 여기저기에 뿌려져 모든 금융 회사들이 다 전염된 거니까요. 그 결과 월스트리트 전체가 붕괴할 지경까지 간 거고요. 결국 문제는 시스템 전체의 설계가 잘못되어 있다는 건데, 그런 경우에는 분리해 놓으나 합쳐 놓으나 마찬가지입니다.

보수와 진보 모두
월스트리트를 선망한다

이종태 결국 미국에서 나오는 여러 가지 금융 시장 규제 방안 중에 그마나 현실성 있는 건 '대마불사 금융 회사들', 즉 너무 덩치가 커서 없애지 못하고 울며 겨자 먹기로 정부가 공적 자금을 투입해 살릴 수밖에 없는 금융 회사들을 특별하게 더 규제하자는 거예요. 이런 회사들이 위기에 빠졌을 경우 정부가 다른 곳보다 더 많은 공적 자금을 투입해서라도 살릴 수밖에 없으니, 이익이 생겼다고 그걸 바로 배당금 같은 형태로 주주들에게 분배해 버리지 말고 평상시에 자기자본을 더 많이 쌓아 두라는 거죠.

장하준 그렇죠. 그건 매우 의미 있는 규제입니다. 그런데 그 규제는 바로 주주 자본주의의 이해관계와 충돌해요. 그렇게 되면 과거에 비해 배당 금을 줄여야 하고 또 경영자의 스톡옵션 수익도 줄어드니까요. 그런 맥락에서 또 하나 의미 있는 규제가 은행 등 금융 기관 경영자들의 보너스 규제예요. 보너스를 주더라도 그해 말에 당장 주지 말고 5년 동안 지급을 유예했다가 나중에 지급하라는 거죠. 혹시 그 5년 동안에 과거의 경영으로 인해 은행에 문제가 발생한다면 아예 보너스를 주지 말아야 한다는 겁니다. 미국의 씨티은행에서 본 것처럼 은행 경영자들은 5년 뒤 일은 생각하지 않고 당장 주가 올라가고 자기 보너스 올라가는 일이라면 앞뒤 가리지 않고 일을 저질러 놓는 경우가 많은데, 그런 걸 방지하겠다는 거죠.

정승일 G20 회담에서 이미 이런 규제 방안들이 모두 공개되어 국제적으로 논의되고 있는데, 우리나라에서는 전혀 변화의 움직임이 없어요. 지금까지 금융 시장 규제에 관해 한국의 진보 개혁 쪽에서 나오는 거의 유일한 규제 담론이라는 게 재벌 금융 규제 하나뿐이거든요. 어쩌면 당연한 일인지도 모르죠. 이들 시장 개혁을 주장하는 학자들은 G20에서 논의되는 여러 가지 외환 시장 규제와 자본 통제, 금융 시장 규제가 못마땅할 수 있으니까요. 월스트리트와 마찬가지로요.

이종태 하긴 시장 개혁을 주장하는 학자들에게서는 재벌 금융 규제 외에는 별다른 금융 규제 구상을 들어 본 적이 없는 것 같군요.

정승일 지난 10년간 우리나라 은행들은 가계 대출, 주택 담보 대출을 크게 늘렸어요. 많은 사람들이 가계 대출 부실화 위험을 말하는 것도 그래서입니다. 이명박 정부 역시 거기에 대해서는 걱정이 크고요. 그 때문에 금융위원회에서는 2, 3년 전부터 시중은행들에게 미리미리 자기 자본을 쌓아 놓으라고 강력하게 독려하고 있습니다. 그런데 은행 경영 진들이 도무지 말을 들으려 하지 않아요. 주주 배당을 많이 못하고 보너스도 많이 줄어든다는 거죠. 그런데도 이 점에 대해 이른바 경제 민주화를 외치는 금융 전문가들은 별로 비판하지 않아요. 관치 금융이나 재벌 금융이라는 말만 나오면 그 위험성을 강조하는 분들이 말입니다.

이종태 생각해 보니 그렇습니다. 우리도 선진국처럼 은행 경영진에 대한 보너스와 스톡옵션을 규제해야 하는데 아예 그런 논의조차 없었네요.

정승일 시장 개혁과 경제 민주화를 주장하는 분들도 우리나라 은행들의 가계 대출이 크게 늘어난 걸 걱정하기는 해요. 그런데 그 이유가 어디에 있는지 물으면 그저 은행 경영진이 방만하게 경영했기 때문이라고만 합니다. 막상 은행 경영진이 방만한 경영을 한 이유가 뭔지 물으면 개인의 도덕적 결함이나 경영 능력 부족으로 치부해 버리고요. 절대로 우리나라 은행들이 주주 자본주의에 포획되는 바람에 그렇게 되었다는 걸 인정하지 않습니다.

장하준 그럴 수밖에 없죠. 은행권을 주주 자본주의화한 장본인이 바로 경제 민주화를 주장하는 분들이니까요. 우리도 요즘 선진국에서 나오는 말처럼 은행 경영진의 보너스와 스톡옵션을 규제해야 합니다. 스톡옵션이라는 게 해당 회사의 주가가 오르면 경영진이 오른 가격에 자기 보유 주식을 팔아 이익을 얻는 방식이잖아요? 그래서 회사 경영진은 죽어라고 자기 회사 주가를 올리려고 노력하는 거고요. 다른 일반 회사는 스톡옵션을 허용해도 될지 모르겠지만 은행에서는 절대 허용하면 안 됩니다. 은행은 일반적인 주식회사가 아니라 수백만, 수천만 명의 소중한 예금을 관리하는 일종의 준(準)공공 기관이거든요. 그런 준 공공 기관을 스톡옵션을 받은 경영진의 사리사욕에 맡겨 둘 수는 없는 겁니다.

정승일 아무튼 미국에서 논의되듯이 대마불사 금융 기관들에 더 많은 자기자본을 쌓으라는 말은 우리나라에도 해당될 것 같습니다. 우리나라는 은행의 개수도 얼마 되지 않아요. 신한금융, 우리금융 같은 대형 금융 그룹의 수는 그보다도 적고요. 금융업에서 그만큼 경제력 집중이 심각한 거고 그만큼 대마불사의 위험이 있는 거죠. 앞서 말했듯이 앞으로 이런 대형 금융 그룹들이 본격적으로 성장할 겁니다. 더구나 동원금융그룹, 삼성금융그룹처럼 재벌계 금융 전문 그룹들도 앞으로 더 많이 등장할 테고요. 그렇다면 이 대형 금융 그룹들에 더 많은 '추가적 자기자본'을 요구하고, 더 강하게 보너스나 스톡옵션을 규제해야 하는 게 마땅하지 않을까요?

장하준 그럼요. 엉뚱하게 재벌 금융 규제만 가지고 왈가왈부할 게 아니라, 은행은 물론이고 그 위에 있는 금융 지주회사에도 보너스 규제, 스톡옵션 규제 같은 걸 도입해야 합니다. 자기자본을 더 쌓으라고 의무화해야 하고요.

정승일 지금까지 이야기를 나누면서 느낀 겁니다만, 전 세계가 지금 우리가 말하고 있는 금융 시장 규제에 관해서 심각하게 논의하고 있는데 우리나라만 예외인 것 같아요. 여전히 한국에서는 진보건 보수건 미국식 자본주의, 그것도 월스트리트 모델로 가려 하고 있고요. 그런 면에서 굉장히 예외적인 경우인 것 같아요. 안 그런가요?

장하준 한국이 좀 독특하긴 해요. 하지만 어느 나라에나 미국식 자본주의를 하고 싶어 하는 사람들이 많은 건 사실이에요. 솔직히 배운 것 많고 돈 있는 사람들에게는 미국식 자본주의가 가장 좋거든요. 최고 경영자가 일반 노동자보다 1000배나 보수를 더 받아도 아무런 항의도 안 하고 오히려 잘했다고 키워 주기까지 하잖아요. 힘들게 제조업 하지 않아도 잘 먹고 잘 살 수 있으니 얼마나 좋아요.

이런 사람들은 독일에도 있고 프랑스에도 있고 다 있어요. 하지만 이런 사람들도 요즘에는 주춤하고 있어요. 그런데 우리나라에서는 어찌된 영문인지 좌파, 우파를 막론하고 금융 위기 이전의 미국식 자본주의를 계속 교과서로 삼고 있으니 정말 안타깝습니다.

이종태 한국의 야권 역시 이미 그 시효가 끝난 미국식 금융 자본주의에 사로잡혀 있다는 말씀이네요. 이를 2008년 가을 글로벌 금융 위기를 전후해 국내에서 벌어진 갖가지 경제 논쟁을 통해 정리해 주셨습니다. 특히 세계 금융 위기 직전의 금리 인상이나 중앙은행 독립성, 정부의 시장 개입 논쟁을 듣다 보니, 일부에서 시장 원리주의자로 불렸던 이명박 정부보다 개혁파 경제학자들이 더 시장주의적인 것 같아서 약간 놀랐습니다. 더욱이 그 치열했던 논쟁에서 금리를 올릴 경우 외국 자본의 유입으로 국내 금융 시장에 더 큰 혼란이 발생할 수 있는 외부 요인의 위험성은 간과되고, '민주 대 반민주' 혹은 '이명박 정부 대 반이명박' 구도만 판쳤다는 것은 아직 한국 지식인의 시각이 협소하다는 의미일까요? 아니면 금융 자본주의 이데올로기가 지식인들의 영혼까지 사로잡아 버렸다는 증거일까요? 2009년 초의 '외환 보유고 논쟁'도 지금 보면 오해와 무지, 민주 대 반민주의 정치적 정념에 이끌린 코미디 같은 에피소드지만 엄청난 정치적 경제적 파국으로 이어질 수 있었다는 면도 상기해야 할 것 같습니다.

2000년대 초반 이른바 금융 개혁 이후 국내 은행의 행태를 보여 주는 이야기도 인상적이었습니다. 금융 자본주의적으로 운영되는 은행이 얼마나 반사회적일 수 있는지 생생히 드러났고, 그나마 정책 금융 기관들이 있었기에 우리 경제가 세계 금융 위기에서 버틸 수 있었다는 생각마저 드네요. 그러나 개혁을 주장하는 경제학자들이 오늘날과 같은 은행의 변화를 선도해 왔고 정책 금융에 대단히 비판적이라는 걸 감안하면, 한국은 그야말로 좌우가 모두 월스트리트로 향하고 있는 거네요.

3장

왜 다시
박정희를
불러내는가?

정말 우려되는 건 '모든 게 박정희 탓' 이라는 생각이
우리 경제의 진정한 문제들을 은폐하고,
그 결과 향후 경제 방향을 엉뚱한 곳으로
몰고 갈 수도 있다는 겁니다.

이종태 요즘 '월가를 점령하라'는 운동이 전 세계적으로 번지고 있는데, 우리나라도 사정은 크게 다르지 않은 것 같습니다. 바닥 민심이 거센 변화를 요구하고 있는 만큼 올해 총선과 대선에서는 정치판이 대대적으로 바뀔 것 같으니까요. 정치에 대한 사람들의 관심은 현재 온통 '먹고사는 문제'에 집중되어 있습니다. 누구나 자칫하면 빈곤층으로 떨어질 수 있는 불안정한 양극화가 계속되는 데에 위기감을 느꼈기 때문일 겁니다. 1년 전부터 유력 정치인들이 너도나도 복지를 이야기하는 것도 그래서일 테고요.

그런데 최근 들어 복지에 이어 또 하나의 정치적 담론이 떠올랐습니다. 이른바 '경제 민주화'죠. 이 담론을 이끄는 분들은 '경제 민주화야말로 내 입에 밥이 들어오는 문제'라고 말합니다. 이분들에 따르면 오늘날 한국 경제의 진짜 문제는 신자유주의로 인한 것이 아니라, 박정희가 만들어 낸 경제 구조가 여전히 우리를 짓누르고 있는 데에서 빚어진 일이라고 합니다. 따라서 경제 민주화를 통해 박정희 체제의 유산을 청산하면 문제가 해결된다는 거죠.

과연 그런가요? 바로 이 점을 따져 보기 위해 우리는 오늘 박정희에 대한 이야기를 할 겁니다. 그런데 한숨부터 나오네요. 솔직히 박정희가 세상을 떠난 지 30년이 넘었습니다. 그럼에도 또 다시 박정희 이야기를 해야 한다니 갑자기 그간 우리 사회가 한 게 아무것도 없다는 생각마저 드는군요.

참여정부 시절 '이건 모두 노무현 때문'이란 농담이 유행어처럼 퍼진 적이 있어요. 실제로 당시 보수 세력은 어떤 사회적 경제적 문제가 나오면 바로 득달같이 노무현 탓으로 몰아붙였습니다. 이에 반감을 느낀 사람들은 '퇴근하다가 돌에 걸려 넘어져도 노무현 때문이냐'고 농담 섞어 반박하기도 했고요. 그런데 요즘에는 '모든 게 다 현직 대통령인 이명박과 그 원조인 박정희 탓'이라는 말이, 아직 유행어까지는 아닙니다만 경제 민주화를 주장하는 분들에게서 나오고 있습니다. '박정희의 추악한 유산'을 청산해야 경제 위기도 일어나지 않고, 경제가 정상화되어 양극화 문제를 해결할 수 있다는 겁니다.

정승일 돌이켜 보면 IMF 사태 때도 진보 개혁 세력은 박정희 때문에 이런 일이 일어났다고 했어요. 김대중 노무현 정부도 '박정희 체제를 청산하자'고 했고요. 그렇게 해서 시작된 박정희 체제를 청산하는 신자유주의적 시장 개혁은 2000년대 초반까지만 해도 대다수 진보적, 개혁적 지식인들로부터 지지를 받았습니다. 심지어는 '우리가 못한 관치 경제 타파와 재벌 개혁, 재벌 해체를 IMF가 대신해 주니 IMF 사태는 축하해야 마땅하다'는 말까지 나올 정도예요.

이종태 아무튼 1990년대에도, 2000년대에도 세상이 어지러울 때마다 진보적, 개혁적 지식인들은 박정희를 현충원 묘지에서 끌어내어 이 사람에게 침을 뱉으라며 조리돌림을 했어요. 또 지금도 한국에서 박정희는 진보와 보수 혹은 선과 악을 가르는 기준점 역할을 하고 있고요. 심지어 박정희의 경제 개발 정책을 나름대로 객관적으로 평가하려는 노력마저 진보-보수라는 진영 논리, 즉 편 가르기로 짓밟은 다음 '저쪽 편'으로 낙인찍어 버립니다. 두 분은 과거 『쾌도난마 한국경제』에서 박정희의 경제 개발 정책을 긍정적으로 평가하신 적이 있어요. 당시 우리 사회 일각에서 두 분을 '뉴라이트'로 부르기도 했다는 걸 아시나 요? (모두 웃음)

저만 해도 그 책에 참여했다는 '죄' 하나로 최근에도 어떤 진보적 지 식인으로부터 '박정희를 다시 존경하게 되었다고 말한 그분 맞죠?'라 고 공격당한 적이 있습니다. 저는 박정희라는 개인을 존경한 적도 없 고 그렇게 말한 적도 없어요. 그런데 스스로 진영 논리에서 자유롭다 고 자처하는 그분은 남의 양심의 자유를 침범하는 데 거리낌이 없더군 요. 오늘은 그래서 먼저 박정희에 대해 육두문자라도 퍼붓고 난 다음 이야기를 시작하고 싶은 심정입니다. 우리가 박정희를 '존경' 씩이나 하지는 않는다는 증거를 남기는 차원에서요. '당신들, 박정희를 존경 하는구나, 이 파시스트들!' 이러면 어떨까요? (모두 웃음)

장하준 요즘은 별로 존경하는 사람도 없는 것 같은데 왜 자꾸 박정희를 불러내는 걸까요? 생각해 보면 이유는 두 가지 같아요. 하나는 박정희 독재 정치와 직접 맞서 싸우면서 엄청난 고난을 겪은 분들의 분노가 여전히 사회에 짙게 깔려 있기 때문일 겁니다. 또 하나는 오는 대선의 유력한 후보인 박근혜 의원이 박정희의 딸이기 때문일 거고요. 이런 건 논외로 치더라도 정말 우려되는 건 '모든 게 박정희 탓'이라는 생각 이 우리 경제의 진정한 문제들을 은폐하고, 그 결과 향후 경제 방향을 엉뚱한 곳으로 몰고 갈 수도 있다는 겁니다. 사실 흔히 이야기하는 박 정희 체제라는 건 이미 지난 수십 년간 서너 차례에 걸쳐 해체되어 사 라졌어요. 그 해체를 집도한 게 신고전파 자유주의 정책이고요.

이종태 '신고전파 자유주의 정책에 의한 집도' 부분은 뒤에서 더 자세히 말씀해 주시리라 기대합니다. 아무튼 경제 민주화를 주장하는 분들에 따르면 박정희가 만들어 낸 경제 구조의 유산이 건재해서 우리를 괴롭히고 있다는 겁니다. 하나도 아닌 세 개씩이나요. 그게 바로 관치와 재벌, 토건 경제입니다. 그중 토건에 관해서 이야기하자면 직관적으로 볼 때는 맞는 말인 것 같아요. 이명박 정부가 '삽질'을 얼마나 많이 했습니까? 그리고 재벌 건설사들이 건재하다는 건 매일 신문만 봐도 알 수 있고요.

장하준 글쎄요. 토건을 반드시 박정희의 유산이라고 할 수 있을까요? 그러면 박정희식 경제 구조를 가지지 않은 나라들에서 지난 10여 년 사이에 일어난 토건 붐, 부동산 거품은 어떻게 설명해야 하죠? 예컨대 2008년 글로벌 금융 위기를 촉발시킨 미국의 서브프라임 사태 역시 따지고 보면 토건 붐 때문에 터진 거잖습니까? 그런 논리라면 마음먹기에 따라서는 오늘날 한국 경제 문제가 박정희 시대를 넘어 식민지 시대나 조선 시대까지 거슬러 올라가 찾을 수도 있을 것 같은데요?

정승일 그렇죠. 조선 시대의 유산인 남존여비 풍토가 여전히 경제에 걸림돌이 되고, 일본 식민지 시대의 유산인 억압적인 학교 교육이 여전히 창의적 경제를 만드는 데 장애가 되고 있으니까요.

민주적 통제? 누가 통제한다는 것인가

이종태 재벌이나 토건은 별도로 다룰 예정이니 여기서는 관치에 대해 집중적으로 이야기했으면 합니다. 요즘 경제 민주화를 주장하는 분들은

'이명박 정권은 박정희의 후계자'이고, 과거 10년 동안의 민주 정부는 '박정희 체제를 제대로 청산하지 못한 탓에 양극화 해소에 실패한 세력'이라고 평가하는 것 같습니다. 만악(萬惡)의 근원을 박정희에게서 찾는 거죠. 사실 외형적으로 볼 때 이명박 정부는 박정희 정부를 연상케 하는 부분이 적지 않습니다. 금융과 외환 시장에 직접 개입하고, 공기업은 물론 이미 민영화된 기업에도 낙하산 인사를 강행하며, 행정 지도를 통해 물가를 통제하려 드는 것 등이 그에 해당되겠죠. 아무튼 경제 민주화를 주장하는 분들이 보기에 이명박 정부는 관치를 남용하는 반(反)시장주의 정권입니다.

장하준 앞에서도 말했지만 이명박 정부가 외환 보유고 풀어서 환율 방어 좀 했다고 해서 박정희 같은 관치라고 비난할 수는 없어요. 그 정도는 미국도 하거든요. 관치가 없는 경제는 있을 수가 없습니다. 경제 민주화를 주장하는 분들은 중앙은행의 독립성이 중요하다고 하는데, 따지고 보면 중앙은행이라는 제도가 관치의 극치예요. 정부가 화폐 발행권을 독점하고 통화 가치를 올렸다 내렸다 하는 거니까요. 미국의 극단적인 시장주의자들이 그래서 아예 중앙은행인 연준(연방준비위원회)을 없애야 한다고 주장하는 겁니다.

정승일 시장주의냐 아니냐 하는 질문은 보는 관점에 따라 답이 달라져요. 제 관점에서 보면 이명박 정부는 진짜배기 시장주의자들입니다. 시장을 자유롭게 한답시고 온갖 규제란 규제는 다 풀어 주거나 아니면 완화라도 해 주려 하고, 공기업은 민영화하려 들고, 시장 주체들이 시장주의 인센티브에 반응하라고 대규모 감세도 단행했잖습니까? 다만 외환 시장에 개입하고 행정적으로 물가를 통제하려 했으니 '100퍼센트 순수 시장주의자'는 아니라는 건데, 정말 이상한 건 어떻게 이른바 진보적이라는 경제학자들이 '이명박 대통령이 외환 시장에 개입해 시장 질서를 해친다'고 비판할 수 있죠? 어떻게 진보가 '왜 시장주의를 더 세게 하지 않느냐?'고 집권 세력을 다그칠 수 있느냐는 겁니다.

장하준 기본적으로 자본주의는 1원-1표의 원리가 지배하는 시스템이에요. 반면에 민주주의는 1인-1표고요. 모름지기 진보라면 1원-1표의 원리가 지나치지 않도록 막기 위해 공공 영역의 힘을 늘리려 노력해야 하는 게 아닐까요? 정부든 노동조합이든 협동조합이든 공공 영역이 시장 영역에 개입해 1원-1표가 아니라 1인-1표의 원칙을 조금이라도 더 강화하기 위해 노력해야 하지 않을까요?

이종태 1인-1표의 원칙을 더 강화할 수 있는 주체에 정부가 들어가네요. 그런데 그게 이른바 관치 아닙니까? 경제 민주화를 주장하는 분들은 장하준 교수님이 관치, 즉 '관료에 의한 통제'를 좋아하면서도 자기들이 말하는 '민주적 통제'는 거부한다고 하던데요?

장하준 민주적 통제라고 하니 정말 어감이 좋네요. 그런데 묻고 싶은 게 있습니다. 민주적 통제하에서는 도대체 누가 시장을 통제하는 겁니까? 국민이 선출한 정부는 그런 통제를 시행하면 안 된다면서요?

정승일 어쩌면 시민 단체가 직접 시장을 통제해야 한다는 뜻 아닐까요? 예컨대 경제개혁연대 같은 시민 단체가 직접 기업들과 시장을 통제한다든가 하는 식으로요. 하지만 시민 단체는 국민이 선출한 권력이 아니기 때문에 그건 민주적 통제라고 할 수 없는데….

장하준 그리고 시민 단체는 관료화되지 않나요? 아무리 민주적 통제라는 멋진 이름을 붙인다 해도 누군가는 그 행정을 담당해야 하잖습니까? 결국 행정부 공무원이 민주적 통제의 집행 업무를 맡을 수밖에 없다는 거죠. 그들을 관료라고 부르고요. 혹시 그분들이 말하는 민주주의에서는 관료가 필요 없는 건가요? 민주주의 정치가 행정 관료들을 잘 감시하고 그들이 오류를 범하거나 부정을 저지르면 따갑게 비판하는 게 맞지. 아예 '관료는 반민주'라는 구도는 말이 안 된다고 봅니다.

정승일 저는 경제 민주화를 주장하는 분들이 민주적 통제라고 말하고는 있지만 실제로는 시장을 자유화하자는 거라고 생각해요. 이건 그야말로 '구더기 무서워서 장 못 담근다'는 말 그대로 '관료가 무서우니 시장을 통제하지 말자'는 것 아닙니까? 우리 사회가 정말로 민주적으로 통제해야 할 대상은 재벌만이 아니에요. 예컨대 금융 시장도 민주적 통제의 대상입니다. 그런데 경제 민주화를 주장하는 분들은 금융 시장은 아예 민주적 통제의 대상으로 생각하지 않아요. 그분들이 정부에 외환과 금융 시장에 개입하지 마라, 관료적 통제는 안 된다고 하는 모습을 보면 '이건 시장 독재로 가자는 게 아닌가' 하는 생각밖에는 들지 않아요.

장하준 어떤 경우에는 그분들이 말하는 민주적 통제라는 게 국제 금융 자본에 의한 통제로 귀결될 수도 있어요.

이종태 이를테면 삼성전자가 주주에게 손해를 끼쳤을 때 시민 단체들이 주주총회장에 가서 항의하잖아요. 혹시 그분들은 이걸 민주적 통제라고 생각하는 게 아닐까요?

정승일 3~4퍼센트 정도의 지분을 가지고 있는 총수가 거대한 그룹 계열사 전체를 지배하는 재벌 구조는 분명히 주주의 권리와 배치되는 면이 있어요. 또 삼성전자 주총에 주주들이 참석해 발언하는 건 상법에도 나와 있는 주주의 권리입니다. 좋은 일이고 활성화되어야죠. 그렇지만 그걸 가지고 참여 민주주의다, 경제 민주화다 하는 건 문제가 있어요. 주주의 권리는 그야말로 시장 자본주의에 입각해 1주-1표, 다시 말해

1원-1표의 원칙을 잘 지키라는 말이거든요. 민주주의와는 차원이 다른 이야기입니다.

한국의 경제 발전이
정말 당연한 결과인가

이종태 경제 민주화를 주장하는 분들은 김대중 노무현 정부가 하고자 했던 이른바 '시장 개혁'의 기본적인 방향을 신자유주의와 혼동해서는 안 된다고 말합니다. 시장 개혁의 큰 그림은 박정희식 관치 경제는 안 된다는 올바른 문제의식에서 나왔다는 거죠. 그분들은 박정희 독재 정부가 주도한 개발 독재형 경제 성장은 필연적으로 정치 관료에 의해 경제 자원이 배분되는 비효율적이고, 비민주적이며, 공정하지 못한 시스템이라고 비판합니다. 이를 바꾸기 위해서는 시장 원리 강화를 통해 '합리적 시장'을 만들어야 한다는 거고요. 이런 반론은 어떻게 생각하시는지요? 일부에서는 심지어 두 분이 '박정희식 개발 독재 시스템을 다시 도입하자'고 주장한다는 말까지 나오던데, 그건 아니죠?

장하준 당연히 아니죠. 어떤 분이 우리더러 '21세기에도 개발 독재가 유효하다고 주장한다'며 비판하던데, 그때는 정말 어이가 없었습니다. 우리는 단지 역사를 역사로 보자고 하는 거예요. 역사에서 개인의 능력을 너무 중시하다 보면 영웅주의로 흐르게 됩니다. 원하기만 하면 뭐든 다 된다? 이건 디즈니 만화 영화의 시각으로 세상을 보는 거예요. 정반대로 냉전이나 유교 문화 덕분에 당시 누가 대통령이었더라도 한국 경제는 발전했을 것이라는 이야기도 말이 안 됩니다. 아니, 구조주의자들이 주장하듯이 인간이 구조의 꼭두각시에 불과한 존재인가요? 예컨대 이승만이나 이디 아민˙ 같은 사람을 박정희 자리에 앉혔어도 한국이 경제 발전에 성공할 수 있었을까요? 저는 절대 그렇게 되지 않았을 거라고 봅니다.

불행히도 한국인들은 박정희를 너무 극단적으로만 해석합니다. 보수파에서는 '민족 중흥을 이루신 영웅! 그분이 없었으면 우린 아직도 보릿고개에 시달리고 있을 거야'라고 하고, 진보 성향의 학자들은 '박정희가 한 게 뭐 있어? 냉전 구조 때문에 미국이 돈 주고 시장 열어 도와주고 투자도 해 줘서 경제 발전이 된 거잖아'라고 폄하하거든요. 그에 반해 우리는 단지 박정희라는 인간을 그 시대의 구조 속에서 파악하려고 노력할 뿐입니다. 박정희라는 개인의 결정이 한국의 역사에 미친 효과 같은 것 말입니다.

가령 1960년대 말 포항제철 설립 당시 선진국들이나 세계은행, 심지어 국내 여론도 모두 '후진국이 어떻게 제철 산업을 하겠다고 만용을 부리느냐, 차라리 수입해서 쓰라'고 비판했어요. 1970년대의 중화학 공업화 때도 마찬가지였습니다. 미국과 세계은행은 쌍지팡이를 들고 반대했어요. 그런데도 박정희는 제철 산업 건설과 중화학 공업화라는 결단을 내렸고, 그게 성공한 겁니다.

정승일 포항제철이나 현대자동차 같은 중화학 공업의 성공이 바로 박정희식 관치 경제가 비효율적이지 않았다는 증거죠. 박정희는 결코 민주주의자가 아니었습니다. 민주주의와 노동조합을 탄압하고, 총칼로 언로를 막고, 입바른 국회의원들을 정보부로 잡아들여 고문까지 하고, 유신헌법으로 민주주의의 싹을 말렸으니까요. 이런 거 다 인정해야 합니

˙ 군인 출신으로 쿠데타를 일으켜 1971년에 정권을 장악한 우간다의 독재자이다. 2003년 사망했다.

다. 하지만 척결할 건 단호하게 척결하되 그로부터 배울 건 배워야 하는 게 아닌가요? 그게 21세기를 사는 우리가 취해야 할 태도 아닌가요.

일례로 박정희의 업적 중 하나인 산업 정책과 정책 금융은 버릴 게 아니라 이어받아야 해요.• 진정으로 민주적인 국가라면 더더욱 그렇게 해야 합니다. 그래야만 주권자인 국민에게 일자리와 소득을 제대로 만들어 줄 수 있으니까요. 그에 반해 시장 개혁과 경제 민주화를 주장하는 분들은 모든 산업 정책은 실패할 수밖에 없다고 비판합니다. '관료에 의해 경제 자원이 배분되는 건 비민주적이고 비효율적인 데다 공정하지 않다'는 거죠. 한마디로 산업 정책에서 핵심적 지위를 차지하는 건 관료인데, 관료는 시장에서 경제 주체로 뛰는 사람들보다 현장도 잘 모르고 정보도 부족하기 때문에 올바른 판단을 할 수가 없는 데다 정경 유착이라는 사고까지 친다는 겁니다. 이게 바로 미국의 신자유주의 경제 교과서의 교리 중 하나예요.

우리도 관료가 엉뚱한 짓을 할 수 있다는 걸 부인하지는 않습니다. 다만 모든 관료는 100퍼센트 사고를 친다는 식의 과장된 일반화는 곤란하다는 거죠. 무능하고 부패한 관료도 있지만, 정직하고 명석하여 산업 전문가 및 업종 대표자들과 소통하면서 국민 경제를 잘 이끌어 갈 관료도 있는 겁니다. 모든 산업 정책을 통째로 버린다면 경제 민주화를 주장하는 분들이 그렇게 바라는 중소기업이나 벤처 기업의 육성, IT 산업의 육성은 누가 어떻게 하죠? 중소 벤처 기업 육성은 산업 정

• 산업 정책이란 정부가 발전이 유망하다고 판단되는 산업 부문을 골라 내어 자금을 집중 투입하고, 이 산업이 순조롭게 발전할 수 있도록 과잉 경쟁을 막거나(진입 규제) 혹은 경쟁을 촉진하는 식으로 조정하는 등의 조치를 모두 포함하는 개념이다. 정책 금융이란 그 산업 정책에 참여하는 기업들이 자금(운영 자금과 설비 자금)이 부족한데도 그것을 시중은행으로부터 대출 받기 힘들 때 정부의 공공 기관이 대신 대출 또는 대출 보증을 해 주는 것을 말한다.

책 아닌가요?

장하준 산업 정책을 비판하는 논리의 중요한 전제 중 하나가 사기업들은 복잡한 시장 상황을 잘 알고 그에 잘 대처할 수 있는 반면에 정부 관료는 그게 안 된다는 거예요. 그러면 왜 망하는 사기업이 생기죠? 사기업들이라고 해서 시장 상황을 잘 아는 게 아닙니다. 그러니까 잘못 투자했다가 망하기도 하고 금융 투기 하다가 망하기도 하는 거죠. 어느 면에서는 국가가 전체 상황을 더 잘 알 수도 있습니다. 또 현대의 기업도 알고 보면 관료 조직입니다. 그렇다면 기업의 관료들은 사업 결정을 잘 하는데, 정부의 관료들만 서툴다는 건가요?

이종태 기업은 이익을 내기 위해 필사적으로 좋은 사업 거리를 찾아야 한다는 동기가 있다고 합니다. 반면에 정부는 비상업적인 공익 기구이기 때문에 기업처럼 필사적인 동기를 갖고 있지 않다는 거고요. 바로 그 점을 '비효율성'의 증거로 제시하던데요.

장하준 결국 시장 개혁을 주장하는 분들의 견해라는 게 '산업 정책 같은 건 필요 없고, 사기업들이 자기 이익만 열심히 추구하도록 놔두면 사회 전체적으로도 이익이 된다'는 거잖아요? 그런데 미국 투자은행들이 자기 이익만 열심히 추구하다가 대형 사고를 친 게 이번 글로벌 금융 위기 아닌가요? 이런 논리는 극단적인 시장주의 이데올로기일 뿐입니다. 만약 자기 이익을 추구하는 시장 당사자들만이 올바른 선택을 할 수 있다면, 포항제철 같은 산업 정책의 성공은 어떻게 설명할 수 있을까요? LG전자만 해도 그렇습니다. 원래 당시 LG 가문은 방직 공업을 하고 싶어 했는데, 정부가 전자 쪽으로 우겨서 밀어 넣은 거잖아요. 그게 지금의 LG전자입니다. 시장 당사자가 잘 선택할 수도 있지만 이렇듯 정부도 잘 선택할 수 있는 거예요.

정승일 시장 당사자들보다 정부가 시장 상황을 더 넓게 알고 더 잘 대처할 수 있다는 증거는 그것 말고도 많아요. 『쾌도난마 한국경제』에서 언급한 바 있지만 2003년 신용카드 대란을 보세요. 경제 민주화를 주장하는 분들은 당시 노무현 정부가 쓸데없는 '관치 금융'으로 재벌 카드사를 구제하지 말고 그냥 시장 논리에 맡겨 다 퇴출시켜야 한다고 주장했어요.

그런데 당시 금융 감독 당국이 점검해 보니 카드사들이 발행한 수십조 규모의 회사채, 이른바 카드채를 은행들이 보유하고 있었어요. 은행들이 자산 운용 차원에서 그 카드채를 매입한 거죠. 이런 상황에서 시장 논리에 맡기라는 건 개별 은행들이 알아서 행동하라는 말이나 다름없어요. 개별 은행들 입장에서는 가능한 남보다 빨리 자기가 보유한 회사채를 팔아 자금을 회수하려 할 겁니다. 그런데 모든 은행이 이렇게 행동하는 순간 바로 카드채 시장 전체가 무너지고, 그 결과 수십조 규모의 금융 위기가 발생하는 거예요.

이런 구조적 위험을 본 정부가 나서서 개별 은행이 카드채를 매각하지 못하게 막은 건 물론이고, 은행들로 하여금 유동성 위기에 빠진 카드사들에게 더 많은 돈을 빌려 주도록 팔을 비틀어 가며 금융 위기를 막았어요. 하지만 당시 김정태 국민은행장 같은 분은 '정부 방침을 수용하면 주주들에게 손해를 끼친다'고 정부에 반기를 들었습니다. 진보 언론들도 관치 금융을 비판해 김정태 행장의 손을 들어줬고, 경제 민주화를 주장하는 분들도 그랬어요. 그렇지만 당시에 정부가 개입하지 않았다면 카드사만이 아니라 은행까지 큰 타격을 입었을 거예요. 이건 다시 말해 카드사도 은행도 자기 이익만 챙길 뿐 시장 전체는 보지 않는 상황에서 전체를 보는 정부가 한국 경제를 살려 냈다는 이야기가 됩니다. 그런데도 경제 민주화를 주장하는 분들은 당시와 마찬가지로 관료가 뭘 안다고 개입하느냐고 비판하고 있어요.

장하준 실제로 사고가 아직 터지지 않을 때는 그렇게 말하는 게 현명한 처사예요. 사고가 터지면 '정부가 대처에 실패했다, 무능한 놈들!' 하면 되는 거고요. (모두 웃음)

정승일 이런 사례에서 보듯이 시장 개혁과 경제 민주화를 주장하는 분들의 논리는 실제 현실에 적용하기가 어렵습니다. 민주 정부에 개혁적 인사들이 들어가서도 원래 자신들이 가졌던 원칙을 제대로 실천하지 못하는 게 그래서이고요. 그러면 밖에서는 이런 비판이 나옵니다. '저거 봐라. 반개혁 세력이 됐다. 경제 관료들과 똑같아졌다'고요. (모두 웃음)

결국 경제 민주화를 주장하는 분들은 민주적 통제를 말하지만 실제로는 '시장의, 시장을 위한, 시장에 의한 통제'를 요구하고 있는 겁니다. 그게 바로 그분들이 말하는 합리적 시장이에요.

빈부 격차가
정말 박정희 때문인가?

이종태 경제 민주화를 주장하는 분들은 박정희 시대에는 뚜렷하지 않던 양극화 문제가 오늘날 신자유주의와 시장 독재 때문에 발생한다는 인식도 크게 잘못된 거라고 지적하던데요. 오늘날 우리 사회에 빈부 격차가 심해지는 이유는 건재한 박정희 체제 때문이라는 거죠.

정승일 어처구니가 없네요. 요즘처럼 소득 양극화가 우리 사회에 심화된 결정적인 계기가 뭔가요? 정규직이 대량으로 해고되고, 비정규직과 외주 노동자가 급증하고, 그래서 노숙자들이 사방에 널리게 된 게 도대체 언제부터입니까? 1998년 이후 이른바 민주 정부가 '경제 민주화'를 명분으로 신자유주의적 '시장 개혁'을 추진하면서부터 아닌가요?

예컨대 당시 시장 개혁의 아젠다 중 하나가 공기업 민영화였습니다. 그런데 그 결과가 어떤가요? 대표적인 경우로 한국통신, 그러니까 지금의 KT를 봅시다. 당시 국영 기업이던 한국통신의 사장 자리는 퇴직한 공무원이나 육군 장성 출신이 맡는 관치 경제의 대명사였어요. 그러니 관치 경제 타파를 내거는 분들의 눈으로 보자면 한국통신 같은 공기업은 '비효율적인 관치'의 대명사일 수밖에요. 1998년 초에 김대중 정부가 들어서자마자 공기업 민영화가 추진된 것도 바로 그런 이유에서였어요.

그 결과 KT의 민영화는 경제 민주화를 주장하는 분들이 가장 칭찬하는 방식으로 이루어졌습니다. 재벌 기업과 달리 대주주 없이 그야말로 작은 지분만 가진 수많은 소액주주들로 구성되었으니까요. 그분들 논리를 따르자면 소유 구조가 민주화된 거죠. 그래서인지 배당금도 많이 줍니다. 순이익의 절반, 어떤 때는 그 이상을 배당하기도 하니까요. 그 덕분에 2003년에는 경실련으로부터 국민으로부터 존경받는 정의로운 기업에게 준다는 '경제정의 기업 특별상'을 받기까지 합니다.

그런데 그 이면에서는 대량 해고가 벌어졌어요. 민영화 이전에는 전 직원 6만 명이 정규직이었습니다. 전화 교환하는 여직원도 정규직이었고요. 그런데 민영화 이후 그중 절반이 해고당하고, 비정규직이나 외주 인력으로 재고용됩니다. 주주 자본주의가 공기업 민영화를 추진한 모델이 바로 이런 방식이에요. 포스코에서도 비슷한 일이 벌어졌습니다. 민영화된 포스코 역시 정규직을 최소한으로 줄이면서 외주화하고 하청 단가를 깎는 등 대규모 구조 조정을 했어요. 김대중 정부가

IMF의 노동 개혁 요구에 적극 부응해 정리해고제와 근로자파견제를 도입한 것도 이 무렵입니다. 민간 대기업들도 경영 합리화의 필수적인 수단으로 대량 해고를 일삼게 되고요.

결국 1990년대 초반 이후 서서히 늘어나던 비정규직이 1998년 이후부터는 비약적으로 늘어나요. 이때부터 신자유주의가 본궤도에 오른 거고 양극화 역시 뚜렷해지는데, 경제 민주화를 주장하는 분들은 이 엄연한 사실을 인정하고 싶지 않은 거예요. 바로 자신들이 합리적 시장이니 경제 민주화니 하는 명분으로 그런 신자유주의적 정책을 정당화하면서 밀어붙인 장본인들이니까요. 지금 그분들은 자신들이 저지른 실책에 대한 알리바이로 박정희를 끌어들이는 겁니다. 민주 정부는 집권 10년 동안 양극화 문제를 해결하기는커녕 더 악화시켰음에 분명해요. 물론 그 이후 재집권한 보수 세력은 더더욱 악화시켰고요.

장하준 저도 양극화의 원인을 박정희까지 거슬러 올라가서 찾는 건 엉뚱하다는 생각이 드네요. 통계로 봐도 한국에 신자유주의가 도입되기 시작한 1990년대 초반부터 양극화 현상이 나타나는 건 쉽게 알 수 있는데 말입니다. 소득 불평등도가 1980년대에는 오히려 계속 줄어들었어요. 그러다가 1990년대 초반부터 확대되기 시작하고, 1997년 IMF 사태 이후 신자유주의적 개혁이 본격적으로 추진되면서 급등하거든요. 김영삼 정부가 경제기획원을 폐지해 산업 정책을 약화시키고, OECD 가입하고, 금융 규제 완화하면서 세계화를 부르짖을 때가 1990년대 초반입니다.

정승일 1960년대 초반까지는 양극화가 아예 문제가 되지 않았어요. 그때는 누구나 다 가난했으니까요. 경제 민주화를 주장하는 분들은 1970년대 중화학 공업과 재벌계 대기업이 육성되면서 양극화가 본격화되었다고 박정희 체제를 비판하는데, 그것도 적절하지 않습니다. 원래 자본주의가 성공적으로 성장하면 양극화 현상이 나타나게 마련이거든요. 기업가와 부자가 출현하니까요.

장하준 또 중화학 공업을 육성하면 자연스럽게 고기술 노동자들이 양산되면서 상대적으로 많은 임금을 받으니 노동자들 사이에서도 임금 격차가 발생하게 되죠.

정승일 그런 점에서 1970년대의 양극화 역시 한국 자본주의가 발전하기 시작했기 때문으로 보는 게 맞아요. 이때의 양극화는 박정희의 중화학 공업화 때문에 나타난 독특한 현상이 아니라 자본주의 경제 발전에 따른 일반적 현상으로 봐야 한다는 겁니다. 또 그 후 중화학 공업이 계속 성장하면서 그와 연관된 중소기업들이 대기업 하청을 받아 매출이 크게 늘고 경제가 급격히 성장함에 따라 노동자 계층 역시 실질임금이 올라가서 양극화가 완화된 거고요. 이렇듯 1970년대와 1980년대에는 양극화가 완화되고 있었다는 건 경제 민주화를 주장하는 분들도 인정하는 부분입니다.

장하준 당시 소득 분배 지표를 보면 좀 왔다 갔다 하긴 하지만 평균적으로는 개선되는 추세였어요.

정승일 그러다가 1987년 이후 실질임금이 대폭 상승합니다. 민주화와 함께 당시 폭발적으로 시작된 노동 운동 덕분이죠. 노동조합이 밀물처럼 결성되고 대규모 파업이 폭발하던 시대였으니까요.

장하준 다른 이유도 있어요. 당시 3저 호황과 함께 경제 성장 속도가 엄청나서 노동자 구하기가 어려워졌거든요. 구인난이 벌어진 거죠. 그래서 파업이 더 잘 먹힌 겁니다.

정승일 그 결과 실질임금이 1987년 대파업 이후 불과 3년 동안 2배가량

오르면서 일반 시민들도 처음으로 자가용을 구입하기 시작하고, 내수 시장도 폭발적으로 늘어나게 돼요. 그런데 1990년대 초반 들어 분위기가 바뀝니다. 1991년 강경대 사건을 기점으로 공안 정국이 시작되고 노태우 정부는 노조에 대한 탄압을 본격화해요. 전 세계적으로는 사회주의권이 붕괴하면서 영미만이 아닌 다른 나라들에서도 신자유주의 흐름이 본격화되기 시작하고요. 1993년 초에 출범한 김영삼 정부 역시 세계화 구호를 내걸면서 본격적인 신자유주의를 시작하는데, WTO 가입과 OECD 가입에 이어 노동 시장 유연화 정책을 추진하면서 정리해고법을 통과시키려 했죠. 이런 신자유주의 분위기를 타고 대기업들은 1990년대 초반부터 비정규직을 크게 늘리기 시작합니다. 만약 1990년대 초반에 김영삼 정부가 신자유주의에 반대하는 방향으로 나아가고 친노동 정책을 써서 비정규직 채용을 법률로 막았다면 상황은 매우 달라졌을 거예요.

문제는 여기서 대기업의 고용 관행 변화를 잘 봐야 한다는 겁니다. 1980년대 말까지만 해도 재벌 대기업들은 비정규직을 거의 채용하지 않았어요. 1990년대 초반에 들어서면서 대기업들에 정규직을 중심으로 강력한 노조가 자리를 잡자, 현대자동차 같은 대기업들이 비정규직 채용을 늘리기 시작합니다. 1997년 IMF 사태 이후에는 대기업들이 아예 정규직은 새로 뽑지 않는 수준까지 갔고요. 이런 변화를 정확하게 보고 그 원인이 뭔지 찾아야 합니다. 그냥 '재벌이 나빠서'라고 말한다고 해결되는 문제가 아니에요.

결국 시장 개혁을 주장하는 분들도 어쩔 수 없이 인정하는 바와 같이 빈부 격차 심화와 같은 양극화는 박정희 체제의 전성기인 1970년대나, 쿠데타를 통해 집권한 전두환 노태우 시절인 1980년대에 시작된 게 아닙니다. 오히려 신자유주의가 시작된 1990년대 초반부터 진행되었어요. 그러다가 신자유주의가 본궤도에 오른 1998년부터는 걷잡을 수 없어진 거고요. 비정규직 채용도 마찬가지예요.

장하준 비정규직 채용이 늘기 시작한 가장 큰 동력은 김대중 노무현 정부가 추진한 시장 개혁이라고 봐야죠. 1997년 이후 시장 개혁 과정에서 일어난 가장 큰 변화가 자본 시장 자유화와 개방입니다. 그 이전에는 외국인은 물론 한국인도 대기업 주식을 대량 매입해 경영권을 노린다든가 하는 일이 불가능했죠. 그러다가 IMF 사태 이후 자본 시장이 개방되고 자유화되면서 대기업의 경우 외국인 주주들이 50~60퍼센트 이상 지분을 갖는 일까지 벌어졌고요. 말하자면 외국인 주주들이 마음만 먹으면 대기업 경영권을 재벌 총수의 손에서 빼앗아 다른 곳으로 옮길 수 있게 되었다는 의미죠.

이런 경우 기업 경영은 10년 후에 큰 수익을 올리는 사업보다는 일주일 뒤, 한 달 뒤에 주가를 올리는 쪽으로 갈 수밖에 없습니다. 그 경우 고용 측면에서 본다면 정리해고 추진하고 비정규직 채용이나 외주화 등으로 고용 조건을 더 유연하게 만드는 게 주가 올리는 데 유리해요. 하청 기업 단가를 깎는 것도 마찬가지고요. 어떻게 이런 변화가 양극화에 책임이 없다고 할 수 있는 거죠? 경제 민주화를 주장하는 분들이 옹호해 온 주주 자본주의 때문에 재벌들이 비정규직을 더 고용하게된 것 아닌가요? 그러면서 30년도 더 전에 사망한 박정희에게까지 거슬러 올라가 양극화의 책임을 묻는 건 부당해 보입니다. 예컨대 요즘 비정규직이 늘어난 원인이 박정희와 재벌 때문이라면 왜 박정희가 경제 개발하고 재벌이 본격적으로 성장하던 1960년대, 1970년대에는 비정규직이 없었던 겁니까?

자본주의 경제 발전은
선악의 잣대로 잴 수 없다

이종태 요즘 진보 개혁 쪽에서 나오는 책들을 보면 박정희는 한국 역사에 오직 해악만 끼친, 악으로 뭉친 인간인 것 같습니다. 어떤 분들은 심지어 박정희만 없었으면 한국 경제가 더 발전했을 것이라고 말하더군요. 그런데 최근 중국 경제를 비판하는 서구 좌파 학자들의 논문을 읽다가 좀 놀란 적이 있습니다. 조금 편향된 평가일지도 모르지만 중국은 성장 잠재력이 부족한 데다가 사회적 불평등이 너무 심하다면서 그 반대 사례로 경제 개발기의 한국과 일본을 들더군요. 말하자면 '중국은 한국이나 일본 모델과 다르다'는 게 중국 경제에 대한 그 좌파 학자의 비판이었습니다.

장하준 『쾌도난마 한국경제』에서 우리는 '박정희식의 경제 정책은 필요했으나 그게 반드시 박정희라는 개인일 필요는 없었다'고 누누이 강조한 바 있습니다. 그런데 이른바 경제 민주화를 주장하는 학자들은 여전히 우리나라의 경제 발전에서 박정희가 한 역할을 조금도 인정하고 싶지 않은 모양이군요. 그렇다고 그 시기에 경제가 비약적으로 발전했다는 역사적 사실까지 부인할 수는 없는 노릇이니, 그러한 경제 성장은 '냉전 시기여서 미국이 지원해 준 덕택'이라거나 '유교 문화 덕분에 동아시아에서는 경제 발전이 성공적일 수밖에 없었다'거나 하는 식으로 다른 요인들을 끌어대고요. 그분들의 결론은 '박정희식 경제 정책이 없었더라도 한국은 경제 발전에 필연적으로 성공했을 것'이라는 얘기입니다.

그런데 냉전 구조가 경제 발전에 그렇게 유리한 것이었다면 이승만은 왜 실패했죠? 중국과 북한 역시 유교 문화가 강한 지역인데 왜 1970년대까지는 경제 발전을 이루지 못했을까요? 시장 개혁을 주장하는 분들의 역사 인식대로 한국의 경제 성장을 설명하다 보면 기독교적 예정론으로 귀결될 수밖에 없습니다. 개인과 집단이 어떻게 생각하고 어떻게 주체적으로 행동하느냐에 상관없이 그들을 둘러싼 환경이 역사를 만든다는 거잖아요. 결국 환경에 따라 성공할 사람은 성공하게 되어 있고 실패할 사람은 실패하게 되어 있고요.

이종태 그러고 보니 박정희는 악의 화신인데, 경제 발전은 좋은 일이니 설명하기가 곤란하긴 하군요. 악의 화신이 좋은 일을 할 수 있다는 걸 받아들여야 하니 말입니다.

정승일 역사를 선악이라는 윤리적 시각에서 바라보는 건 문제가 있습니다. 경제 민주화를 주장하는 분들이 대부분 미국에서 공부해 영미 사상의 영향을 많이 받아서인지 은연중 근대화, 즉 자본주의 시장 경제의 발전은 '선한 영미 민주주의' 정치 시스템에서 전개되어야만 '정상'인 것처럼 착각하고 있어요. 그러나 자본주의는 결코 선하거나 민주적인 시스템이 아닙니다. 역사적으로 봐도 어느 나라나 자본주의 초창기에는 민주주의 시스템을 정착시키지 못했고요.

한국인의 관점에서 보면 일본의 이토 히로부미는 아주 나쁜 제국주의자잖아요. 그런데 일본에서 그는 19세기 말 은행과 초등학교, 우체국 등의 제도 설립을 주도해 일본의 근대화를 앞당긴 영웅입니다. 독일의 비스마르크는 왕당파니까 민주주의와는 거리가 먼 사람이에요. 하지만 그는 19세기 후반기에 독일의 후발 공업화를 이끈 인물입니다. 독일에서는 좌파가 비스마르크를 독재자라고 비판하기는 해도 '자본주의 근대화에 기여한 게 뭐가 있느냐'고 하지는 않습니다. 박정희나 이토 히로부미, 비스마르크는 모두 '자본주의적 근대화'의 영웅이었어요. 동시에 전체주의자였고 반(反)민주주의자들이었지요. 이건 선악을 가르는 가치 판단의 문제가 아니에요. 역사적 사실이 그렇다는 겁니다.

이종태 마르크스만 해도 '자본은 머리에서 발끝까지 모든 구멍에서 피와 오물을 뚝뚝 흘리며 태어났다'고 말했죠. 자본의 그 더러운 출생 비밀에도 자본주의의 발전을 높게 평가하면서 미래의 대안을 구상했고요.

장하준 세계사적으로 볼 때 자본주의가 민주주의와 함께 성장한 나라는 없습니다. 미국과 영국 역시 마찬가지예요. 미국은 20세기 초반까지만 해도 형식적으로는 민주주의였지만 여성이나 흑인에게는 투표권도 안 주고, 사설 탐정단을 고용해 노동 운동을 무력으로 탄압한 나라였으니까요.

정승일 영국은 그나마 19세기부터 의회 민주주의가 정착되어 이른바 형식적 절차적 민주주의가 꽃핀 나라인데, 그런 영국 역시 19세기 말까지는 소수의 유산 계급, 즉 남성 부르주아들에게만 투표권을 줬어요. 이게 바로 우리나라 경제 민주화를 주장하는 분들이 경건하게 떠받드는 존 스튜어트 밀이 믿었던 영국식 자유주의죠. 당시 영국에서 전개된 자유 민주주의의 배경에는 대영 제국이라는 자본주의적 식민지 체제하에서 민주주의와 인권으로부터 완전히 배제된 수많은 피지배 민족이 있었고요.

선진국의 경우에도 오늘날 우리가 알고 있는 민주주의가 정착되기 시작한 건 1920년대부터입니다. 그것도 자본주의와 자유주의가 발전하면서 된 게 아니라 당시 사회주의자들이 피 흘리며 싸운 결과 자유주의가 패퇴하면서 민주주의가 이루어진 거고요. 한국의 자유주의 경제학자들이 박정희를 비판하는 건 좋습니다. 그렇지만 그 경제적 성과마저 인정하지 않으려는 걸 보면, 이 자유주의자들은 '시장 자본주의는 언제나 민주주의를 동반하는 선한 시스템'이라고 믿는 것 같아요. 저는 여기서 자유 민주주의에 대한 맹신을 느낍니다.

장하준 저는 그분들이 외국산을 너무 좋아한다고 생각해요. 자본주의도 외제가 좋다는 것이나 다름없으니까요. 1970년대에 제3세계를 중심으로 맹위를 떨쳤던 종속 이론 냄새도 나고요. 신고전파 경제학과 종속 이론은 정치적으로는 좌우파로 갈리지만, 극단은 통한다고 매우 비슷한 측면이 있어요. 두 학파 모두 뭔가 정상적인 시장, 정상적인 자본주의가 있다고 생각하고 그와 다른 경제 시스템은 전부 비정상적인 자본주의라고 몰아붙이니까요. 한국 같은 나라에 대해 신고전파가 '정부의 지나친 시장 개입으로 자원 배분의 효율성이 깨졌다'고 한다면, 종속 이론은 '한국은 제국주의에 종속되어 파행적 발전을 해 왔다'고 비판하는 식이죠.

정승일 재미있는 건 경제 민주화를 주장하는 분들이 박정희의 경제적 리더십은 조금도 인정하지 않으면서 전두환의 경제 정책은 긍정적으로 평가하고 그 리더십을 칭찬한다는 거예요. 당시 전두환 대통령은 김재익 수석이라고 하는 유능한 시장주의자를 모셔 와 '자네가 경제 대통령이야'라고 하면서 경제 정책의 전권을 맡겼는데, 그 리더십이 대단하다는 거죠. 박정희나 전두환이나 똑같은 군사 독재자였지만, 박정희는 산업 정책 같은 반시장주의 노선을 걸었으니 경제적 리더십이 없었고, 전두환은 올바른 시장주의 개혁을 추진했으니 경제적 리더십이 있다고 칭찬하는 겁니다.

장하준 그렇다면 쿠데타로 집권해 시장주의 개혁을 추진한 칠레의 군사 독재자 피노체트도 찬양해야겠네요.

정승일 실제로 경제 민주화를 주장하는 분들 중 일부는 당시 김재익 경제 수석이 시도한 시장 개혁 조치들이 박정희 체제하에서는 굉장히 어려운 일이었는데, 그런 개혁 시도가 그나마 달성된 건 당시 전두환 대통령의 철권 통치, 독재 체제 덕택이었다는 말까지 합니다. 대단하죠? 독재도 독재 나름이라는 겁니다. 시장주의를 추진하기만 한다면 군사 독재도 어느 정도 공감이 된다는 게 경제 민주화를 주장하는 분들의 입장인 모양이에요.

만약 1980년대 초에
시장 개혁이 이루어졌다면…

이종태 실제로 전두환이 집권했던 박정희 시대 말기에는 한국 사회의 분위기가 좀 달라진 것 같습니다. 그때 비로소 1970년대에 미국 유학 가서 자유주의 경제학을 제대로 배워 온 유학파 경제학자와 경제 관료들이 등장해 힘을 발휘하기 시작하니까요.

사실 박정희 시대의 한국은 경제 성장을 위한 총동원 체제라 해도 과언이 아닐 겁니다. 국내 산업 보호한다고 외국산 제품의 수입을 막고, 정책 금융이라 해서 당시 모두 국유화되어 있던 은행들을 통해 기업 자금 조달해 주고, 경제 성장 촉진한다며 계속 통화량을 늘리다가, 물가가 뛰어 문제가 되면 행정력 동원하여 가격 통제에 나서는 식이었으니 말이에요.

그런데 박정희 시대 말쯤 되면 자유주의 경제학을 배운 유학파 경제학자와 관료들이 이런 식의 총동원 체제에 제동을 걸기 시작합니다.

그들은 중화학 공업화와 관치 금융을 비판하고, 심지어 수입 개방과 금융 자율화까지 주장하죠. 박정희는 이들의 노력에 제동을 걸었지만 1980년 5월 군사 쿠데타로 집권한 전두환 대통령은 이들의 주장을 상당 부분 수용합니다. 어쩌면 당시 미국의 레이건 공화당 정부가 한국의 군사 정부를 용인한 것에 감사해 레이건 정부의 기조인 신자유주의 경제 정책을 자발적으로 수용한 면도 있었을지 모르죠. 어쨌든 전두환 정부는 인플레 억제를 위한 통화 긴축을 시행하고, 중화학 공업에 대한 구조 조정 정책, 그리고 부분적으로는 은행 민영화도 시행합니다.

정통 자유주의의 세례를 받은 경제 관료들은 1980년대 초에 이미 물가 안정을 최우선 목표로 삼는 밀턴 프리드먼 식의 통화주의 정책을 기안한 바 있는데, 그 대표 격에 해당하는 사람이 전두환 대통령이 신임한 김재익 청와대 경제 수석이에요. 그분은 불행히 그 후 아웅산 테러로 목숨을 잃었죠. 그런데 당시 김재익 경제 수석과 함께 활동했던 경제 관료들의 면모가 화려합니다. 전두환 시대에 재무 장관을 맡았던 강경식 씨는 그 후 김영삼 정부 시절에도 재무 장관으로서 시장주의적인 금융, 기업, 노동 개혁을 추진하여 1997년 IMF 사태를 야기한 장본인이에요. 또 전두환 정부 시절 경제기획원 부총리 자문관 역할을 한 김기환 씨는 노무현 정부 시절 서울파이낸셜포럼 회장을 하면서 노무현 정부 경제 관료들이 동북아 금융 허브 정책을 추진하는 데 이론적 기반을 제공한 인물로 알려져 있고요. 모두 한국 신자유주의의 선구자들이라고 할 수 있겠죠.

정승일 우리가 유심히 봐야 할 점은 김재익 수석을 비롯한 이들 시장주의적 경제 관료들의 시도가 이미 전두환 독재 시절에 상당히 수용되었다는 겁니다. 1997년 이후가 아니라 이미 1980년대 초반부터 한국 경제의 신자유주의적 변화가 시작된 셈이죠. 그런데 경제 민주화를 주장하는 분들은 전두환 정권이 시작한 자유주의적 시장 개혁이 당시 더 강력하게 진행되지 못한 걸 몹시 아쉬워하더군요.

장하준 김재익 전 수석은 신자유주의의 주류 흐름인 미국 시카고학파의 이론을 신봉했던 분입니다. 그런데 경제 민주화를 주장하는 분들은 진보를 자처하고 자신들은 신자유주의자가 아니라고 주장하지 않나요? 그런 분들이 김재익 수석을 그토록 좋아하는 이유를 모르겠군요.

정승일 김재익 수석 등 당시 경제 관료들의 견해는 지금도 계속해서 답습되고 있어요. 그들 논리가 경제 민주화를 주장하는 분들의 논리와 일치하니까요. 핵심은 긴축해서 거품 빼고, 산업 구조 조정해서 효율적인 기업만 남겨야 하며, 정책 금융은 대폭 줄여야 한다는 것 아닙니까. 우리 경제가 난국에 처할 때마다 이런 논리가 되풀이되어 전개되더군요. 1980년대 초반에 전 세계적인 2차 오일쇼크와 맞물려 한국 경제가 꽤 어려웠습니다. 대기업들도 대부분 적자를 낼 정도였으니 상당히 심각했죠. 그래서 당시 김재익 청와대 수석이 강경식, 김기환 같은 분들과 함께 그런 시장주의 개혁을 시작한 겁니다.

경제 민주화를 주장하는 분들은 이때 시장주의 개혁을 더 강하게, 더 오랫동안 밀어붙여야 했는데 1986년부터 3저 호황이 시작되는 바람에 시장 개혁의 기회를 놓쳤다고 아쉬워하는 겁니다. 이때 재벌 개혁하고, 은행 민영화하고, 중앙은행 독립시켜야 했는데 예기치 않게 3저 호황이 시작되는 바람에 대기업들의 수출이 늘고 이익을 내기 시작하면서 그런 구조 개혁의 긴박성이 사라져 버렸고, 시장 개혁이 더 이상 추진되지 못했다는 거죠. 그런데 재미있는 건 1980년대 초반에만 해도 포항제철을 비롯해서 현대자동차, 삼성전자, 대우조선 같은 회사들이 모두 별로 이익도 내지 못하는 부실기업이었다는 겁니다.

장하준 시장 개혁을 주장하는 분들의 시장 논리를 적용한다면 그때 모두 없애야 했죠. 실제 당시 시장주의 경제학자들은 그렇게 주장했고요.

정승일 세계은행에서 일하면서 한국의 중화학 공업 구조 조정에 개입하던 미국 경제학자들도 그렇게 주장했습니다.

이종태 제가 경제 민주화를 주장하는 분들의 이야기를 들으며 이따금 느끼는 건 일종의 '한국 경제 심판론' 성격이 짙다는 거예요. 박정희로 인해 타락한, 재벌로 대표되는 왜곡된 시장 경제의 소굴 '소돔'에 하나님의 불의 심판이 내려져야 했는데, 그게 지연되면서 지금까지 오고 있다는 거죠. 1980년대 중반에는 3저 호황 때문에, 1990년대와 2000년대 초반까지는 민주 정부의 무능 때문에, 글로벌 금융 위기 이후에는 친재벌, 친관료적인 이명박 정부 때문에 말입니다. 어쨌거나 1980년대 중반부터 한국 경제가 3저 호황이라는 외부 조건 덕분에 위기에서 겨우 벗어날 수 있었던 건 사실 아닙니까? 그렇게 보면 당시 시장 개혁의 정당성을 인정할 필요가 있는 것 아닌가요?

장하준 그렇지 않아요. 1980년대 이전에 중화학 공업화를 통해 수출 능력을 키워 놓았기 때문에 우리 경제가 3저 호황이라는 호기를 활용할 수 있었던 거예요.

정승일 그럼요. 3저 호황은 하늘에서 뚝 떨어진 기회가 아니었습니다. 예컨대 1970년대 중화학 공업화 시절부터 현대자동차가 뭘 했는지 보세요. 당시 포니자동차를 독자 개발하고, 일본 미쓰비시로부터 열심히 기술 도입해서 엔진 공장 세우고, 1980년대 초부터는 포니 엑셀 같은 독자 브랜드의 차를 양산해서 수출하는 경험도 쌓았어요. 1986년 미국과 일본 간의 플라자 합의로 엔화 가치가 급등하자 현대차가 일본차들과 북미 수출 시장에서 경쟁하면서 수출을 늘리기 시작할 수 있었던 것도 그런 노력이 축적된 덕분입니다. 경제 민주화를 주장하는 분들 말처럼 오로지 엔화 가치 급등이라는 외적 환경 변화 덕택에 우연히 3 저 호황이 진행된 게 아니었어요. 그러니까 아무리 행운이 찾아오더라도 그 전에 미리 역량을 축적해 놓지 않았다면 그 기회를 이용할 수 없다는 겁니다.

그런데 경제 민주화를 주장하는 분들에 따르면, 당시 김재익 수석 등 전두환 정권 내의 시장 개혁을 주장하는 분들이 시도한 시장 개혁이 3저 호황으로 더 이상 추진되지 않은 게 그로부터 10년 뒤인 1997년에 IMF 사태가 일어나는 근본 원인입니다. 1980년대 중반에 그 이상의 시장 개혁이 이루어지지 않으면서 한국 경제의 체질이 더 이상 개선되지 않았는데, 그런 허약한 체질은 그대로 놔둔 채 10년 뒤 한국이 OECD에 가입하고 금융 시장을 대폭 개방하면서 IMF 사태라는 독감에 걸렸다는 거예요. 이걸 뒤집어 말하자면, 당시 김재익 수석이 시카고학파 이론에 따라 시장 개혁을 더 추진해 한국 경제를 미국 공화당식의 시장 자본주의로 일찌감치 바꾸어 놓았다면 한국 경제의 체질이 강화되었을 테고, 그랬으면 10년 뒤에 외환 금융 시장을 활짝 열면서 금융 시장의 온갖 감기균이 한국 경제의 온몸에 퍼졌다 하더라도 경제 위기라는 큰 병은 앓지 않았을 거라는 말입니다.

시장 개혁 이후
남미의 현실을 보라!

이종태 결국 1980년대 중후반에 박정희식 모델 청산이 철저하게 이루어지지 않았기 때문에 10년 뒤에 IMF 사태가 터졌다는 거네요.

정승일 그렇죠. 하지만 그분들이 원하는 시장주의 개혁이 만약 1980년 대에 철저히 이루어졌다면 단언컨대 지금의 현대자동차, 삼성전자, 대우조선은 없을 겁니다. 한국 경제가 1997년에 IMF 사태라는 엄청난 위기를 당하고도 외형적으로는 빨리 수습했잖아요. 그 이유가 바로 1998년부터 삼성전자, 현대자동차 같은 대기업의 수출이 크게 신장되면서 외환 보유고가 늘었기 때문입니다. 그런데 경제 민주화를 주장하는 분들이 아쉬워하는 것처럼 만약 우리가 1980년대 중반부터 재벌 다각화 막고, 계열사 상호 지원 불법화하고, 정책 금융 줄이고, 은행 민영화했다면 우리나라는 1997년 IMF 사태 이후 남미처럼 됐을지도 몰라요.

장하준 시장주의적 관료들과 경제 민주화를 주장하는 분들이 1980년대 부터 함께 요구했다는 경제 체질 강화는 결국 미국식으로 가자는 것 아닌가요? 그런데 시카고학파 모델은 2008년 글로벌 금융 위기로 이미 끝장났는데, 아직도 그런 말을 하나요?

정승일 게다가 그 경제 관료들이 꿈꾸었던 시장 개혁 모델은 1998년 이후 이미 실현됐습니다. 한국 경제가 금융 시장 주도형으로 바뀌었고, 돈만 좀 있으면 누구나 주식 투자니 뭐니 해서 재테크에 몰두하게 되었잖아요. 주주 자본주의 원리가 관철되면서 재벌 계열사들끼리도 별로 돕지 않으면서 신중하게 투자하고 있고요. 그래서 대기업들은 보유 자금이 많은데도 생산적 투자를 크게 늘리지 않는 겁니다. 은행들도 시장 원리에 따라 수익과 리스크를 잘 계산해서 신중하게 대출하고 있고요. 리스크가 큰 기업 대출은 기피하고 부동산처럼 확실한 담보를 잡았으니 돈 떼일 위험이 거의 없는 가계 대출에 주력하면서요.

이런 체질 변화가 1980년대부터 일찌감치 이루어졌다면 한국은 1997년에 기업 대출 과잉 때문이 아니라 요즘처럼 부동산 과잉, 가계 대출 버블 때문에 무너졌을 겁니다. 일반적으로 가계 대출 부실로 인한 경제 위기가 기업의 과잉 투자로 인한 경제 위기보다 회복하는 게 더 어려우니 그 후 좀 더 고생했을 테고요.

장하준 1980년대부터 일찌감치 시카고학파 경제 이론과 주주 자본주의를 받아들인 남미의 금융 위기가 그런 유형이었어요. 남미의 기업들은 투자를 꺼려 은행에서 돈을 빌리지 않는 바람에 부채 비율도 대단히 낮았습니다. 한국이 300~400퍼센트일 때 브라질은 50퍼센트 정도였으니까요. 1980년대 우리나라의 시장주의적 관료들과 경제 민주화를 주장하는 분들이 좋아했을 만한 체질 강한 기업들 아닌가요? 이러니 남미의 은행들이 누구에게 돈을 빌려 줬겠어요? 부동산이나 주식에 투자하려는 사람들이었죠. 나중에 이런 대출이 부실화되면서 1982년 칠레에서, 1995년 멕시코에서, 1998년 브라질에서, 2002년 아르헨티나에서 금융 위기가 터진 겁니다.

정승일 이후 김기환, 강경식 씨 같은 시장주의적 경제 관료들은 김영삼 문민정부 시절 들어 WTO(세계무역기구) 가입과 OECD(경제협력개발기구) 가입으로 대변되는 이른바 세계화 정책을 실질적으로 이끕니다. 김대중 국민의 정부와 노무현 참여정부 역시 이들 시장주의적 경제 관료들을 중용해요. 김대중 노무현 정부에서 경제 민주화와 시장 개혁을 주장하는 분들 역시 자신들이 원하는 걸 제대로 추진하기 위해서는 그런 '유능한' 관료들이 필요했거든요. 노무현 정부가 정책적으로 무능해 경제 관료들에게 휘둘렸고, 그 때문에 신자유주의화가 진행되었다고 말하는데, 그게 아니었다는 거죠.

이종태 경제 민주화를 주장하는 분들은 경제 관료들을 통제할 민주적 통제 장치가 없는 상황에서 시장 자유화를 했고, 그래서 노무현 정부가 무능해졌다고 말합니다. 그런데 별로 그렇지 않았다는 거죠?

장하준 예컨대 노무현 대통령이 경제 정책을 잘 몰라서 그걸 잘 아는 경제 관료들에게 휘둘렸고, 그게 노무현 정부의 패착이었다고 하는 말은 맞아요. 하지만 더 근본적인 문제는 노무현 정부에 참여한 경제 민주화와 시장 개혁을 주장하는 지식인들 역시 방향과 목표에서는 그런 경제 관료들과 별로 차이가 없었다는 겁니다.

정승일 그렇죠. 모두 우리나라 금융 시장을 월스트리트처럼 만들고 싶어 했고, 우리 기업들을 주주 자본주의하에 복속시키려 했다는 점에서는 다를 바가 없으니까요. 노무현 정부 시절 경제 정책을 이끌었던 권오규, 한덕수, 강봉균 같은 분들은 김재익이나 김기환, 강경식 같은 분들과 사고방식과 가치관이 비슷했습니다. 1990년대 중반에는 WTO와 OECD 가입을 밀어붙였던 사람들이고, 1998년부터는 김대중 노무현 정부에서 IMF와 긴밀하게 협조하면서 한국 경제를 미국식으로 바꾸는 시장 개혁의 실무를 총괄 지휘했던 사람들이에요. 그 과정에서 자본 시장을 빨리 여는 게 당연했고, 미국과 IMF가 요구했던 주주 자본주의적인 재벌 개혁과 금융 시장 재편도 한국 경제의 체질 강화를 위해 당연히 해야 한다고 봤고요. 이런 사람들과 이른바 경제 민주화를 주장하는 진보적, 개혁적인 분들은 근본적으로 견해 차이가 없어요.

장하준 작은 차이는 있죠. 그런 경제 관료들은 재벌 로비를 받아 재벌 상속하는 것도 가끔 도와줬고, 경제 현실에 대해서는 이른바 진보적, 개혁적인 지식인들보다는 더 잘 알고 있으니까 급하면 관치 금융을 해서라도 불을 끄곤 했으니까요.

정승일 그런 작은 차이야 있지만 크게 보면 차이가 없습니다. 요즘 민주당 내에서 보수적이라고 비판받는 경제 관료 출신 의원들이 이런 분들인데, 이분들로서는 상당히 억울할 겁니다. 자신들도 열심히 진보적, 개혁적인 분들과 함께 어울리면서 열심히 시장 개혁을 했고 열심히 경제 민주화도 했는데 자기들만 보수로 몰리고 있으니까요.

이종태 말하자면 경제 관료에도 두 종류가 있고, 관치 경제에도 두 종류가 있는 거네요. 하나는 제대로 된 관치에 제대로 된 경제 관료이고, 다른 하나는 시장주의에 물든 관치에 시장주의적 경제 관료, 이렇게 말입니다.

정승일 그렇죠. 그중 우리가 원하는 건 제대로 된 관치예요. 금융 시장과 주주 자본주의를 일관된 원칙을 가지고 통제·규제하고, 산업 정책과 정책 금융을 일관된 원칙과 가이드라인에 입각해 시행하는 그런 관치와 그런 경제 관료가 필요하다는 겁니다. 경제 민주화를 주장하는 분들은 여기에 원칙적으로 반대한다는 거고요.

아무튼 문제는 시장주의적 경제 관료들인데, 이분들은 직업이 관료인지라 필요할 때는 실제로 관치를 해요. 현재 금융위원장인 김석동 씨는 '관(官)은 치(治)하기 위해 존재한다'고 발언해 관치 금융의 대명사가 되었는데, 그런 경제 관료들이 예컨대 2003년 신용카드 위기가 벌어졌을 때라든가 2009년 초 은행들이 유동성 위기에 빠졌을 때 관치 금융의 능력을 발휘해 위기를 해결한 장본인들입니다. 하지만 그건 그때뿐이에요. 평상시에는 열심히 IMF나 세계은행과 협조해 금융 규제 풀고, 론스타에 외환은행 팔고, 헤지펀드 키워서 우리도 월스트리트처럼 쉽게 돈 벌자고 합니다. 또 다른 금융 위기를 잉태시키고 있는 거죠. 이런 면에서 보면 두 얼굴의 야누스인 셈이에요. 그래서 경제 민주화를 주장하는 분들이 이들에게 '왜 시장주의 원칙을 일관되게 지키지 않느냐'고 따지는 거고요.

장하준 그런 시장주의적 경제 관료들의 개인적 행태도 문제입니다. 어떤 경제 관료들은 퇴직하자마자 자신의 예전 직위를 이용해 사모펀드 만들고, 대형 로펌 같은 데 들어가 후배 경제 관료들에게 압력 넣고 그러는데, 이건 관직에 있을 때 돈을 받지 않았더라도 문제 있는 게 아닌가요? 그런 걸 보고 그 후배들이 어떻게 하겠어요? 나중에 자기들도 펀드 만들고 로비스트로 일할 거 생각해서 펀드에 유리하고 금융 시장에 유리한 쪽으로 경제 정책을 만들지 않는다고 장담할 수 있겠어요?

흔히 박정희식 관치와 산업 정책을 정경 유착이라고 하면서 마치 산업 정책을 하면 반드시 부정이 있을 것으로 생각하는데, 그래도 산업 정책에는 일관된 원칙과 가이드라인이 있어요. 정부 보조금이나 특혜 금융은 그에 부합하는 기업에게만 주는 거죠. 그렇기 때문에 큰 부정이 일어나지 않았던 겁니다. 그런데 요즘에는 그런 공개된 원칙과 가이드라인이 비효율적인 관치의 유산이라고 비판받으면서 아예 폐지되었고, 그 결과 예전이라면 상상하기 어려운 부정이 은밀하게 일어나는 겁니다.

공정 시장?
결국 영미식 자본주의다

이종태 그러니까 박정희 유산의 핵심인 관치와 재벌이 반드시 비효율적인 건 아니라는 말이군요. 최근 비효율적이라고 비판받는 관치는 사실 박정희식 관치가 아니라 시장주의적 관치이고요. 하지만 경제 민주화를 주장하는 분들과 주류 경제학자들은 경제 자원이 관료에 의해 배분되는 것이 공정하지 않다고 비판합니다. 따라서 공정한 시장을 만들기 위해서도 박정희식 관치 경제와 재벌 경제를 타파해야 한다는 거죠.

정승일 공정 시장은 이른바 경제 민주화를 주장하는 분들이 박정희 비판을 위해 많이 동원하는 논리이기도 해요. 박정희의 국가 자본주의는 필연적으로 정경 유착으로 이어져 자원 배분을 왜곡시키는 등 시장의 공정성을 해치게 된다는 거죠. 예컨대 국가 자본주의의 핵심 장치인 정책 금융이나 산업 정책이라는 게 정부가 육성해야겠다고 판단한 전략 산업과 전략 기업에 자본과 자원을 집중해서 몰아주는 방식이잖아요. 그게 불공정하다는 겁니다. 그런 산업 정책적 지원이 몇 개 대기업들에만 집중되고 나머지 기업들은 지원에서 탈락하게 되니까요. 하지만 당시 정부가 특정한 몇 개 대기업이 아닌 수백 개의 중소기업들에 조금씩 경제 자원을 나눠서 지원했다면 과연 우리가 오늘날 현대차나 LG전자 같은 세계적 대기업들을 키울 수 있겠어요? 경제 민주화를 주장하는 분들 논리대로 했다면 우리 경제는 성장하기 어려웠을 겁니다.

장하준 만약 그랬다면 우리는 아직도 여전히 1950년대처럼 생선 잡고, 텅스텐 캐는 게 기간산업이었겠죠. 박정희 때 특혜 금융으로 도덕적 해이가 발생해 자원 배분이 왜곡됐다고 하잖아요. 하지만 실제로 그렇게 도덕적 해이가 많았다면 어떻게 우리나라가 경제 발전을 이룰 수 있었던 거죠?

공정, 불공정을 떠나 모든 제도에는 장점도 있고 단점도 있습니다. 대기업이나 재벌을 우리 사회에 아무런 이득도 주지 못하고 해악만 끼치는 존재로 보는 것은 편향된 시각이에요. 일례로 대기업 형태를 갖춰야 운영할 수 있는, 흔히 말하는 규모의 경제를 갖추지 않으면 안 되는 산업들이 있습니다. 자동차 산업이라면 최소한 연 30만~50만 대는 생산해야 수지타산을 맞출 수 있다고 하니까요.

정승일 그래서 정부가 정책적으로 자동차 산업이나 전자 산업 같은 걸 육성할 때는 이른바 선택과 집중을 하지 않을 수가 없어요. 예컨대 자동차 산업에서 규모의 경제를 확보하려면 최소한 연 30만 대 생산해야 하는데, 그런 회사를 10개, 100개씩 만들 수는 없잖아요. 경제 민주화를 주장하는 분들의 말은 결국 한국은 규모의 경제가 중요하지 않은 산업들, 즉 영세한 규모로도 손익분기점을 넘을 수 있는 그런 산업들만 육성했어야 한다고 주장하는 거나 다름없어요. 그렇게 해야 그분들이 말하는 공정한 경제가 자리 잡힐 테니까요. 그렇지만 규모가 큰 산업이 나쁜 건 아니잖아요?

장하준 그럼요. 규모의 경제가 중요하다는 점을 고려하면서 대기업의 해악을 막는 방법을 논의해야 합니다. 재벌, 즉 기업집단 문제도 마찬가지예요. 재벌이 다각화 혹은 문어발 경영한다고 욕하는데, 사실 아파트 짓던 현대가 자동차로, 양복지 만들던 삼성이 전자로 문어발을 뻗쳤기 때문에 지금의 현대자동차와 삼성전자가 있는 겁니다. 이렇게 여러 제도의 장점과 문제점을 함께 보면서 장점은 키우고 문제점은 고쳐야지 그냥 대기업은 나쁘다, 재벌은 더 나쁘다고만 하면 안 됩니다. 막말로 현대자동차가 너무 커서 문제를 일으키니 10개 기업으로 조각조각 잘라 각각 몇 만 대씩 생산하게 한다고 쳐 보죠. 그런다고 한국의 경제 문제가 해결되나요?

정승일 공정의 의미를 잘 따져 봐야 합니다. 미국의 다국적 기업들은 한국의 재벌이 불공정 무역을 하고 있다고 따집니다. 그룹 계열사들이 서로 지원해 주어 함께 커 나가니 단독 기업인 미국 회사들로서는 불공정하다는 거예요. 예를 들어 삼성 계열사인 제일모직이 삼성전자 초기에 돈을 빌려 주고 하면서 도와줬지 않습니까. 그러니 미국 회사들은 미국에는 없는 계열사 지원 같은 거 왜 하느냐, 공정하지 않다고 하는 거죠. 그런데 역으로 한국이 그룹 계열사 구조가 아니었다면 오늘날 삼성전자 같은 회사가 과연 미국의 인텔이나 애플 같은 회사와 경쟁하는 세계적 기업으로 성장할 수 있었겠어요? 이렇게 볼 때 과연 뭐가 공정한 걸까요?

장하준 주주 자본주의의 관점에서 보더라도 계열사 지원은 내부자 부당 거래가 되고 불공정 거래가 됩니다. 가령 과거 수익을 많이 올리던 제일모직이 막 사업을 시작하여 수년간 수익이 거의 없던 삼성전자에 돈을 지원했다고 쳐요. 그 경우 제일모직 주식 투자자들은 경영진에게 따질 수 있죠. 수익을 많이 올렸으면 주식 투자자들에게 나눠 줘야지 왜 다른 기업을 지원하느냐고요. 우리나라 소액주주 운동 논리로 보면 결국 제일모직 CEO와 그 위에 있던 이병철 회장은 배임죄를 저지른 것이니 고소해야 하는 사안이에요.

정승일 주주 자본주의의 관점만이 아니라 미국의 다국적 기업의 관점에서 볼 때도 그룹 계열사들 간의 상호 지원은 불공정한 거예요. 이 문제로 일본도 많이 당했습니다. 1980년대에 미국 회사들이 일본 회사들과의 국제 경쟁에서 져서 난리가 났는데, 알고 보니 일본은 미국 회사들과 달리 서로 도와주더라는 거예요. 그러자 미국 회사들이 이를 GATT(관세 및 무역에 관한 일반 협정)에 불공정 무역으로 제소하겠다고 난리를 쳤어요.

장하준 공정한 시장이란 개념 자체에 문제가 있어요. 이 논리에 따르면 정부는 경제 주체들이 이른바 공정한 경쟁을 하도록 구조를 만들어 주는 역할 외에는 개입하면 안 됩니다. 그러니 '규제는 완화하되 그에 따른 시장 실패는 국가가 보완하라'는 황당한 주장이 나올 수밖에요. 시장 실패라는 게 뭡니까? 시장 실패의 개념은 학파마다 달라요. 확립된 개념이 아니라는 거죠. 따라서 심하게 말하면 자신이 생각하는 이상적인 시장과 현실이 다를 때 이를 가리키는 개념에 불과하다고 볼 수도 있습니다.

그런데 이상적인 시장 질서라는 게 현실에 존재합니까? 사람들마다 제각기 자신의 가치관과 희망에 따라 달리 상상하는 이상적인 시장 질서가 있어요. 예컨대 신고전학파 경제학자들이 보기에 독점과 경제력 집중은 일종의 시장 실패 현상입니다. 이들에게 가장 이상적인 시장은 비슷한 규모의 고만고만한 수많은 기업들이 경합하는 공간이거든요. 반면에 슘페터나 하이에크, 마르크스 등이 보기에 독점과 경제력 집중은 시장 경쟁의 결과 승자는 덩치가 커지고 패자는 퇴출되면서 일어나는 자연스러운 현상일 뿐이에요. 이런 관점에서 보면 독점은 영원한 것도 아닙니다. 지금의 독점 기업보다 더 기술력 강한 기업이 등장하면 지금의 독점 기업이 퇴출되고 새로운 독점 기업이 등극하는 과정이 끝없이 되풀이되니까요. 실제로 현실에서도 그런 일이 벌어지고 있지 않습니까? 예전에는 미국의 전자 회사 RCA가 TV 시장에서 세계적인 독점 대기업이었는데, 지금은 우리나라 LG의 자회사로 전락했잖아요. 그래서 어떤 시장주의자들은 독점을 막아야 한다고 주장하는 데 반해, 하이에크 같은 시장주의자들은 독점도 시장에서 벌어지는 자연스러운 현상이니 건들지 말라고 하는 겁니다.

이처럼 시장 실패의 개념이 애매하다면 시장 실패를 보완한다는 것도 대단히 모호한 이야기가 됩니다. 특히 규제는 완화하되 시장 실패는 정부가 보완한다는 문장은 형용 모순이에요. 원래 있던 규제가 왜 만들어졌겠어요? 그걸 만든 사람들은 당시에 시장 실패가 있다고 본 것이고, 그래서 규제를 만든 거예요. 이처럼 규제란 나름대로 정당성을 가지는 겁니다. 정신 나간 관료들이 자기 권력이나 키우고 기업들에게 뇌물이나 받아먹으려고 만드는 게 규제라고 주장하는 분들이 있는데, 정말 대단히 순진한 생각입니다. 저는 '공정 시장'이라는 슬로건을 내세워 경제 민주화를 주장하는 분들이 현실에서 강조하는 건 공정이 아니라 시장이라고 생각해요. 그분들은 정부가 손만 떼면 이상적인 경제 질서가 저절로 생긴다고 암묵적으로 가정하는데, 그게 아니라 오히려 사회적으로 아주 치명적인 문제를 일으킬 수도 있습니다.

시장 개혁과 경제 민주화를 주장하는 분들은 또 미국 자본주의가 공정한 시장의 이상향인 것처럼 흔히 말하는데, 자본주의도 외제가 좋다는 사대주의에 물들어 있는 게 아닌가 하는 생각이 들 정도입니다. 어떤 분은 2002년에 미국에서 엔론과 월드컴 같은 회사들이 분식 회계를 했다가 증권거래감독원(SEC)과 법원에서 처벌받은 일을 거론하면서 미국 자본주의와 월스트리트의 위대함을 격찬하더군요. 우리나라에서는 남의 권리를 침해하고 법을 어기면 부당하게 얻은 이익 이상의 제재를 받는다는 단순하지만 분명한 원칙이 확립되지 않은 데 비해, 미국에서는 그런 공정 시장 원칙이 이미 18~19세기부터 확립되었다고 하면서요.

그런데 실은 사람 사는 세상이 다 비슷합니다. 2008년 말 월 가에서 금융 위기가 시작되면서 투자자들이 큰 손해를 입자 월스트리트 회사들을 고발해요. 그래서 2010년 미국 증권거래감독원이 골드만삭스에 2008년 이전 투자자들에게 파생상품을 속여서 팔았다며 벌금을 부과했는데, 그 액수가 단돈 5억 달러예요. 5억 달러면 많은 것 같죠? 그렇지 않습니다. 골드만삭스 입장에서 5억 달러는 파생상품 한창 팔아먹던 때라면 불과 2주간의 순이익 규모에 불과했거든요. 이처럼 남의 이익을 침해하고 법을 어겨 얻은 부당 이익에 말도 안 되게 적은 벌금을 매기는 나라가 미국입니다. 그런데도 경제 민주화를 주장하는 분들은 미국 자본주의는 윤리적인 것처럼 말하니 사대주의라는 생각이 들 수밖에요. 저는 경제 민주화를 주장하는 분들이 말하는 공정 시장이니 시장 실패니 하는 애매한 단어들 뒤에 숨어 있는 실체는 바로 영미식 주주 자본주의라고 생각합니다.

정승일 공정 시장과 관련해 요즘 가장 많이 거론되는 사례가 대기업의 중소기업 착취인데, 이것도 진정한 원인을 따져 봐야 합니다. 사실 중소기업들이 하청 단가 깎여서 고생한다는 말은 수십 년 전부터 나오던 거예요. 그런데 중소기업 하는 사람들 말을 들어 보면 1980년대는 그래도 나았고, 1990년대 초반부터 조금씩 안 좋아지더니, 1998년 이후부터는 말도 못하게 심해졌다는 겁니다. 1998년부터 경제 민주화 바람과 함께 이른바 시장 개혁이 시작되었는데, 이때부터 대기업들이 캐시플로(cash flow)를 중시하면서 하청 중소기업들을 직접 관리하는 구매 담당 임원들의 태도가 확 달라졌다는 거예요.

재벌 대신 해외 펀드 지배가 공정인가?

이종태 결국 대기업-중소기업 간의 원하청 문제를 해결하기 위해서도 주주 자본주의라는 상위 질서를 개선해야 한다는 말이군요.

장하준 그렇죠. 주주 자본주의적인 기업지배구조 질서는 더 심화시키자고 하면서 대기업들에 중소기업과 상생하라고 하면 씨도 안 먹힐 겁니다. 재벌들이 늘 하청 단가 문제로 욕을 먹는데도 계속 하청 기업들을 착취하는 이유가 뭘까요? 국내 여론 정도는 전혀 신경 쓰지 않는 외국인 주식 투자자들의 지분율이 이미 절반을 훌쩍 뛰어넘은 상황입니다. 주식 투자자들이 '왜 지난해보다 이윤이 줄었냐' '왜 배당을 덜 하냐' '회사 주가가 어쩌다가 내려갔냐'고 떠드는데, 대기업들이 하청 기업이라고 봐 줄 수 있겠습니까? 따라서 진심으로 공정 시장을 만들겠다면, 이런 주주 자본주의를 견제하는 제도적 장치를 우선 만들어 준 다음에 대기업이 중소기업과 장기적으로 거래 관계를 유지하면서 기술과 자금을 지원해 서로 돕는 기업 생태계를 구축하도록 해야죠.

이종태 재벌 총수들로서는 '소유-지배 괴리'라는 약점 때문에라도 국내외 주식 투자자들에게 배당금도 높여 주고 하면서 아부해야겠죠.

장하준 만약 외국인 주주들만 없다면 국내 여론이나 정치권이 재벌들을 압박해서라도 양보를 받아 낼 수 있어요. 재벌들은 적어도 한국 사회에서는 얼굴은 물론이고 가족사까지 널리 알려져 있고, 그러니 정치적 압력을 무시할 수 없거든요.

이종태 실제로 최근 재벌 3세들이 빵집 같은 골목 상권에 뛰어들었다가 사회적으로 큰 반발이 일어나자 철회한 일이 있기는 합니다.

장하준 하지만 외국인 주식 투자자들은 달라요. 그들은 국내 여론에 신경 쓰지 않고 우리에게 알려진 바도 없으니 압박을 가하기가 힘든 거죠. 우리나라 사람들, 재벌 가문에 대해서는 할아버지 대부터 그들이 잘한 거, 나쁜 짓 한 거 다 알잖아요. 그러면 싸우고 바꿀 수 있어요. 그러나 미국 뉴욕, 영국 런던에 사는 펀드 매니저들이 우리나라 대기업들을 지배하고 있는데, 얼굴도 이름도 모르는 이런 사람들과는 어떻게 싸우죠?

경제 민주화 운동을 하시는 분들 스스로는 여전히 한국의 비정상적이고 불공정한 자본주의를 정상적이고 공정한 자본주의로 바꾸기 위해 노력 중이라고 생각하실 거예요. 그래서 계속 우리나라는 나쁘고 비정상적이라고 주장하는 거고요. 하지만 우리가 보기에는 그분들이 지향하는 '정상적이고 공정한 자본주의'는 영미형 금융 자본주의, 그것도 매우 이상화된 형태의 금융 자본주의일 뿐입니다. 그런 이상은 현실에 존재하지 않고, 실재하는 영미형 자본주의도 글로벌 금융 위기로 이미 그 한계를 드러냈어요.

아까도 언급했지만 그분들이 말하는 '공정 시장'도 매우 애매한 개념입니다. 사실 공정은 여러 가지로 해석할 수 있습니다. 체급이 달라도 같은 규칙으로 싸워야 하는 게 공정일 수도 있고, 체급이 다르면 체급이 낮은 사람에게는 뭔가 어드밴티지(advantage)를 부여하는 게 공정일 수도 있어요. 혹은 체급이 다르면 아예 싸우지 못하게 하는 게 공정일 수도 있고요. 이런 애매한 개념을 가지고 정책을 만들겠다고 하면 어떻게 될까요? 제가 보기엔 '기본적으로 시장은 옳으니까 재벌만 없애면 된다'로 귀결될 가능성이 커요. 하지만 이런 재벌 해체는 공공의 이익이 아니라 국내 대기업들을 해외 금융 자본에 넘기는 걸로 귀착될 겁니다.

정승일 경제 민주화를 주장하는 분들이 원하는 재벌 해체가 결코 공정한 경제로 이어지지 않는다는 점을 보여 주는 좋은 실례가 쌍용자동차 사태입니다. IMF 사태 이후 쌍용그룹에서 쌍용차가 분리되어 나오잖아요. 말하자면 재벌 개혁 또는 재벌 해체였죠. 그런데 어떻게 됐나요?

중국 상하이자동차가 쌍용자동차를 인수해 기술 다 빼먹은 뒤 이른바 먹튀해 버렸고, 회사 경영진은 생존을 위해 인력 구조 조정이 필요하다며 무려 2600여 명의 노동자를 정리해고했어요. 지금까지 해고된 노동자 수십 명이 스스로 목숨을 끊었고요. 오늘날 쌍용자동차는 재벌이 아닌 단독 기업이고, 그 무더기 정리해고는 재벌이 저지른 게 아니라 재벌 해체로 인해 불거진 비극적 사태입니다. 이 비극에 대해 경제 민주화를 주장한 분들은 책임을 져야 합니다.

이종태 쌍용자동차 정리해고 사태 때 현장에서 가장 치열하게 싸운 정당이 바로 민주노동당이었습니다. 그런데 이 민주노동당이 주축이 되어 최근 만들어진 통합진보당은 실질적인 재벌 해체를 내용으로 하는 재벌 개혁안을 지난 1월에 발표했어요. 그렇게 재벌을 해체해 앞으로 쌍용차 같은 사태가 일어나면 다시 찾아가서 정리해고 반대 투쟁을 하게 되는 셈이군요.

정승일 한진중공업의 거듭된 정리해고도 기존의 그룹 구조를 지주회사로 전환하는 과정에서 불거진 사태입니다. 한진중공업홀딩스라는 지주회사가 한진중공업, 대륜E&S 등의 자회사를 거느리고 있어요. 회장인 조남호 가문은 지분 49.3퍼센트로 홀딩스를 지배하고, 홀딩스가 지분 36.5퍼센트로 한진중공업 등의 자회사를 다시 지배하는 식이죠.

한진중공업 홀딩스는 지난 몇 년간 한편으로는 주주 배당을 많이 하면서 또 한편으로는 정리해고를 단행했습니다. 문제는 주주들의 이익과 종업원의 이익이 함께 가지 않는다는 겁니다. 지난 2010년 말에 한진중공업이 정리해고 방침을 발표하니까 주가가 크게 오르더군요. 말하자면 한진중공업은 주식 투자자들에게는 공정한 회사였지만, 종업원들에게는 매우 불공정한 회사였어요. 한진중공업 사태에 대해 '봐라! 재벌이 노동자들 자르지 않냐. 재벌 개혁이 다시 필요하다'는 이야기가 나오는데, 이건 논리가 전도된 겁니다.

이종태 박정희의 유산인 재벌을 어떻게든 개혁해서 이른바 공정 시장을 이룬다 해도 경제가 더 공정해지기는커녕 오히려 불공정해질 거라는 말씀이군요.

정승일 진정으로 공정한 경제와 정의로운 사회를 이루려면 재벌들 뒤에 있는 국제 금융 자본을 규제해야 하고, 재벌들 위에 있는 주주 자본주의 시스템을 규제해야 합니다. 외국인 주주가 100퍼센트 지배하는 씨티은행이나 스탠다드차타드, 외환은행을 보세요. 정부에서 부동산 담보 대출을 못하게 규제하니까 외국계 은행들은 오히려 다른 은행이 못하는 것 우리가 하자는 식으로 주택 대출을 더 늘렸잖아요. 이게 그들의 주주에게는 공정한 일이거든요. 결론적으로 말씀드리면 시장이나 자본주의는 원래 공정을 실천하기 위해 있는 게 아니에요.

장하준 해외 금융 자본 자체가 공정한 자본이 아닙니다. 솔직히 그 돈 뒤에 마약 밀매상이 숨어 있는지, 무기상이 숨어 있는지 누가 아나요? 그런데 그런 자본이 우리 대기업을 지배하는 건 괜찮다는 말인가요?

정승일 경제 민주화를 주장하는 분들이 참여했던 민주 정부의 시장 개혁이 공정한 경제를 이루기 어렵다는 증거는 더 있어요. 시장 개혁 이전에는 회사에서 제일 잘나가는 자리가 신사업 기획이나 해외 수출 같은 영역에 있었습니다. 재무나 경리 파트는 늘 후순위였어요. 그런데 IMF 사태 이후부터는 재무 담당 이사들이 위세를 떨치게 됩니다. 이분들은 재테크의 관점에서 기업의 방향을 제시해요. 재무적 관점에서 보자면 기업의 신사업 투자도 일종의 재테크니까요. 그런데 재테크에서는 단기간에 안정적으로 많은 수익을 내는 게 가장 중요합니다.

1997년 이전만 해도 5년 동안 이익을 못 내도 회장 결단에 따라 밀고 나가는 신규 사업들이 있었어요. 그런데 지금은 3개월마다 수익성을 보고 받고 '1년 뒤까지 수익이 없을 것 같으면 그 사업은 폐기'라는 식으로 업무 프로세스가 변했습니다. 이런 변화에 대해 경제 민주화를 주장하는 분들은 드디어 기업이 외형적 성장이 아니라 내실 있는 경영을 하게 됐다고 칭찬합니다. 하지만 오직 단기 수익성 관점에서 바라보는 이런 변화를 더 효율적이라면 모를까, 더 공정하다고는 말할 수 없지 않나요?

장하준 핀란드 노키아의 경우 전자 사업에서 흑자를 내는 데 무려 17년 걸렸습니다. 한데 지금처럼 단기 수익만 본다는 건 우리는 앞으로 이런 사업은 안 하겠다는 뜻이에요. 또 이렇게 되면 기업집단 차원에서 신산업 부문의 신생 기업을 도와주는 계열사 상호 지원도 못하게 됩니다. 재무적 관점에서 보자면 어떤 회사가 수익을 주주에게 배분하지 않고 다른 회사를 지원해 주가 하락을 자초한다는 건 있을 수 없는 일이거든요. 결국 국내 대기업 경영자들은 국제 자본 시장의 요구에 맞춰 경영하게 된 겁니다. 말하자면 알아서 피하는 거죠. 한국 주식 시장의 규모는 미국의 1~2퍼센트, 영국과 일본의 10퍼센트 정도에 불과하잖아요. 저들이 마음만 먹으면 한국 대기업 정도는 들었다 놓았다 할 수 있거든요.

정승일 시장 개혁하고, 재벌 개혁하고, 은행 해외 매각하고, 공기업 민영화하면서 미국에서 골드만삭스 같은 투자은행, 맥킨지 같은 컨설팅 업체, 아서앤더슨 같은 국제 회계 법인들이 들어와 떼돈을 벌어 가도록 놔뒀어요. 그것도 공정한 경제인가요?

지식 경제-굴뚝 경제,
구분 자체가 난센스다

이종태 이쯤에서 주제를 돌려 다른 문제를 하나 제기하겠습니다. 박정희 체제의 유산으로 거론되는 재벌 시스템과 관련해 요즘 그럴듯하게 들리는 말이 '재벌이 있는 한 한국 경제에 진정한 혁신은 없다'는 거예요. 차후 우리의 미래를 이끌 지식 기반 사회를 만드는 일이 박정희와 재벌들 때문에 앞으로 힘들 거라는 말이죠.

장하준 그런데 어떻게 한국 경제에 진정한 혁신은 없다는 말이 나올 수 있는지 모르겠네요. 요즘 미국에서 특허 받는 수로 따져도 한국은 세계에서 몇 손가락 안에 꼽히는 나라입니다. 왜 한국이 혁신 능력이 떨어진다는 거죠?

정승일 말하자면 한국엔 아이폰이 없다, 이겁니다. 스마트폰 시장에도 늦게 들어갔고요. 요즘 미국 회사인 애플의 아이폰과 페이스북, 구글이 세계적인 반향을 일으키지 않았습니까. 그런데 삼성은 재벌이라 그런 건 꿈도 꾸지 못한다는 거예요. 그런 창의적인 기업이 나오게 하기 위해서도 재벌을 해체해야 한다는 거고요. 이를테면 경제 민주화와 시장 개혁을 주장하는 분들과 아이폰에 푹 빠진 IT 세대가 하나로 뭉쳐 재벌과 박정희를 공격하는 새로운 국면이 조성된 겁니다.

장하준 애플과 페이스북, 구글, 트위터 같은 회사들은 일본에도 없고 독일이나 프랑스, 스웨덴에도 없어요. 그런데 그게 그 나라에 재벌이 있어서 그런 건 아니잖아요? 사실 구글이나 트위터같이 IT 소프트웨어 분야에서 창의성과 혁신이 두드러진 나라는 선진국들 중에서도 미국밖에 없습니다. 그런데 이건 독일이나 프랑스 같은 나라들이 '창의성이 떨어지는 멍청이'라서 그런 게 아니라 미국적인 특수성 때문이에요.

미국이 IT 소프트웨어 분야에서 유독 큰 성공을 거두는 이유는 미국이 세계 문화를 주도하는 영어 사용국이란 점에서 찾아야 한다고 봐요. 소프트웨어는 일종의 문화 산업이니까요. 그리고 미국은 인터넷 계통의 산업에서는 잘나가지만 다른 제조업은 거의 몰락하고 있습니다. 사실 독일과 스웨덴 같은 나라는 먹고살 수 있는 다른 산업들이 많으니까 오히려 인터넷 쪽에는 신경을 덜 쓴 면이 있어요. 우리도 소비자 입장에서는 아이폰이나 페이스북 같은 미국의 인터넷 관련 제품을 대단하게 여길 수는 있지만, 그렇다고 해서 그런 계통만이 앞으로 우리 경제를 먹여 살릴 미래 산업인 것처럼 과대평가할 필요는 없다고 봐요.

정승일 우리 사회에 삼성전자 대 애플, 이건희 대 스티브 잡스, 갤럭시 대 아이폰라는 대립 구도를 만들어 전자는 사이비 혁신이고 후자는 진정한 혁신, 전자는 나쁜 재벌이고 후자는 진정한 혁신적 기업가라는 생각을 하는 분들이 있어요. 이른바 한국의 진보적 리버럴들은 스티브 잡스와 빌 게이츠에 열광하죠. 미국의 리버럴(liberal)들이 하는 행태를 똑같이 하는 거예요. 안철수 열풍 역시 그런 맥락에서 볼 수 있고요.

이종태 삼성전자는 중소 벤처 기업들을 수직 계열화해 착취하면서 별로 감동 없는 하드웨어나 만드는 회사인 데 반해, 애플은 유연하고 자발적이며 수평적인 네트워크로 혁신과 창조성을 극대화하면서 상상력과 감동을 주는 소프트웨어 회사라는 이미지를 주는 건 사실 아닌가요?

정승일 애플의 아이폰을 제조하는 대만계 회사의 중국 하청 기업들에서 임금 착취가 얼마나 심한지는 이미 여러 번 보도되었잖아요. 삼성전자나 별로 다를 게 없어요. 또 알고 보면 애플보다 삼성전자가 갖고 있는 특허가 훨씬 많아요. 그렇다면 누가 더 혁신적인 거죠?

애플이 가진 비교 우위는 소프트웨어 부문인데, 이것 역시 미국이라는 나라의 특수성과 연결해서 생각해야 합니다. 미국에는 소프트웨어 산업의 바탕인 컴퓨터 과학과 기초 수학이 세계 최고 수준으로 발전해 있어요. 또 소프트웨어 산업을 미국의 국방부가 엄청난 자금을 투입해 전략적으로 발전시켜 왔고요. 스탠퍼드나 MIT 같은 대학 연구소들을 통해서요. 인터넷 기술만이 아니라 마이크로소프트와 애플, 구글 같은 기업들이 다 그렇죠. 그런데 미국의 군사 전략과 국방 산업에 직간접적으로 연계되어 성장한 빌 게이츠나 스티브 잡스를 한국의 진보적 인사들이 '참된 기업가' '착한 기업가'로 치켜세우면서 이건희 회장이나 정몽구 회장과 대비시키는 모습을 보면 어처구니가 없죠.

문제의 핵심은 '나쁜 삼성 대 착한 애플'의 구도가 아니에요. 이는 미국과 한국의 역사적 제도적 차이를 살펴봐야 합니다. 미국은 소프트웨어 산업이 발전한 반면 제조업은 약하고, 한국이나 일본, 독일, 스웨덴 같은 나라는 소프트웨어는 약하지만 제조업은 강해요. 이런 차이는 보지 않은 채 애플의 미국은 감동을 주는 지식 기반 경제인 데 비해, 삼성공화국 한국은 하드웨어 굴뚝 경제라는 사고는 편협한 거죠.

장하준 사실 지식 경제-굴뚝 경제로 나누는 것 자체가 난센스예요. 이른바 굴뚝 경제가 태동한 영국에서 산업혁명이 가능했던 이유가 뭔가요? 당시 새로운 지식을 만들어 내고 그것을 생산에 응용했기 때문 아닌가요? 지식 경제라는 건 21세기 들어와서 하늘에서 뚝 떨어진 게 아니라 늘 있었던 겁니다. 아니, 과거의 경제에서는 지식이 중요하지 않았나요? 기차 만들고 배 만드는 데는 지식이 필요 없나요?

정승일 미국의 로버트 라이시 같은 리버럴 지식인들, 그리고 우리나라에서 시장 개혁을 주장하는 분들이 좋아하는 지식 사회론 또는 지식 경제론에 따르면 '혁신 주도형 경제'라는 건 완전히 새로운 경제 시스템이에요. 말하자면 1990년대에서 2000년대 초반 사이에 인류의 역사가 완전히 바뀐 거죠. 장 교수님이 '인터넷보다 세탁기가 세상을 더 바꿨다'고 『그들이 말하지 않는 23가지』에서 일갈하신 적이 있는데, 지식 경제론자들은 인터넷을 일종의 천지개벽으로 생각해요.

장하준 지식 경제론에는 경제사에 대한 인식이 결여돼 있어요. 실제로 지난 수십 년 동안 서구 대학의 경제학과에서는 경제사를 가르치지도 않았습니다. 그런 상황에서 인터넷이라는 새로운 게 나오니까 무턱대고 감동하는 거죠. 또 하나 '제3의 길'로 대표되는 1990년대 미국과 영국의 중도좌파 노선에서 지식 경제론과 탈산업화론을 강조한다는 점도 주목할 만해요. 한국과 마찬가지로 서구에서도 산업 자본을 싫어하는 진보적 지식인들이 많은데, 이들이 지식 경제라고 이름 붙인 금융 부문이나 첨단 서비스업 부문이 금융 자본주의화의 결과로 1990년대부터 경제의 중심축으로 부각되면서 마치 천지개벽이나 일어난 양 착각하게 된 게 아닌가 하는 생각이 들어요.

정승일 탈산업 사회니 지식 사회니 하는 앨빈 토플러나 다니얼 벨 등은 젊은 시절 나름대로 좌파였어요. 이른바 68세대라고 하는 미국 리버럴들이에요. 이분들은 마치 탈산업 사회, 지식 기반 경제는 자본주의가 아닌 양, 탈자본주의인 양 말합니다. 이른바 신경제(New Economy)라고 해서 지식 경제에서는 경기 변동도 없고 심지어 노동-자본 대립도 없다는 식이죠. 그야말로 자본주의의 온갖 폐해를 이미 모두 극복한 겁니다. 그러니 복지국가니 사회민주주의니 하는 건 지식 사회, IT 사회에는 걸맞지 않은 구닥다리 이념이다, 이렇게 치부해 버려요. 이런 사고방식이 우리나라 486(386)세대와 그 후계자들에게 깊이 뿌리내려 있습니다. 안철수 열풍도 그런 맥락 속에 있고요.

장하준 그러니까 지식 경제론을 이론적 기반으로 삼은 진보 정파들이 교육 복지만 강조하는 거겠죠. 지식은 자본이나 마찬가지니까 교육만 잘하면 모든 사람을 자본가로 만들 수 있다는 것 아닙니까. 그래서 교육이외의 복지는 오히려 축소시키려는 경향이 있고요.

실리콘밸리야말로
미국 산업 정책의 결과다

이종태 말씀을 듣다 보니 1990년대부터 영미에서 유행한 정치적 슬로건인 오너십 소사이어티(ownership society)가 생각나네요. 모든 사람을 소유자(owner)로 만들어 사회 격차를 극복한다는 이데올로기인데, 미국의 민주당이 그 이념에 따라 모든 가정을 주택 소유자로 만들려다가 2008년 글로벌 금융 위기가 터졌잖아요? 지식 경제론도 그와 마찬가지로 모든 사람을 '지식 소유자'로 만들면 되지 않느냐는 거죠.

장하준 그렇죠. 그와 함께 종업원 지주제도 제창했고요. 모든 개인이 주주로서 자기 회사 소유자가 되고, 자가 주택 소유자가 되고, 더구나 지식의 소유자가 되는 오너십 소사이어티에서는 모든 이가 무산자가 아니라 유산자로 전환되니까 노동-자본 대립 같은 것도 없앨 수 있고…. 이런 이데올로기가 형성되어 지금까지 오고 있는 겁니다.

정승일 지식 사회는 전통적 자본이 없어도 자신의 인적 지적 자본만 가지고 있으면 누구나 잘 먹고 잘 살 수 있는 사회라는 거죠. 그래서 스티브 잡스나 빌 게이츠 같은 지식 소프트웨어 회사 창업자가 현대의 영웅이 될 수 있는 겁니다. 누구나 스티브 잡스 같은 창업자가 될 수 있고, 빌 게이츠 같은 사람이 우후죽순 식으로 많은 경제가 아름답고 바람직한 사회로 간주되는 것이고요. 안철수 소장이 순식간에 유력 대통령 후보로 떠오른 현상도 따지고 보면 이런 이데올로기가 우리 사회에 광범위하게 뿌리내리고 있기 때문이라고 봅니다.

이런 탈산업 사회론, 지식 사회론의 유토피아, 낙원으로 통칭되는 곳이 바로 미국의 실리콘밸리이고 그 옆에 있는 샌프란시스코 아닙니까. 안철수 소장도 자주 거론하더군요. 그런데 실리콘밸리가 흥할 수 있었던 가장 큰 이유는 방금 말했듯이 미국 국방부가 스탠퍼드 대학을 집중적으로 지원했기 때문이고, 월스트리트의 금융 자본이 벤처캐피털에 돈을 대서 집중적으로 자본을 쏟아부은 덕택입니다. 그냥 재기 있는 기술자들이 자발적이고 유연한 네트워크를 잘 형성해 성공한 게 아니라는 말이죠. 실리콘밸리야말로 미국식 산업 정책의 성공입니다. 군사주의와 금융 자본주의의 산물이기도 하고요.

장하준 그럼요. 미국의 가장 중요한 산업 정책은 다른 나라에 '미국은 산업 정책 안 한다'고 선전하는 겁니다. 다른 나라가 무장 해제를 하도록 말이죠. 그러나 실제로 미국은 산업 정책의 비중이 큽니다. 실리콘밸리 역시 정부 돈으로 만들었다고 해도 틀린 말이 아니고요. 미국이 경쟁력을 갖춘 산업은 대부분 국방과 관련 있어요. 컴퓨터는 펜타곤, 반도체는 미 해군, 항공기 산업은 미 공군, 인터넷도 미 국방부가 지원한 것이고요.

정승일 말하자면 미국 역시 우리나라의 경제 민주화를 주장하는 분들이 늘 비판하는 산업 정책을 하고 있는데, 단지 한국과는 다른 형태 다른 방식으로 할 뿐이라는 거군요. 사실 미국 제약 산업의 경쟁력이 뛰어난 이유도 산업 정책 덕분이죠. 미국 제약 산업은 1940년대까지만 해도 유럽에 한참 뒤처졌어요. 그런데 1940년대부터 미 국방부가 전 세계에 미군을 파견하다 보니 병사들이 온갖 질병에 시달리는 거예요. 그래서 국방부와 보건부가 말하자면 전략적으로 온갖 신약 개발을 지원하면서 제약 산업이 발전한 겁니다.

장하준 지금도 미국 제약 산업의 연구개발비 중 30퍼센트가 정부에서 나와요. 세계 최대 규모죠. 미국에도 이런 엄청난 산업 정책이 있는데 우리는 그것도 모르고 미국은 안 한다더라, 우리도 하지 말아야 한다고 있는 거예요. 미국은 연방정부뿐 아니라 주정부도 엄청난 규모의 산업 정책을 수행하고 있습니다. 독일과 스위스도 마찬가지고요. 한국 역시 산업 정책을 열심히 했기에 여기까지 올 수 있었던 것 아닌가요? 하긴, 이렇게 말하면 '산업 정책 안 했으면 오히려 더 빨리 성장했을 거다' 하는 분도 있겠군요. (모두 웃음)

제가 『그들이 말하지 않는 23가지』에서 이미 반박했지만, 산업 정책에 대해 요즘 나오는 비판론에 따르면 옛날보다 경제가 훨씬 복잡해져서 정부가 어느 산업이 유망한지를 알 수가 없다는 거예요. 그러면서 기업의 의사 결정은 정부가 아니라 시장에, 주주들에게 맡기자고 합니다. 한번 따져 보죠. 우리나라 대기업의 주주들이 누구죠? 미국 월 가의 사무실에 앉아 있는 펀드 매니저들이잖아요? 그런데 그들이 어떻게 한국에서 어떤 사업이나 기술이 전망 있는지 훤히 들여다본다는 거죠? 한국 정부조차 그걸 모른다고 하는데, 어떻게 한국에 와 본 적도 없고 한국인 벤처 기업가들을 만나본 적도 없는 외국인 펀드 매니저들이 그렇게 전망 있는 산업을 잘 알 수 있다는 말이죠?

정승일 시장 개혁을 주장하는 분들은 시장이 워낙 복잡해져서 앞으로는 산업 정책이 불가능하다고 합니다. 관료들이 산업 정책을 하기에는 아는 게 없다는 거죠. 전경련 산하 한국경제연구원도 똑같이 말하는데, 사실은 그렇지가 않아요. 물론 관료들에게는 다종다양한 복잡한 기술을 일일이 파악하고 평가할 능력이 없습니다. 그러나 다른 수단이 있어요. 관료들을 대신하는 에이전트를 활용하는 방법이죠. 예컨대 우리나라에는 정보통신연구진흥원이나 문화콘텐츠진흥원, 중소기업진흥공단 같은 공공 단체들이 벌써 20년, 30년 전부터 활동하고 있습니다. 여기서는 관료들을 대신해 전문가들이 유망한 산업과 기업을 선정하죠. 이런 과정에서 사적인 이익 추구 행위가 끼어들 것을 우려해 투명성 유지 장치도 만들어 놓았고요.

사실은 이런 공공 에이전트들과 정부의 산업 정책 덕분에 안철수 같은 걸출한 벤처 기업가가 탄생할 수 있었던 겁니다. 말하자면 정보통신연구진흥원에서 안철수연구소를 유망한 기술 기업으로 선정해 R&D 자금을 지원했고, 동시에 중소기업진흥공단이 보조하는 벤처캐피털 펀드가 안철수연구소에 투자하는 등의 다양한 산업 정책 패키지가 있었던 덕분이라는 거죠. 안철수 소장이 탁월한 분인 것도 사실입니다. 하지만 그 탁월한 점을 알아차리고 선별해서 지원해 준 정부의 산업 정책과 정책 금융이 있었기에 안철수연구소의 성공이 가능했던 것도 사실입니다. 그래도 한국 정도가 되니까 안철수 같은 인물이 나오는 것이지 산업 정책이 없는 필리핀이나 아프리카에서 그 같은 인물이 나올 수 있을까요? 저는 없다고 봅니다. 그런데도 여전히 '김대중 노무현 정부의 벤처 육성과 영상·문화·게임 육성 정책이 무능한 관료들 때문에 실패했다'고 주장하는 분들이 있더군요.

이종태 지금 말씀하신 강력한 IT 산업 정책이 있었는데 왜 우리의 IT 벤처 기업들은 실패한 거죠? 안철수 교수가 지적하는 게 그런 거잖아요.

정승일 한국의 IT 벤처 기업들이 정말 실패한 걸까요? 성공한 기업보다는 실패한 기업이 훨씬 많기는 해요. 하지만 벤처 기업이라는 게 원래 100여 곳에 투자해 5곳 정도 건지면 대성공이고, 1~2곳 성공하면 보통이에요. 통계를 보더라도 우리나라의 벤처 기업은 중국을 제외하고는 아시아 전체에서 대단히 우수한 편입니다. 벤처 기업 숫자도 그렇고, 벤처 기업의 매출액을 봐도 그렇고, 가장 우수한 나라가 한국이에요. 일본보다도 앞서 있고, 세계적으로 보더라도 4위입니다. 그러니 우리 IT 산업과 벤처 기업은 굉장한 성공 사례라고 봐야 하지 않을까요? 저는 이 모든 게 우리나라의 우수한 산업 정책 전통의 산물이라고 생각해요. 특히 이명박 정부 들어 폐지된 정보통신부가 큰 역할을 했습니다. 그래서인지 IT 쪽 기업가들은 이명박 정부를 싫어해요. 이른바 IT 세대도 비슷하지만요. (모두 웃음)

이종태 IT 부문의 성공 사례가 기본적으로 매우 희귀한 것이라면, 한국의 IT 산업이 실패했다는 주장 역시 일종의 착시 현상으로 볼 수 있겠군요. 더욱이 엄청나게 성공한 것처럼 보이는 미국의 IT 산업 역시 '은밀한 산업 정책'에 따라 성장했다는 말씀도 매우 의미심장합니다. 왜냐하면 한국 지식인들 사이에서 산업 정책은 '박정희의 유산'으로, 일종의 극복 대상처럼 간주되어 왔으니까요.

오늘의 주제는 지금 여야를 모두 사로잡고 있다 해도 과언이 아닌 '경제 민주화론' 혹은 '재벌 개혁론'이었습니다. 경제 민주화론은 전통적으로 한국 경제의 진정한 문제는 신자유주의가 아니라 박정희가 만들어 놓은 경제 구조라고 주장합니다. 그 대표적인 것이 바로 산업 정책과 정책 금융이고요.

그런데 두 분은 '박정희 체제'라는 것은 지난 세월 동안 이미 수차례에 걸쳐 해체되었으며, 1997년 이후의 양상에 책임을 져야 하는 것은 신자유주의 시스템이라고 분명히 말씀하셨어요. 그렇다면 우리는 박정희라는 부재하는 대상에게 대안 없는 울분만 계속 터뜨리기보다, 진정한 문제의 원인을 규명하고 이를 실천적으로 극복할 수 있는 길로 나아가야 할 겁니다. 그럼 다음에는 박정희의 유산 중 가장 '사악한 것'으로 손꼽히는 재벌 시스템을 한번 본격적으로 검증하는 시간을 갖도록 하죠.

4장

재벌 개혁,
이번에는 제대로
해야 한다

삼성전자나 삼성생명을 그룹에서 떼어 내 매각하면
 누가 그 회사의 새 주인이 되는 거죠?
GM 같은 다국적 기업들 아니면 론스타 같은 사모펀드,
그것도 아니면 다른 재벌이 인수하는 게 현실 아닙니까?
이런 새 주인을 맞는 게
이른바 진보고 민주주의인가요?

이종태 아마 1997년 IMF 사태 이후를 제외하고는 요즘처럼 재벌들이 곤혹스러운 시기는 없을 겁니다. 경제 민주화를 주장하는 분들이 앞으로 정치권이 내놓는 경제 정책을 좌지우지할 것 같으니까요. 보편적 복지와 함께 경제 민주화가 국민적 합의로 부상한 겁니다.

사실 요즘 한국 경제는 '재벌 부문'과 '비재벌 부문' 사이에 만리장성이 가로막혀 있다고 해도 과언이 아닙니다. 재벌 부문에 속한 인생은 높은 소득과 함께 온갖 기업 복지에 노후까지 보장 받지만 비정규직, 중소기업, 청년층, 자영업자처럼 비재벌 부문에 속한 인생은 정말고달프거든요. 그런데 삼성 가족, 현대 가족이 되는 건 그야말로 하늘의 별따기요 특권이고, 절대 다수는 비재벌 부문에 속합니다.

더구나 재벌 부문에 속한 특권층의 비중은 점점 더 줄어들고 있습니다. 재벌이 공장을 해외에 신설하고 국내에서는 정리해고를 하는가 하면 끊임없이 외주화, 비정규직화하고 있기 때문이죠.

정승일 최근에는 수출 제조업으로 돈을 많이 번 재벌들이 내수 유통업, 내수 서비스업까지 진출을 본격화하면서 온갖 문제를 일으키고 있어요. 재벌 빵집, 재벌 순대, 대형 마트의 구멍가게 내몰기 등이 그 예라할 수 있죠. 그런데 재벌들이 이렇게 내수 서비스업으로 진출하면 그나마 있는 사회복지마저 무너질 위험이 있습니다. 예컨대 재벌들 요구처럼 영리 병원이 도입되면 재벌계 대형 병원의 매출이 늘고, 재벌계 보험사의 건강보험 관련 매출도 늘어나요. 그러다 보면 국민건강보험 자체가 위협받게 되고요.

이종태 그런데도 두 분은 2005년 『쾌도난마 한국경제』에서 재벌과의 사회적 대타협을 주장했어요. 반(反)재벌이 아니면 거의 왕따를 당하는 한국의 지식인 사회 분위기에서 정말 무모할 정도의 주장이었죠. 그리고 결과 역시 무모했던 걸로 드러난 듯합니다. 『쾌도난마 한국경제』 이후 삼성 X파일 사건이니 삼성반도체 산업 재해 사건 등이 터지면서 '재벌과의 타협론'은 부관참시를 당했으니까요. 그 과정에서 진보적 지식인들은 '저런 나쁜 놈들과 어떻게 타협을 하느냐?'고 격앙했습니다. 어떤 교수님은 심지어 '재벌이 외국 자본과 경쟁해 한국 경제와 민중을 돕는 선한 존재가 아닌데도 타협하려 한다'며 답답해하더군요.

　지금까지 재벌 이야기가 중간중간 나왔습니다만 여기서는 재벌 문제를 정말 깊이 있게 다루었으면 합니다. 먼저 두 분의 주주 자본주의 비판에 문제가 많다는 반론이 있어요. 두 분은 주식 시장이 월스트리트에 개방되었기 때문에 기업 사냥꾼들의 대기업 경영권 공격이 심해질 것으로 보고 대타협론을 내놓았는데, 지난 10년 동안 코스닥 벤처 기업을 제외한 상장 대기업 중에서 적대적 M&A(인수합병) 공격을 받은 사례가 어디 있냐는 겁니다. 한마디로 공연히 있지도 않은 주주 자본주의의 위험을 과장해 재벌 개혁 전선에 혼선만 초래했다는 거죠.

장하준 정말 어이없는 말이네요. 독재 국가에서 국민이 당장 저항하지 않는다고 해서 '봐라, 국민은 만족하며 살고 있다'고 말하면 안 되나요? 지금 한국의 대기업들은 이미 국제 금융 자본이 만들어 놓은 주주 자본주의의 틀 안에서 움직이고 있어요. 외국인 주주 비율이 50~60 퍼센트에 이르는 대기업들의 경우 만약 배당금 적게 주고, 노동 조건 개선하다가 주가가 떨어지기라도 하면 경영권에 대한 반란이 일어나거나 적대적 M&A 위기를 맞게 될 공산이 큽니다. 이런 위험을 피하려고 미리미리 알아서 챙기는 거죠.

예컨대 삼성전자 같은 큰 상장 회사들은 시장 개혁 이전까지만 해도 영업 이익 대비 주주 배당률이 대단히 낮아서 불과 2퍼센트 내외였습니다. 그런데 최근에는 영업 이익 대비 주주 환원 비율이 무려 50퍼센트에 이르는 경우도 있더군요.• 20~25배로 폭증한 겁니다. 만약 삼성전자의 배당 성향이 과거처럼 낮은데도 적대적 M&A 시도가 없다면 '한국은 아직 주주 자본주의가 아니다'는 판단이 옳겠죠. 하지만 현실은 그렇지 않습니다. 주주 자본주의 논리에 완전히 포섭되어 있어요.

정승일 재벌 가문들이 자신들의 경영권 수성을 위해 주식 펀드들과 일종의 타협을 한 겁니다. 우리가 『쾌도난마 한국경제』에서 주장한 사회적 대타협이란 우리 사회가 주주 자본주의를 규제함으로써 재벌 가문의 경영권을 안정시켜 주는 대신에 재벌은 노동과 세금, 투자 등의 문제에서 기존의 보수적 태도에서 벗어나 복지국가 건설에 협조하라는 취지였는데 말입니다.

• 본래 주주 이익 환원율은 현금 배당액과 자사주 매입액을 합친 금액을 당기순이익으로 나눈 값으로, 해당 연도에 기업이 주주를 위해 분배한 액수가 순이익 대비 얼마나 되는지를 가늠하는 수치이다. 그런데 여기서는 순이익이 아니라 영업 이익 대비 수치를 쓰는데, 그 이유는 과거에는 상장사들의 영업 이익과 순이익의 차이가 대단히 컸던 데 비해 오늘날에는 그 차이가 눈에 띄게 줄어들어, 순이익을 사용할 경우 주주 자본주의적 재벌 개혁으로 인해 변모한 한국 기업들의 모습을 제대로 파악하기 어렵기 때문이다.

재벌, 때린다고
해결될 문제가 아니다

이종태 결국 재벌 가문들은 복지국가와 타협한 게 아니라 국제 금융 자본과 타협한 셈이군요. '통 큰 배당금'도 주고 '통 큰 치킨' 사업도 하면서요. 그런데 앞에서도 이야기가 나왔던 것 같은데 재벌과의 대타협을 주장하다가 '재벌 앞잡이'라는 욕도 많이 들으셨다고요? 심지어는 장 교수님에 대해 '재벌 돈 받더니 재벌 옹호한다'고 주장하는 분도 있던데요. (모두 웃음) 그거 근거 없는 이야기 맞죠?

장하준 저도 그 글 봤습니다. 그거, 굳이 거론하고 싶지 않은데 이렇게 질문하시니 설명하지 않을 수도 없고…. 예전에 전경련 산하 연구소에서 재벌 관련 세미나를 진행하며 거기서 나온 논문들을 모아 책자를 발간한 적이 있어요. 당시 기업집단 문제에 대한 이야기를 꽤 많이 할 때라 그랬는지 저도 부르더군요. 그래서 선배 한 분과 같이 논문을 썼습니다. 나중에 연구소에서 책자를 내면서 참여료 또는 원고료 명목으로 500만 원을 줘서 그 선배와 250만 원씩 나눠 가졌고요.

그런데 아까 말한 그분이 어떤 글에서 '우리 학계도 많이 부패했다. 외국에 사는 어떤 학자는 전경련에서 돈을 한번 받더니 갑자기 재벌 옹호론을 만들어 냈다'는 식으로 써서 발표했더군요. 그 어떤 학자가 저라는 건 누구라도 쉽게 알 수 있도록 친절하게 설명해 가면서요. 제가 비록 재벌 옹호로 비칠 수 있는 논리를 전개했다 하더라도, 그 논리의 타당성은 일언반구도 없이 그냥 돈을 받고 갑자기 만들어 낸 걸로 치부해 버리다니…. 좀 어처구니가 없었지만 굳이 해명하는 것도 우스워서 그냥 입을 다물었습니다.

이종태 250만 원씩이나 받으셨잖습니까? 충분히 재벌 옹호에 나설 욕심이 생길 만한 돈이라고 보는데요. (모두 웃음)

장하준 그럼, 본론으로 다시 돌아갈까요. 민주화 세력에서 큰 줄기를 이루고 있는 참여연대 등은 당시 재벌 개혁으로 정의로운 사회를 이루자고 주장했습니다. 그런데 우리가 보기에 이건 한국 대기업들을 외국 자본에 넘겨 자칫 국민 경제가 해체될 수도 있는 위험하기 짝이 없는 도박이었어요. 이런 움직임을 신자유주의의 한국판 버전이라고 비판해 온 거고요. 다른 한편 보수파들은 재벌 가문이 원하는 대로 해 줘야 경제가 산다는 식으로 일관하며 재벌의 경영권 보호를 주장했는데, 우리와 결정적인 차이는 그 어떤 사회적 대가도 요구하지 않았다는 겁니다. 저는 한국 사회의 여론을 주도해 온 이 두 세력 모두 현실성과 정당성이 없는 이야기를 해 왔다고 생각해요.

당시 우리 견해를 요약하자면, 재벌이 국민 경제에 유효한 면이 여전히 있기 때문에 재벌 가문에 경영권 보호 장치를 마련해 주는 대신 복지국가 문제에서 명확한 대가를 받아 내야만 한국 경제를 살릴 수 있다는 겁니다. 실제로 당시는 진보 성향의 노무현 정부가 집권하고 있던 데다가 소버린이나 아이칸 같은 해외 투기 자본이 일부 대기업의 경영권을 위협하는 사건이 일어나 재벌들의 위기감이 대단했어요. 이런 정치적 경제적 환경을 감안해 위기에 몰린 재벌을 도와주며 압박한다면 복지국가를 향한 사회적 대타협을 이끌어 낼 가능성이 없지 않다고 판단했던 거죠.

정승일 그런데 이런 제안은 당시 진보와 보수 양쪽 세력에 모두 무시되었고, 양자 간의 교착 상태는 지금까지 계속되고 있습니다. 양대 주류 세력은 지금도 우리 경제에 대해 극단적으로 다른 판단과 다른 대안을 내놓고 있어요. 경제 민주화 세력은 여전히 주주 자본주의적인 재벌 개혁을 해야 양극화 문제를 해결할 수 있다고 주장하고, 뉴라이트 등 보수주의자들은 재벌을 확실히 밀어줘야 한다고 주장합니다.

이종태 『쾌도난마 한국경제』가 나온 지 2년쯤 지난 2007년 말 삼성그룹 법무 팀장을 지낸 김용철 변호사가 이건희 일가의 비자금과 정계, 법조계, 언론계 로비 실태를 폭로합니다. 이른바 삼성 X파일 사건이죠. 그리고 삼성전자 반도체 공장에서 연이어 노동자들이 백혈병으로 사망했는데, 여기에 대해 삼성은 무책임한 회피로 일관하는 사태도 발생했고요. 그러다 보니 이른바 '삼성공화국론'이 다시 등장합니다. 삼성그룹을 정점으로 정치, 법조, 언론을 망라한 거대한 특권 지배층 카르텔이 국민을 등치며 속이고 있다는 거죠.

정승일 삼성을 비롯한 우리나라 재벌들은 이제 경제적 힘만이 아니라 거대한 정치적, 사회적 힘까지 갖게 됐어요. 이런 힘들이 온갖 불법과 탈법, 부정부패로 이어지고 있는 겁니다. 이런 점에서 재벌을 규제해야 하고, 민주 공화국을 무력화시키는 재벌 공화국을 척결해야 한다는 취지에는 100퍼센트 동의합니다.

　문제는 그 방법이에요. 우리는 수구 재벌 세력을 때리기 위해 주식 투자자들에게, 그것도 해외 금융 자본에 손을 벌려서는 안 된다는 겁니다. 그건 마치 140년 전 김옥균이 수구 양반 세력을 척결하고 근대화를 이루겠다는 훌륭한 목적에서 일본 사무라이들에게 손을 벌리는 잘못된 방법을 택했던 거나 다름없어요.

장하준 저는 재벌과 대기업들을 외국 투기 자본에 넘기기보다는 차라리 국유화하는 게 낫다고 생각합니다. 그러나 국유화는 여러 가지 정치적, 경제적 문제가 발생할 수 있으니 보다 덜 극단적인 사회적 대타협을 주장했던 거고요.

재벌들, 특히 삼성은 정말 문제가 많습니다. 후계자들에게 편법 상속하고, 정계나 법조계 엘리트들을 매수해 자기 뜻대로 부려먹으려 하니까요. 이런 행위에는 단호하게 법적 처벌을 가해야 한다고 생각해요. 그렇지만 나쁜 놈들이니까 응징하자는 차원의 논리만으로는 현재 한국 경제에 산적한 문제들을 해결할 수 없습니다.

사실 대자본을 가진 인간들의 횡포는 예나 지금이나 비슷합니다. 대표적 선진국인 미국이나 영국, 독일의 대자본이라고 선할까요? 이들의 과거를 들여다보면 그렇지 않습니다. 오늘날 독일의 유명한 화학 제약 기업들은 과거 유대인 학살에 사용한 독가스를 만든 업체들이고, 미국의 대기업들도 파업 노동자들을 총으로 쏴 죽이던 기업입니다. 무조건 '대자본은 다 나쁜 놈'이라며 타협도 하지 말고 다 때려 부수자고 말하면 정작 문제의 해결이 불가능해요.

이종태 그렇지만 기업을 경영하는 데 있어 재벌 총수들의 발언권이 너무 강한 게 아니냐는 문제의식은 유효하지 않나요?

장하준 문제는 그게 한국에만 고유한 현상이 아니라는 거예요. 자본주의 기업의 원리는 원래 독재입니다. 마르크스가 일찍이 말했듯이 자본주의란 시장의 무정부 상태와 기업의 내부 독재를 합친 겁니다.

알고 보면 외국의 CEO들 역시 한국처럼 세습을 못할 뿐이지 엄청난 권력을 행사하는 독재자들입니다. 해외 경제지에서 보니 심지어는 우상 숭배 비슷한 짓도 해요. 예컨대 어떤 대기업 부사장이 뚜렷한 목적도 없이 계속 출장을 다니는데, 알고 보니 CEO의 출장 예정지에 미리 가서 그가 사용할 침대에서 자 보기도 하고 음식도 미리 먹어 보고 하면서 불편한 점이 없는지 확인하기 위해서였다는 거예요.

마치 봉건 시대 왕이나 귀족 같지 않나요? 원래 이런 게 자본주의 기업입니다. 물론 한국 재벌의 경우 세습은 문제 삼을 만하다고 생각해요. 그러나 총수의 독재라는 면에서 보면 스티브 잡스나 잭 웰치도 비난해야 해요.

재벌 해체는 투기 자본을 위한 잔칫상이다

이종태 하지만 우리나라 재벌들은 지분마저 얼마 안 되잖습니까? 그룹 계열사의 전체 주식 중에서 겨우 1~5퍼센트 정도의 지분을 가지고 있으면서 마치 전체 계열 기업들을 소유한 것처럼 전횡을 일삼으니 '소유와 지배의 괴리'라고 할 만하지 않은가요?

정승일 그건 스티브 잡스나 빌 게이츠도 마찬가지입니다. 일례로 애플 같은 회사에서 창업자인 스티브 잡스 같은 사람은 전체 주식의 얼마 안 되는 지분만을 가지고 있어요. 그런데도 의결권은 그 몇 배를 가졌어요. 그런 일이 가능한 건 대부분의 선진국들처럼 미국도 1주당 5표, 10표, 심지어 1000표나 되는 의결권 주식을 발행하는 게 회사법에 허용되어 있기 때문이에요. 경영권 안정을 위해서죠.

예컨대 애플 같은 혁신적 기업을 창업자가 열심히 키워 나스닥에 상장했는데, 상장하자마자 기업 사냥 사모펀드들이 늑대처럼 달려들어 주식을 대량 매입하여 창업자의 경영권을 빼앗으려 든다면 어느 창업자가 나스닥에 상장하겠어요? 그래서 미국의 경우에도 나스닥에 상장하는 대부분의 회사들에게는 그런 차등의결권 주식을 용인하는 겁니다. 뉴욕증권거래소(NYSE)에서는 요즘 주주 자본주의에 따라 차등의

결권 주식이 많이 사라졌다고 하지만 나스닥 같은 기술주, 성장주 시장에서는 여전히 이런 차등의결권 주식이 중요하다는 거예요. 따지고 보면 이것도 전형적인 소유와 지배의 괴리 아닌가요?

그런데 우리나라 상법에서는 이런 차등의결권 발행을 용인하지 않으니 계열사가 다른 계열사 지분을 소유하는 방식으로 재벌 총수들이 경영권을 지켰던 겁니다. 그러므로 이제 와서 그걸 출자총액제한 같은 규제로 금지 또는 제한하겠다는 건 결국 소유와 지배의 괴리 해소를 위해 경영권을 포기하라는 거고, 결국은 기업 사냥 늑대들에게 먹잇감을 던져 주겠다는 것이나 마찬가지입니다.

장하준 흔히 스웨덴의 발렌베리를 대표적 차등의결권의 예로 꼽는데, 미국에도 그런 경우가 많습니다. 흔히 빅3라고 하는 포드자동차의 주식은 총수 가족이 보유한 A주와 그렇지 않은 B주로 나눠져 있는데, 거기서 A주는 발행 주식 전체의 20퍼센트밖에 되지 않아요. 그런데 M&A 등 중요한 결정에서는 아무리 B주 보유자들이 압도적으로 지지한다 해도 A주의 과반수가 동의하지 않으면 소용이 없습니다. 그만큼 포드 가문의 입김이 셀 수밖에 없는 거죠.

우리나라에는 현재 이런 차등의결권 제도 자체가 없습니다. 그래서 재벌들이 순환 출자 같은 방법을 통해 경영권을 유지해 온 거예요. 이렇게 나라마다 시대마다 경영권을 지키는 고유의 방법이 있습니다. 유독 우리나라 재벌들만 나빠서 선진국은 미처 생각지도 못한 사악한 경영권 보호 방법을 고안해 낸 것처럼 말하는 건 공정하지 않아요.

이종태 요즘 정치권이 이구동성으로 재벌 개혁을 주장하는 걸 보면, 향후 누가 집권하든 재벌에서 일부 계열사가 분리되어 나가거나, 그게 아니더라도 계열사 간의 지분 보유 관계가 약화될 가능성이 높아 보입

니다. 후자의 경우 그룹이라는 명칭이 무색해질 수도 있겠죠. 물론 말
잔치로 그칠 가능성도 없지는 않습니다. 앞에서 지적한 것처럼 시장
개혁을 꿈꾸는 이상적인 경제 민주화는 현실에서 적용하기 힘든 측면
이 강하니까요. 아무튼 통합진보당의 이정희 대표는 지난 1월 재벌 해
체 방안을 발표한 바 있습니다.

정승일 그런데 한번 따져 봅시다. 삼성그룹을 해체한다는 게 뭘 의미하
죠? 삼성전자나 삼성생명을 그룹에서 떼어 내 매각한다는 말이잖아
요? 그러면 누가 그 회사의 새 주인이 되는 거죠? 지난 민주 정부 시절
의 재벌 개혁 경험으로 볼 때 GM 같은 다국적 기업들 아니면 론스타
같은 사모펀드, 그것도 아니면 다른 재벌이 인수하는 게 현실 아닙니
까? 이런 새 주인을 맞는 게 이른바 진보고 민주주의인가요?

장하준 더구나 그렇게 주주 자본주의식으로 개혁한다고 해서 과연 경제
권력이 자행하는 정경 유착과 부정부패가 사라질까요? 주주 자본주의
의 본산이라 할 수 있는 미국을 보세요. 미국의 경우 월스트리트 금융
자본이 정치권에 합법적으로 로비하는 돈이 연간 수억 달러에 달합니
다. 말이 좋아 로비지 그건 합법적 뇌물 아닌가요?

심지어 미국에서는 금융 자본이 로비에 그치는 게 아니라 권력을 접
수하는 일도 있습니다. 골드만삭스 같은 거대 투자은행 회장이 재무
장관을 맡았다가 다시 금융계로 돌아가는 '회전문 인사'가 일상적으로
벌어지는 나라니까요.

이종태 좀 전에 한국은 이미 주주 자본주의 시스템에 포섭되어 있다고
했고 그 증거로 높은 배당률을 제시하셨습니다. 여기서 만약 재벌들이
주주 자본주의에 저항하면 어떤 사태가 일어나는 거죠? 예를 들어 삼
성전자가 배당금을 포함한 주주 이익 환원율을 최근 10년간의 30~50

퍼센트 수준에서 향후 10년간 10~20퍼센트 수준으로 확 떨어뜨리겠다고 발표한다고 해 보죠. 제약과 우주항공 같은 신성장 사업에 향후 10년간 대규모로 투자하려면 어쩔 수 없다고 하면서요.

정승일 당연히 삼성전자 주가가 지금의 반 토막, 아니 3분의 1로 떨어지겠죠. 그러면 국내외 펀드 매니저들이 난리가 날 겁니다. 국민연금이나 교직원공제회 같은 주식 시장 큰손들의 항의도 빗발칠 거고요. 그런 불만에 동조하는 척하면서 기업 사냥 사모펀드와 헤지펀드들이 적대적 M&A 작전을 시작할 수도 있겠죠. 그게 아니더라도 삼성전자 때문에 시달리던 해외 경쟁 업체들이 은밀히 삼성전자에 대한 적대적 M&A 가능성을 타진할 수도 있고요.

삼성전자의 주가가 낮아질수록 적대적 M&A의 성공 가능성은 높아집니다. 기업 사냥 세력이 같은 금액으로 더 많은 주식을 공개 매집할 수 있고, 더구나 주가가 낮아질수록 불만에 찬 소액주주들, 그러니까 펀드나 개미 투자자들은 더더욱 적대적 M&A를 지지할 테니까요. 이른바 '게임의 공정한 룰'을 어긴 자에 대한 '공정한 처벌'의 메커니즘이 작동하는 거죠. 지금 삼성전자는 개방된 자본 시장의 룰을 군말 없이 따르며 협력하기 때문에 그런 처벌을 면하고 있는 겁니다.

아무튼 현재의 주주 자본주의 게임에서 그 규칙을 따르지 않으면 재벌 가문은 여차하면 모든 경제 권력을 빼앗길 수도 있는 만큼 어떻게 해서든 주가를 높게 유지해야 합니다. 그러려면 정규직을 비정규직으로 돌리기도 하고, 일단 뽑은 정규직 인력은 불철주야 일하게 해서 본전을 뽑아야죠. 물론 하청 단가는 남들한테 욕먹지 않을 수준까지만 주고, 반도체 공장의 백혈병 같은 것도 잘못 없다고 시치미 뚝 떼어야 하고, 노동조합 같은 건 눈에 불을 켜면서 못 만들게 방해해야 합니다.

이런 행위들이 단지 주식 투자자들에게만 좋은 건 아니에요. 대주주인 이건희 일가 역시 당연히 과거에 비해 더 많은 배당을 받으니 좋죠. 따라서 재벌 가문들로서도 주주 자본주의가 별로 싫을 게 없어요. 한마디로 양자 간의 의기투합이죠. 그 바람에 죽어나는 건 국민이고요.

키운다는 파이는
누가 먹어 치우고 있는가?

이종태 우리나라 재벌과 대기업들이 주식 투자자들에게 꼼짝 못한다고 하셨는데, 입증할 만한 통계가 있나요?

정승일 삼성전자를 포함해 한전, 포스코, 현대자동차, SK텔레콤, LG전자, KT, KT&G, S-오일, SK 등 주요 10개 상장사의 경우 2003~2005년 3년간 올린 순이익이 65조 5000억인데, 그중 43퍼센트인 28조 2000억을 배당금과 자사주 매입 등을 통해 주주들에게 쏟아부었습니다. 특히 삼성전자의 경우에는 이 기간 중 발생한 순이익 24조 중 무려 46퍼센트에 해당하는 11조를 주식 투자자들에게 뿌렸고요. 이후에도 삼성전자는 2006년과 2007년 순이익의 38퍼센트, 39퍼센트를 주주 이익으로 분배했고, 글로벌 금융 위기가 닥쳤던 2008년과 2009년에도 그 비슷한 수준으로 주식 투자자들을 대접했어요.

물론 삼성전자보다 더한 회사들도 많습니다. 기업 사냥꾼인 칼 아이칸과 경영권 분쟁을 벌였던 KT&G의 경우 2005년 주주 이익 환원율이 무려 156퍼센트에 달했어요. 해당 연도 순이익 전부로도 모자라 그 전해에 쌓아 둔 내부 유보금까지 꺼내서 기업 사냥 펀드와 소액주주들에게 갖다 바친 거죠. KT&G는 2006년에도 순이익의 96퍼센트를 주식 투자자들에게 분배했습니다. 신규 투자를 준비하기 위한 유보금은 거의 남기지 않은 거죠.

삼성전자의 연 매출액은 2010년과 2011년 연속해서 150조 원을 넘었고, 2011년의 순이익은 15조 원에 달했습니다. 물론 삼성전자는 이런 엄청난 이익을 내기 위해 기술 개발도 많이 했고, 수출 시장도 많이 개척했어요. 그렇지만 하청 단가를 깎고, 노조를 탄압하고, 백혈병 산재를 인정하지 않는 등 사회적으로 비난받을 만한 짓도 많이 한 게 사실입니다. 삼성전자는 아마 올해 순이익의 30퍼센트 이상인 5조~7조 원을 주주 이익으로 분배할 모양입니다. 물론 20퍼센트대로 낮아질 가능성도 있다더군요. 요즘 미국이나 유럽, 일본 등 선진국 전자 회사들의 매출과 순이익이 워낙 줄고, 그에 비례해 배당금 등 주주 이익 배분의 절대액 자체가 떨어지면서 상대적으로 삼성전자가 과거에 비해 순이익에서 배당 비율을 낮춰도 주가가 높게 유지되는 모양입니다.

아무튼 작년에 사상 최대의 실적을 낸 삼성그룹이 올 1월에 특별 보너스를 놀랄 정도로 많이 지급했다고 해서 화제와 질투를 낳은 적이 있지요. 그래 봐야 삼성전자 하나만으로는 1조 내외였을 겁니다. 그 5배 이상의 돈이 주식 투자자들에게 분배되고요. 만약 그 주주 분배액 중 3분의 1만 뚝 잘라 협력 업체의 하청 단가 인상에 쓰더라도 나라 전체가 감격할 겁니다.

다른 국내외 전자 회사들도 주주 자본주의 경영을 하고, 하청 단가 깎고, 종업원들 쥐어짜기는 마찬가지예요. 삼성전자와 별다를 게 없죠. 그런데도 삼성전자가 전 세계 전자 업계에서 최대의 수익을 냈다는 건 그만큼 적기에 투자를 잘하고, 제품 개발도 잘했다는 것이니 이런 점에서는 이건희 회장의 리더십을 인정해 줘야죠.

장하준 그럼요. 부모한테 기업 물려받아 말아먹은 사람이 한둘입니까. 그만큼 키운 공로는 인정해야죠. 다만 예전 같았으면 그렇게 배당금으로 나가는 돈 중 상당 부분이 신산업 진출에 투자되었을 텐데, 이제는 그런 일을 안 한다는 게 문제죠.

정승일 아무튼 요즘 삼성의 구성원들은 모두 행복해합니다. 정규직들은 특별 보너스를 수천만 원씩 받아 행복하고, 주주들은 배당 많이 받아 행복하고, 임원들도 수십억의 연봉 덕분에 행복하죠. 물론 이건희 일가도 배당금 많이 받고 재산이 크게 늘고 있으니 행복하고요. 그러나 여기서 소외된 비정규직들과 2차 3차 하청 기업들, 그리고 나머지 국민은 불안과 한숨에서 벗어나지 못하고 있는데, 이게 바로 요즘 한국 경제의 초상화입니다.

장하준 그런 행복은 오래가지 못할 수 있습니다. 지금처럼 수익률 높을 때 미래를 향해 한 단계 더 도약하기 위한 준비를 해야 해요. 시장 개혁을 주장하는 경제학자들은 문어발이라 욕하겠지만 재벌들은 신산업으로 진출하고, R&D 투자도 더 하고, 교육이나 복지 투자도 더 늘려야 합니다. 세계 자본주의에는 영원한 승자도, 영원한 패자도 없어요. 일례로 1955년 미국의 자동차 생산량이 700만 대였는데, 그중 GM에서만 350만 대를 생산했어요. 반면에 일본에서는 자동차 회사들이 모두 합쳐 연 7만 대를 만들었고요. 그때 누군가가 '앞으로 50년 동안 GM은 계속 찌그러들다가 결국 파산하고, 일본 도요타가 1등 할 거다' 했으면 미쳤다는 소리를 들었을 겁니다. 삼성전자도 GM처럼 되지 말라는 보장이 없어요. 기술 개발에 뒤처지고 신사업 진출에 게으르면 GM처럼 무너질 수 있는 거죠. 핀란드의 노키아를 보세요. 지금도 훌륭한 기업이기는 하지만 그동안 전자와 휴대전화 부문에 지나치게 특화했다가 한 발 삐끗하니까 엄청나게 고생하게 되잖아요.

정승일 선진국과 달리 우리나라에서는 아직 제대로 발전시키지 못한 산업이 여전히 많아요. 우주항공, 정밀기계, 제약, 부품소재 등이 너무 약하거든요. 이런 부문으로 돈 많은 대기업들이 과감히 진출해 일자리 창출과 경제 성장에 기여해야 합니다.

제약 산업 같은 경우 영국 수준을 쫓아가려고만 해도 앞으로 10~20년 정도는 손해를 각오하고 장기 투자를 해야 합니다. 그런데 이걸 누가 해요? 아무리 주식 시장이 발전하고 돈 있는 투자자들이 많다 해도 이렇게 오랫동안 수익이 안 나오고, 게다가 손해 볼 가능성까지 큰 투자를 하겠어요? 그렇다고 우리나라가 미국처럼 국방 전략의 일환으로 정부가 매년 수조씩 정부 보조금을 주면서 제약 산업을 전략적으로 키워 낼 수도 없잖습니까? 결국 대기업이 해야 하지 않으요? 예컨대 삼성전자는 지금 주주들에게 순이익의 30~50퍼센트인 연 5조~7조 원을 나눠 주고 있는데, 이를 절반으로 줄이기만 해도 연 2조~3조 정도를 마련할 수 있어요. 아니, 그 주주 분배액의 5분의 1인 1조만 매년 오리지널 신약 개발에 쓴다 해도 삼성은 10년, 20년 뒤에는 틀림없이 세계적인 제약 업체를 가질 수 있을 겁니다.

요즘에는 삼성전자만이 아니고 우리나라 10대 상장사, 100대 상장사가 모두 비슷하게 행동하면서 매년 합쳐서 30조~50조를 국내외 주식 투자자들에게 분배하고 있어요. 이런 막대한 기업 자금이 그렇게 허비되지 않고 제약이나 바이오, 정밀화학, 첨단부품소재, 우주항공처럼 우리가 앞으로 10~20년 걸려 개척해야 할 산업 쪽으로 과감하게 투자된다면 우리 경제의 20년 뒤는 지금과는 확연하게 달라져 있을 겁니다. 좋은 일자리 수백만 개가 새로 생겨 청년들 취업 걱정도 사라질 거고요. 이렇듯 주주 자본주의 시스템을 견제해야 한국에서도 제약이나 우주항공, 부품소재 같은 선진국형 과학 기반 산업을 제대로 만들어 낼 수 있다는 겁니다.

보수주의자들은 입만 열면 지금은 파이를 나눌 때가 아니라 파이를 키울 때라는 둥 분배를 하면 성장이 안 된다는 둥 말하면서 복지국가를 '놀고먹는 게으른 배짱이'라고 비판하는데, 오늘날 기업 투자와 경제 성장을 방해하면서 분배를 외치는 최대의 분배주의자들은 바로 주식 투자자들이고 금융 자본이에요. 신자유주의 금융 자본이야말로 최대의 분배주의자들인 거죠. 그들이야말로 배짱이예요. 경제학자 케인스도 이런 자본가들을 일러 비판하잖습니까. rentier capitalism, 그러니까 쉽게 표현하면 '뗑까뗑까 놀고먹는 자본가들의 자본주의'라고요.

경제 민주화의 이상향이라는 KT를 보라

이종태 그러나 재벌 개혁론자들 중에서는 주주 자본주의와 경제 성장 간에는 큰 관계가 없다고 주장하면서 두 분을 비판하는 분들도 많습니다. 주주 자본주의라면 미국인데, 미국은 페이스북이나 애플에서 보듯 잘나가고 있지 않느냐는 말이죠.

정승일 글쎄요. 그런 분들이 한때 세계 최강의 제조 업체였던 GM이나 GE가 지금처럼 몰락한 데 대해서는 어떤 말씀을 하실지 궁금하네요. 미국이 구글이나 애플 같은 IT 산업, 그리고 화이자 같은 제약 산업 등 첨단 제조업 부문에서 지금처럼 경쟁력을 얻게 된 건 과거 수십 년 동안 미국의 국방부와 보건부가 엄청난 보조금을 제공한 덕택이에요. 특히 R&D 분야에서 미국은 여전히 연방정부가 대기업들 전체보다 더 많은 돈을 써서 직간접적으로 기업 R&D를 지원해요. 그만큼 민간 기업들은 손 안 대고 코 푸는 셈이죠.

장하준 한국은 R&D 부문에서 공공 투자의 비중이 채 20퍼센트도 안 되는 데 비해 미국은 40퍼센트에 이릅니다. 그런 데다 한국 같은 후발 주자들은 미국 같은 선진국보다 R&D에 더 많이 투자해야 따라잡을 가능성이 생기는데, 문제는 신자유주의 시장 개혁 이후 투자 성향이 많이 위축됐다는 거예요.

또 한때 세계 최강의 기술 강국이었던 미국이 요즘 다른 나라들과 비교할 때 엄청나게 몰락한 현실도 제대로 봐야 합니다. 말하자면 40년 전만 해도 전 세계 첨단 산업 100개 중에서 미국이 99개 분야에서 1등이었어요. 그런데 지금은 100개 중에서 10개만 1등인 정도인데, 그 원인이 바로 주주 자본주의 시스템이라는 겁니다.

게다가 인터넷 관련 산업이 과대평가를 받는데, 그 이유는 아무래도 인간이 눈에 바로 보이는 것만 중요하다고 생각하는 경향이 있기 때문이에요. 예를 들어 스위스의 경우 기계 공업이 아주 강합니다. 기계 분야에 종사하는 분들이 스위스 가서 공장을 시찰하면 아마 눈이 휘둥그레질 거예요. 어떻게 이런 걸 만들 수 있지 하고 감동하는 거죠. 하지만 이런 일을 하는 사람이 많지 않고, 우리 눈에 바로 띄지도 않아요. 그에 비해 아이폰과 페이스북을 쓰는 사람은 엄청나게 많거든요. 그래서 인터넷 관련 산업만 중요하고 굉장한 것처럼 느끼는데, 그건 착각이라고 봅니다.

이종태 지금 눈에 바로 보이는 것의 중요성을 강조하셨는데, 그렇다면 주주 자본주의의 폐해를 한번 실감나게 설명해 주실 수 있을까요?

정승일 그 좋은 사례가 바로 앞에서 나왔던 KT입니다. 경제 민주화를 외치는 재벌 개혁론자들이 가장 바람직한 모델로 보는 것도 KT이니까요. 한국통신 시절의 KT는 국영 기업으로 전화 사업을 독점하고 있었어요. 독점이라고 말하면 흔히 좋지 않게 생각하지만, 그런 국가 독점 덕택에 1980년대에 우리나라의 거의 모든 가정에 전화가 보급됩니다. 국가 정책으로 산간벽지까지 전화망이 깔리면서 세계에서 유례없는 속도로 전화가 보급된 거죠.

　1999년 민영화 이후 KT는 기업지배구조를 잘 바꿨다고 상도 많이 받았습니다. 그런데 정말 상을 받아 마땅했을까요? 민영화 과정에서 원래 정규직의 절반 가까이가 해고되고, 그중 일부는 다시 비정규직으로, 외주 노동자나 파견 노동자로 재고용되었습니다. 그러면서 주주 배당은 엄청나게 높였어요. 순이익 대비 주주 이익 환원율이 2010년에는 50퍼센트 정도였는데, 2009년에는 94퍼센트더군요. 이런 기업에 진보적 시민 단체가 상을 주면서 노동자들의 눈물은 외면했어요. 정말 '좋은 기업지배구조'는 누구에게 좋은 걸까요? 경제 민주화는 누구를 위한 민주화인 걸까요?

이종태 이사들 보수도 엄청나게 올렸더군요. 스톡옵션으로 연결된 주식 투자자와 경영진의 밀착 관계, 이것 역시 주주 자본주의의 특징이죠?

정승일 KT 이사들은 민영화 이전에는 1인당 연 10억 이상은 받지 못하도록 되어 있었다고 해요. 그런데 지금은 그 상한선이 100억까지 늘어났다더군요.

장하준 경제 민주화 맞네요. 예전엔 많아 봤자 겨우 수십 명의 재벌 총수들만이 1년에 100억 넘게 벌었는데, 이제는 대기업의 일개 이사급들까지 100억씩 벌 수 있게 됐으니까요. 수십 명에서 수백 명으로 늘었

으니 민주화된 거 맞네요! (모두 웃음)

정승일 그래서 KT만이 아니라 수백 개 상장 회사의 이사들과 상무들, 전무들, 그리고 CEO들은 경제 민주화가 좋고 주주 자본주의가 너무 좋은 거예요.

장하준 KT와 비슷한 사례가 있어요. 미국에서 가장 이상적인 기업지배구조를 갖고 있다고 하는 회사가 GM입니다. 대주주가 없고, 사외이사는 많고, 주주 이익도 엄청나게 챙겨 줬으니까요. 그런데 지난 금융위기 때 파산해서 사실상 국유화됐죠. 그에 반해 포드는 지배구조가 정말 나쁜 회사입니다. 앞에서 말했듯이 창업자인 헨리 포드의 가족, 즉 총수 가족들이 여전히 이사회에서 엄청난 권력을 행사하고, 가끔은 CEO를 직접 맡기도 해요. 그런데 포드는 살고 GM은 죽었지요. 모범적인 지배구조의 GM이 망한 이유가 뭘까요?

KT만 해도 그래요. 오명 씨가 1980년대에 체신부 장관을 하면서 한국통신을 통해 선도적으로 광통신 인프라를 깔아 놓은 덕택에 지금 한국이 인터넷 강국 소리를 듣는 거잖아요. 만약 당시 한국통신이 1980년대에 시장 개혁을 주장하는 분들의 바람처럼 민영화되어 그분들이 말하는 '이상적인 기업지배구조'가 되어 있었다면 그런 통신 인프라 투자를 꺼렸을 테고, 그러면 인터넷 강국은 어림도 없었을 겁니다.

정승일 산간벽지까지 통신 인프라를 까는 게 무슨 수익이 나겠어요? 정부가 공기업인 한국통신을 통해 국민 서비스 차원에서 시행한 거죠. 그런 통신 인프라 투자 때문에 KT의 매출액 대비 설비투자 비율이 민영화 이전까지만 해도 20~30퍼센트 선이었는데, 지금은 10퍼센트대로 떨어졌다고 합니다. 당장 돈 안 되고 수익 안 나오는 일은 가급적 안 하겠다는 거죠. 이게 경제 민주화입니까?

이종태 그러고 보니 대표적인 재벌 개혁론자 중 한 사람으로, 2012년 2월 민주통합당 공천심사위원장을 맡으신 강철규 우석대 총장이 2000년대 초반 규제개혁위원회 공동위원장을 하면서 '민영화된 공기업들이야말로 재벌 개혁이 궁극적으로 나가야 할 가장 바람직한 모델'이라고 말한 게 기억나는군요.

정승일 강철규 교수의 발언은 경제 민주화를 주장하는 분들이 말하는 재벌 개혁이 궁극적으로 무엇을 목표로 하는지 아주 잘 보여 준다고 생각해요. 시장 개혁과 재벌 개혁을 주장하는 분들은 재벌과 공기업의 '방만한 무책임 경영'을 늘 비판해 왔어요. '불투명한 밀실 경영'이라고도 했고요. 그래서 재벌 개혁의 목표 중 하나가 '기업 투명성' 및 '책임 경영'의 확립이라고 말해 온 거죠.

요즘 KT를 보세요. 주주 배당 많이 하면서 주주들을 끔찍할 정도로 귀하게 대하고 있으니 주주들에게는 책임을 다하는 경영이 맞죠. 그리고 주식 시장에서 공시 잘하고 IR(Investor Relations) 잘하니 투명 경영도 잘하는 겁니다. 문제는 누구를 위한 책임, 누구를 위한 투명성이냐는 거죠. 종업원과 전 국민에게는 무책임하고, 경영진은 주식 투자자들과 결탁하는 이런 회사가 경제 민주화를 주장하는 분들이 말하는 '우리가 꿈꾸는 나라'라는 건가요?

장하준 주주 자본주의론에서 기업은 주주에게만 책임지면 됩니다. 우리는 그게 잘못되었다고 비판하는 거고요. 책임의 개념 자체가 달라요. KT 사례에서도 보듯이 주주 자본주의 원리로 운영되는 기업이 이해관계자인 종업원들에게 책임을 지나요? 소비자들에게 그 책임을 다하나요? 그런 데다 투자율도 낮아졌잖습니까?

결국 주주 자본주의 관점에서는 국민과 경제 전체가 불행해지는 경영이라 하더라도 주주들만 행복하면 되는 겁니다.

기업의 투자마저
양극화되고 있다

이종태 투자율이 낮아졌다는 점과 관련해 여기서 짚고 넘어갈 문제가 있
어요. 두 분은 한국 경제가 주주 자본주의에 포섭되면서 기업들의 투자
율이 낮아질 거라고 주장합니다. 그런데 재벌 개혁을 말하는 분들은 대
기업의 투자율이 오히려 과거보다 더 높아졌다고 반박하던데요.

정승일 한국은행이 매년 발표하는 기업 투자 통계를 보면 우리나라의
GDP(국내총생산) 대비 기업 투자 비율은 1998년의 시장 개혁 이후 현
격하게 낮아져요. 그런데 대기업 투자의 경우에는 2003년경부터 1997
년 이전 수준으로 회복됩니다. 여전히 중소기업 부문의 투자는 회복되
지 않고 과거보다 낮게 나오지만요. 시장 개혁을 주장하는 경제학자들
은 바로 이 한국은행 통계를 갖고 '봐라, 중소기업 투자만 줄고 대기
업은 전혀 줄지 않았다. 주주 자본주의로 투자가 줄어들지 않았다'고
반박하는 겁니다. 이런 현상의 원인은 결국 대기업의 중소기업 수탈이
더 심해진 탓이니 빨리 재벌 개혁을 더 해서 중소기업 수탈을 막아야
한다, 그래야 우리 경제의 총 투자율도 올라간다고 하면서요.

　이런 반론은 통계를 상세하게 들여다보지 않았기 때문에 나오는 거
예요. 우선 IMF 사태 전이나 후나 우리나라 전체 기업 투자의 4분의 3
이 대기업에 의해 이루어지고 있어요. 중소기업이 차지하는 비중은 4
분의 1입니다. 그런데 다들 인정하다시피 GDP 대비 투자율, 보다 구
체적으로 말해 총 고정자본 형성은 IMF 사태 이전의 30~37퍼센트에

서 지금은 20~25퍼센트로 10퍼센트 포인트나 떨어졌습니다. 대기업 투자가 회복되었다는 2003년 이후에도 지금까지 이 정도예요. 전체 기업 투자의 4분의 1에 불과한 중소기업 투자가 줄어들었다고 해서 이렇게 국민 경제 전체의 투자율이 최소 3분의 1에서 최대 절반 가까이 떨어진 채 회복되지 않는다는 게 말이 됩니까?

한국은행 통계는 기업을 대기업과 중소기업 두 범주로만 나누어 분석하기 때문에 1998년 이후 대기업들에 무슨 일이 일어났는지 알 수가 없어요. 그런데 지금 대기업들은 두 가지 유형으로 나눌 수 있습니다. 하나는 IMF 사태 이후 시장 개혁을 주장하는 분들이 진행한 재벌 개혁의 일환으로 재벌 해체를 당해 그룹에서 분리되어 나온 기업들과 공기업에서 민영화된 기업들이고, 다른 하나는 재벌 해체를 피해 아직 재벌의 계열사로 남아 있는 기업들입니다.

주목할 사실은 민영화된 공기업이나 재벌 해체를 당한 기업의 경우 매출액 대비 투자율이 IMF 사태 이전보다 현저히 낮아졌거나 더 이상 늘어나지 않고 정체되고 있다는 거예요. KT나 대우자동차, 쌍용자동차가 대표적이죠. 반면에 나름대로 그룹 체제가 유지된 재벌 산하에 남아 있는 대기업 중에서 잘나가는 일부 기업들은 매출액 대비 투자율이 계속해서 크게 늘어나고 있어요. 그 대표적인 회사들이 삼성전자와 현대자동차입니다. 현대자동차에 인수된 기아자동차도 마찬가지고요. 말하자면 대기업 부문 내부에서도 심각한 양극화가 진행되고 있는 거예요. 그런데 이런 모습이 한국은행 통계에서는 드러나지 않아요.

• 총 고정자본 형성(gross fixed capital formation)은 회사가 생산 능력을 유지하고 경쟁력을 확보하기 위해 노후 설비를 새로운 설비로 대체하거나, 신규 사업에 진출하기 위해 공장을 짓고 기계를 구입하는 등 생산을 위해 구입 또는 자가 생산한 모든 재화를 말한다.

지금 증권거래소에 상장된 대기업이 600여 개이고, 그중 은행이나 증권사, 백화점 같은 데를 빼면 일반 제조 업체가 500개쯤 됩니다. 그런데 그 500개 중에서 매출액 대비 설비투자와 R&D 투자가 IMF 사태가 벌어진 15년 전보다 못하거나 아니면 정체된 회사들이 400개 정도예요. 매출액은 꾸준히 늘고 있고, 내부 유보금도 꾸준히 늘어나는데도 이렇다는 건 과감한 투자를 통한 신사업 진출 같은 건 생각하지 않고 있다는 증거죠. 매출액 대비 설비투자와 R&D 투자 비중이 과거에 비해 크게 늘고 있는 회사들은 100개 정도에 불과한데 그 대부분이 이른바 20대 재벌 회사들, 즉 여전히 그룹 체제를 유지하고 있는 그룹의 계열사들이에요.

이종태 저도 그 자료를 본 적 있는데, 한국 전체의 R&D 투자에서 특히 삼성전자와 LG전자, 현대자동차와 기아자동차가 차지하는 비중이 기이할 정도로 크더군요.

정승일 그 4개 회사만으로도 전체 기업 R&D 투자의 40퍼센트가 넘습니다. 요즘 우리나라 경제의 R&D 총 투자액이 정부 투자까지 합쳐 연 20조쯤 되는데, 삼성전자 한 회사의 R&D 투자가 무려 연 5조~6조에 달합니다. 전체의 25퍼센트라는 말이죠. 그만큼 대기업들 중에서도 열심히 투자하는 회사와 그렇지 않은 회사들로 나뉘어 있다는 거예요.

이종태 그런데 100대 상장사들과 20대 재벌들이 나머지 400대 대기업들이나 중소기업들과는 달리 계속해서 투자를 늘리고 있다는 건 경제력 집중이 더욱 심화되고 있다는 말 아닙니까? 어떻게 생각하시나요? 경제력 집중이 맞나요?

정승일 그렇죠. 경제력 집중이 과거에 비해 더 심화되고 있으니 문제가 많죠. 그러면 어떻게 해야 경제력 집중을 완화할 수 있을까요? 재벌 개혁을 더 해서 그나마 그간 투자를 더 늘려 왔던 100개 상장사와 20대 재벌들도 나머지 400개처럼 만들어 버려야 할까요? 물론 그것도 하나의 방법이죠. 경제력 집중은 더 이상 심해지지 않을 테니까요. 그런데 그 경우 대기업 투자가 하향 평준화되는 겁니다. 그게 과연 바람직할까요? 그런 개혁은 그나마 삼성전자처럼 설비투자와 R&D 투자를 크게 늘리고 매출과 수출도 크게 늘린 회사를 깨서, 대우그룹 해체 이후의 대우전자처럼 지난 10년 동안 사멸하고 조각조각 분리된 회사의 길을 걷게 하자는 거잖아요?

도대체 지금 한국GM이라고 하는 대우자동차나 쌍용자동차, 삼성자동차 같은 대기업들이 2000년대 들어 현대자동차나 기아자동차처럼 R&D 투자와 해외 시장 개척을 제대로 하지 못하는 이유가 뭡니까? 해외 기업에 매각되는 바람에 그렇게 하고 싶어도 그럴 수가 없게 되었기 때문 아닌가요? 글로벌GM 산하에 편입된 대우자동차는 더 이상 국내에서 R&D 투자를 많이 늘릴 이유가 없어요. 해외 시장 개척도 글로벌GM이 하는 것이지 일개 자회사인 한국GM이 신경 쓸 이유가 없고요. 이건 르노삼성자동차도 마찬가지입니다.

또 다른 예로 하이닉스를 보죠. 하이닉스반도체의 투자는 지난 10여 년간 삼성전자에 비해 부진했어요. 그 이유 역시 잘못된 재벌 개혁 때문이죠. 하이닉스가 과거처럼 현대그룹에 속해 있었다면 투자율이 꽤 높았을 테고, 그에 따라 실적도 좋아졌을 겁니다. 그런데 재벌 개혁 과정에서 하이닉스가 그룹 분리되어 채권자인 외환은행이 대주주가 되었는데, 외환은행을 지배한 게 바로 투기 자본 론스타였어요. 론스타는 외환은행을 빨리 팔고 시쳇말로 먹튀 하면 되는데, 외환은행 아래에 있는 하이닉스가 삼성전자만큼 제대로 투자하도록 도와주겠어요?

장하준 어떤 분들은 대기업 투자율이 요즘처럼 떨어진 게 오히려 좋은 현상이라고 하더군요. 과거 대기업들이 너무 무모한 투자를 많이 해서 문제였다는 거죠.

이종태 지금까지 하신 말씀을 들어 보면 삼성전자와 현대자동차 같은 경우 주주 자본주의 시스템에 잘 적응했다고 볼 수 있는 것 아닌가요? 재벌의 그룹 체제를 유지하면서 주주 자본주의와도 누이 좋고 매부 좋고 하는 식으로 잘 지내고 있으니 말입니다.

장하준 삼성그룹과 현대자동차그룹이 주주 자본주의와 사이좋게 잘 지내려다 보니 비정규직 늘리고, 하청 단가 낮추고, 노동자와 중소기업들 희생시키는 거죠. 순이익이 아무리 많아도 제약이나 우주항공 같은 신사업 진출 같은 데에는 쓰기 힘들게 된 거고요.

그나마 삼성전자나 현대자동차는 이미 IMF 사태 이전부터 과잉이라 비판 받을 정도로 기술 개발 투자를 많이 해서 어느 정도 기반이 잡혀 있었기 때문에 지금처럼 좋은 실적을 거두었고, 그에 따라 주가도 유지할 수 있었으니까 주주 자본주의에 적응했던 겁니다. 게다가 재벌의 그룹 구조를 버리지 않았기 때문에 지금도 투자율이 그나마 유지되는 거고요. 그룹 구조가 주주 자본주의의 압력에 대한 일종의 보호막 역할을 하는 셈이죠.

이에 반해 하이닉스는 영업이 채 궤도에 오르기도 전에 재벌 개혁과 주주 자본주의라는 철퇴를 맞고 꺾인 경우입니다. 외국인들 중에도 하이닉스가 아깝다는 사람이 많아요. 엔지니어들도 뛰어나고 상당히 실력 있는 기업으로 평가 받고 있었는데, 사실상 론스타 손에 들어가는 바람에 삼성전자처럼 공격적인 투자를 못하면서 지금까지 점차 퇴보해 왔다는 거죠.

사냥꾼만 날뛰면
생태계는 무너진다

이종태 결국 경영권 방어 장치가 있다면 대기업 경영자들이 아무래도 주
식 투자자들의 눈치를 덜 보게 되겠군요. 그런데 같은 이유로 경영권
방어 장치는 절대 용납할 수 없다는 분들도 많거든요. 경영권이 안정
되면 안이해져서 주주들 눈치도 보지 않은 채 기업을 방만하게 경영한
다거나 부정부패를 저지를 공산이 커진다는 겁니다. 그래서 재벌 개혁
론자들은 기업을 제대로 경영하게 하기 위해서도 적대적 M&A를 허
용해야 한다고 주장해요. 물고기가 담긴 어항에 천적인 다른 물고기를
풀어 놓아야 서로 잡아먹히지 않으려고 해서 죽지도 않고, 그래서 우
리가 싱싱한 회를 먹을 수 있다면서요.

장하준 기업 운영 잘못하는 경영자는 쫓겨나야죠. 그런 제도도 필요합니
다. 여기서 문제는 어떤 경영이 잘못된 경영이냐는 겁니다. 지금은 단
기간에 최대한 수익을 내서 주가를 올리고, 올린 수익 중에서 가급적
많은 몫을 주주들에게 안겨 줘야 '좋은 경영'이라는 말을 듣잖아요?
이걸 못하는 경영자를 밀어내겠다는 거고요. 이런 경영이 주주들에게
는 좋겠지만 국가 경제와 대다수 국민에게도 이로운가요? 우리는 지
금 그런 기준 자체가 잘못되었다고 주장하는 겁니다. 그런데 문제의
초점을 보지 않고 돌려서 '왜 경영 못하는 사람도 쫓아내지 못하게 하
느냐?'고 우리를 비판하는 건 옳지 않죠.

정승일 실제 사례를 하나 들어 이야기해 보죠. 지난 2005~2006년에 칼
아이칸이라는 미국의 투기 자본이 담배인삼공사라고 지금의 KT&G의
주식을 대량 매입한 뒤 경영권에 도전하겠다고 선언한 적이 있습니다.

이른바 적대적 M&A 위협이죠. 이 과정에서 아이칸 펀드는 '사외이사 집중 투표제'처럼 그동안 소액주주권 강화와 재벌 개혁 차원에서 만들어진 모든 제도를 십분 활용했어요. 이런 적대적 M&A의 경우 투기 자본 입장에서 보면 실제로 이사회를 장악해 기존 경영진을 쫓아내지 못해도 상관없어요. 단지 '말 안 들으면 다 쫓아낼 거야!'라고 위협하는 것만으로도 경영진으로부터 엄청난 양보를 받아 내 단기간에 수익을 올릴 수 있기 때문이죠.

당시 칼 아이칸은 KT&G가 보유한 부동산을 매각하라고 압박했습니다. 응하지 않으면 다른 소액주주들을 선동해 경영권을 빼앗겠다는 거였죠. 소액주주들도 KT&G가 부동산을 매각해 얻은 특별 수익을 배당 받으면 돈을 더 받을 수 있으니까 다들 아이칸에 동조했습니다. 국내의 개미 투자자들까지도 다 아이칸 편을 들었으니까요.

원래 KT&G가 유휴 부동산이 많기는 했어요. 요즘과 달리 1990년대까지만 해도 담배농사 짓는 농민들이 많았는데, 그 잎담배를 수매해서 쌓아 놓던 땅이죠. 그 대부분이 철도역 근처에 있었기 때문에 도시화가 진행되면서 알짜 부동산이 된 거죠. 하지만 KT&G로 봐서는 그 부동산을 계속 소유하는 게 좋죠. 가만히 있어도 땅값은 계속 오를 테니까요. 게다가 담배는 이제 사양 산업 아닙니까? 따라서 향후 인삼 가공업이나 건강식품, 바이오 식품처럼 기존 사업과 연관된 신사업 쪽으로 투자를 늘릴 필요가 있었거든요. 실제로 KT&G는 바이오벤처 업계에서 가장 큰 투자자입니다. KT&G는 이런 미래 신사업 투자에 대비해 그 유휴 부동산을 계속 갖고 있었던 겁니다.

하지만 결국 아이칸이 승리했어요. 그 부동산을 팔게 한 거죠. 그러고는 그렇게 해서 발생한 해당 연도 특별 이익을 한 푼도 남기지 않고 모두 배당금으로 주주들에게 나누도록 요구했어요. 앞서 말했듯이 아이칸과 경영권 분쟁을 벌이던 2005년에 KT&G의 주주 이익 분배율은 무려 156퍼센트에 달했습니다. 그해의 순이익으로 모자라 그 전해에 쌓아 둔 수익까지 꺼내 기업 사냥 펀드와 소액주주들에게 퍼준 거예요. 2006년에도 순이익의 96퍼센트를 주주들에게 분배했어요. 거의 날강도 아닌가요? 그런데 당시 김상조 교수 같은 분은 소버린의 SK 공격 때도 그랬듯이 아이칸이 KT&G를 위해 아주 좋은 일을 했다고 공개적으로 칭찬했습니다. 요즘 다시 재벌 개혁 논의를 주도하고 있는 경제 민주화를 주장하는 다른 분들도 마찬가지였고요. 그들 기준에서 볼 때 아이칸 펀드는 KT&G 경영진으로 하여금 '좋은 경영'을 하게끔 압력을 넣은 좋은 투자자였던 겁니다.

이렇게 2006년을 전후해 아이칸이 한국에서 쉽게 돈 버는 걸 보고 자극 받아 그랬는지는 몰라도 어쨌든 소버린이 SK그룹을 공격했을 때 투자 자문 역할을 했던 미국계 투자은행 라자드가 2007년 '한국기업지배구조개선펀드'라는 멋진 이름의 사모펀드를 조성해 투자하기 시작해요. 홈페이지에 버젓이 '라자드 자산 운용은 좋은기업지배구조연구소(CGCG) 및 투자 기업과 협력하여 기업지배구조를 개선하고, 이를 통한 기업 가치 향상과 장기 자본 수익 창출을 목표로 삼고 있습니다. 즉 이 전략의 핵심은 기업지배구조의 개선을 통해 주주 가치를 제고하는 것입니다'라고 지금도 내걸고 있고요. 한마디로 한국 대기업들의 지배구조를 주주들에게 '좋은' 방향으로 바꿔 돈을 벌겠다는 거죠. 그게 바로 장하성 교수가 투자 자문으로 있는 이른바 '장하성펀드'예요.

결국 경제 민주화 세력과 기업 사냥 펀드들, 그리고 월스트리트의 투자은행들이 이해관계를 갖고 밀접하게 엮여 있는 셈이죠.

이종태 다른 건 다 이름을 들어 봤는데, 좋은기업지배구조연구소는 뭐하는 데죠?

정승일 좋은기업지배구조연구소는 재벌 개혁과 금융 개혁, 소액주주 운동을 이끌어 온 경제 민주화를 주장하는 분들이 중심이 되어 만든 영리성 연구소입니다. 재벌을 비롯한 대기업들의 기업지배구조를 분석해 그 정보를 주식 투자자들에게 판매해 수익을 내는 곳이라고 해요. 홈페이지에 그렇게 나옵니다. 말하자면 라자드 역시 고객의 하나인 거죠. 그리고 요즘 나오는 재벌 개혁의 실질적 힘을 제공한 것이 바로 경제개혁연대라는 시민 단체인데, 그 산하에 경제개혁연구소가 있습니다. 이 경제개혁연구소와 좋은기업지배구조연구소는 자매기관으로, 그간 소액주주권리운동과 적대적 M&A의 유용성을 공공연하게 주장해 온 분들이 운영합니다. 그동안 진보의 이름으로 활동해 온 이름 있는 변호사들도 함께하고 있고요.

기관 투자자는
과연 선량한가

이종태 그렇군요. 아무튼 경제 민주화를 주장하는 분들 역시 '경영권 방어 정책이 일반론적으로는 필요할 수도 있다'고 인정하는 것 같습니다. 다만 한국에서는 아니라는 거예요. 한국의 경우 적대적 M&A 위협 외에는 대주주와 경영진을 견제할 다른 수단이 없다는 거죠. 예를 들어 1998년 이후 재벌 개혁의 일환으로 사외이사제가 도입되었지만 재벌계 대기업에서는 원래 취지대로 굴러가지 않는다는 겁니다. 그리고 기관 투자자들, 즉 펀드 운영자들 역시 제대로 된 목소리를 내지 못하고 있다는 거고요. 이런 상황에서 재벌 총수에게 유리한 방향으로 경영권 방어 장치까지 도입되면 재벌의 전횡이 더 심해질 것이라는 말입니다.

장하준 먼저 사외이사제부터 이야기하죠. 사외이사가 경영진을 견제할 수 있다는 생각 자체가 망상입니다. 만약 경영진이 회사 재산을 털어먹겠다고 눈에 뻔히 보이는 멍청한 음모를 꾸미는 경우에는 눈 밝고 양심적인 사외이사가 적발할 수도 있겠죠. 그러나 대부분의 사외이사들은 회사의 운명을 좌우하는 결정권자의 막강한 권력에 비해 회사의 영업과 사업에 대해 아는 게 별로 없는 경우가 보통입니다. 허수아비 혹은 거수기 역할이나 하게 되는 것도 그래서이죠. 이건 한국뿐 아니라 다른 선진국에서도 마찬가지입니다. 완벽한 사외이사제를 가졌다는 평을 받던 GM이 어떻게 망했는지 보세요. 영국의 경우에도 은퇴 정치인들 하는 일이 바로 대기업 사외이사거든요. 그런 사람들이 그 회사 경영에 대해 뭘 알겠어요?

대주주가 없고 소액주주들, 그러니까 주식 펀드들이 회사의 주인이고 완벽한 사외이사제를 가진 미국 회사 씨티은행의 사례도 한번 보죠. 2008년의 금융 위기 과정에서 드러났듯이 그 전 수년간 씨티은행이 위험천만한 경영으로 파산 직전으로 갈 때까지도 사외이사들은 그 어떤 견제 역할도 못했습니다. 아니, 오히려 사외이사들은 그 위험천만한 경영을 누리고 환영했어요. 그런 경영 덕택에 씨티은행의 수익과 주가는 위기 직전 수년간 가파르게 상승했고, 소액주주들은 파티를 벌였거든요. 어떻게 보면 사외이사들은 소액주주를 대변한다는 자신의 직무를 충실히 이해했던 거죠. 그 사외이사들이 은행 업무와 금융 시장을 모르는 사람들이었냐 하면 그렇지도 않아요. 사외이사 중에는 로버트 루빈이라고, 과거 골드만삭스 CEO도 했고 클린턴 시절에 재무 장관까지 했던 사람도 있었죠. 다른 사외이사들은 몰라도 루빈 같은 사람은 업계를 잘 알면서도 소액주주들의 이익을 위해 자기 역할에 충실했던 겁니다.

그래서 아예 사외이사가 없는 세계적인 회사들도 많아요. 대표적인 경우가 일본의 도요타입니다. 최근 사외이사를 한 명 임명하긴 했는데, 그 사람도 도요타 그룹 계열의 로펌 변호사예요. 독일의 BMW나 보쉬(Bosch)도 비상장 기업이니 당연히 사외이사가 없고요. 사외이사가 경영진을 전혀 감시할 수 없다는 말은 아닙니다. 다만 이를 마치 해결책인 양 여기는 건 현실을 잘 모르는 말이라는 거죠.

이종태 그럼 주식 펀드 같은 기관 투자가들의 견제는 어떤가요? 그것도 총수 견제에 실효성이 없나요?

장하준 기관 투자자들이 특별히 선량한 투자자라고 생각하세요? 그들 역시 다른 주주들과 마찬가지로 주가를 단기간에 올려 큰 수익을 내고자 할 뿐입니다. 게다가 그들은 주식 시장에서 상대적으로 큰손이고, 주도면밀한 투자 전략까지 구사하기 때문에 자신들이 투자한 기업을 보다 효과적으로 압박해 요구를 관철시킬 수 있어요. 사실 해외에서는 기관 투자자들이 너무 똑똑해서 오히려 문제입니다. 그런 면에서 기관 투자가들이야말로 주주 자본주의의 핵심적 이해관계자들이라고 할 수 있어요.

정승일 국민연금이나 군인공제회, 교원공제회 같은 국내 기관 투자가들 역시 주주 자본주의의 핵심 주역들이죠. 그리고 투기 자본도 기관 투자가예요. 소버린이 SK 주식을 대량 매입한 뒤 1년 만에 떠나면서 5배의 수익을 올리고 나갔는데, 이에 대해 경제 민주화를 주장하는 어떤 분은 '외국 투기 자본 욕할 게 아니다'라고 했습니다. 오히려 국내 기관 투자가들이 소버린처럼 돈 벌 기회를 못 보고 투자하지 않은 게 문제라고 했지요. 그러면서 소버린을 문제 삼을 게 아니라 우리도 소버린이나 아이칸 같은 기업 사냥 펀드를 만들어 그들처럼 투자하는 것이 올바른 해법이라고 말했어요. 실제로 몇 년 뒤에 이른바 장하성펀드가 등장했습니다. 그런 펀드도 이른바 기관 투자가예요.

이종태 적대적 M&A 위협을 받으면 아무래도 경영자들이 더 긴장해 경영을 잘하지 않을까요? 또 M&A를 통해 덩치를 키워 규모의 효과를 증대시킨다거나 하는 식으로 긍정적으로 활용할 수도 있지 않을까요?

장하준 이미 세계적으로 수많은 연구 결과가 나와 있는데, 적대적 M&A는 경제 전반에 좋지 않다는 겁니다. 적대적 M&A를 당한 기업들을 개별적으로 분석한 자료를 봐도 합병 이후 기업 효율성이 증대하지 않았다는 게 대다수 연구 결과예요. 적대적 M&A가 활성화된 영국과 미국 등 일부 국가에서마저 적대적 M&A를 오직 지난 30여 년 동안 횡행했던 예외 현상으로 볼 정도입니다.

자본주의의 역사를 통틀어 적대적 M&A는 최근의 아주 예외적인 현상이에요. 선진국에서도 지난 200년간 적대적 M&A가 나타난 적이 없습니다. 그게 당연한 것이 적대적 M&A가 가능하려면 먼저 해당 회사가 상장 기업이어야 하고, 또 소액주주와 기업 사냥 펀드들이 기업 이사회를 장악하는 게 용이하게끔 모든 법적 규제가 풀려 있어야 하거든요. 그런 선결 조건이 과거에는 선진국에서도 없었던 거예요. 미국과 영국 역시 비슷했고요. 적대적 M&A는 레이건과 마거릿 대처가 1980년대부터 금융 시장 키우고, 금융 규제 완화하고, 주주 자본주의를 전면화하면서 영국과 미국을 중심으로 나타난 새로운 현상입니다.

재벌 경영권과
복지를 맞바꾸자

이종태 현재 민주통합당과 새누리당 모두 출자총액제한제*를 부활시키고, 순환 출자도 금지하는 등의 조치를 통해 재벌 계열사들의 상호 지분 보유를 억제하는 제도를 공약하고 있습니다. 사실 요즘 '재벌 빵집' 논란에서 보듯이 재벌들이 골목 상권까지 진출하는 걸 보면 출자총액제한제가 정의로운 제도이고, 마땅히 부활시켜야 한다는 생각이 들기는 합니다. 빵집이나 대형 마트 같은 데에 재벌들이 투자하여 소매상인들의 밥그릇까지 가로채겠다는 건 너무하지 않습니까?

정승일 그런데 요즘 경제 민주화를 주장하는 분들이 주도하는 재벌 빵집 논란은 좀 과장된 면이 있어요. 솔직히 삼성 이건희 회장의 딸 이부진 씨가 서울 청담동 같은 최고 부유층만 사는 동네에 최고가의 빵집을 몇 개 만든다고 해서 서민들이 이용하는 동네 빵집이 타격 받을 일이 뭐가 있죠? 요즘 서민들 지역의 동네 빵집이 과연 영세 자영업자 빵집 인가요? 대부분은 SPC라고 예전의 삼립식품이 운영하는 파리바게뜨나 삼성의 방계인 CJ에서 하는 뚜레쥬르 같은 대기업 브랜드의 체인점 아닌가요? 설령 이부진 씨가 앞으로 서민 지역에 새로운 빵집 체인점

• 재벌 또는 재벌 계열사가 자산의 일정 범위 이상을 다른 회사에 출자할 수 없도록 제한하는 제도로, 계열사 간의 과도한 출자로 기업집단의 소유·지배구조의 왜곡을 억제하고, 계열사 간 동반 부실 위험 등을 완화하기 위해 1987년 4월부터 도입하여 시행했다. IMF 사태 이후 1998년 2월 재벌 개혁이 진행되면서 재벌의 결속력이 약해진 결과 해외 자본이 국내 대기업을 대거 헐값에 인수할 수 있다는 우려가 나오면서 폐지되었으나, 경제 민주화를 주장하는 이들의 요구에 따라 2001년 4월 출자총액상한을 순자산의 25퍼센트 이상으로 하면서 다시 도입되었고, 2009년 3월 3일 한나라당에 의해 다시 폐지되었다.

을 낸다 하더라도, 그로 인해 피해를 입는 건 파리바게뜨나 뚜레주르 이지 동네 영세 빵집이 아니란 말입니다.

정말로 영세 상인들을 보호하려 했다면 그런 문제를 가지고 떠들 게 아니라 파리바게트나 파리크라상, 뚜레주르처럼 대기업 브랜드들이 자영업자인 가맹 점주들에게 요구하는 지나친 로열티와 온갖 명목의 강제 이행 의무를 비판해야죠. 재벌 빵집 논란을 보면 솔직히 진보, 개혁 세력 전체가 자진해서 파리바게뜨를 위한 대리전을 펼치는 느낌입니다.

더구나 한국 경제의 가장 큰 문제 중 하나가 자영업자가 지나치게 많다는 것 아닌가요? 동네 골목마다 빵집에 음식점, 피자집, 미용실, 통닭집, 복덕방이 전체 경제 활동 인구의 30퍼센트나 되는데, 선진국 들은 10퍼센트 정도예요. 일본처럼 동네에 라면집과 가게가 많은 나 라도 불과 15퍼센트고요. 이런 자영업자들 절반이 월 소득 150만 원 도 되지 않는다는데, 그럴 수밖에 없겠다는 생각이 들어요. 이렇게 과 당 경쟁 상태라면 몇 개 빼고는 장사가 안 될 것 같거든요. 실제로 3분 의 1이 적자 상태라고 하더군요.

이종태 그렇다면 장기적으로 자영업자를 현재의 30퍼센트에서 15~10 퍼센트로 줄이는 게 가장 중요한데, 과연 삼성그룹 이부진 씨가 빵집 접는다고 이런 문제가 해결될까요? 그렇다고 재벌 개혁 열심히 해서 출자총액제한제 강화한다고 이런 문제가 해결될 것 같지도 않고…. 도대체 어떻게 해야 하는 거죠?

정승일 한 달에 150만 원도 벌지 못한다고 하는데도 매년 수십만 명이 고깃집 차리고, 피자 체인점 열고, 빵집 시작하는 이유가 도대체 뭡니 까? 그것도 수천만 원, 수억 원씩 때려 넣으면서요? 그리고 왜 이런 사람들이 지난 15년간 급격하게 늘었죠? 은행이나 대기업 등에서 명예퇴직당한 사람들이 1998년 이후 크게 늘었고, 정리해고되는 정규직이 계속 늘고 있기 때문 아닌가요? 그렇다면 명예퇴직을 막고, 정리해고를 막아야죠. 더 근본적으로는 대기업이, 또 은행이 이렇게 하도록 만든 주주 자본주의를 막아야 하고요. 그런 맥락에서도 앞으로 주주 자본주의를 더 심화시킬 수 있는 잘못된 재벌 개혁은 막아야 해요.

동시에 이미 영업하고 있는 자영업자들을 위해서 파산하더라도 생존이 가능하게끔 실업보험 체제를 강화해야 합니다. 통계적으로 보면 어차피 절반 이상은 파산 가능성이 높다고 봐야 하니까요. 그와 함께 아예 다른 유망 직종으로 취업할 수 있도록 정부가 직업 재교육 시스템도 갖춰야 합니다. 아이들을 위해 가능하면 대학까지 학자금 걱정 없이 다닐 수 있게 해 주고, 노인들을 위해 노인연금 보장하고, 온 식구들을 위해 저렴한 주택에 살 수 있게 해 주는 동시에 국민건강보험 보장을 강화하면 이런 문제가 상당 부분 해결되는 거 아닌가요? 골목 상인들을 진심으로 위한다면 이렇게 복지국가를 제대로 만드는 게 해법이지, 엉뚱하게 출자총액제한 같은 재벌 개혁을 이야기를 하면 안 됩니다. 이건 좀 심하게 말하면 거의 사기 행위나 다를 바 없어요.

이종태 알겠습니다. 그렇지만 재벌들이 다른 큰 회사들을 무분별하게 인수하거나 창업하여 문어발식 사업 확장을 막는 데에는 출자총액제한제가 도움이 되지 않겠습니까? 이 제도가 폐지된 2009년 이후 재벌의 몸집 불리기가 본격화되면서 심각한 부작용을 초래하고 있다고들 하지 않습니까?

정승일 이미 많은 이들이 지적하듯이 출자총액제한제의 부활만으로는 재벌의 경제력 집중 문제를 해결하기 어렵습니다. 현재 민주통합당의 출자총액제한제 부활 방안은 상위 10대 재벌에 한해 출자총액을 순자산의 40퍼센트까지 인정하자는 건데, 그 경우에도 SK, LG, GS같이 이미 지주회사 체제로 전환한 그룹은 해당되지 않아요. 결국 삼성, 현대자동차, 롯데, 한진, 한화만 대상이 되는데, 그들조차 순자산 40퍼센트 규제에 걸릴 회사들이 별로 없어요. 공정거래위원회의 2007년 자료에 따르면 삼성은 계열사 출자 규모가 순자산의 11퍼센트, 현대자동차는 18퍼센트, 롯데는 11퍼센트 수준이라고 하니까요.

이종태 그렇다면 순자산의 40퍼센트가 아니라 그보다 더 낮추면 되는 거 아닌가요?

정승일 실제로 통합진보당의 이정희 대표가 '출자총액제한제 기준을 폐지 직전의 순자산 총액의 40퍼센트 수준이 아니라 당초 기준인 25퍼센트로 하자'고 했습니다. 이 경우 '41퍼센트를 출자하고 있는 재계 6위 현대중공업, 43퍼센트를 출자하고 있는 재계 9위 한화는 곧바로 분리 대상, 즉 해체 대상이 된다'는 거죠. 결국 이렇게 해도 여전히 삼성이나 현대자동차, 롯데는 별 타격이 없고, 현대중공업과 한화만 그룹 해체에 따라 12년 전 해체된 대우 신세가 되는 거죠. 그런데 대우가 어떻게 됐죠? 결국 또 다른 대우자동차나 대우전자, 하이닉스가 되기 십상이에요. 론스타나 KKR**, 보고펀드 같은 국내외 사모펀드들은 '이게 웬 떡이냐'며 달려들 거고요.

   그렇지 않아도 1997년 IMF 사태 직후 한국에 투자해 재미를 봤던 글로벌 사모펀드들이 요즘 다시 한국 시장을 노리고 있다고 합니다. 정권 교체 가능성이 높아지고 경제 민주화라는 구호가 다시 등장하면

• 『한겨레』 2012년 1월 29일자.

서 기대감이 높아진 거죠. 예컨대 1998년 자회사인 뉴브리지 캐피털을 통해 제일은행과 하나로텔레콤의 경영권을 인수했다가 수년 후 매각해 큰 이득을 봤던 미국계 사모펀드 텍사스퍼시픽그룹(TPG)이 지난해 말 국내 토종 펀드인 보고펀드와 제휴를 맺고 한국 투자를 추진하고 있다더군요. 또 블랙스톤, 칼라일과 함께 세계 3위의 사모펀드인 KKR은 최근 아예 서울에 상주 사무소를 개설했다고 하고요. 1999년 한미은행을 인수했다가 씨티은행에 매각해 재미를 봤던 칼라일도 조만간 다시 돌아오겠죠. 그러면 그 같은 미국계 사모펀드의 활동과 알게 모르게 연결되어 있는 골드만삭스나 J.P. 모건 같은 미국계 투자은행들이 눈에 불을 켜고 있을 겁니다. 어쩌면 월스트리트 금융 자본의 핵심인 투자은행과 사모펀드들에게는 통합진보당 같은 한국의 좌파가 고마운 존재일지도 모르겠어요.

이종태 어쨌거나 민주통합당에서 시장 개혁을 주장하는 분들도 그렇지만, 이정희 대표 역시 재벌의 순환 출자를 금지하자고 하더군요. 지주회사 규제도 더 강화하자고 하고요. 결국 실질적으로 재벌 해체를 하겠다는 거죠.

●● KKR(콜버그-크래비츠-로버츠)은 론스타와 마찬가지로 경영권 매매(buyout) 위주로 투자하는 사모펀드인데, 그 운용 규모가 587억 달러에 이르러 론스타보다 훨씬 덩치가 크다. 한국에서는 2007년에 만도의 경영권 인수전에 뛰어들었고, 2009년에는 18억 달러에 오비맥주 경영권을 인수한 바 있다. 보고펀드는 한국 최초의 사모펀드로 노무현 정부 시기 재정경제부에 근무하면서 외환은행을 론스타에 매각한 장본인 중 하나인 변양호 국장이 퇴직후 '외국 자본에 대항하는 토종 펀드'를 목표로 2005년 설립했는데, 그 이름은 장보고에서 따왔다고 한다. 공동 펀드 매니저로는 리먼 브라더스 한국 대표였던 이재우 씨와 모건스탠리에서 근무했던 신재하 씨가 있고, 2010년 12월 김앤장법률사무소 변호사 박병무 씨가 합류해 4명이 공동대표를 맡고 있다. 2006년 동양생명보험, 노비타, 2007년 아이리버, 실트론, 2009년 BC카드에 투자했으며, 2010년 말 기준 운용 자산은 1조 7000억 원이다.

정승일 먼저 순환 출자 이야기를 하자면, 현대기아자동차의 경우 그룹 태동의 역사적인 이유 때문에 과거 현대정공이던 현대모비스가 현대 자동차를 소유하고, 현대자동차가 기아자동차를 소유하고, 기아자동 차가 다시 현대모비스를 소유하는 식으로 순환 출자를 하고 있어요. 따라서 순환 출자를 당장 금지시킨다면 현대기아자동차그룹 역시 일 부 계열사를 매각해야 하니까 부분 해체되는 셈이고, 그 경우 예컨대 기아자동차 같은 우량 회사가 대우자동차나 쌍용자동차 꼴로 전락하 기 쉬워요.

　지주회사 규제 강화도 마찬가지입니다. 이정희 대표는 '현행 지주회 사 규정은 총수의 지배력 확대를 결과적으로 방조하고 있다'고 비판하 며 '자회사 지분을 40퍼센트(상장 회사 및 벤처 회사는 20퍼센트) 이상만 보 유해도 지주회사 설립이 가능한 현재 규정을 80퍼센트(상장 회사 및 벤처 회사는 40퍼센트)로 상향해야 한다'고 제안했어요. 이런 규제가 강화되면 'SK, LG, GS 같은 지주회사들도 상당수 자회사를 매각하여 결국 분 리될 것'이라고 설명하면서요. 한마디로 이들 지주회사 재벌 역시 부 분적으로라도 해체시키겠다는 거죠.

이종태 지주회사 규제가 그런 식으로 강화되면 어떤 회사가 가장 문제가 될까요? 가령 SK 같은 경우 최근 SK텔레콤을 통해 하이닉스를 인수 했는데, 이 경우에도 문제가 되지 않을까요?

정승일 그렇죠. 만약 이정희 대표가 요구하듯이 자회사 지분을 반드시 80퍼센트 이상 가져야 하는 걸로 상향 조정되면 그에 필요한 자금을 마련하지 못한 SK텔레콤이 하이닉스를 다시 시장에 매물로 내놓는 사 태가 일어날 가능성이 높죠. 그 경우 하이닉스는 다시 지난 10년간처 럼 낙동강 오리알 신세가 되는 거고요. 하이닉스를 인수하는 바람에

SK텔레콤의 주가와 신용 등급은 이미 낮아졌다고 합니다. 말하자면 주식 시장은 SK텔레콤에 '왜 쓸데없는 짓을 하느냐'고 질타한 셈이죠. 그런데 만약 하이닉스 지분율을 80퍼센트까지 올려야 하는 사태가 벌어진다면 SK텔레콤의 주가는 더 큰 폭으로 떨어질 테고, 그만큼 하이닉스를 재매각하라는 목소리가 높아질 겁니다. KKR이나 보고펀드 같은 사모펀드들이 사태 전개를 예의 주시하겠죠.

이종태 현재 민주통합당과 통합진보당이 공동으로 추진하는 재벌 규제 강화는 결과적으로 사모펀드와 투자은행 같은 월스트리트 금융 자본에게 잔칫상을 차려 주는 게 된다는 거군요. 설사 그룹 분리를 모면할 삼성전자나 현대자동차 같은 재벌계 회사들도 재벌 규제의 강화로 소액주주들과 기업 사냥 펀드들의 목소리가 커지면서 늘 적대적 M&A 걱정 속에서 살아야 하는 거고요. 사태가 그쯤 되면 기업들에게는 '주주 말 잘 들어라'는 강력한 압력이 되겠습니다. 그러면 배당금 많이 주기 위해서도 직원과 하청 기업을 쥐어짜게 될 거고요. 두 분은 그러니까 진정한 경제 민주화를 위해서라면 재벌 규제가 아니라 오히려 주주 자본주의를 규제해야 하고, 그 일환으로 1998년 이후 폐지된 여러 가지 경영권 방어 장치를 부활시켜 그런 부작용을 없애는 편이 낫다는 거죠?

장하준 그렇지만 다시 한 번 강조하는데, 시민들이 재벌에게 경영권 방어 장치를 허용한다면 반드시 그 대가를 받아야 합니다. 그 대가로 제안할 수 있는 건 생산 기지의 해외 이전 제한, 설비 및 R&D 투자 확대, 미래형 신산업 투자, 그리고 복지국가 건설 및 부자 증세 협조 등이 있을 수 있죠. 아무튼 반드시 그 대가는 받아야 합니다.

지금까지 경제 민주화를 주장하는 분들은 재벌 개혁이라는 명분하에 국내 대기업들을 지금보다 더 국제 자본 시장의 압력에 노출시켜야 공정한 사회를 이룰 수 있다고 말해 온 셈입니다. 하지만 이건 한국 경제가 국제 금융 자본의 논리에 전면적으로 노출될 때 발생하는 해악을 간과하는 태도예요.

반면에 보수주의자들은 재벌이 바라는 건 무조건 들어줘야 한다는 태도로 일관했죠. 그러나 이건 재벌이 좋은 일자리를 늘리고 양극화를 해소하는 데 도움이 되는 신사업 장기 투자 같은 어려운 일에서는 손을 놓고 지금처럼 비교적 빨리 손쉽게 돈을 벌 수 있는 금융이나 심지어 소매 유통 같은 서비스업으로 진출해 서민들의 밥그릇까지 위협하는 현실을 간과한 논리입니다.

만일 그 어떤 대가 없이 경영권 방어를 허용하면 재벌에게는 좋겠지만 국민 경제 전체에는 해로운 결과로 이어질 겁니다.

정승일 그렇죠. 그런데 전경련은 경영권은 보호해 달라고 하면서 부자 증세는 절대 안 된다고 합니다. 국민 경제 같은 건 안중에도 없어요.

투자자 이익보다
미래 산업 육성이 먼저다

이종태 사실 복지에 대해서도 가장 강경한 반대 세력이 재벌과 그 산하 연구소들이에요. 시장 원리에 어긋난다는 거죠. 그런데 따지고 보면 재벌의 경영권 방어 장치도 자본의 시장 원리에 어긋나는 거 아닌가요? 재벌 연구소들은 FTA 찬성하고 증세에 반대할 때는 무조건 시장 원리를 주장하면서, 경영권 문제에 부딪치면 정반대로 반시장적인 경영권 방어를 주장합니다.

더군다나 재벌계 대기업들은 각종 법인세 공제 혜택과 저렴한 전기료 혜택 등 매년 수조 규모의 무상 혜택을 누리고 있어요. 그런데도 국민을 위한 복지 제도에는 '공짜 점심은 없다'면서 무상의 '무'자만 나와도 펄펄 뜁니다. 재벌들이 이렇게 못되게 구니까 효과적으로 위축시키기 위해 여야가 모두 출자총액제한제 부활 같은 재벌 개혁을 지지하고 나서는 거예요. 여기에 대해 국민도 환호하는 거고요. 그런데도 두 분은 그걸 반대합니다. 국민에게 돌 맞을 발언을 용감하게 하시는 거죠. (모두 웃음)

아무튼 두 분은 재벌계 대기업들이 이런저런 다른 사업에 모두 투자하는, 이른바 문어발식 확장 혹은 다각화를 무한정 허용해도 좋다는 말씀인가요?

장하준 그건 아니죠. 문제 있는 다각화도 있습니다. 예컨대 재벌의 골목 상권 진출은 손 짚고 헤엄치듯이 쉽게 돈을 벌 수 있고, 소상인들에게 피해를 준다는 측면에서 바람직하지 않습니다. 그렇지만 재벌들이 잠재력 있는 신산업, 특히 수출 제조업 쪽으로 진출한다면 이는 바람직한 다각화라고 할 수 있죠.

앞에서 정 박사님이 말씀하신 것처럼 사실 선진국에서는 오래된 산업일지 몰라도 우리에게는 새로운 산업들이 아직 많아요. 이런 신산업에서 성공하기만 한다면 좋은 일자리도 창출하고 수익도 많이 올릴 수 있습니다. 문제는 계열사의 든든한 지원이 없는 독립 기업들로서는 이런 신산업에 진출하기가 쉽지 않다는 거예요. 수익이 날 때까지 그렇게 오랫동안 버틸 돈이 없으니까요. 신산업이라는 게 성공 가능성이 확실히 증명되지도 않고 오랜 세월이 지나야 수익을 낼 수 있는, 즉 투자의 불확실성이 높은 업종입니다. 그러니 은행들도 좀처럼 대출해 주지 않고, 주식 발행이나 채권 발행으로도 자금 조달이 쉽지 않아요.

　그런데 기업집단은 이런 일을 할 수 있습니다. 이미 현금 흐름이 탄탄한 기존 계열사에서 신생 계열사에 필요한 자금을 과감하게 조달해 줄 수 있으니까요. 물론 이런 신산업은 정부가 보호도 하고 지원도 해줘야 합니다. 일종의 유치산업 보호 차원에서 접근해야 하는 거죠.

　그렇지만 자본주의 시스템에서 정부 지원에는 한계가 많습니다. 우리가 그 많은 문제점에도 불구하고 재벌 같은 기업집단을 옹호하는 이유가 바로 여기에 있어요. 우리나라의 삼성이나 현대도 그렇지만, 핀란드의 노키아나 스웨덴의 발렌베리 등 수많은 기업집단이 모두 이런 식으로 성장해 왔거든요.

정승일　경제 민주화를 주장하는 분들은 그런 건 주식 시장을 활성화하면 된다고 주장합니다. 월스트리트 같은 주식 시장이 활성화되면 신생 기업이라도 주식을 발행해 필요한 돈을 조달할 수 있다는 거죠.

　하지만 이건 탁상공론이에요. 요즘 세상에 어떤 투자자가 신생 산업, 신생 회사가 수익을 낼 때까지 10년, 20년을 인내하며 기다립니까? 그냥 일반적인 주식 펀드에 투자하면, 아니 하다못해 부동산에 투자하면 1년에서 길어야 수년 안에 수익을 내는 식으로 돈을 굴릴 수 있는데요.

　'미국 실리콘밸리의 성공을 보라'고 하며 '미국식 나스닥과 벤처 캐피털을 우리도 가지면 되지 않겠느냐'고 하는 분들도 있더군요. 그렇지만 앞에서 말했듯이 미국 실리콘밸리의 성공은 세계 최대의 국방 예산을 지출하는 미국 국방부와 미국 보건부의 파격적인 R&D 보조금 지원과 세계 최대의 금융 자본인 월스트리트 투자은행들이 적극 후원하고 투자하는 극히 예외적인 두 가지 환경 요인이 있었기에 가능한 겁니다.

이종태 아무 나라나 따라 할 수 없다는 건가요?

정승일 유럽 여러 나라들도 실리콘밸리를 모방하려 했다가 다 실패했어요. 미국과 가장 비슷한 영국에도 실리콘밸리와 비슷한 게 없고요.

우리나라는 앞으로 제약과 바이오, 정밀기계와 정밀화학, 우주항공과 첨단소재 같은 신산업을 개척해야 해요. 이런 산업은 자동차나 석유화학 같은 기존의 주력 산업과 달리 그야말로 과학 집약적(science intensive)입니다. 그런 만큼 우리나라의 과학기술 능력을 선진국 차원으로 한 단계 업그레이드하지 않고서는 추격이 불가능해요. 게다가 이런 산업은 선진국들이 특허권으로 강하게 보호하고 있어요. 이 같은 신산업을 키우려면 향후 10년, 20년 동안은 수익이 나지 않을 각오를 하고 달려드는 인내심 있는 투자자가 필요합니다.

이런 산업이 우리에게는 신생이고 처음 해 보는 것이지만 선진국에서는 이미 50년, 100년 된 산업들이라 거대 규모의 회사들이 엄청난 생산설비를 가지고 움직입니다. 우리가 이런 산업에서 선진국을 따라잡으려면 벤처캐피털 수준의 몇백억 정도를 가지고 시작해서는 어림도 없어요. 선진국의 제약 회사나 항공기 제작을 보세요. 처음부터 수천억에서 조 단위의 투자가 필요하지 않습니까?

우리나라에서 누가 그걸 감당하죠? 그것도 10년, 20년 동안이나요. 은행이 하기에는 위험하다, 벤처 캐피털은 어림없다, 정부도 안 된다면 결국 남는 건 재벌밖에 없지 않나요. 삼성전자처럼 이미 막대한 수익을 올리고 있는 다른 계열사로부터 자금을 조달하는 게 가장 합리적인 자금 조달 방법이라는 겁니다. 우리나라 기업집단은 미국과는 다른 역사적 경로를 거치며 성장했고 나름대로 합리성도 갖고 있어요. 그런 기업집단의 다각화를 무조건 나쁜 걸로 몰아붙이면 안 됩니다.

이종태 어떻게 보면 기업집단에 대한 혐오 자체가 주주 자본주의적 시각의 반영이라고 할 수도 있겠군요.

장하준 '어떻게 보면'이 아니라 바로 그게 결정적인 증거입니다. 주주 자본주의에서는 기존의 잘되고 있는 A사에서 번 돈을 신산업 쪽의 B사에 투자하는 것 자체가 A사 주주에 대한 배임 행위로 규정돼요. '너희 회사에 투자한 이유는 돈 많이 벌어 배당금 많이 주고 주가 올리라는 건데, 그 돈을 다른 회사에 투자하는 바람에 배당금도 줄고, B사가 실패할 경우 투자 손실까지 발생해 주가가 떨어질 수 있다'는 이유로 고소할 수 있는 거죠.

이종태 그룹 계열사들이 서로 돕는 행위를 배임으로 보면 안 된다는 말씀인데, 좋습니다. 한국의 경제 발전에서 재벌이 하는 긍정적 역할을 인정하도록 하죠. 그렇지만 그런 마음을 가지려 하다가도 재벌이 하는 행태를 보면 '욱' 하고 치밀어 오른단 말입니다. 골목 상권 침해에 대해서는 이미 말씀하셨고, 그것 말고도 재벌은 건강 복지 시스템을 치명적으로 위협하는 영리 병원 도입도 부추기고 있어요. 병원 사업까지 넘보면서 문어발식 확장을 하겠다는 겁니다. 이런 걸 보면 출자총액제한제보다 훨씬 더 가혹한 조치를 해서라도 '문어발 자르기'를 해야 하지 않나 싶은데요.

장하준 물론 서구에도 제조업을 경시하는 제조업 종말론이니 지식 경제론이니 탈산업화론이니 하는 사이비 이론들이 판을 치면서 기업들이 힘든 제조업 말고 손쉽게 돈 벌 수 있는 서비스업 쪽으로 가려는 현상이 벌어지기는 합니다. 그러나 삼성 같은 재벌이 그 잠재력을 우리 경제에 정말로 필요한 첨단 산업 개척 쪽으로 쏟는 게 아니라 지금까지 정부 규제 때문에 할 수 없었던 영리 병원 같은 분야에 진출해 손쉽게 벌려고 하는 건 저도 화가 나요. 영리 병원 같은 건 절대 허용해서는 안 됩니다.

이종태 재벌에게 경영권 방어책까지 만들어 주고 재벌의 다각화를 용인한다 하더라도, 재벌이 아무 업종에나 다각화할 수 있게 허용해서는 안 되겠군요. 다각화에는 국민 경제에 나쁜 다각화와 좋은 다각화가 있으니까요.

장하준 당연히 모든 다각화가 좋은 건 아니죠. 기술 혁신으로 기존 산업을 업그레이드하거나 신산업을 키우는 건 좋은 다각화지만, 로비로 규제 완화를 해서 의료 시장에나 들어가는 건 나쁜 다각화니까 그런 건 막아야 합니다. SSM처럼 국내 소상인들과 경쟁을 해서 쉽게 벌어 보겠다는 다각화도 저지해야 하고요.

좀 과장된 면이 있기는 하지만 요즘 대기업들이 떡볶이, 통닭, 빵 같은 소매업까지 들어가려고 하지 않습니까? 그런 문제는 일정 규모 이상의 재벌이 진출할 수 없도록 업종을 지정하는 방식으로 해결할 수 있어요. 군이 출자총액제한제나 지주회사 규제 강화처럼 엉뚱하게 월스트리트 금융 자본을 도와주는 방식이 아니더라도요.

정승일 맞아요. 그렇게 하면 됩니다. 그런데도 재벌이 군이 통닭과 떡볶이를 팔고 싶어 한다면, 그로 인해 망하는 사람들의 사회안전망 구축에 필요한 자금을 내놓으라고 요구해야 해요. 그게 바로 부자 증세고, 대기업 법인세 증세입니다. 그래야 재벌 때문에 망한 빵집 주인이나 통닭집 사장이 최소한의 안전한 삶을 누리며 재기할 수 있지 않겠어요? 만약 그런 게 싫다면 재벌은 서민 업종에는 진출하지 말아야죠.

재벌 상속,
재산권 상속 문제가 아니다

이종태 또 하나 논란이 뜨거운 게 바로 재벌 가문의 상속 문제입니다. 복
잡하게 얽힌 계열사들을 몽땅 자식들에게 물려주고 싶은 욕망이 간절
하다 보니 별의별 불법 사례가 다 등장하고 있거든요.

장하준 다각화든 상속이든 재벌에 얽힌 여러 문제를 생각할 때 저는 나
름대로 원칙이 있습니다. 예컨대 삼성의 경우라면, 삼성이 앞으로 계
속 경쟁력을 유지하고 국민 경제에 더 기여하게 만들려면 어떻게 해야
하는가를 고민해야 한다는 거죠. 만약 삼성을 해체해 주주들 뜻대로 경
영자를 세우는 게 가장 나은 대안이라면 법을 바꿔서라도 창업자 가문
을 쫓아내야 하고, 그게 아니라 그나마 상속이 국민 경제에 유리하다면
국민 정서에 많이 어긋나더라도 용인할 수밖에 없다고 생각해요.

이종태 슬픈 일이지만 요즘 우리 사회에서는 지위 계승이 너무 유행하더
군요. 북에서는 최고 지도자 지위가 승계되고, 남에서는 의원 아들이
아버지를 이어받고, 대기업 노조들이 자식에게 일자리를 물려주는 협
약을 맺고요.

장하준 국회의원, 의사, 배우, 노동자의 자식이 아버지 직업을 승계한다
고 해서 국민 경제 전체가 금방 휘청하지는 않습니다. 반면에 삼성이
나 현대자동차 같은 경우 승계를 잘못하면 나라의 뿌리가 흔들릴 수
있어요. 제가 이 문제에 관한 한 강력한 사회적 개입이 필요하다고 생
각하는 건 바로 그래서입니다. 재벌이 승계를 위해 앞으로도 계속 무
리한 불법 행위를 저지르고, 그로 인해 사회적 논란을 일으키는 일이
되풀이되면 국민 경제가 흔들릴 수 있으니까요.

이종태 장 교수님이 일단 원칙을 말씀하신 것 같은데요. 승계 과정이 잘못되는 바람에 대기업들이 외국 자본에게 넘어가는 일도 걱정이지만, 단지 재벌의 자식이라는 이유만으로 자질 검증도 불가능한 상태에서 국민 경제에 엄청난 영향을 미치는 자리에 앉는 것도 문제입니다.

정승일 문제는 재벌의 후계 상속이 부유한 일반 가정의 재산권 상속이 아니라 거대한 대기업 그룹의 경영권 상속이라는 겁니다. 경제 민주화를 주장하는 분들 역시 재벌 가문의 재산권 상속 문제가 일개 서민의 상속과는 질적으로 다르다는 건 잘 알고 있어요. 다만 현재의 상속세법 상으로는 재벌 승계가 여러 가지로 쉽지 않으니까 재벌들이 온갖 편법을 사용하는 것에 대해 '왜 재벌들은 상속에 있어서 서민들과 달리 특혜와 특권을 누리느냐'고 비판하는 겁니다. 현행 법률의 측면에서 본다면 이분들이 '재벌의 편법, 불법을 단죄하라'고 외치는 게 일리가 있어요. 특혜와 특권은 당연히 엄단해야 하니까요.

그렇지만 문제는 재벌 가문의 재산권 상속이 이 나라의 거대 기업집단의 운명과 직결되어 있기 때문에 자칫 잘못될 경우 한국 경제가 흔들릴 수 있다는 점입니다. 2003년도에 벌어진 소버린의 SK 공격이 그 좋은 예라 할 수 있겠죠. 당시 최종현 회장이 갑작스럽게 사망하는 바람에 제대로 준비되지 않은 상황에서 그 아들인 최태원 회장에게 재산권 상속이 이루어졌어요. SK 전체의 경영권 방어에 허점이 생긴 거죠. 국내 누군가의 도움을 받은 소버린 펀드는 바로 그 틈을 노리고 SK를 공격한 겁니다. 그런데 이런 사태가 앞으로 재현되지 않으리라는 보장이 없거든요.

이종태 그럼 어떻게 해야죠? 재벌을 초법적인 존재로 특별 대우할 수는 없는 노릇 아닙니까?

정승일 한국 경제의 생존과 미래가 걸린 삼성이나 현대자동차 같은 재벌의 운명을 창업자 가문의 상속 문제 때문에 꼬이게 만들면 안 됩니다. 장 교수님 말씀처럼 강력한 사회적 개입이 필요한 거죠. 뭔가 특별법이라도 만들어서 해결해야 해요. 특단의 해결책이 필요한 문제니까요. 여기서 재벌 가문과 재벌의 그룹을 나눠서 생각할 필요가 있습니다. 저나 장 교수님이 걱정하는 건 그룹의 운명이지, 재벌 가문의 운명이 아니니까요. 한마디로 재벌 가족에 대한 특별 대우가 아니라 재벌에 대한 특별 대우가 필요하다는 겁니다.

현재 논란의 핵심은 재벌 후계자들이 상속 재산의 절반에 해당하는 상속세를 내지 않는다는 거예요. 가령 이건희 회장의 상속 재산이 4조라면 그 후계자인 이재용 사장은 그 절반인 2조 정도를 상속세로 납부해야 하는데, 불과 16억만 냈다는 거죠. 이건희 가문이 이렇게 무리수를 두는 이유가 뭘까요? 가뜩이나 '쥐꼬리만 한 지분으로 한국 최대의 기업집단을 지배한다'는 욕을 먹고 있는데, 상속 과정에서 재산이 절반으로 줄어들면 그만큼 지분도 줄어들어 쥐꼬리가 다시 반 토막이 나기 때문이에요. 그것이 초래할 위험을 두려워하는 거죠.

제가 2007년에 별도의 해결책을 하나 제시한 적이 있는데, 바로 공익 재단을 활용하자는 겁니다. 예컨대 삼성과 현대자동차 그룹의 소유권을 공익 재단으로 이전해 해당 재벌을 준(準)국민 기업 내지는 준(準)공기업으로 만들자는 거죠.• 스웨덴의 발렌베리 그룹이 지금 이런 형태입니다.

공익 재단이 아닌 다른 방법을 통해 해결할 수 있다면 그것도 좋다

• 보다 자세한 내용은 『복지국가혁명』(복지국가소사이어티, 2007년) '재벌' 편을 참조.

고 봅니다. 아무튼 이런 내용을 포괄해 '10대 그룹의 재산권 상속에 관한 특별법'을 제정할 필요가 있다고 봐요. 현재 경제 민주화를 주장하는 분들이 요구하는 출자총액제한제 역시 일종의 '10대 재벌 특별법'이니만큼 법률적으로 무리는 없을 것 같습니다. 다만 그런 특별법을 어떻게 구상할 것인지는 범사회적인 토론이 필요하겠죠. 이것 역시 장 교수님이 말씀하신 강력한 사회적 개입의 일종이라고 할 수 있어요.

이종태 사실 재벌의 상속은 재산권만의 문제가 아닙니다. 경영 능력이 검증되지 않은 재벌 2세, 3세가 거대한 기업집단의 경영권을 인수했을 때의 위험도 고려해야 하니까요. 예컨대 후계자인 젊은 재벌 총수가 무능하다고 판명되었을 때는 뭘 어떻게 할 수 있죠? 한마디로 어떻게 바꿀 수 있느냐는 겁니다.

정승일 그것도 심각한 문제죠. 그래서 그 문제를 해결하는 합리적인 방법으로 '기업집단법'을 제정하자고 제안한 바 있습니다. 문제의 핵심은 현재 우리나라 법에는 삼성전자 같은 단독 기업(독립 법인)을 대상으로 하는 조항은 있지만, 삼성그룹 같은 기업집단에 대한 조항이 없다는 겁니다. 결국 상법·회사법 상으로 보면 재벌은 유령이나 다름없는 존재죠. 명백하게 현실에 존재할 뿐 아니라 한국 경제의 운명을 좌우하고 있는데도 그 존재 자체가 법률적으로 인정되지 않으니까요. 바로 이 때문에 온갖 말썽이 벌어집니다. 현행법에 따르면 재벌은 아무런 법률적 책임도, 권리도 없는 상태에서 온갖 일을 다 하고 있는 셈이니까요.

이게 어떤 문제를 일으키는지 쉽게 설명하기 위해 예를 하나만 들어보죠. 1984년 12월 인도 중부 보팔 시에 위치한 미국계 기업 유니언카바이드의 인도 자회사인 농약 공장에서 맹독성 물질이 배출되어 무려 2만 명이나 사망하는 사건이 벌어졌어요. 피해 규모가 인도 자회사의 자산을 다 털어넣어도 감당할 수 없을 정도로 엄청나자 사망자 가족은 미국에 있는 유니언카바이드 본사에 피해 보상을 요구하는 국제 소송을 제기합니다. 그런데 유니언카바이드 본사는 '우린 책임 없다. 인도 자회사는 우리와 관계없는 독립 법인이다'고 딱 잡아떼는 거예요. 명백한 거짓말이죠. 미국 본사와 인도 자회사는 법률적으로만 독립 법인이었을 뿐 '사실상' 하나의 기업 안에 있었으니까요.

이제 왕권신수설에서 입헌군주제로

이종태 그 관계는 우리나라 재벌과 비슷하네요. 삼성전자와 삼성생명은 둘 다 실질적으로는 삼성 소속 회사들이지만 상법이나 회사법 상으로는 엄연히 독립 법인들이죠.

정승일 이렇듯 삼성그룹이라는 '경제적 실체'가 엄연히 존재하고 있음에도 법률적으로 존재하지 않는다는 게 무슨 말인가 하면, 기업집단을 총괄하는 '총수' 혹은 '회장'이라는 자리 역시 법률적으로는 존재하지 않는다는 겁니다. 그러니 삼성이 이건희 회장 지시로 그룹 경영 차원에서 잘못된 일을 저질렀다 해도 삼성그룹이나 이건희 회장에게 법률적 책임을 물을 수가 없어요. 마찬가지로 그 후계자인 이재용 사장이나 이부진 사장이 기업 경영과 관련해 그 어떤 잘못을 저질러도 법률적으로 어떻게 할 수가 없고요. 설령 무능한 후계자로 판명되어 뒷전으로 물러나게 하고 싶어도 법률적으로는 어떻게 할 도리가 없다는 거죠. 비유해서 말하자면 현재의 재벌 총수 경영은 왕권신수설에 입각하고 있는 겁니다. 따라서 무능한 후계자라 해도 왕위를 물려받을 수 있는 거죠.

장하준 관련된 국내 사례를 하나 들자면, 1990년대 초에 이건희 회장이 삼성자동차를 설립했잖습니까. 이건희 회장이 자동차광이라는 건 잘 알려져 있는 사실이지만 상당히 무리한 시도였어요. 그 때문에 단지 개인 취향으로 그룹 돈 써 가며 전망 없는 사업을 한다고 욕도 많이 먹었고요. 그런데도 삼성은 자동차 사업권을 따내기 위해 부산 간척지에 공장을 짓는다고 공사를 강행했습니다.

문제는 1998년 IMF 사태로 삼성자동차가 출범과 동시에 망하게 되었을 때 벌어져요. 여러 가지 법률적 문제가 발생했는데, 그 책임을 져야 하는 법적 주체는 삼성자동차 설립 과정에서 자금을 댄 삼성생명밖에 없는 겁니다. 그 사업을 실제로 추진한 당사자인 이건희 회장과 그룹 기획실은 그 어떤 법률적 책임도 질 필요가 없었지요. 삼성그룹이라는 기업집단과 각 계열사들의 사업을 실질적으로 감독하고 기획하는 회장 직속 기관인 기획조정실은 법률적 실체가 아니라서 아무런 법적 책임을 물을 수 없었기 때문입니다.

정승일 그뿐 아니라 삼성그룹 같은 재벌은 법적 실체가 아니라서 '그룹 이사회'도 없고 '그룹 감사위원회'도 없어요. 당연히 공시 의무도 없고요. 그러니 삼성이나 현대자동차처럼 거대한 그룹의 핵심 경영진 내부에서 어떤 일이 일어나는지는 재벌 총수와 그 측근 외에는 전혀 알 도리가 없습니다. 투명성이라곤 없는 거죠.

재벌 가문의 편법적인 지분 상속 역시 전략기획실 같은 총수 직할 조직의 지휘하에 일어나는데, 이건 일반적인 대기업에서라면 불가능한 일입니다. 왜냐하면 법적으로 설치가 의무화된 이사회와 감사위원회의 감시를 받으니까요. 그래서 기업집단을 법적 실체로 만들자는 겁니다. 재벌을 법적 실체로 인정하면 우리가 앞에서 누구이 그 필요성을 강조했던 재벌 계열사들의 상호 자금 지원도 합법화될 수 있어요.

우리나라나 미국에서는 개별 기업들만 법적 실체로 인정하기 때문에 기업집단은 법적으로 유령 같은 존재가 되고, 계열사들이 서로 지원하는 게 불법이 돼요. 예컨대 현대자동차그룹의 A사가 B사를 도와줬다고 치죠. 이 둘은 법적으로 독립된 회사이기 때문에 A사가 B사를 도와준 건 A사의 이익이 B사로 이전된 게 되고, 그에 따라 A사의 주가는 내려가고 B사 주가는 올라갔을 가능성이 커져요. 그러면 A사 주주는 불공정한 손해를 본 것이기 때문에 A사 대주주와 경영자를 배임 행위로 고발할 수 있는 거죠.

하지만 유럽의 경우에는 기업집단을 아예 법적 실체로 보는 경우가 많아요. 그 경우 기업집단 내에서 계열사끼리 서로 지원하는 것도 합법이 됩니다. 기업집단 차원에서 계열사 상호 지원은 장기적 투자의 관점에서 보면 용인될 수 있는 일이라는 겁니다. 물론 이런 유럽적 관점은 단기 이익을 중시하는 주주 자본주의와 정면으로 충돌해요. 그래서 유럽에서도 주주 자본주의가 본격화된 1997년부터 이 문제를 두고 논란이 많았습니다. 결국 EU(유럽연합) 차원에서 회사법 전문가들이 모여 문제를 정리했는데, 결론은 '기업집단은 존재할 가치가 있다. 계열사들의 상호 협력을 부인할 수 없다'로 나왔다고 해요.

유럽에는 실제로 기업집단이 굉장히 많습니다. 독일과 스위스, 오스트리아의 콘체른들이 다 우리나라 재벌 비슷한 기업집단이에요. 그중에는 문어발식으로 이것저것 다 하는 콘체른도 있고요. 벤츠를 만드는 다임러-벤츠, 영국 보다폰과 합병해 한때 세계 4위의 거대 통신 기업을 만들어 낸 만네스만 같은 회사도 다 콘체른입니다. 이외에 프랑스나 벨기에, 이탈리아에도 기업집단들이 많아요. 유럽에서 이른바 콘체른 법 등으로 기업집단과 계열사 간 상호 보조를 법률적으로 인정해 준 것도 이런 배경 때문입니다.

이종태 만약 기업집단법이 1990년대에 있었다면 이건희 회장에게 삼성 자동차 실패의 책임을 물어 물러나게 할 수도 있었겠네요. 그게 우리 역사에서 행운이 됐을지 불행이 됐을지는 명확하지 않지만요. 그리고 이건희 회장의 여러 자녀 중 누가 그룹을 승계해도 마찬가지 원리가 적용될 수 있을 것 같고요.

정승일 재벌 가문들이 현행법상으로는 기업집단이라는 법률적 실체가 없다는 걸 악용한 측면도 있다고 봐요. 삼성의 불법적 상속 시도가 드러난 에버랜드 사건의 경우에도 실행범이라 할 수 있는 삼성 간부들만 법적 처벌을 받았는데, 기업집단법이 있었다면 주범에게도 책임을 물었겠죠. 아무튼 지금 한국의 재벌 총수들은 권리는 있고 책임은 없는 '황제 경영'을 하고 있는데, 차라리 이런 황제 경영을 합법화시켜 주는 대신 책임도 확실하게 지우자는 거예요.

이종태 말하자면 입헌군주제를 하자는 거군요. 지금처럼 왕권신수설에 따른 제왕적 경영이 아니라 헌법을 준수해야 하는 입헌적 경영으로요. 헌법에 위배되는 짓을 하면 내쫓아 버릴 수도 있게끔 말입니다.

정승일 그렇습니다. 우리가 재벌 개혁 그 자체를 반대한다고 비난하는 사람들이 많은데 결코 그렇지 않습니다. 재벌을 개혁하자는 건 마찬가지예요. 단지 주주 자본주의가 아니라 경제 민주주의의 대의에 걸맞은 재벌 개혁을 하자는 겁니다. 기업집단법 같은 걸 만들어 재벌의 경영권은 안정시켜 주자, 대신에 그에 상응하는 법적 책임도 엄정하게 짊어지게 하자, 신산업 투자와 노동권 보장, 부자 증세 등도 반드시 받아

내도록 하자는 거죠.

장하준 당연한 게 한국의 대기업은 지난 수십 년간 국민이 함께 키워 온 거예요. 그런 대기업을 재벌 개혁이란 명분하에 국내외 자본 투자자들이나 재테크 세력에게 내 주면 안 됩니다. 그런 재벌 개혁이라면 과거 재벌 가문 사람들 500명 정도만 잘 먹고 잘 살던 걸 기껏 5만이나 50만 명의 금융 자산 부자들까지 잘 먹고 잘 살게 만드는 경제 민주화로 끝날 수밖에 없어요. 우리는 그러지 말고 5000만 국민 전체가 골고루 잘 먹고 잘 사는 복지국가를 이룰 수 있는 방향으로 재벌 개혁을 추진해야 한다는 겁니다.

중소기업이야말로
'경제 민주화'의 피해자다

이종태 그렇지만 여전히 중소기업 문제는 남을 것 같군요. 아까 잠시 언급했지만 중소기업은 재벌의 최대 피해자로 여겨지고 있습니다. 재벌이 중소기업을 착취하면서 그 성장을 가로막고 있다는 거죠. 재벌을 개혁해야 하는 가장 중요한 이유 중 하나가 바로 중소기업의 성장이 가능하도록 하기 위해서라고 합니다. 어떻습니까? 재벌을 해체하면 우리나라 중소기업 부문에 비약적 발전이 가능할까요?

정승일 그 논리가 맞는지 살펴보려면 먼저 그룹이 해체된 대기업에 딸린 하청 업체들의 운명을 살펴봐야 할 것 같은데요. 그 논리가 옳다면 그룹 분리 후 해외에 매각된 대우자동차나 쌍용자동차, 대우전자 같은 회사들은 하청 기업들을 공정하게 잘 대해 준다는 말이 되는데, 과연 그랬나요? 그리고 기아자동차가 단독 기업일 때는 하청 기업의 단가를 깎지 않았다가 현대기아차그룹에 소속된 이후부터 하청 단가 깎기가 더 심해져야 하는데, 정말 그런가요? 저는 그런 주장 자체가 터무니없다고 봅니다.

요즘 제기되는 대기업의 하청 기업 수탈 문제는 과거와 달리 대기업들로 하여금 단기 수익과 캐시플로(cash flow)를 중시하는 방향으로 몰아간 시장 개혁과 재벌 개혁의 결과예요. 더 크게는 주주 자본주의 원리에 따라 대기업들이 움직이고 있기 때문이고요.

장하준 대기업의 중소기업 착취 현상은 예전부터 존재해 왔어요. 그런데 IMF 사태 이후 한국이 시장 개혁하고 주주 자본주의 논리에 빠져들면서 훨씬 더 심해진 거죠. 빨리 이윤을 내서 주가 올리고 배당금 많이 줘야 하니까 노동자와 하청 기업을 더 쥐어짜게 된 겁니다. 이 문제를 해결하려면 시급히 법이나 새로운 관행을 만들어 엄격히 규제할 필요가 있어요.

이종태 대기업이 과거에 비해 중소기업을 더 갈취한다는 걸 증명하는 자료나 통계가 있나요?

정승일 그건 대기업과 중소기업의 영업 이익률 통계를 보면 어느 정도 답이 나와요. 1990년대까지만 해도 대기업 전체의 영업 이익률 평균이 6~7퍼센트라면, 중소기업도 5퍼센트 정도는 됐어요. 그런데 2002년 전후를 기점으로 대기업의 영업 이익률은 7~8퍼센트로 상승하는데, 중소기업의 영업 이익률은 2~3퍼센트 수준에서 더 올라가지를 않습니다. 이것만 봐도 뭔가 달라진 게 분명하죠.

그렇다면 문제는 왜 이런 변화가 생겼느냐는 거죠. 이게 과연 재벌 시스템 때문일까요? 재벌은 이미 수십 년 전부터 있었잖아요. 왜 재벌이 갑자기 달라진 거죠? 앞에서 뭔가 달라진 시점이 2002년 전후라고 했습니다. 당시 김대중 정부가 4대 개혁의 일환으로 재벌 개혁과 금융 개혁을 추진하면서 한국 경제 전체가 월스트리트를 정점으로 하는 주주 자본주의에 포획되었어요. 그리고 그 4대 개혁이 마무리되는 2002년 전후로 본격적으로 나타나기 시작했고요.

장하준 말하자면 원래 성질도 더럽고 사람 말 안 듣는 사나운 개가 있다고 치죠. 그런데 누군가 돌을 던져 더 많이 물고 더 잔인한 개가 된 거예요. 그런데 이런 경우에는 개뿐만 아니라 돌 던진 사람에게도 책임을 추궁해야 하는 거 아닌가요? (모두 웃음)

정승일 아무튼 요즘 하청 단가 깎는 대기업 중에는 재벌 회사만 있는 게 아니라 해외에 매각된 대기업에 민영화된 예전 공기업도 많다는 점을 보더라도 이건 재벌 문제가 아니에요. 재벌 빵집 논란과 마찬가지로 이 문제 역시 너무 과장되어 있는 거죠. 또 하나 간과되고 있는 사실은, 모든 하청 기업들이 무자비하게 단가를 깎여 고생하고 있는 건 아니라는 점이에요.

하청 기업에도 등급이 있습니다. 이른바 발주 기업에서 바로 하청 받는 1차 하청 기업과, 그 1차 하청 기업에서 다시 하청 받는 2차 하청 기업, 2차 하청 기업에서 다시 하청 받는 3차 하청 기업이 있는 식이죠. 그런데 1차 하청 기업 중에는 대기업 못지않은 매출을 자랑하는 업체도 상당수 있습니다. 예컨대 현대기아차와 삼성전자, LG전자의 1차 하청 업체는 이미 10여 년 전부터 중국, 인도, 유럽 등지로 동반 진출해 성장하고 있어요. 중국 현지에 짓는 현대기아차 공장, 삼성전자 공장 인근에 이들 1차 하청 기업도 공장을 지어 사업을 확장하는 거죠.

이렇게 성장한 1차 하청 기업들은 사실상 중소기업이 아니에요. 중국 공장에 종업원이 500명, 인도 공장에 400명, 체코 공장에 300명 하는 식이니까 사실상 글로벌 중견 기업으로 성장한 셈이죠. 그런데도 국내 통계에서는 이런 회사들의 상당수가 중소기업으로 분류됩니다. 해외 자회사들은 모두 법률적으로는 독립 법인이라 통계에 잡히지 않고, 국내 본사 사무실과 공장에는 다 합쳐 봐야 종업원이 300명이 안 되니까요. 일종의 통계적 착시가 발생하는 겁니다.

이들 글로벌 중견 기업들은 영업 이익률도 상대적으로 높아서 대기업과 중소기업의 중간 정도는 되는 것 같아요. 그래서인지 투자도 많이 합니다. R&D 투자는 주로 국내에서 하고 설비투자는 주로 해외 공장에서 많이 하는데, 해외 투자의 경우 상당 부분 해외 법인이 번 돈을 해외에서 다시 투자하는 거라 국내 투자로 잡히지 않을 뿐이에요.

한마디로 1차 하청 기업들은 이미 상당 수준으로 대기업과 동반 성장하고 있습니다. 특히 삼성과 LG, 현대기아차처럼 해외에 매각되지 않고 그룹 체제를 유지하면서 중국과 인도 등으로 뻗어나가고 있는 재벌 계열사의 1차 하청 업체들은 대개가 그래요. 반면에 해외 매각된 르노삼성자동차나 쌍용자동차, 대우자동차, 대우전자 같은 회사를 보세요. 중국, 인도 같은 나라에 진출하려 해도 GM 본사, 르노-닛산 본사에서 허락할 리가 없죠. 그러니 이들 회사의 1차 하청 기업들은 현대기아차나 삼성전자에도 병행 납품한다면 모를까, 해외 동반 진출도 못하고 그에 따라 글로벌 중견 기업으로 동반 성장할 기회가 없어요.

이종태 하청 기업들에 별 문제가 없다는 말씀인가요? 그렇다면 뭐가 문제죠?

정승일 진짜 문제는 2차, 3차 하청 기업입니다. 기술력도 별로 없고 그 때문에 오로지 종업원들의 저임금에 기대 경쟁사보다 낮은 하청 가격을 제시해 물량을 수주하는 업체들이 문제라는 거죠. 그런데 삼성전자나 현대기아차 같은 대기업은 1차 하청 기업하고만 계약을 맺지, 이들 2차, 3차 하청 기업들과는 직접 계약하지 않아요. 경제 민주화를 외치는 분들이 주장하듯이 재벌을 압박해서 하청 단가를 못 깎게 해도 그 효과가 1차 하청 기업을 넘어 2차, 3차 하청 기업까지 전달되는 데에는 한계가 있다는 거죠.

예컨대 삼성전자가 작년 15조의 순이익 중 1조를 떼어 내 하청 단가를 인상했다고 가정해 보자고요. 하지만 그 혜택을 직접 누리는 건 이미 형편이 좋은 1차 하청 기업들입니다. 아무리 삼성전자가 1차 하청 기업들에게 '그 돈 혼자만 갖지 말고 2차, 3차 하청 기업들에게도 나눠 줘라'고 해도 과연 그 1조 중 아래로 흘러 내려가는 게 얼마나 될까요? 아마 최대한으로 잡아도 2000억~3000억 정도일 겁니다. 그렇다면 이런 좋은 일을 우리나라 30대 재벌이 모두 시행한다 해도 기껏해야 2조~3조, 아무리 많이 잡아도 5조 이하일걸요.

복지가 중소기업을 업그레이드한다

이종태 어쨌거나 전혀 효과가 없는 건 아니지 않나요? 경제적 약자인 하청 기업들을 위해서 정운찬 동반성장위원장 같은 분들이 제안하는 다양한 방안들, 그러니까 원하청 규제나 원자재가-하청 단가 연동제, 초과 이익 공유제 내지는 성과 이익 공유제* 등이 없는 것보다는 낫지 않느냐는 겁니다.

정승일 당연히 없는 것보다는 낫죠. 저도 거기에는 전적으로 동감합니다. 문제는 그렇게 해서 해결할 수 있는 영역의 한계가 명백하다는 거예요. 과연 그 정도 액수 가지고 2차 하청 기업 이하의 중소기업들과 동네 소상공인들의 저임금, 저소득 문제가 해결될까요? 직업을 가진 2400만 경제 활동 인구의 80퍼센트에 달하는 이들 1900만 명의 문제를 겨우 그 정도 액수 가지고 해결할 수 있겠느냐는 겁니다.

이런 한계를 극복하기 위해서는 추가적인 방안이 필요한데, 그게 바로 복지국가예요. 현재와 같은 상황에서 복지국가가 해야 할 첫 번째 임무는 2차, 3차 하청 기업들처럼 저임금 노동자를 채용해야 경쟁력이 유지되는 한계 기업들을 정책적으로 퇴출시키는 겁니다. 동시에 최저임금을 높이고, 이들 회사의 종업원까지 의무적으로 가입하는 산별 노조를 국가적으로 만들어 저임금 일자리가 원천적으로 존재할 수 없도록 해야 하고요. 그렇게 되면 저임금저효율 중소기업들과 영세 업체들은 퇴출될 겁니다.

물론 이게 끝이어서는 곤란하죠. 이런 노동자들에게 좀 더 수익성 높은 산업으로 이직할 수 있는 직업 재훈련을 시키고, 또 산업 정책을 통해 이들을 흡수할 수 있는 신산업 부문을 육성해야 합니다. 생산적 복지를 해야 한다는 거죠.

장하준 그러니까 복지국가를 중심축으로 해서 중소기업 부문의 업그레이드 전략을 전체적으로 짜자는 말씀이죠? 그게 올바른 방향입니다. 산업 구조 자체가 고도화되지 않으면 아무리 대기업의 중소기업 약탈을 정부가 규제한다 해도 상황이 본질적으로 나아지지는 않아요. 2차,

---

• '원자재가하청 단가 연동제'란 2008년 여름처럼 구리와 철강 등 원자재 가격이 국제적으로 오를 경우 그 원자재를 가공하여 납품하는 하청 중소기업들의 처지를 고려해 자동적으로 원자재 인상액만큼 하청 단가를 올려 주는 것을 말한다. 초과 이익 공유제와 성과 공유제란 대기업이 얻은 초과 이익이나 성과를 하청 중소기업과 공유하는 것을 말한다.

3차 하청 부문의 한계 기업들은 단기적으로는 외국인 노동자를 고용해 근근이 유지할 수 있을지 모르지만 기술력을 높이지 않으면 장기적으로 생존하기 힘들 수밖에 없으니까요.

그러려면 기술력이 뒤떨어지는 진짜 한계 기업은 퇴출시키되, 신기술은 있지만 초기 투자가 부족해 이윤을 못 내는 한계 기업을 구별하는 게 중요해요. '지금 당장 수지 안 맞는 기업은 다 망하게 하라'는 신고전파의 시장주의적 접근은 역효과만 날 뿐입니다. 이를 위해서라도 당장은 수지가 맞지 않아 고생하지만 기술력이 유망한 혁신적 중소 벤처 기업을 선별하는 정부의 산업 정책이 중요합니다. 그런데 경제 민주화를 외치는 분들은 산업 정책이라면 질색을 하니….

정승일 대기업-중소기업 간의 관계를 강화하는 것도 좋은 선택이라고 할 수 있죠. 그런데 경제 민주화를 외치는 분들은 대기업-중소기업 전속 계약을 강도 높게 비판합니다. 대기업이 전속을 빌미로 하청 업체들을 엄청나게 쥐어짤 수 있다는 거죠. 맞는 말입니다. 하지만 세상에는 어둠이 있으면 빛도 있는 법이잖아요.

예컨대 삼성전자에 납품하는 하청 업체가 있는데, 처음에는 이 회사가 삼성전자에도 납품하고 LG에도 납품하고 하는 식으로 다양한 회사와 거래했다는 거예요. 그런데 이 회사가 품질도 좋고, 납기도 잘 맞추고, 가격도 괜찮은 것을 눈여겨본 삼성전자가 몇 년 뒤 아예 전속 납품 기업으로 하자고 요구하더라는 거예요. 한마디로 '너희 회사가 만드는 물건을 앞으로 다 우리가 사 주고, 신제품 개발에 필요한 자금과 기술도 지원하겠다. 대신 다른 회사에는 납품하지 마라'는 거죠. 이후 이 회사는 신바람이 나서 일하더군요. 나중에는 몰라도 일단은 회사가 일종의 도약기에 접어든 거니까요.

많은 하청 중소기업들이 꿈꾸는 것 중 하나가 삼성전자 같은 대기업과 전속 계약을 맺는 겁니다. 장기적으로 볼 때 그 계약이 새로운 도약을 위한 발판이 되거든요. 일례로 미국의 시스코나 IBM은 삼성전자에 5년간 납품한 기록이 없는 한국의 하청 기업과는 아예 계약을 맺지 않습니다. 삼성이나 현대기아차에 5년간 납품했다는 실적 자체가 그 회사의 기술력과 품질 관리 능력을 상징한다고 보는 거죠.

장하준 그리고 더 크게는 복지국가가 나서야 중소기업 전체를 업그레이드할 수 있는 건데, 스웨덴이 그 좋은 사례예요. 스웨덴은 연대임금제를 통해 한계 기업들을 정리하면서 국가 전체의 산업 고도화를 이루어낸 바 있습니다. 같은 일을 하는 노동자에게는 같은 임금을 준다는 것이 연대 임금 원칙인데, 이 제도를 시행하면 생산성이 낮은 한계 기업들은 퇴출될 수밖에 없어요. 반면에 생산성이 높은 기업들은 더 성장하게 됩니다. 또 그 과정에서 노동자들 내부의 임금 격차가 좁혀져 양극화도 줄어들고요.

우리가 이런 의견을 제시하면 보수파들은 '고임금과 노조 때문에 기업 망한다'고 할 겁니다. 그런데 폭스바겐이나 벤츠 노동자들은 GM 노동자들보다 월급을 훨씬 더 많이 받지만 실제로 망한 건 GM입니다. 물론 보수파들은 주주 자본주의 때문에 기술 혁신 못하고 품질 높이지 못해서 GM이 망했다고는 절대 말하지 않습니다. 그저 고임금과 노조 때문에 망했다고만 하는 거죠.

이종태 저임금과 저기술에 의존하는 한계 기업들은 복지국가의 관점에서 정책적인 퇴출이 필요하다는 말씀이군요. 머물러 있지 말고 과감하게 고임금-고기술-고부가가치로 가자, 그러기 위해서는 임금도 높여야 하고 노조도 강해져야 한다는 거죠?

장하준 노조 때문에 망했다면 노조 강한 스웨덴이나 임금 높은 독일 자동차 회사가 망해야지 왜 미국 자동차 회사가 망합니까? 결국 스웨덴이나 독일은 1시간에 40달러씩 주는데도 수지타산이 맞다는 거고, GM은 그렇지 않았다는 거 아닙니까? GM이 그렇게 된 이유가 뭐겠어요? 기술 개발 안 하고, 기술이 필요하면 사브니 대우차니 해서 좀 작고 돈 없는 기업 인수해서 기술 빼내 쓰고 하다가 망한 겁니다. 지금 영국에서 쉐보레 달고 다니는 차들도 다 옛날에 대우가 디자인한 자동차들이에요. 대우자동차 거 그대로 갖다 쓰면서 딱지만 쉐보레로 붙인 거죠. 그런 식으로 경영하니까 독일보다 임금을 덜 줘도 회사가 망하는 거예요.

정승일 결론은 중소기업 문제는 재벌 개혁을 한다고 해결되지 않는다는 겁니다. 이건 재벌 개혁보다 훨씬 더 복잡하고 높은 차원의 문제예요. 이걸 해결하려면 복지-산업 정책-노동 시장이 연계된 총체적인 개혁이 필요합니다. 최저임금을 올리면 한계 기업들은 퇴출될 수밖에 없어요. 그러면 퇴출된 한계 중소기업을 기술력 높은 고효율 기업에 M&A를 시키는 식의 상시적인 구조 조정이 필요합니다.

앞으로 중국과 베트남에서 들어오는 저임금 제품 때문에 국내 저임금 업체들은 생존 위기에 직면할 겁니다. 이런 한계 기업들은 퇴출시킬 수밖에 없는 만큼 이 회사들을 고효율, 고생산성 기업으로 구조 조정하는 일은 정말 중요합니다. 이게 원활하게 이루어지려면 중소기업 구조 조정을 지원할 중소기업 관련 금융 기관이 있어야 합니다. 고효율 기업이 한계 기업을 인수할 때 자금도 빌려 주고 M&A 컨설팅도 해 줘야 하니까요. 우리나라 중소기업에 부족한 세무, 회계, 법률, 경영 서비스도 통합적으로 제공해 주고요.

이종태 그런데 중소기업 관련 금융은 수익 규모가 작아서 우리나라 은행들이 기피하지 않을까요?

정승일 중소기업 구조 조정에 필요한 자금을 조달하는 일은 일반 은행들이 못해요. 돈이 안 되니 주가 상승에 도움이 되지 않거든요. 그렇다면 이미 있는 중소기업진흥공단이나 기술보증기금 같은 공기업을 활용해야 하고, 기업은행이나 산업은행 같은 국책 은행도 적절한 역할을 해줘야죠.

장하준 기업은행은 원래 중소기업 대출에 특화된 은행으로 탄생했는데 많이 변했더군요. 중소기업은행이라는 상호에서 '중소'를 떼어 내고, 영어 이름도 Industrial Bank로 바뀌 버렸으니까요. 민영화 논란도 있었던 모양인데 기업은행은 절대 민영화해서는 안 됩니다. 본업인 중소기업 금융을 더욱 충실하게 이행할 필요가 있어요. Industrial Bank라는 상호 자체가 직역하면 산업은행인데, 이름에 걸맞게 해야죠. 그리고 사실 한국의 중소기업 정책 금융은 외국에서도 상당히 부러워하는 제도입니다. 영국에는 이런 제도가 없었는데, 요즘 들어서는 한국을 따라하자는 말이 나오고 있을 정도니까요.

정승일 독일에는 중소기업 금융을 전담하는 공립 은행인 스파르카센(Sparkassen)이 지역마다 있는데, 그 은행의 대주주는 지방 정부입니다. 우리도 이런 게 필요해요. 스파르카센은 지방 정부의 중소기업 육성 정책과 연결되어 좋은 일을 많이 합니다. 2008년 금융 위기 즈음에 독일에서 스파르카센 사람들과 인터뷰를 한 적이 있는데, 중소기업 경영자들이 '경기가 안 좋아지면 일반 은행들은 대출 회수를 독촉한다. 그러나 스파르카센은 그렇지 않다'고 하더군요. 이런 점 때문에도 기업은행 같은 국책 은행을 민영화하는 일은 절대로 없어야 합니다. 기업은행은 앞으로 복지국가를 위해서도 할 일이 많아요.

장하준 그런 공공 금융 기관의 기능 중 하나가 금융 위기로 민간 은행들이 대출을 회수할 때 오히려 돈을 더 빌려 줘 경기를 살려 내는 것 아닙니까. 유럽연합에도 EIB(European Investment Bank)라는 공공 금융 기관이 있는데, 이번 경제 위기 때 오히려 대출을 2배로 늘렸다고 해요. 노르딕 국가들의 NIB(Nordic Investment Bank)도 70퍼센트나 늘렸어요. 이런 공공 금융 기관이야말로 국격을 높이는 겁니다. 다른 나라에서 얼마나 부러워하는데요. 그런데 한국 정부는 왜 그렇게 민영화시키려 하는지 이해가 가지 않습니다.

정승일 당혹스러운 사실은 이런 좋은 공공 금융 기관들의 시장화와 민영화를 찬성해 온 이들이 시장 개혁과 경제 민주화 또한 주장한다는 겁니다. 이런 공공 금융 기관 역시 비효율적인 관치 금융이라는 거죠.

청년 창업은
패배자만 양산할 수 있다

이종태 이참에 청년 실업 문제도 이야기했으면 합니다. 지금 여야를 막론하고 청년 창업을 강조하고 있는데, 한마디로 재벌과 대기업이 만들지 못하는 일자리를 청년들 스스로 만들도록 돕겠다는 겁니다. 물론 일부에서는 미국 실리콘밸리 같은 걸 육성하기 위해서도 IT 분야에서 대대적인 청년 창업이 필요하다는 말도 하고요.

정승일 박영선 의원이 2011년 서울시장 선거 당시 1조 규모의 펀드를 만들어 청년 창업을 돕겠다는 공약을 냈죠. 그 공약을 이어받은 박원순 서울시장도 청년 창업 1만 개를 약속했고요. 그런데 창업은 성공하기가 쉽지 않아요. 특히 IT 부문에서 이제 대학 갓 졸업한 청년들이 창업해 성공할 확률은 1만 개 중에서 하나면 다행일 겁니다. 해당 업종에서 40대 중반까지 20년 정도 종사한 전문가들도 창업하면 20개 중 하나만 가까스로 성공하는 게 바로 이른바 벤처 비즈니스예요. 잘못하면 멀쩡한 청년들 신용불량자 만들고 끝날 수 있다는 거죠. 그러느니 차라리 그 1조로 복지 예산을 늘리는 게 낫다고 봅니다. 1조면 200만 대학생 전체에게 무이자로 학자금과 생계비를 대출해 줄 수 있는 예산이에요.

장하준 영국에서도 창업 5년 후에 살아남는 기업이 10퍼센트가 안 된다고 하더군요. 아마 다른 나라도 비슷할 겁니다. 한편에서는 창업을 많이 하지만 또 한편에서는 그만큼 망하기도 하는 거죠. 그럼에도 창업에 도전해서 안철수 교수 같은 성공적인 기업가가 많이 나오는 사회가 바람직하다고 봅니다.

그런데 이를 위해서도 복지국가가 필요해요. 제가 잘못 판단하는 것일 수도 있지만, 안철수 교수가 훌륭한 업적을 이룩할 수 있었던 건 그분의 뛰어난 능력도 있지만 다른 한편으로는 먹고사는 문제에 그리 절박하지 않았기 때문에 가능했던 측면도 있지 않을까요? 누구든 사업에 실패해도 굶어죽지는 않는다고 안심할 수 있어야 과감하게 모험할 수 있거든요. 그런 면에서 저는 창의적 기업가를 많이 배출하기 위해서는 복지국가가 필수 조건이라고 생각합니다.

그렇지만 누구나 창업자로 만들자는 발상은 문제가 많다고 봐요. 지금 전 세계적으로 창업과 기업가 정신에 대한 환상이 팽배해 있습니다. 누구나 대학에서 IT 공부하고 창업해서 1년에 수십만 달러씩 벌면 좋겠죠. 그렇지만 그런 세상이 이루어지기는 힘들어요. 창업해서 성공하는 사람들이 많으면 많을수록 좋기는 한데, 구조적으로 보면 패배자가 그보다 훨씬 더 많을 수밖에 없다는 거죠.

정승일 최근 20년간 유행한 이른바 '혁신적 기업가 정신'과 창업 붐의 본 거지는 아무래도 미국이고 그중에서도 실리콘밸리인데, 그런 흐름이 신자유주의에서 비롯된 미국의 경제 문제를 해결한 것 같지도 않고요.

장하준 오히려 미국 보통 사람들의 생활은 더 나빠졌죠. 빈부 격차는 더 커졌고요. 예컨대 1960년대만 해도 미국 일반 노동자와 최고 경영자의 연봉 차이가 30~40배였는데, 지금은 300~400배예요. 스톡옵션까지 고려하면 그 격차를 1000배까지 보는 사람도 있고요. 이런 격차가 IT 붐, 벤처 붐 이후 더 심화됐습니다. 지난 30년 동안 신기술과 지식 경제 바람을 타고 창업 붐이 일긴 했는데, 보통 사람들의 삶은 개선되지 않았다는 거죠.

정승일 경제 민주화를 외치는 분들은 복지국가에는 동의하면서도 스웨덴은 한국의 모델이 될 수 없다고 말합니다. 그 이유가 스웨덴에는 대기업과 재벌이 있기 때문이라는 거예요. 그 대신 복지국가이면서도 중소기업 위주인 덴마크를 우리의 미래로 삼아야 한다고 하더군요. 그 정도로 우리 사회에는 '대기업과 재벌은 악'이라는 사고방식이 너무 만연해 합리적인 논쟁이 어려울 때가 많습니다. 그렇지만 대기업 중심이냐 중소기업 중심이냐는 경제 민주화나 복지국가와 아무런 관련이 없어요. 단지 그 나라의 주력 산업이 뭐냐에 달려 있죠. 스웨덴은 대기업의 비중이 세계 최고이지만 노조가 강하고, 심지어 대기업의 경우 회사 이사회에 종업원 대표가 사외이사로 들어가는 나라입니다. 말하자면 진짜 경제 민주화를 이룩한 나라라는 거죠.

이종태 우리나라는 자동차, 전자, 조선이 주력 산업인데, 이런 산업은 대규모 설비가 필수이기 때문에 대기업 위주로 갈 수밖에 없다는 뜻이군요. 중소기업 중심 경제라는 명분을 위해서 자동차, 전자, 조선을 다 포기했다가는 큰일 날 테니까요.

장하준 그리고 알고 보면 덴마크가 중소기업 중심 경제라는 것도 환상입니다. 덴마크에도 해운업을 중심으로 하는 머스크(Maersk) 그룹이라는 엄청나게 큰 재벌이 있어요. 스웨덴의 발렌베리는 투명하기라도 하죠. 이 머스크는 투명한 그룹도 아니에요. 물론 덴마크가 과거부터 농업협동조합이 강하고, 기술력 좋은 중소기업이 많은 건 사실입니다. 그런데 이런 나라에도 GDP 중 7퍼센트를 생산하고 총 노동 인구의 3퍼센트 이상을 고용하는 데다 굉장히 불투명한 재벌이 있다는 거예요. 어떤 나라든 너무 이상화할 필요는 없습니다. 또 산업 구조 면에서 보면 우리나라는 스웨덴과 가장 가까워요. 한국이 1950년대부터 농업협동조합을 잘 했고 전통적인 수공업이 계속 살아 있었다면 덴마크처럼 장인적인 중소기업을 많이 키울 수도 있었겠죠. 그러나 역사적인 이유로 우리 현실이 그렇지 않잖아요. 환상을 가질 필요는 없습니다.

이종태 그런 현실적 조건까지 무시하게 하는 이데올로기가 우리 마음속에 깊이 뿌리 박혀 있는 것 같습니다. 중소기업은 선이고 민족 자본이며, 대기업은 악이고 매판 자본이라는 일종의 공식이죠.

두 분은 지난 2005년 '사회-재벌 대타협'을 주창하신 적이 있는데, 오늘 말씀을 들어 보면 불행히도 재벌들은 우리 사회가 아니라 해외 금융 자본과 타협해 버렸습니다. 그래서 아까 말씀하신 것처럼 정리해고, 분사 및 외주화, 중소기업 착취 등을 통해 최대한 수익을 올려 배당 많이 하는 식으로 주가 올리기에 급급해하고 있는 것이겠지요. 이미 언급하신 쌍용차나 KT를 보면 재벌 문제의 대안이 결코 그룹에서 계열사를 떼어 내는 '재벌 해체'나 '재벌 약화'는 아니라는 주장이 점점 더 설득력 있게 다가옵니다. 쌍용차 사태는 결국 쌍용그룹이란 재벌을 해체한 결과이고, KT 노동자들이 고난을 겪은 것 역시 민영화를 통해 '좋은 지배구조'를 가진 기업이 되었기 때문이니까요. 또 지금 경제 민주화란 슬로건 아래 추진되고 있는 '재벌의 투자에 대한 규제'가 자칫 해외의 기업 사냥꾼들에게 우리 대기업들을 모조리 상납하는 것으로 귀결될지 모른다는 예측은 충분히 개연성이 있어 보입니다.

결국 오늘의 가장 중요한 문제의식은 '재벌이 우리 사회에 유익한 역할을 하도록 만들기 위해 무엇을 할 것인가'가 되겠습니다. 이에 대해 '주주 자본주의 규제' '기업집단법 제정' '재벌이 첨단 산업에 투자하도록 하는 산업 정책' 등을 제안하셨고요. 그런데 2012년 3월 중순에 발효될 예정인 한미 FTA가 두 분의 대안에 치명적인 제약 요소가 될지도 모른다는 생각이 드는군요. 그런 맥락에서 다음에는 한미 FTA를 주제로 이야기를 나눴으면 합니다.

5장

가장 좋은
FTA 대책이
바로
복지국가다

시장 개방으로 한국 농업이 대단히
불리한 처지로 몰린다는 점은 누구나 인정하더군요.
그런데 그렇지 않아도 취약한 한국의 서비스업이
시장 개방으로 경쟁력을 키울 거라는 논리는
도대체 어떻게 가능한 겁니까?

이종태 앞에서 우리는 탈산업 사회화론이나 지식 경제론처럼 제조업을 경시하는 논리들을 비판했습니다. 여기서는 그것과 관련해 한미 FTA 에 관해 이야기해 보았으면 해요.

제 기억으로는 1990년대 초반 당시 김영삼 대통령이 제시한 세계화 슬로건 역시 '제조업 필패론'과 함께 제기되었습니다. 이런 사고 흐름 이 1997년 IMF 사태 이후에는 첨단 서비스 산업으로 떠오른 금융 산 업을 육성하려면 동북아 금융 허브로 만들어야 한다, 그러려면 월스트 리트 모델로 금융과 기업을 모두 바꿔야 한다는 논의를 거쳐 마침내 이제는 '고부가가치 서비스 산업을 육성하려면 FTA를 해야 한다'는 논 의로 확대되었다고 생각하는데요.

장하준 저는 한미 FTA 추진론이 미국과 유럽 같은 선진국들에 시장을 개 방해야 한국 경제가 발전할 수 있다는 근거 없는 믿음에서 출발했다고 생각해요. 서비스업 육성론은 허울일 뿐이고요. 노무현 정부든 이명박 정부든 진심으로 고급 서비스업을 발전시키고자 했다면 먼저 서비스 업에 대한 과대평가 같은 통계적 착시 현상들을 걸러 내야 했어요. 그 다음에는 과연 한국의 입지에 어울리는 서비스업은 무엇인지, 외국에 서는 어떻게 육성해 왔는지, 정부는 어떤 방식으로 지원할지 등의 구체적 방안을 논의해야 하는 거죠. 하지만 신중하고 구체적으로 검토한 흔적이 없습니다. 의료 관광 육성론 역시 '서울 강남의 병원에 가 보니까 중국 사람들이 관광 와서 성형수술 받던데, 이런 거 키우면 어떨까' 정도의 막연한 이야기로밖에 들리지 않습니다.

정승일 더욱이 FTA 추진론자들이 스스로 공공연히 말하듯이 한미 FTA가 발효되면 미국식 제도가 들어올 것이고, 그에 따른 외부 충격으로 한국은 시장 자유화가 촉진되어 더 좋아질 것이라는 경제학적 신념도 깔려 있습니다. 구한말 김옥균 일파가 나라의 근대화를 위해서라면 일본의 신식 제도와 일본군을 끌어들여 와서 외부 충격을 가해야 한다고 주장하던 모습과 비슷합니다.

이종태 여기서 무식한 질문 하나 드릴게요. 저도 잘 몰랐는데, 이미 우리나라가 무역 관련 협정들을 많이 맺고 있더군요. 대표적인 게 국제 무역 질서를 규율한다는 WTO(세계무역기구) 아닙니까. WTO는 세계의 거의 모든 나라가 가입해 있고, 무역 분쟁을 해결하는 역할까지 하는 걸로 알고 있어요. 그런데 WTO면 충분하지 왜 한미 FTA까지 해야 하는 거죠? 또 한국은 그렇다 치더라도 미국은 세계 최강대국이니만큼 WTO에서의 권한과 책임 역시 다른 나라와 비교할 수 없을 정도로 클 겁니다. 그런데 왜 미국은 한국과 FTA를 하겠다고 나서는 걸까요?

장하준 WTO는 수많은 나라가 참여하는 다자간 무역 협상체입니다. WTO의 기조가 자유 무역인 거야 맞죠. 그러나 1국-1표제이기 때문에 수가 적은 선진국들에게는 불리해요. 선진국들이 온갖 수단을 동원해 투표 없이 결정하려 하지만, 만일 개발도상국들이 들고일어나 그럼 투표하자고 나서면 선진국이 지게 되어 있는 거죠. 선진국들이 WTO 같은 다자간 협상을 기피하고 양자 간 협정을 선호하는 건 그래서예요. FTA는 선진국 한 나라가 후진국 또는 개도국 한 나라와만 교섭하는 양자 간 협정이잖아요. 거기서 누가 유리하겠어요? 당연히 선진국이 유리합니다.

예를 들어 미국에 '덤핑 관세'라는 제도가 있어요. 외국 회사가 일단은 손해를 감수하면서까지 미국 시장으로 싼 값에 물건을 수출하여 미국 회사를 밀어내고 시장을 점령한 다음 독점력을 행사하여 가격을 올리는 등의 횡포를 부릴 수 있는데, 그런 사태를 막겠다는 명분으로 도입한 제도가 바로 덤핑 관세죠. 문제는 덤핑 관세를 이용해 오히려 미국이 횡포를 부린다는 겁니다. A라는 나라가 미국에 철강 제품을 수출했다고 쳐요. 그런데 철강 제품도 여러 가지가 있기 때문에 어떤 건 미국 제품보다 비쌀 수 있고 어떤 건 쌀 거예요. 그러면 다양한 철강 제품의 가격을 평균한 다음 그 평균값을 가지고 과연 A국이 미국 시장에서 철강 제품을 덤핑했는지 판정해야 공정한 거 아닙니까?

그런데 미국은 이른바 제로잉(zeroing)이라는 계산법을 쓰는데, 이게 기가 막혀요. 미국에 수입된 A국의 다양한 철강 제품 중 미국산보다 가격이 비싼 건 가격이 같다고 간주하여 깎아서 계산하고, 싼 것들만 그 가격대로 계산합니다. 그러면 평균값이 낮아지는 거죠. 이렇게 해서 만들어 낸 평균값으로 덤핑 여부를 판정해서 엄청나게 높은 관세를 부과해 버려요. 이런 불공정성 때문에 여러 나라가 미국을 WTO에 제소한 바 있습니다. WTO도 덤핑 관세 같은 짓은 폐지하라고 권고한 바 있고요. 그러나 정작 미국이 WTO의 말을 듣지 않습니다. 미국 마음대로 못하면 WTO고 뭐고 없다는 거죠. 결국 미국이 FTA를 선호하는 이유는, 미국과 다른 한 나라 간의 협정이니까 미국 마음대로 할 수 있기 때문입니다.

정승일 그게 핵심입니다. 미국 입장에서 FTA는 애초부터 상대국과 평등한 협정을 하자는 게 아니에요.

장하준 그런데 그 점에서는 유럽과의 FTA도 마찬가지입니다. 미국만큼 심하지 않을 뿐이죠. EU(유럽연합) 회원국들 중에 과거 자국의 식민지였던 가난한 개발도상국에 특혜 관세를 주는 경우가 있는데, 이게 WTO에서는 불법이에요. 이를테면 프랑스가 과거 식민지였던 가봉과 봉고에 특혜 관세를 허용하는데, 그걸 필리핀에도 허용하지 않으면 이른바 최혜국 대우* 위반이라고 해서 WTO 협정 위반이 돼요. EU 입장에서는 개발도상국들이 자꾸 반발하니 이 문제를 해결하긴 해야 했어요. 그렇다고 EU가 전 세계 개발도상국을 한자리에 모아 놓고 협상할 수도 없죠. 그러다가 WTO에서처럼 개발도상국들이 하나로 뭉쳐서 EU에 대들면 정말 곤란하거든요. 그래서 머리를 썼습니다. 전 세계 개도국들을 7개 구역으로 나눴어요. 서아프리카 국가군, 동아프리카 공동체, 중앙아프리카 공동체, 카리브 공동체 등으로요. 그렇게 나눈 다음에는 각 구역별로 각개 격파를 하기 시작합니다.

이런 방식은 EU에 아주 유리하죠. 예컨대 중앙아프리카공화국 같은 나라는 워낙 가난해서 국제 무역에 관한 협상 능력이 없어요. 정부의 담당자들이 아는 것도 없고요. 그러자 EU의 협상관들이 중앙아프리카 지역 국가들의 견해를 밝히는 포지션 페이퍼를 대신 써 주고, 그걸로 양국이 협상을 했더라고요. 정말 어처구니가 없죠. 이렇게까지 해서 자기네 이익을 관철시키고 마는 것이 이른바 선진국들입니다. 이런 점에서 보면 한미 FTA에 비해 한-EU FTA는 우리나라에서 여론의 검

●어떤 회원국에 준 혜택은 다른 모든 회원국들에도 주어야 한다는 원칙.

토도 없이 너무 쉽게 통과됐던데, 이것도 큰 문제예요. 한미 FTA가 해가 많다면, 한-EU FTA도 해로운 거라고 말할 수 있습니다.

첨단 금융, 정보 혁명, 지식 산업이라는 미신

이종태 한미 FTA를 둘러싼 논쟁에는 1990년대 초반부터 서구에서 나온 서비스업 중심의 경제론, 탈산업 사회화론, 지식 사회론 등의 논의가 깔려 있는 거 같습니다. 그런 만큼 이런 이야기를 짚어 보고 FTA 문제로 넘어갔으면 합니다.

장하준 탈산업화론이나 지식 사회론에 대한 논의는 주로 미국과 영국을 배경으로 하고 있는데, 1980년대 중반 이후 이들 나라에서 대규모 제조 업체들이 무너지자 그에 대한 우려가 심각하게 제기되었습니다. 그런데 일각에서는 괜찮다는 사람들도 있었어요. 제조업 몰락은 경제 발전에 따른 자연스러운 현상일 뿐이니 너무 애면글면할 필요가 없고, 이제부터는 서비스업을 키우면 된다는 거였죠. 이후 영국과 미국을 중심으로 논쟁이 벌어지면서 이른바 탈산업화론이 득세합니다. 특히 1990년대 초반 인터넷이 뜨기 시작하면서부터는 탈산업화론이 전 세계적 대세가 되었고요. 저도 1995년에 이메일 계정을 만들었는데, 처음에는 이메일을 사용할 일이 별로 없었어요. 그런데 1997~1998년쯤 되면 이메일을 통해 논문을 교환하는 등 인터넷이 없으면 곤란한 상황이 되거든요. 그러면서 이른바 지식 경제론이 뜨기 시작하죠. 이런 변화가 대수롭지 않은 건 아니자만 그 중요성이 너무 과장되었다는 게 제 지론이에요.

이종태 제조업 중심으로 발전해 온 우리나라에서도 1997년 IMF 사태 이후에 그런 움직임이 본격화되었습니다. IMF 사태로 증명되었듯이 제조업은 끝났으니 이제부터는 서비스업을 키워야 먹고살 수 있다는 거죠. 그런데 이는 한국 지식인 사회의 뿌리 깊은 반(反)재벌 정서와도 밀접한 관련이 있는 것 같습니다. 재벌이 제조업을 중심으로 발전해 왔으니까요.

장하준 한국에서는 반재벌 정서와 '제조업의 시대는 한물갔다'가 절묘하게 결합됐다고 볼 수 있죠. 재벌과 낙후된 금융 시스템이 IMF 사태의 원흉으로 몰릴 정도였으니까요. 심지어 당시 김대중 대통령이 TV 토론에서 '영화 〈쥬라기 공원〉 한 편이 벌어들인 수익이 현대자동차 1년 수출액과 맞먹는다'며 제조업을 폄하하는 듯한 발언을 한 바 있습니다. 취임사에서도 영화, 관광 같은 문화 산업이 21세기의 기간산업이라고 했고요. 꼭 김대중 전 대통령만이 아니더라도 일본 닌텐도 같은 문화 산업에 몸담은 수백 명이 거대 제조 업체에서 일하는 수천수만 명보다 훨씬 높은 수익을 올린다느니 하는 담론이 무성한 시대였습니다. 그러면서 탈산업화론 또는 지식 사회론이 재벌 중심의 경제 구조를 대체하는 하나의 화두로 사용된 감이 있어요.

정승일 〈용가리〉 영화 만들었던 심형래 씨가 이른바 '신지식인 1호'로 뜬 것도 그때였죠. 당시만 해도 심형래 씨는 한국 경제가 앞으로 나아가야 할 첨단 서비스업의 상징으로 여겨졌고요.

장하준 물론 영화 산업 키우는 것도 중요한 일이죠. 그런데 그러려면 말로만 할 게 아니라 정말 영화 산업이 클 수 있는 조건을 마련해 줘야 하는 거 아닌가요? 미국이 노무현 정부 당시 한미 FTA의 선결 조건으로 내건 것 중 하나가 스크린쿼터 축소였어요. 저는 그때도 거기에 반대하는 글을 여러 차례 쓴 적이 있는데, 그 이유는 영화 산업을 키우려면 예전에 포항제철이나 현대자동차 키울 때처럼 우리 영화를 보호하고 지원해야 하기 때문이에요. 그냥 시장 활짝 열어 놓는다고 한국 영화 산업이 저절로 성장하는 게 아닙니다.

또 하나 중요한 사실은 제조업을 무시하는 정책으로는 영화 산업도 키울 수 없다는 거예요. 미국 할리우드가 단지 천재 감독과 시나리오 작가 몇 명이 모여 앉아 머리 굴려서 만드는 거 같죠? 절대 그렇지 않습니다. 첨단 기술이 탑재된 장비와 세트, 그리고 배급망의 발달 없이는 영화 산업 역시 성장하기 어려워요. 그런데 이게 모두 제조업에서 나오거든요.

이종태 제조업 중심에서 첨단 서비스업 중심 경제로 가야 한다는 강박관념이 노무현 대통령 당시 동북아 금융 허브론과 한미 FTA 체결로 나타난 것 같습니다. 사실 2000년대 초반에서 중반까지만 해도 미국이나 영국의 금융 산업이 얼마나 잘나갔습니까. 국내에서는 영국과 미국이 금융 분야에서 뭔가 엄청난 혁신을 해서 생산성을 높인 덕분에 돈을 잘 번다고 생각한 거예요. 그러니 한국도 각종 규제를 허물어 금융 산업을 혁신하고 해외 자본이 자유롭게 드나들면서 '금융 장사'를 할 수 있도록 하자고 한 거죠. 그게 금융 허브의 시작입니다.

장하준 미국이나 영국의 금융 산업이 어떤 대단한 지식 혁명이나 정보 혁명을 통해 발전했다는 건 미신이에요. 그런데도 우리나라 사람들 중에는 '영미의 금융 산업은 우리가 꿈도 못 꾸는 수준의 혁신을 통해 고부가가치 산업이 되었다'고 맹목적으로 믿는 분들이 많아요. 심지어 금융은 그 자체로 혁신 산업이란 말도 많이 하는데, 사실은 그렇지 않습니다. 오죽하면 미국 금융계의 대부로 불리는 볼커 전 연준 의장이

'지난 50년 동안 일어난 쓸 만한 금융 혁신은 현금자동인출기뿐'이라고 했겠어요.

이종태 금융업에 대한 한국 지식인들의 기대는 진보-보수를 초월했던 것 같습니다. 2006년인가 『조선일보』의 송희영 논설위원이 칼럼에서 '과거에는 실물경제가 머리이고 금융은 실물의 흐름을 따라가는 꼬리 역할을 해 왔다면, 지금은 금융이 머리이자 몸통이고 실물은 꼬리로 바뀌었다'고 주장합니다. 그 근거로 당시 최고의 호황을 누리던 국내의 어느 조선 회사 임원이 '1억 달러짜리 대형 선박을 수주해 3년간 수천 명의 기술자들이 땀 흘려 수출하면 500만 달러에서 600만 달러 정도 남는데, 영국의 금융 기관은 선박 건조 자금 1억 달러 정도 빌려 주고 단번에 비슷한 금액을 벌어 갔다'며 한탄하더라는 이야기를 전하면서요.

장하준 제조업에서 혁신은 R&D(연구개발) 투자를 통해 신기술을 개발하고, 그 기술을 기반으로 다른 회사 제품보다 더 뛰어나거나 완전히 새로운 제품을 만들어 부를 창출하는 것으로 이어집니다. 그런데 한때 잘나가는 듯 보였던 영미의 금융 산업은 그런 혁신을 통해서 이루어진 건 아니에요.

미국만 해도 금융 규제가 1980년대부터 대대적으로 폐지되거나 완화되기 이전에는 금융 부문의 이윤율이 제조업보다 낮았고, 적자를 기록할 때도 많았어요. 그러던 영미의 금융이 어떻게 엄청난 수익을 올리는 산업으로 거듭났을까요? 바로 규제 완화 덕분입니다.

금융 규제 완화라는 게 예전에는 불법 영업이던 것을 합법화시켜 주는 거예요. 예컨대 자본금이 100원인 금융 회사는 400원 이상은 빌릴 수 없다는 규제가 있다고 쳐요. 이 경우 규제를 완화해서 자본금이

100원이어도 2000~3000원까지 빌릴 수 있게 허용하면 금융 회사들은 돈 벌기가 훨씬 수월합니다. 금융이라는 게 돈을 빌려 여기저기 투자해 수익을 내는 업종인데, 많이 빌리면 투자를 많이 할 수 있으니 수익도 늘어나죠.

아주 위험한 금융 상품들이 합법화된 것도 이런 규제 완화 덕분입니다. 물론 그 때문에 불과 수년 뒤에 글로벌 금융 위기가 터지지만요. 간단히 말해서 예전 기준으로 보면 불법 행위에 해당하는 것들이 마구 허용된 이런 상황에서 돈 못 벌면 오히려 바보죠. 그런데 이렇게 해서 돈 많이 버는 게 무조건 좋은 일입니까? 카지노 가서 돈 많이 벌어 온다고 도박꾼이 기술자보다 나은 직업인가요?

이종태 금융 산업이 아무리 돈을 많이 벌어들인다 해도 제조업의 발전 없이는 국민 경제 역시 발전할 수 없다는 말씀이군요.

장하준 지금 우리가 예전에 비해 물질적으로 풍요를 누리고 사는 건 따지고 보면 산업혁명 이후 제조업이 발달했기 때문입니다. 혼자 만들려면 몇십 년이 걸려도 모자랐을 제품을 분업과 기계, 화학 공정, 또 요즘에는 컴퓨터까지 이용하면서 엄청난 양으로 제조할 수 있게 되었잖아요. 제조업의 생산성이 엄청나게 높아진 덕분에 인류가 지금 같은 생활수준을 누릴 수 있는 겁니다. 이처럼 제조업이야말로 자본주의 발전의 동력이었어요. 금융 등 다른 부문들은 제조업을 보조하면서 함께 발전해 온 거고요.

그런데 금융으로 잘 먹고 잘 산다? 불가능한 말입니다. 예외는 있어요. 모나코 같은 작은 나라라면 조세 피난처 역할을 하면서 금융업만으로 먹고살 수 있겠죠. 그러나 나라 규모가 조금만 더 커도 그렇게는 못 살아요. 예컨대 인구가 50만 명인 룩셈부르크는 금융과 물류로 먹고사는 걸로 알려졌는데, 실은 1인당 제조업 생산량이 세계 10위에 달합니다. 우리나라는 16~17위 수준이고요.

광업이나 농업이 주요 산업이라고 알려진 나라들도 왜 저렇게 소득이 높은지 자세히 살펴보면 실은 모두 제조업이 발전했습니다. 광업이나 농업을 잘하려면 기계화가 필요한데, 이것도 제조업이 발전해 있어야 가능해요. 또 일단 광물 매장량이 아무리 많아도 기술력이 낮아 채굴할 수 없다면 광업 강국이 될 수 없습니다. 기술 수준에 따라 매장량의 의미 자체가 달라지기도 하니까요. 이렇듯 제조업으로 가능해지는 기술 발전이 없다면 경제 성장도 불가능하기 때문에 제조업을 강조하는 겁니다.

왜 스위스를 '알프스의 요새'라고 하는가

이종태 그러나 많은 분들이 제조업보다는 서비스업의 생산성 향상이 훨씬 빠르다고 주장합니다. 그 말이 사실이라면 생산성 향상이 빠른 서비스 부문에 투자를 집중해야 국민 경제 전체가 발전할 수 있는 것 아닌가요?

장하준 그게 모두 미신이에요. 생산성 향상이 가장 빠른 부문이 제조업이라는 건 예전에도 그랬고, 지금도 그렇고, 앞으로도 그럴 겁니다. 그렇다고 모든 제조업의 생산성 향상이 서비스업보다 빠르다는 건 아니에요. 평균적으로 보면 제조업의 생산성이 더 빠르게 향상된다는 거죠.

정승일 최근 그리스 등 남유럽 국가들이 경제 위기에서 헤어 나오지 못하는 것도 앞에서 이야기했듯이 그 나라의 제조업이 약하기 때문입니다. 예컨대 그리스는 유럽 통합 이후 EU 지역 내에서 자유 무역이 이루어지면서 국내 제조업을 거의 포기하였고, 그 결과 관광이나 해운 등으로 특화되고 있어요.

장하준 남유럽 중에서 스페인은 유럽 통합 이후 제조업이 더 발전한 특이한 경우입니다. 하지만 그게 다 유럽 다른 나라의 기업들이 스페인에 들어가 공장을 세운 덕분이에요. 스페인이 유럽에서는 상대적으로 빈곤한 편이라 임금이 낮았거든요. 또 스페인은 제조업 발전을 목표로 나름대로 산업 정책을 수행했습니다. EU가 상대적으로 빈곤한 회원국에 사회간접자본 투자를 명목으로 제공하는 보조금도 받았고요. 그러나 그리스는 이런 정도의 산업 육성 정책도 수행하지 않았습니다. 그 결과 예전부터 강력했던 해운업을 제외한 거의 모든 산업이 기울면서 관광업으로 먹고살게 된 거죠. 어떤 나라든 자기보다 발전한 나라와 경제를 통합해서 제조업을 발전시키기는 매우 어렵습니다. 한미 FTA, 한-EU FTA의 근본적인 문제가 바로 이거예요.

어떤 사람은 경제 통합의 성공 사례로 EU를 드는데, EU는 FTA에 비해 상당히 강도 높은 경제 통합입니다. 상대적으로 빈곤한 국가에는 EU가 보조금도 주고, 언어 문제 때문에 쉽지는 않지만 어쨌든 자기 나라 경제가 기울면 사람들이 다른 EU 회원국으로 이민 가서 취업도 할 수 있어요. 그런데 한미 FTA와 한-EU FTA는 그렇지 않잖아요. FTA 때문에 산업이 망하면 우리 노동자들은 어느 나라로 가야 하죠? 유럽이나 미국이 '너희 나라에 실업자가 많이 생겼으니 우리나라에 와서 일해라'고 하겠어요? 그건 고사하고 보조금이라도 주나요?

정승일 EU가 비교적 강한 경제 통합이고 가난한 회원국에는 EU 보조금까지 주는데도 한계가 명백해요. 이탈리아나 그리스의 경우 EU 내의

자유 무역 때문에 제조업 강국인 독일과의 무역에서 매년 수백억 유로의 적자를 보는 형편이니까요. 이들 나라가 농업이나 관광, 해운 같은 서비스업으로 특화된 것도 그런 배경 때문입니다. 그리스도 그래서 지금 같은 곤경에 처한 건데, 그렇다고 EU가 독자적인 재정 지원을 할 수도 없어요. 앞에서 말했듯이 EU는 통화만 통합했지 재정은 통합하지 않았거든요. 비교적 강한 통합인 EU마저 그리스 위기를 놓고 이런 한계에 직면하여 쩔쩔매고 있는데, 한국에서는 무작정 개방과 FTA를 외치니 큰일이에요.

장하준 반면교사로 스위스를 들 수 있어요. 스위스는 냉철하게 따져 보고 국익에 어긋나는 경제 통합에는 참가하지 않아요. EU는 농업을 엄청 보호하는 편이에요. 그런데도 스위스는 그 수준이 부족하다며 EU에 가입하지 않았습니다. 농업에 양보할 수 없는 정체성과 가치가 있다고 생각하기 때문이죠. 간단히 말하자면 우리의 뿌리는 산촌의 농민이다. 이들이 사라져 스위스의 정체성이 흔들릴 수도 있다면 개방하지 않겠다, 개방하지 않아 생기는 불이익은 기꺼이 감수하겠다는 거죠.

정승일 스위스나 스웨덴 같은 강소국을 연구하는 국제학자들이 스위스를 '알프스의 요새'라고 부르는데, 그 요새를 지키는 건 군인이 아니라 농민이라는 말이네요.

장하준 한국도 아주 일부는 스위스 식으로 하고 있는 셈이죠. 국민이 비싼 한우를 사 먹어 주고 있잖아요. 우리의 뿌리를 지키기 위해서요.

이종태 스위스는 정말 신기한 나라군요. 한국에서는 한미 FTA 찬성하는 사람들이 반대하는 사람들에게 '북한 같은 폐쇄 국가가 되고 싶냐?'고 공격하는데, 스위스는 이웃 나라가 거의 모두 가입했는데도 정체성을 지키기 위해 가입하지 않는다니…. 그런데 EU에서 빠지면 무역에서 소외될 위험은 없나요?

장하준 그 점에서는 또 스위스가 엄청나게 개방적인 나라예요. EU에는 가입하지 않았지만 다른 종류의 무역 협정들을 유럽 나라들과 많이 맺어 두었거든요. 이런 면까지 전반적으로 고려해서 EU에 가입하지 않은 거겠죠.

어쨌든 여러 면에서 스위스는 특이한데, 폐쇄적인 면도 굉장히 많아요. 그러는 게 이해가 가긴 해요. 스위스 주변에 강대국들이 얼마나 많습니까? 무조건 개방해서 이 나라 경제가 살아남을 수 있었겠어요? 벌써 독일과 프랑스가 나눠 가졌죠. 그래서인지 스위스에서는 지금도 외국인이 부동산을 취득하기가 정말 쉽지 않습니다. 영국은 부동산 부문도 개방해서 런던의 고가 주택 절반 이상이 외국인 소유라고 할 정도인데, 스위스에서는 제네바의 UN 본부에서 10년씩 일하는 사람들도 집 사기가 힘들어요.

그러면서도 제조업 강국이에요. 흔히 스위스는 은행이나 관광업으로 먹고사는 나라라고 생각하는데, 실제로는 1인당 제조업 생산량이 세계 최고 수준입니다. 대학 진학률은, 요즘엔 좀 늘었다고 하지만 다른 OECD 나라들의 절반에서 3분의 1 수준이에요. 그러고도 세계에서 가장 잘사는 나라고요.

정승일 스위스는 기업지배구조도 대단합니다. 소액주주들이 기업 경영의 안정성을 해치는 일이 없도록 경영권 방어 장치를 만들어 놓았는데, 그러면서도 소액주주들로부터 원성이 나오지 않도록 치밀하게 그 규칙들을 짜 놓았다고 해요. 또 스위스의 대기업과 은행은 겉으로는 다 독립된 회사들처럼 보이지만 실은 그들끼리 거미줄처럼 복잡한 순환 출자 관계로 엮여 있다고 합니다. 그래서 독일이나 프랑스 같은 인근 강대국의 자본이 어떻게 인수할 방법이 없도록 만들어 놓았다는 거죠. 지금도 그렇다고 하고요. 이런 면에서도 스위스를 알프스의 요새라고 부른다는군요.

제조업 없이는
고부가가치 서비스도 없다

이종태 다시 한국 이야기로 돌아오죠. 한국에서는 지난 몇 년 동안 서비스업 육성이 국가적 과제였습니다. 중국이 따라오고 있으니 제조업에서는 더 이상 일자리 창출이 힘들다. 그런데 산업 구조를 분석해 보니 서비스업 부문의 생산성이 무척 낮더라. 따라서 서비스업이 성장 여지가 많으니 그 분야를 키워 고용을 창출하겠다, 이런 거죠. 한미 FTA도 그런 측면에서 필요하다고 주장한 분들이 많았습니다.

정승일 그분들은 한국의 경우 제조업 생산성은 거의 선진국을 추격한 데 비해 서비스업은 생산성이 낮다고 말해요. 실제 그분들이 제시하는 통계 자료를 보면 우리나라의 제조업 생산성은 이미 선진국의 70~110퍼센트에 도달한 반면 서비스업의 생산성은 여전히 3분의 2에서 절반에 불과하고, 어떤 업종은 3분의 1밖에 안 되는 경우도 있어요. 그러니 선진국을 따라잡기 위해 남은 과제는 제조업이 아니라 서비스업이고, 그러므로 정부는 이제부터 서비스업 생산성을 높이는 데 주력해야 한다는 겁니다. 그 목적을 달성하는 데 가장 좋은 방법은 의료나 교육, 유통 같은 서비스업 영역을 FTA로 개방해 수익성 논리와 시장 논리에 따라 운영해야 한다는 거고요. 그럴듯하죠? 하지만 자세히 들여다보면 논리 비약이 심해요. 나중에 더 자세히 설명하겠지만 사용하는 통계도 적절치 않고요.

장하준 이 문제를 논의하려면 먼저 생산성이란 개념부터 따져 봐야 할 거 같아요. 생산성 평가에서는 보통 해당 산업 종사자의 1인당 매출액을 많이 봅니다. 예를 들어 어떤 산업은 100명이 일하는데 100억의 매출액을 올려 1인당 매출액이 1억이고, 어떤 산업은 100명이 일하는데 10억의 매출액을 올려 1인당 매출액이 1000만 원이면, 1인당 매출액이 1억인 산업이 생산성이 높다는 거죠.

　그런데 외형적인 생산성이 높다고 무조건 좋은 일은 아닙니다. 소비자들 입장에서도 좋은지는 따져 봐야 하거든요. 일례로 서비스업 중 하나인 백화점의 경우 종업원 수는 줄었는데 매출이 그대로라면 당연히 생산성은 올라가요. 그런데 이게 좋은 건가요? 한국의 경우 구두 사러 백화점 가면 바로 직원이 와서 설명해 주고 신어 보게 하고 여러 가지 서비스를 제공하잖아요. 반면에 미국이나 영국에서는 직원에게 뭐 좀 물어 보려면 표 뽑고 10분, 20분을 기다려야 합니다. 말하자면 '백화점 구두 판매'라는 영국의 서비스 상품은 총체적으로 볼 때 한국보다 '나쁜 물건'인 거죠. 영국의 구두 판매 서비스의 생산성이 높다는 것은 그만큼 소비자가 희생되었다는 뜻이에요. 결국 생산성이 높다고 무조건 좋은 게 아니라 해당 서비스의 질을 고려해 평가해야 한다는 말이죠.

정승일 주류 경제학자들은 일본의 서비스업 생산성도 낮다고 비판합니다. 실제로 일본은 식당이나 유통업 등 서비스업의 생산성이 낮아요. 그런데 한번 따져 보죠. 일본의 라면 전문점은 그냥 인스턴트 라면을 끓여 내는 식당이 아닙니다. 이 방면의 장인들이 긴 시간을 들여 정성껏 조리해요. 그래서 굉장히 맛있습니다. 고객의 입장에서는 서비스의 질적 만족도가 매우 높은 거죠. 그러나 식당의 입장에서만 볼 때는 투입(노력)이 많은 데 비해 산출(매출액)은 적다고 말할 수 있고, 그러면 생산성이 낮게 평가되는 겁니다.

이번에는 한국과 서구의 식당을 한번 비교해 보죠. 우리나라 보쌈집의 경우 식당 종업원이 많을 수밖에 없어요. 손님들이 음식 먹으면서 끊임없이 이것 달라 저것 달라 요구하니까요. 반면에 서구 레스토랑에서는 그러지 않아도 되고, 따라서 종업원을 상대적으로 더 적게 써도 됩니다. 그러니 서구의 식당은 당연히 노동 생산성이 더 높은 걸로 나오죠.

장하준 한국에서 백화점 주차장 들어갈 때 보면 젊은 여성이 주차권 발급기 옆에 서서 주차권을 뽑아 주는 경우가 많은데, 이게 사실 대단히 모순적인 풍경이에요. 주차권 발급기라는 게 인건비를 줄여 생산성을 높이려 한 것이니까요. 정 박사님이 보쌈집 말씀을 하셨는데, 그게 좋게 말하면 종업원 수를 늘려 고객 서비스를 잘하는 거고, 나쁘게 말하면 과잉 고용입니다. 그러나 과잉 고용이라 해도 그 덕택에 고객 서비스의 질이 개선되는 건 사실이잖아요. 그 때문에 1인당 매출액만으로는 생산성이 높다 낮다를 제대로 계산하기 힘든 면이 있다는 겁니다.

좀 다른 이야기인데, 한국에 있는 이런 과잉 고용 자체가 복지 시스템의 부재를 말하는 것 아닐까요? 식당에서 일하는 분들의 보수가 적은 걸로 아는데, 복지 시스템이 제대로 갖춰져 있지 않으니 그런 저임금에도 불구하고 식당에서 일하는 거고, 그 결과 서비스업 생산성이 낮게 나오는 면도 있는 것 아닌가요?

정승일 지난 15년간 서비스업 생산성이 향상되지 못한 데에는 이유가 있어요. 1998년 이후 시장 개혁이 진행되면서 금융권과 제조 대기업에서 명예퇴직을 하거나 정리해고를 당한 분들이 크게 늘었는데, 이분들이 음식점 차리고 복덕방 차리면 그게 다 통계적으로는 제조업 생산성 향상과 서비스업의 생산성 저하로 잡힙니다. 제조업에서는 인력이 줄고 서비스업에서는 인력이 늘었으니 당연하죠. 또 대기업 공장에서 정규직은 늘리지 않고 사내 하청이나 파견 노동자를 늘리는 것도 서비스업으로 분류됩니다.

한마디로 1998년 이후 시장 개혁의 일환으로 진행된 대규모 인력 감축 과정에서 수백만의 인력이 통계상 제조업에서 사라지고 서비스업으로 이동한 거예요. 그래서 서비스업 생산성이 이상하게도 정체되는 '통계적 착시' 현상이 빚어진 거고요. 결국 잘못된 재벌 개혁과 금융 개혁, 노동 시장 유연화가 서비스업의 생산성 정체에 큰 역할을 한 셈입니다. 이런 서비스업 생산성 정체에 대해 시장주의자들은 '봐라, 서비스업의 생산성이 낮지 않냐. 그러니 지금부터는 서비스업 생산성 향상을 도모해야 한다'고 말합니다. 그야말로 적반하장인 셈이죠.

장하준 그런 통계적 착시 현상은 고부가가치 서비스업의 경우에도 마찬가지예요. 흔히 미국과 영국에는 경영·회계·법률 분야나 기술 개발, 디자인에 대한 컨설팅이나 아웃소싱 같은 고부가가치의 비즈니스 서비스 업종이 발전해 있다고 말하면서 우리도 미국, 영국처럼 가야 한다고 해요. 하지만 여기에도 통계적 착시 현상이 있습니다. 한국도 그렇지만 일본이나 독일 같은 제조업 강국에서는 그런 고급 서비스 업무를 제조 대기업들이 직접 해당 인력을 채용해 왔거든요. 그러니 통계상으로는 제조업 생산성으로 잡히는 겁니다. 반면에 미국이나 영국의 제조 대기업들은 1980년대부터 그런 업무를 분사하거나 아웃소싱하게 되었고, 그에 따라 통계상 이런 고급 비즈니스 서비스업의 매출과 생산성이 성장한 걸로 나오는 겁니다.

정승일 사실 미국과 영국의 제조 대기업들에서 1980년대부터 분사와 외주가 성행하게 된 것도 주주 자본주의 확산에 따른 단기 수익성 추구와 관련 있습니다. IT 기술의 발전도 일부 기여했고요.

장하준 아무튼 영미 서비스 산업의 생산성이 일본이나 독일, 한국 같은 나라의 생산성보다 현격하게 높은지를 따져 보려면 이런 통계적 착시 현상부터 교정해야 해요.

이종태 하지만 FTA 찬성론자들은 컨설팅, 디자인, 엔지니어링, 금융 서비스 같은 비즈니스 서비스업의 '선진화'를 강조하면서 이를 위해서도 FTA로 시장을 활짝 열어야 한다고 말합니다만….

장하준 문제는 그런 고부가가치 서비스업의 발전이 제조업의 발전과 밀접하다는 거예요. 하나만 물어보죠. 그런 고급 비즈니스 서비스업의 최대 고객이 누구인가요? 바로 제조 대기업들 아닌가요? 그런데 한미 FTA를 해서 우리나라 제조 대기업들이 앞으로 첨단 제조업을 키우기도 힘들게 돼 장기적으로 쇠퇴한다면 최대 고객이 없어지는 것 아닙니까? 결국 제조업이 주고객인데 제조업이 다 망하고 나면 그런 회사들도 다 죽는 겁니다.

제가 사는 영국 케임브리지에 고급 주문형 반도체 칩을 디자인하는 회사가 하나 있어요. 그 회사는 영국에서는 디자인만 하고 실제 반도체 칩 생산은 한국이나 말레이시아, 대만, 중국에서 한다더군요. 그런데 그곳 사람들 말이 앞으로 20~30년 지나면 회사가 동아시아로 이전할 것 같다는 거예요. 주 고객이 그 나라에 있고 더구나 반도체 제조도 그 나라들에서 하는데, 비행기 타고 열심히 왔다 갔다 한다고는 해도 너무 멀리 떨어져 있어서 커뮤니케이션도 잘 안 되고 하니 결국 자기 회사가 통째로 그 나라들로 옮겨 갈 것 같다는 거죠. 이렇듯 제조업이 기울었는데 관련 고부가가치 서비스업이 흥하기는 어려운 겁니다.

정승일 그 좋은 예가 현대자동차의 행보입니다. 현대자동차 사람들이 1980년대까지는 엔진 기술을 배우려고 영국에 뻔질나게 드나들었어요. 당시까지만 해도 영국이 자동차 강국이었고, 엔진 디자인 능력도 대단히 뛰어났으니까요. 그런데 영국의 자동차 산업이 몰락하면서 현대자동차 사람들이 영국에 잘 안 가게 된대요. 더 이상 배울 게 없다고요. 반면에 요즘에는 독일이나 오스트리아, 스위스에 자주 간답니다. 이 나라들에는 자동차와 정밀기계 산업이 발전해서 지금도 기술 개발과 디자인 개발 관련 컨설팅 업체들에서 배울 게 많다면서요. 영국과 미국에서처럼 자동차 산업이 어려워지면 그와 관련된 경영, 기술 컨설팅, 디자인 등 고부가가치 서비스업도 설 자리를 잃어버리게 됩니다.

장하준 그럼에도 불구하고 한국의 제조업이나 서비스업 생산성이 전반적으로 선진국보다 낮은 건 사실입니다. 그 때문에 다른 선진국들은 국민소득 4만~5만 달러인데 우리나라는 아직 2만 달러밖에 안 되는 거고요. 하지만 일부 경제학자들이 말하는 것처럼 한국의 제조업 생산성은 엄청나게 높아 성장의 여지가 더 없으니 앞으로는 생산성 낮은 서비스업을 발전시켜서 경제 성장과 고용 창출을 이루어 내자는 주장은 사실과 다릅니다.

'세계의 사무실' 인도의 열악한 경제 현실

이종태 그럼에도 저는 서비스업 육성론이 일단 옳다고 간주하고 여쭤 보겠습니다. 아까도 말씀드렸지만 한미 FTA를 찬성하는 분들은 국내 시장을 개방하면 서비스업을 키울 수 있다고 주장합니다. 그렇다면 제조업과 서비스업은 발전 경로가 다른 건가요? 현재 한국의 주력 산업인 자동차, 가전제품 등은 오랜 기간 국내 시장을 개방하지 않으면서 기업을 보호했기에 오늘날처럼 발전할 수 있었다고 봅니다. 그런데 서비스업은 개방해야 육성할 수 있다고 하니 정말 그런가 해서요.

장하준 말이 안 되는 이야기죠. 한국의 서비스업 생산성이 선진국에 비해 정말 그토록 낮다면 더더욱 개방하면 안 됩니다. 국내 서비스업의 기반이 무너질 확률이 대단히 높으니까요. 개방을 하면 해외의 우수한 서비스업이 국내 서비스업을 자극해 발전시킨다는 논리는 난센스입니다. 5등 하는 학생을 1등 하는 애들만 있는 반에 넣으면 자극을 받아 성적이 오를 수 있겠지만, 30등 하는 학생을 최고 우등반에 집어넣으면 어떻게 따라가겠어요? 좌절한 나머지 수업 시간에 졸거나 해서 성적이 더 떨어지기 십상이겠죠.

이종태 그런데 미국 컬럼비아 대학교의 바그와티 교수 같은 분들은 '제조업을 키우지 않아도 서비스업만 잘 육성하면 국민 경제가 발전할 수 있다'고 주장하는 것 같던데요.

장하준 바그와티 교수는 실제로 그렇게 주장합니다. 그리고 바그와티 교수의 주장이 맞다고 생각하는 분들도 많아요. 그 때문에 탈산업 사회화론이나 지식 경제론 등이 1990년대 이후 세계적인 대세가 되었던 거고요. 잠깐 이야기가 나왔지만 한국도 신지식인 1호로 심형래 씨를 선정할 당시에는 제조업 같은 것 없어도 영화 잘 만들고 벤처 캐피털 잘 육성하면 모두 잘 살 수 있다는 그런 분위기 아니었나요?

하지만 바그와티 교수는 현실을 잘못 해석하고 있을 뿐만 아니라 과장도 많이 해요. 서비스업을 강조하기 위해 인터넷의 역할을 지나치게 평가하는 거죠. 예를 들어 미국의 전자 상거래가 앞으로 대단히 발전해 거리의 매장은 사라질 거라는 식이거든요.

그런데 현실에서 전자 상거래의 비중은 아직도 미국 소매업 매출의 4퍼센트밖에 안 돼요. 전자 상거래의 전망을 아주 높게 평가하는 사람들도 '전체 소매업 매출의 10퍼센트 내외까지 발전하면 최대'라고 하고요.

정승일 우리나라에서도 비슷한 일이 있었어요. 2000년대 초반 한창 벤처 붐이 불었을 때 B2B, 즉 기업 간 인터넷 거래가 굉장히 각광 받았습니다. 앞으로는 기업 간 거래도 인터넷상에서 진행될 테니 B2B야말로 노다지라는 거였죠. 당시 산업자원부에서 '앞으로는 B2B 매출액이 전체 산업 거래의 절반에 이를 수 있다'는 자료를 내는가 하면, 산업자원부 공무원들이 B2B 벤처 기업으로 옮겨 화제가 되기도 했죠.

돌이켜 보면 정말 어이없는 일이죠. 솔직히 말해서 기업 대 기업 간의 거래를 누가 인터넷으로 하겠습니까? 볼펜이나 지우개 같은 간단한 상품은 인터넷으로 거래할 수도 있겠죠. 그렇지만 현대자동차가 기계 전문 제작사에서 프레스 기계를 매입할 경우 인터넷으로 할 수 있는 건 입찰 공고 정도 아닐까요? 한 대에 수십 억짜리이니 현대자동차 엔지니어들이 그쪽 엔지니어들을 만나 묻고 따지고 확인하는 과정이 필요하니까요. 이런 식으로 인터넷의 경제적 역할은 너무 과장된 감이 있습니다.

장하준 서비스 육성론자들 중에는 보고 싶은 통계만 보는 경우도 있습니다. 예컨대 어떤 분이 '1990년부터 지금까지 서비스 무역의 규모가 10배가 넘게 늘었다. 이걸로 보아 결국 서비스 산업이 국가 간 교역을 주도할 것'이라며 통계까지 들며 주장한 적이 있어요.˙ 실제로 서비스 무역의 규모가 일반 제조업 제품의 무역에 비해 크게 성장하고 있다면 탈산업화론이나 지식 경제론의 정당성을 입증하는 좋은 근거가 되겠죠. 그런데 그분은 서비스 무역 통계만 보고 제조업 통계는 보지 않은 거예요. 통계를 조금만 더 자세히 보면 같은 시기에 제조업 무역도 엄청나게 늘었는데, 그건 쳐다보지도 않은 거죠. 서비스 무역이 크게 확대된 건 분명한 사실입니다. 하지만 같은 시기에 제조업 부문의 무역도 함께 늘어났기 때문에 세계 무역에서 서비스업이 차지하는 비중은 여전히 1990년과 비슷하거든요.

이종태 그런데도 바그와티 교수는 인도가 서비스업을 기반으로 높은 성장률을 기록해 왔고 앞으로도 그러리라고 생각하는 것 같습니다. 이분이 인도 정부의 경제 자문을 맡고 있죠? 영화에서 본 장면이 생각나는데, 미국의 금융 회사가 인도에서 사무실을 빌려 현지인들을 채용해서 미국의 고객 서비스 안내 전화를 받더군요. 미국 고객을 대상으로 예금이나 투자 상품을 안내하는 것 같았습니다. 금융 상품 개발 같은 고부가가치 업무는 미국에서 맡고 고객 민원은 인도에서 맡는 식인데, 과연 이렇게 해서 장기적으로 인도의 경제 성장 동력이 생길까요?

장하준 중국이 '세계의 공장'이라면 인도는 '세계의 사무실'이 되겠다면서 서비스업 중심의 경제 발전 노선을 밀어붙이고 있어요. 그런데 실

• 서비스 무역은 서비스 부문의 수입과 수출을 총괄하는 용어다. 예를 들어 은행에서 외국 기업에 돈을 빌려 주고 이자를 받았다면 '서비스 수출'을 한 것이다. 또 일본 관광객이 한국에 와서 음식을 사 먹었다면 이 또한 서비스 수출로 분류된다. 반대로 미국의 컨설팅 회사가 한국 기업에 와서 컨설팅을 해 주고 그 수수료를 받아갔다면 한국 입장에서는 서비스 수입이고 미국 입장에서는 서비스 수출이다. 이런 서비스 수입액과 수출액을 비교해 수입액이 더 많다면 서비스 무역이 적자, 수출액이 더 많다면 서비스 무역이 흑자라고 할 수 있다.

제 통계를 보면 이게 말이 안 됩니다. 인도가 서비스 무역에서 흑자를 내고 있는 건 사실이지만 그 흑자 규모라는 게 인도 GDP(국내총생산)의 1퍼센트에도 미치지 않습니다. 반면에 제조업 무역에서는 계속 적자이고, 그 규모가 GDP의 4~5퍼센트에 이르거든요. 이게 성공입니까? 그런 서비스업이라도 안 하는 것보다는 낫겠죠. 하지만 서비스업만으로 인도가 발전할 수 있다고 믿는 건 환상이에요.

지금 선진국 중에서 1인당 제조업 생산량이 가장 적은 나라가 호주입니다. 제조업 생산량이 다른 나라보다도 30퍼센트 이상 낮으니까요. 그렇지만 천연자원이 워낙 풍부해서 그럭저럭 경제를 꾸려 가는 겁니다. 현재 인도의 1인당 제조업 생산량은 호주의 30분의 1밖에 안 돼요. 인도가 호주 수준까지 제조업이 발전하려고 해도 1인당 생산량이 지금보다 30배는 많아져야 한다는 뜻이죠. 인도는 호주만큼 천연자원이 없으니 그래도 지금 호주보다 훨씬 가난할 수밖에 없고요. 지금 인도의 경제 실적으로는 제조업을 발전시킬 여력도 없어요. 인도의 경우 제조업 생산을 키우려면 먼저 해외에서 기계를 사 와야 합니다. 인도가 자체적으로 기계를 만들지 못하니 어쩔 수 없어요. 그런데 서비스 부문에서 가까스로 낸 흑자로는 그 기계조차 제대로 구매할 수 없어요. 성공했다고 하는 서비스업이 이 나라 제조업 무역 적자의 20퍼센트 정도밖에 감당해 주지 못하는 상황이니까요.

정승일 인도는 그나마 영어가 되는 나라니까 '세계의 사무실'이라도 되겠다는 야망(?)을 품을 수 있는 겁니다. 영어를 안 쓰는 대다수 개발도상국들은 원천적으로 불가능하지요. 또 인도의 소프트웨어 엔지니어들은 미국 실리콘밸리의 하위 파트너 역할을 하고 있어요. 실리콘밸리의 큰 소프트웨어 개발 회사들이 기본 틀을 잡아 놓은 소프트웨어의 부속 소프트웨어를 개발하는 역할을 하는 건데, 받는 돈은 미국의 10분의 1 정도라고 하더군요. 저는 인도에서 마이크로소프트나 구글 같은 선도적 기업이 설립될 확률은 거의 없다고 봅니다.

장하준 인도의 소프트웨어 엔지니어들이 미국에서 하청 받는 일은 모두 저부가가치 서비스예요. 고급 인력은 다 미국으로 이민 가 버립니다. 지난 20여 년을 서비스업 중심으로 크게 성장했다는 인도의 국민소득이 아직 1인당 1500달러도 채 안 된다면 더 말할 필요가 없겠죠.

한국의 제조업이 과연 세계적 수준인가?

이종태 지금까지 말씀을 종합해 보면, 서비스업으로 경제를 발전시킨다는 전략은 굉장히 허술한 거군요.

장하준 그렇죠. 그리고 대부분의 서비스업은 미장원, 식당 등을 보면 알 수 있듯이 저부가가치 업종이고 또 생산성을 올리기도 대단히 힘들어요. 가령 이발의 경우 기계화나 자동화가 거의 불가능합니다. 그런 상황에서 전반적인 국민소득이 올라 이발비가 크게 오르지 않는 이상 이발사가 아무리 열심히 일한다 해도 이발업 전체의 생산성이 2~3배 향상되어 매출이 2~3배 올라간다는 건 거의 가능성 없는 이야기예요. 그나마 비교적 생산성 향상이 가능한 게 수송이나 물류, 금융 같은 건데, 수송이나 물류의 생산성 향상은 도로가 더 잘 닦이고 더 성능 좋은 트럭이 생산되니까 가능한 겁니다. 제조업 덕택이라는 거죠. 또 금융도 아까 말씀드린 것처럼 진정한 생산성 혁신이라기보다는 규제 완화 덕분에 매출이 늘어났다고 봐야 하고요. 금융 혁신이 IT 기술의 도입

덕택에 일어난 측면도 일부 있기는 한데, IT 기술 역시 그 자체가 제조업의 일부예요.

이종태 그러면 의료 서비스 수출은 어떤가요? 이명박 정부가 들어선 이후 특히 강조한 게 서비스 수출인데, 그중 시범 케이스로 의료 서비스 수출이 부각되고 있어서요. 외국인 성형 수술 환자를 국내 병원에서 유치하여 돈 받고 시술해 주면 그걸 의료 서비스 수출이라고 하는 것 맞죠? 의료 관광이라고도 하고요. 이를 촉진하기 위해 영리 병원도 추진한다고 하던데요.

장하준 의료 서비스 수출로 과연 외화를 많이 벌 수 있는지부터 검토해 봐야 합니다. 의료 수출로 큰돈 버는 나라는 별로 없어요. 싱가포르와 태국, 인도, 헝가리 같은 나라에서 의료 관광이 비교적 성업 중인 건 사실이에요. 이런 나라 의사들의 인건비가 싼 편이거든요. 영국인이 헝가리로 라식 수술 받으러 가는 것도 그래서죠. 그런데 여기에는 본질적 한계가 있습니다. 성형 수술이나 백내장, 라식 수술처럼 진료 기간이 짧고 추가 진료가 별로 필요 없는 의료 행위만 가능하다는 거예요. 반면에 암처럼 장기 진료를 받아야 하는 경우는 어렵습니다. 모든 의료 관광객들이 이건희 회장처럼 해외에 몇 달씩 머무르며 치료 받을 수 있을 정도로 부자는 아니니까요. 아마 인도나 태국으로 암 치료를 받으러 가는 외국인 환자는 희귀할 겁니다.

UN 차원에서도 의료 관광이 과연 개발도상국의 경제 발전에 기여할 수 있는지를 살펴보는 학술 연구가 진행된 적이 있어요. 거기서 나온 결론은 의료 관광이 개발도상국의 발전에 도움이 되기는 하나 성장 동력은 될 수 없다는 거예요. 하지만 이보다 더 중요한 문제는 어느 나라나 의료 산업은 공공 정책과 맞물려 있다는 겁니다. 의료 수출을 한답시고 병원을 영리화하거나 건강보험 체계를 흔드는 건 그야말로 소탐대실이죠.

정승일 그런데 마치 FTA 옹호론자들은 한미 FTA로 우리나라의 농업은 피해를 보는 게 확실하지만 제조업은 그렇지 않을 거라고 말하더군요. 과연 그럴까요?

장하준 사람들이 크게 착각하는 게 '한국 제조업은 이미 세계 수준'이라는 과신입니다. FTA 찬성론자들은 이미 한국의 제조업 생산성이 선진국의 70~110퍼센트 수준까지 올라갔다는 통계를 제시하곤 하는데, 한미 FTA와 관련해 미국의 제조업 생산성과 한국의 제조업 생산성을 자세히 비교해 보면 우리는 아직 미국의 50퍼센트 수준이에요.

정승일 FTA 찬성론자들은 제조업 생산성에 대한 국제 비교를 할 때 환율이 아니라 구매력 평가(PPP) 기준에 입각해 작성된 통계를 좋아합니다. 구매력 평가를 기준으로 하면 2007년 한국의 제조업 생산성은 이미 선진국에 근접해 있고, 미국의 77퍼센트까지 따라갔으니까요.* 그러나 환율을 기준으로 하는 통계를 보면 양상이 달라져요. 장 교수님 말씀대로 한국의 제조업 생산성은 여전히 미국의 50퍼센트밖에 되지 않으니까요.**

미국에서는 자동차 같은 일반 제조업의 쇠퇴로 인해 제조업이 경제에서 차지하는 비중이 서비스업에 비해 줄어들고 있기는 합니다. 하지만 일부 첨단 제조업은 여전히 세계 최고의 경쟁력을 가지고 있어요. 모두 미국의 국방 전략과 직간접적으로 연관되어 성장한 것들인데 우주항공, 정밀화학, 첨단소재, 제약 같은 업종이 그렇죠. 예컨대 F22 전

• 2007년 한국의 구매력 기준 제조업 생산성은 세계 11위로, 독일(12위), 영국(13위), 노르웨이(14위), 덴마크(18위)보다도 더 높다.

투기를 제작하는 보잉이나 비아그라를 생산하는 제약 회사 화이자를 보세요. 이들 회사의 종업원 1인당 매출액은 세계 최고입니다.

장하준 한국이 자동차나 전자 등 몇몇 부문에서는 세계 상위권에 도달한 게 맞지만, 제조업 전반에서 선진국을 쫓아가려면 아직 멀었습니다. 이런 상황에서 미국이나 EU처럼 우리보다 경제 발전 수준이 훨씬 높은 나라들과 자유 무역 협정을 체결했는데, 이게 다 우리 경제의 장기 성장에 치명적인 타격이 될 수밖에 없어요. 한국이 이미 세계적 수준에 이른 전자와 자동차, 조선 등은 어느 정도 이익을 볼 거예요. 그러나 우리가 앞으로 발전시켜야 할 미래 첨단 제조업은 영원히 발전시키지 못하게 될 가능성이 높습니다.

그리고 정말 이해가 가지 않는 게, 시장 개방으로 한국 농업이 대단히 불리한 처지로 몰린다는 점은 누구나 인정하더군요. 그런데 그렇지 않아도 취약한 한국의 서비스업이 시장 개방으로 경쟁력을 키울 거라는 논리는 도대체 어떻게 가능한 겁니까? 그런 논리라면 농업도 외부의 자극을 받아 획기적으로 발전할 거라고 주장하는 게 맞지 않나요? 이런 점들을 고려해 보면 설사 투자자-국가 소송제 같은 게 없다고 하

●● 소비자 개인들의 실질적 생활수준을 국제적으로 비교할 때 사용하는 구매력 평가(PPP)는 그 나라의 물가와 밀접한 관련이 있다. 예컨대 음식값이나 이발비 등 소비자 서비스의 가격이 선진국에 비해 낮은 우리나라의 경우 똑같은 돈을 갖고도 선진국에 비해 더 나은 소비 생활을 할 수 있기 때문에 구매력 기준으로는 소득이 올라간다. 실제로 2010년 한국인의 1인당 국민소득은 환율 기준으로 2만 3000달러 정도이지만, 구매력 기준으로는 2만 9000달러에 달한다. 하지만 개인 소비자가 아닌 기업과 산업의 생산성을 국제적으로 비교할 때는 구매력 평가 기준이 아닌 환율을 기준으로 하는 것이 옳다. 제조업 제품의 경우 그 대부분이 국제 무역의 대상으로 국제 시장에서 국제적 환율로 경쟁하는 만큼 누가 얼마나 돈을 많이 벌었나, 즉 종업원 1인당 매출이 얼마인가가 분명하게 드러나는 것이 중요하기 때문이다. 따라서 구매력을 기준으로 하면 한국의 제조업이 과대평가된다.

더라도 한국이 미국이나 EU 등과 자유 무역 협정을 맺은 건 엄청난 패착입니다.

첨단 산업 육성,
'할 수 있다'면 그만인가

정승일 이명박 정부는 한미 FTA로 제약 산업이 발전할 거라고 하는데, 그 논리가 재미있어요. 지금 우리나라 제약 회사들 대다수가 미국 같은 선진국의 제약 회사들이 특허를 가진 '오리지널 신약'을 복제해서 팔고 있는데, 이런 복제 약품의 경우 오리지널과 효능은 동일하지만 가격은 비교할 수 없을 만큼 쌉니다. 그런데 한미 FTA가 발효되면 신약 특허 같은 지식 재산권 보호가 상당히 강화되기 때문에 국내 제약 회사는 복제 약품을 생산하기가 어려워집니다. 한미 FTA로 인해 복제약 공급이 지연되고 약값이 전반적으로 오를 가능성이 높은 거죠. 그런데 정부 논리에 따르면 그렇게 되면 우리나라 제약사들도 이번 기회에 남의 약 베끼는 관행을 접고 선진국 제약사들처럼 오리지널 신약을 개발하는 쪽으로 갈 거라고 합니다. 특허권 보호 기간 연장 덕택에 한국의 제약 회사들도 오리지널 신약을 개발하기만 하면 큰돈을 벌 수 있게 됐으니 그렇다는 거죠.

장하준 신약 개발의 인센티브만 보고, 국내 제약사들의 능력은 안 보는군요. 누가 저한테 올림픽 나가서 마라톤 1등 하면 5조 원 주겠다고 제안했다고 쳐요. 그러면 저에게는 5조 원이라는 인센티브가 생긴 겁니다. 그렇다고 제가 마라톤 연습을 시작할 것 같습니까? 절대 안 하죠. 올림픽에서 1등을 할 가능성이 없거든요. 능력 없는 사람에게는 인센티브가 아무 소용이 없어요.

정승일 바로 그겁니다. 우리나라 최대 제약사가 동아제약인데, 이 회사 매출이 연간 1조 원밖에 안 돼요. 미국 화이자의 20분의 1에도 미치지 못하죠. 게다가 동아제약의 R&D 투자는 매출액의 5퍼센트 미만입니다. 화이자는 매출액의 15퍼센트를 신약 개발에 쓰고 있고요. 이런 상황에서 어떻게 화이자를 따라간다는 거죠? 한미 FTA가 곧 발효되면서, 그동안 싼 복제약만 생산해 온 많은 중소 제약사들이 도산하고 그나마 오리지널 신약을 약간 개량한 개량 신약 개발 능력을 가진 동아제약이나 한미약품 같은 대기업들 위주로 제약 업계가 재편될 겁니다.•

우리나라 제약 회사들의 오리지널 신약 개발 능력이 미국 제약사들의 수준으로 높아지려면 앞으로 10년, 20년 이상 엄청난 규모의 신약 R&D 투자가 필요해요. 한 회사당 매년 신약 개발에 수천억 원씩은 투자할 수 있어야 선진국 제약 회사들의 꽁무니를 겨우 따라갈 수 있어요. 그런데 한미 FTA는 이런 실낱같은 희망마저 없애 버릴 가능성이 높습니다.

이종태 구체적으로 뭐가 문제인가요? 투자 규모가 적어서 그런 건가요?

정승일 우리가 당장 선진국 수준의 오리지널 신약 개발 능력을 갖추려면 조 단위의 대규모 자금을 10년 후 수익을 내다보면서 과감히 투자할

• 신약 개발은 완전히 새로운 물질의 약품을 개발하는 오리지널 신약 개발과 현재 약의 성분을 개량하여 발전시키는 개량 신약 개발로 나뉜다. 오리지널 신약 개발에 비해 개량 신약 개발은 개발 기간이 짧고 개발비도 적게 들어 현재 국내 제약 회사들이 이미 많이 시도하고 있는 분야이다. 반면에 오리지널 신약 하나가 개발되는 데 소요되는 시간은 보통 10년 정도이고, 총 비용은 평균 4000억~5000억 원 정도 소요된다고 한다. 그래서 오리지널 신약 개발에 나서는 국내 제약사는 아직 소수에 불과하고, 그것도 신약 하나당 수백억 정도의 개발비만 쓰는 수준이다.

수 있어야 해요. 그런데 한미 FTA로 인해 금융 시스템이나 기업지배 구조가 확고하게 미국식으로 고착되면 그런 엄청난 규모의 장기 투자를 가능하게 하는 토대 자체가 없어집니다.

예를 들어 10년 전부터 재벌계 제약 회사들이 오리지널 신약 개발에 관심이 많습니다. SK제약이나 LG생명화학연구소가 대표적인 사례죠. 삼성그룹도 1990년대 중반에 제약 산업 진출을 시도하다가 1997년 IMF 사태 이후 접었는데, 요즘 다시 바이오 제약 쪽에 진출하기 시작했고요. 이런 재벌계 제약 회사들은 투자 규모는 작지만 오리지널 신약 개발에 집중하고 있기 때문에 한미 FTA를 대환영합니다. 그렇지만 그들은 한미 FTA의 한 면만 보고 다른 면은 보지 않는 거예요.

이런 대재벌의 경우 과거에도 미래형 첨단 산업에 장기 투자를 하여 성공시킨 경험도 있고 또 자금력도 있습니다. 그런 만큼 예컨대 삼성그룹이 반도체와 전자 부문에서 올린 막대한 수익의 일부를 앞으로 10년, 20년 동안 제약 부문에 과감하게 투자하면서 신약 개발 능력을 키운다면 우리도 선진국 수준의 제약 회사를 20년 뒤에는 가질 수 있을 거라고 봐요.

그런데 과연 이게 가능할까요? 한미 FTA가 발효되면 미국식 제도의 전면 이식과 함께 금융 자본과 주주 자본주의가 한국에서 더 기승을 부릴 테고, 삼성그룹 계열사들은 더욱더 주가 떨어질 게 두려워 앞으로 10년, 20년 동안은 수익이 거의 날 것 같지 않은 오리지널 신약 개발에 장기 투자를 하지 못할 가능성이 높아집니다. 재벌들은 시장주의 이데올로기에 눈이 먼 나머지 한미 FTA의 이런 면을 보려 하지 않아요.

더욱이 지금은 경제 민주화 열풍을 타고 여야를 막론하고 유력 정당들이 모두 재벌 계열사들이 서로 지원하지 못하게 해야 한다고 하지 않습니까. 그렇게 되면 삼성전자처럼 돈 잘 버는 계열사가, 미래 성장 산업이기는 하지만 10년 동안은 별로 돈이 안 되는 제약 같은 사업에 투자하는 게 힘들어지는 거죠.

이종태 그러면 주주 자본주의의 본거지인 미국에서는 어떻게 제약 산업이 융성할 수 있었죠? 월스트리트가 10년 이상 기다려야 수익이 나올까 말까 하는 부문에는 투자하지 않는다면, 미국의 제약 산업은 어디서 그 거액의 R&D 자금을 조달하는 거죠?

정승일 사실 1940년대까지만 해도 세계적인 제약 회사들은 영국이나 프랑스, 독일, 스위스 등에 있었고 미국은 개발도상국 수준이었다고 해요. 미국의 제약 산업은 연방정부, 정확하게 말하면 미국 국방부와 보건부가 제2차 세계 대전과 한국전쟁, 베트남 전쟁 등 각종 전쟁에 미군 병사들을 파견하고 주둔시키면서 발생한 온갖 질병들 때문에 고심하면서, 수십 년 동안 국가 전략 차원에서 거액의 R&D 자금을 지원하여 키운 겁니다. 일종의 '은폐된 산업 정책'이었어요. 그렇게 수십 년간 정부 보조금을 받아 성장한 미국의 제약 회사들이 요즘에는 비아그라 같은 신약들을 개발하여 성공했고, 그렇게 번 막대한 수익을 내부 유보금으로 쌓아서 또 다른 R&D를 하는 거고요. 1980년대부터 미국의 신자유주의 정부들이 신약 특허권을 강화해 줘서 제약 회사들이 매출액과 수익을 크게 늘린 것도 중요했어요.

그런데 한미 FTA가 발효되면 한국 정부가 과연 미국처럼 제약 산업을 전략적으로 지원할 수 있을까요? 정부가 못한다면 자금력 있는 우량 재벌들이라도 나서야 하는데, 한미 FTA로 주주 자본주의가 더 거세지고 더군다나 지금처럼 모든 정당이 계열사 간 독립성을 핵심으로 하는 재벌 개혁을 공약으로 내세우고 있는 형편에서 말입니다.

이종태 아까 장하준 교수님이 한미 FTA가 발효되면 한국에서 아직까지 발전하지 못한 산업은 앞으로 영원히 발전하지 못할 수 있다고 하셨는데, 제약 산업이 그 대표적 사례가 될 것 같군요.

장하준 구체적으로 사례를 들자면 EU가 잘하는 기계 제조나 정밀화학은 앞으로 한국에서 더 발전하기 힘들 겁니다. 제약이나 우주항공처럼 미국이 강한 산업도 마찬가지고요. 사실 이게 어려운 이야기가 아니에요. 예컨대 1960년대에 우리가 미국과 자유 무역 협정을 체결했다면 지금의 삼성전자나 현대자동차가 가능했겠어요? 당시 세계 최강이던 미국의 자동차와 가전제품이 국내 시장에 마구 쏟아져 들어왔을 텐데, 갓난아기나 다를 바 없는 그 회사들이 어떻게 살아남을 수 있었겠어요? 마찬가지입니다. 2012년의 현재 시점에서 한국 제약 회사들이 보호 장벽 없이 어떻게 세계 최강의 미국 제약사들과 싸워 이기죠? 하긴 내가 이렇게 질문하니 '싸워서 이길 수도 있다'고 밑도 끝도 없는 답변을 하는 분들이 있더군요.

재벌들이 FTA를 환영하는 이유는…

이종태 투자자-국가 소송 조항은 어떻습니까? 지금 이 조항이 한미 FTA의 숱하게 많은 조항 중에서도 특히 우려를 낳고 있는데요.

장하준 어떤 회사가 어떤 다른 나라에 투자했다가 부당하게 손해를 볼 수 있잖아요. 이런 분쟁을 해결하기 위해서 나라들 간에 투자 협정을 맺는 건 어떻게 보면 당연하고, 투자자-국가 소송제 역시 이런 투자 협정 중 하나라고 할 수 있어요. 그런데 문제는 1992년 NAFTA(북미자유무역협정)를 계기로 과거의 투자 협정과는 성격이 많이 달라졌다는 점이에요.

1980년대 들어 여러 나라가 BIT(양자 간 투자 협정)라는 것을 체결했습니다. 그런데 미국 회사가 아르헨티나에 투자하여 공장을 세웠는데 좌파 정부가 들어서더니 그 공장을 국유화해 버리는 경우가 있을 수 있잖아요? 이는 외국인 투자자의 사유 재산을 국가가 직접 수용한 것이니만큼 선의의 피해가 발생한 거고, 당연히 보상이 뒤따라야겠죠. 그래서 BIT에 투자자-국가 소송제가 포함된 겁니다.

투자자-국가 소송제에서는 미국 회사가 아르헨티나 법정을 거치지 않고 바로 국제중재위원회에 아르헨티나를 제소할 수 있어요. 그런데 투자자가 국가를 제소할 수 있는 경우는 오직 '수용'당하는 경우입니다. 여기서 수용은 국유화처럼 해외 투자자가 손해 본 게 확실한 경우에만 해당돼요. 이 수용의 의미가 1992년 미국이 멕시코, 캐나다와 함께 NAFTA를 맺으면서 엄청나게 확대됩니다. 과거엔 수용이 아니었던 환경 규제 같은 것까지 수용으로 해석될 수 있는 사태가 불거진 거죠.

예컨대 미국이나 캐나다의 한 회사가 멕시코 정부에 '너희 나라 환경 규제 때문에 우리가 돈을 벌 만큼 못 벌었다'고 주장하면 일단 재판을 걸어 국제중재위원회로 갈 수 있어요. 손해를 봤다는 것도 아니고 생각만큼 못 벌었다는 걸 가지고 정부를 제소하는 것이니 사실 기가 찰 조항이죠.

그런 점에서 지금의 투자자-국가 소송제는 어처구니없는 거예요. 이런 제도하에서는 외국인 투자자들이 제소하겠다고 위협만 해도 그 정부의 양보를 얻어 낼 수 있어요. 심지어 외국인 투자 유치를 갈망하는 정부가 투자자 제소가 두려워서 애초부터 규제를 소극적으로 할 수도 있고요. 투자자가 불만이 있으면 바로 국제중재위원회로 갈 수 있게 함으로써 국내법과 사법 주권을 무력화하는 문제가 있다는 건 두말할 필요도 없고요.

이종태 지금 미국이 일본과 호주, 아세안 국가들과 추진하려는 TPP(환태평양경제동반자협정)에는 더 까다로운 조항을 집어넣는다는 말이 나오고 있습니다. 예를 들어 국영 기업을 무역 장벽으로 간주해서 제재한다거나….

장하준 논리는 만들기 나름이에요. 아까 말한 수용이나 정부 보조금의 의미를 더 넓힐 수만 있다면 정부가 그 어떤 공공 정책도 행하지 못하게 제재할 수 있어요. 예를 들어 미국이 WTO 회의에서 '정부 보조금의 정의를 바꿔야 한다'고 주장한 적이 있어요. 어떤 나라에서건 그 나라 경제에 지극히 중요한 회사들이 있는데, 그런 회사들이 부도 위기에 직면하면 정부가 국책 은행을 통해 돈을 빌려 주거나 해서 위기를 면하게 해 주게 마련이죠. 미국은 이런 국책 은행 대출도 보조금으로 간주해 금지하자고 한 거죠. 그런데 미국발 금융 위기가 터지자 미국 정부는 어떻게 했나요? 다 망하게 된 거대 금융 회사들이나 GM 같은 대기업에 구제 금융을 줘서 살려 놓잖아요. 그래서인지 요즘에는 미국이 그런 주장을 강력하게 하지 않더군요.

아무튼 얼핏 듣기엔 좋은데 알고 보면 엄청나게 나쁜 그런 제안들이 많습니다. 예를 들어 WTO 도하 라운드 협상 때 선진국이 후진국에 공산품 수입 관세를 낮추어 달라고 요구했어요. 그 대신에 선진국도 자국의 농업 보조금을 줄이고 농산물 수입 관세도 낮추겠다는 거였어요. 공정한 말처럼 들리죠? 선진국은 후진국에 공산품을 더 쉽게 수출하게 되고, 후진국은 농산물 수출에서 더 유리한 입장에 서게 되니까요. 그런데 알고 보면 절대 후진국에 도움이 되는 게 아닙니다. 결국 후진국은 제조업 포기하고 경제 발전을 하지 말라는 거니까요. 게다가 이런 제안을 받은 후진국들은 주로 커피나 카카오처럼 선진국에서는 아예 생산이 불가능한 농산품을 수출하는 나라였어요. 그러니까 선진국들은 자국에 아예 있지도 않은 커피 농가들에 보조금을 더 이상 주지 않고, 자국에 아예 있지도 않은 커피 생산에 대한 보호 무역을 해제하기 위해 커피 수입 관세를 낮추어 주겠다고 약속한 것이니, 사기를 친 거나 다름없죠. 이처럼 투자자 보호와 국제 법질서 확립 등 좋은 이야기라도 그 내용을 자세히 들여다보지 않으면 속기 십상입니다.

이종태 그런데 재벌 역시 한미 FTA를 강력하게 지지하지 않습니까? 그런 걸 보면 FTA가 재벌에게 아주 유리한 모양이죠?

장하준 거기서는 재벌 가문과 재벌로 불리는 기업집단을 분리해서 생각해야 합니다. 재벌가 사람들은 한미 FTA로 손해 볼 게 별로 없어요. 자기네들 돈은 이미 다 챙겨 놓은 상태이고, 한국의 시스템 전체를 미국식으로 바꾸어 놓으면 돈 많은 사람들은 오히려 살기가 편해질걸요. 그러나 재벌의 계열 회사들은 그렇지 않을 겁니다. 그나마 FTA 덕을 본다는 현대자동차도 크게 사정이 좋아질 것 같지도 않고요. 이미 미국의 자동차 관세율이 우리나라처럼 8퍼센트도 아닌 2.5~3퍼센트 수준이었는데, 그거 없앤다고 현대차 수출이 획기적으로 늘겠어요?

이종태 재벌들이 한미 FTA를 지지한 이유 중 하나가 보험이나 의료 같은 고부가가치 서비스업을 영리화해서 국내 시장을 새로 창출하는 데 도움이 되기 때문이라는 말도 있습니다.

장하준 그렇다면 미국 기업과 합작을 전제로 한 거겠죠. 재벌들이 보험이나 의료 분야에서 한국 시장을 더 먹고 싶은데, 미국 기업과 합작하면 자기네들의 능력이 단기적으로 확장될 수 있으니까요.

정승일 또 다른 추측도 있습니다. 예컨대 앞으로 영리 병원이 일단 허용 되면 한미 FTA의 '역진 방지' 규정 때문에 이를 철회할 수가 없어요. 철회하면 미국계 보험 회사들이 우리나라 국민건강보험의 건강보험 보장성 확대에 대해 투자자-국가 소송을 걸어 버릴 테니까요. 그 경우 국민건강보험 체계가 무너질 가능성이 크고, 그렇게 되면 삼성생명 같 은 재벌 보험사들은 더 많은 보험 상품을 팔 수 있게 됩니다. 삼성생명 으로서는 차마 말은 못하나 내심 바라던 일이 일어나는 거죠. 이런 상 상하기도 싫은 시나리오까지는 아니더라도 한미 FTA를 하면 우리나 라의 복지 시스템이 더 확대될 가능성을 봉쇄할 수 있으니까, 한국계 든 미국계든 보험 회사들은 모두 한미 FTA가 싫지 않은 겁니다.

FTA로 경제가 성장한다는 게 오히려 괴담이다

이종태 경제 민주화를 주장하는 분들은 한미 FTA 때문에 재벌 개혁을 못 할 수 있다는 걱정을 하던데요….

정승일 그건 한미 FTA의 여러 측면을 보지 못했기 때문이라고 생각해요. 예컨대 정부가 재벌 대형 마트들로부터 중소 상인들을 보호하기 위하 여 '인구 30만 명 이하의 소도시에는 대형 마트의 진입을 금지시킨다' 는 규제를 시행하려 한다면, 그것은 시장 접근권 규제의 철폐라는 면 에서 한미 FTA 협정 위반이라고 해요. 이마트나 롯데마트 같은 재벌 계 대형 마트이건 미국계 대형 마트이건 관계없이 그렇다고 합니다. 재벌들이 FTA를 좋아하는 이유이기도 하죠.

그렇지만 한미 FTA가 '투자자가 예상했던 기대 수익의 흐름을 심각하게 교란한 모든 정부 조치'를 '간접 수용'으로 규정하고 그것을 투자자-국가 소송의 대상으로 삼고 있다는 측면에서 보면 FTA가 오히려 주주 자본주의형 재벌 개혁을 도와줄 수도 있어요. 경제 민주화를 주장하는 분들은 그간 적대적 M&A(인수합병)가 촉진되어야 한다고 말해 왔잖습니까? 그런데 적대적 M&A의 부작용을 우려한 정부가 기업 사냥 펀드들의 활동을 제한하는 법률을 제정했다고 가정해 보죠. 그런 기업 사냥 펀드가 토종 펀드이건 해외 펀드이건 상관없이 말입니다. 그러면 소버린이나 칼 아이칸 같은 해외 사모펀드 입장에서는 이미 착수한 좋은 투자 기회가 한국 정부의 규제로 인해 사라지는 거잖아요. 말하자면 이것 역시 '간접 수용'에 해당하고, 따라서 소버린과 아이칸은 투자자-국가 소송을 걸 수 있는 거죠.

재벌 규제 역시 마찬가지예요. 앞으로 정부가 경제 민주화를 주장하는 분들의 요구를 수용해 출자총액제한제를 대폭 강화하고 순환 출자금지를 시행한다고 하죠. 그렇게 되면 상당수의 재벌계 대기업들이 M&A 시장에 매물로 나오게 될 테고, 그에 따라 국내외 사모펀드들의 먹을거리가 많아질 겁니다. 물론 주식 시장 역시 환호할 거고요. 그런데 몇 년 뒤 그런 잘못된 재벌 개혁으로 인해 심각해진 주주 자본주의의 폐해를 우려한 정부가 마음을 바꿔 출자총액제한제를 다시 폐지했다고 칩시다. 출자총액제한제가 지속될 것이라고 '기대'하고 이미 국내에서 투자 활동을 시작했던 미국과 유럽계 사모펀드들은 좋은 투자 기회를 놓치게 됩니다. 따라서 이것 역시 '간접 수용'에 해당되어 투자자 국가 소송감이 된다는 겁니다.

그런데도 왜 한미 FTA가 재벌 개혁에 반드시 역행한다는 거죠? 설마 제대로 따져 보지도 않고 '나쁜 재벌들이 한미 FTA를 지지하는 걸 보니 한미 FTA는 재벌에 유리한 제도임에 틀림없다!'고 예단하는 건 아니겠죠?

이종태 농담 삼아 한마디 한다면 한미 FTA는 나쁜 거고 재벌 개혁은 좋은 건데, 어떻게 나쁜 것과 좋은 것이 조화를 이룰 수 있겠어요? 한미 FTA는 재벌 개혁과 상반되는 것이어야 하는 겁니다.

정승일 얼마 전 이동걸 전 한국금융연구원 원장이 '만약 삼성그룹이 없어진다면'이란 『한겨레』 칼럼에 이렇게 썼어요. '우리 경제가 지속적으로 성장하려면 30대 재벌 체제를 깨고 300대 기업 체제가 되어야 한다. 40대 재벌 체제를 깨고 4000대 기업 체제로 바뀌어야 한다. 천 명, 만 명의 안철수가 탄생하여 유망한 중소기업들이 쑥쑥 대기업으로 커 나갈 수 있어야 한다. 이를 가로막는 재벌 체제를 혁파해야 한다.' 사실상 삼성그룹, SK그룹을 해체하자는 소리죠.

그런데 한미 FTA가 발효된 상황에서 삼성그룹이 해체되면 어떻게 될까요? 삼성전자가 그룹에서 분리되어 나오면 당연히 국내외 사모펀드들이 그 회사 경영권을 잡으려고 덤벼들겠죠. 골드만삭스 같은 미국계 대형 투자은행들이 그 딜(deal)의 주간사 역할을 하면서 그에 필요한 자금을 빌려 주고 엄청난 수수료를 받아 챙길 수도 있고요. 그런데 그걸 우려한 정부가 개입해서 미국계 사모펀드가 아니라 제대로 된 한국 대기업이 삼성전자 경영권을 인수할 수 있도록 돕고, 더 나아가 골드만삭스가 아닌 국책은행인 산업은행에 그 딜의 주간사 역할을 맡기려 한다면 어떻게 되겠어요? 미국계 사모펀드와 골드만삭스가 한국 정부를 투자자 국가 소송으로 제소하는 거죠.

이종태 보수 세력은 여전히 투자자 국가 소송제의 위험성에 대한 이런 지적을 '괴담'으로 치부하고 있습니다. 괴담 이야기가 나온 김에 여쭤 보고 싶은 게 있는데, 2008년 한미 FTA 반대 촛불 시위 당시 '수자원 공사를 민영화하면 수돗물 가격이 4~5배나 오른다'는 말이 나왔고, 이걸 두고 이명박 정부는 괴담이라며 두고두고 억울해하는 거 같은데, 이거 정말 괴담인가요?

장하준 괴담이라고 하면 안 되죠. 수자원 관련 사업을 민영화한 다음 가격이 폭등한 사례는 세계적으로 엄청나게 많아요. 제가 『나쁜 사마리아인들』에서도 쓴 바 있지만 볼리비아를 보세요. 볼리비아의 경우 코차밤바 상수도 시스템을 1999년 미국 벡텔에 팔았는데, 팔고난 직후 수도 요금이 3배로 뛰면서 폭동이 일어나 결국 다시 국유화했습니다. 그보다 더한 건 아르헨티나의 경우예요. 1990년 도로를 부분적으로 민영화하면서 계약자에게 도로 유지를 대가로 통행료를 징수할 권리를 주었는데, 이 계약자들이 통행료를 내지 않아도 되는 길에 흙으로 장애물을 쌓아 두기까지 한 거예요. 통행료가 바가지라는 불평이 이어지니까 가짜 경찰차를 매표소 앞에 세워 놓고 경찰 지원을 받는 것처럼 위장하고요.

물론 수자원공사를 민영화한다고 수도 요금이 반드시 4~5배까지 오른다고는 볼 수 없어요. 그러나 그렇게 오를 가능성을 배제할 수도 없습니다. 그걸 괴담이라고 주장하다니 그 말 자체가 괴담이에요. 다른 사람의 주장이 내 마음에 안 든다고 괴담이라고 하면 안 되죠. 제가 보기에는 한미 FTA를 하면 경제 성장률이 몇 퍼센트 오르고 일자리도 몇 퍼센트 늘어난다고 말하는 것, 그거야말로 괴담입니다.

가장 좋은 FTA 대책이
바로 복지국가

이종태 아무튼 큰 이변이 없는 한 한미 FTA는 곧 발효됩니다. 그러면 어떻게 대처해야 할까요.

정승일 정말 고민입니다. 지금 폐기론과 재협상론이 나오고 있는데, 장 교수님, 어떻습니까? 그래도 명색이 조약인데 무효화하는 게 가능하긴 한가요?

장하준 한국 대통령이 미국에 '무효화하겠다'는 내용의 팩스 한 장만 보내면 된다고 하더군요. 그런데 법률적으로는 그럴지 몰라도 국가 간의 조약을 그런 식으로 처리하면 엄청난 파장이 불가피할 겁니다.

그런데 정말 화가 나는 점은 이명박 정부가 '미국 의회도 비준했는데 왜 그러느냐'며 우리 국회에 비준을 강요한 거예요. 행정부가 만든 국제 협상 사안을 의회에서 부결시키는 경우가 가장 잦은 나라가 미국이에요. 최근의 사례가 지구 온난화와 관련된 교토 의정서입니다. 클린턴 대통령이 요청했는데도 미국 의회가 거부했어요. 또 1946년에 ITO(국제무역기구)라고 지금의 WTO와 비슷한 무역기구를 만들자는 아바나 헌장이 체결됐는데, 이것도 미국 의회가 비준을 거부해서 협정 자체가 없던 일이 된 적도 있습니다. 설령 미국 의회가 먼저 비준했다 해도 우리 국회가 거부하는 건 미국에서도 하나의 관례로 통용되는 것이니만큼 괜찮습니다. 그러나 조약을 일단 맺어 놓고 한쪽이 일방적으로 파기하는 경우는 외교적으로 상당히 큰 문제가 될 수 있지요.

이종태 폐기나 재협상은 가능성일 뿐이고, 일단 현재의 조약문이 그대로 발효되는 경우를 전제하고 생각해 주시죠. 다시 묻습니다. 어떻게 해야 하죠?

장하준 저는 한미 FTA가 이미 발효된 경우에도 어느 정도까지는 우리가 하기 나름이라고 생각해요. 한미 FTA가 발효된다고 해서 나라가 당장 바뀌는 건 아닙니다. 몇 년이 지나면서 서서히 그 효과가 나타날 거예요. 그 사이에 빨리 복지국가 시스템을 만들어서 도태되는 사람들을 보살펴 주고 재기할 기회를 주도록 하는 게 가장 중요합니다. 그다음 한미 FTA는 체결됐지만 그 테두리 안에서라도 우리나라의 신산업을 육성할 수 있는 방법을 찾아내야 해요. 과거보다 신산업을 육성할 수 있는 방법이 많이 줄겠지만 한미 FTA도 사람이 한 일인데 길이 전혀 없기야 하겠어요. 예를 들어 기업에 대한 R&D 보조금 같은 건 FTA나 WTO에서 모두 인정합니다. 그렇다면 한미 FTA 규정에 걸리지 않으면서도 대규모 자금을 조달할 수 있는 방법을 찾고, 그에 적합한 프로젝트를 선정해야 합니다.

정승일 그렇습니다. 우리가 당장 죽는 건 아니에요. 예를 들어 한미 FTA가 발효되었다고 해서 한국 정부에 반드시 영리 병원을 허용해야 하는 의무가 발생하는 건 아닙니다. 그렇다면 정부가 영리 병원 제도를 절대로 도입하지 않으면 돼요. 적어도 이런 결정권은 FTA 발효 이후에도 우리의 주권이고, 미국으로서는 강요할 수 없는 일입니다. 문제는 우리에게 달려 있어요. 비록 FTA 체제하에 있다 해도 증세를 통해 복지국가를 할 수 있고, 건강보험도 확대할 수 있고, 노인보험과 공교육을 강화할 수 있습니다. 올바른 재벌 개혁도 할 수 있고, 진정한 경제 민주화도 할 수 있어요.

장하준 그런 점에서 우리는 정말 단호할 필요가 있습니다. 예컨대 영리 병원의 경우라면 영리 병원의 '영' 자도 꺼내지 못할 정도로 정부가 강하게 나가야 합니다. 예컨대 영리 병원 허용 쪽으로 조금만 기울어도 외국인 투자자들과 보험 회사들이 여기에 편승해 한국 시민들에게 불리한 제도 변화를 밀어붙이려 할 거예요. 예컨대 한국인들에게 영리 병원이 허용되면 외국인에게도 허용하지 않을 수 없을 테고, 설령 경제 특구에만 허용한다 해도 다른 곳에서 못하게 하는 근거가 뭐냐며 온갖 법률적 해석을 들이대며 우리 정부를 압박할 겁니다. 그러다 보면 결국 국민건강보험 그 자체에까지 시비를 걸게 될 수도 있고요.

정승일 또 한미 FTA로 지식 재산권이 굉장히 강화되는데, 이 역시 큰 문제가 될 겁니다. 오리지널 특허가 없으면 살아남기 어렵다는 말이거든요. 이미 오리지널 특허가 별로 없는 제약사들은 다들 한미 FTA로 매출이 크게 줄어들 걸로 예상하고 있습니다. 삼성전자 같은 극소수의 글로벌 대기업을 제외한 대부분의 대기업들도 지식 재산권과 관련된 법적 분쟁에서 대응력이 매우 취약하다고 하니 중소 벤처 기업들은 더 말할 것도 없겠죠. 특히 신산업에 진출하려면 도처에 특허 지뢰밭이라고 해요. 어떤 기술을 개발하든 그게 기존 특허와 조금이라도 겹친다고 생각될 소지가 있으면 소송이 들어오니까요.

장하준 그래서 기술 개발을 하려면 이제 과학자보다 변호사가 더 중요하다는 농담도 있잖아요. 남의 특허 피해 다니고, 소송 들어오면 막고 해야 하니까.

정승일 미국이나 일본의 경우에는 특허를 대통령이나 총리 산하 위원회가 국가 전략으로 다룹니다. 그러나 우리나라에는 국가 차원에서 특허를 통일적으로 관리하는 곳이 없어요. 특허청이 있다고 하지만 이런 역할까지 포괄하지는 못하니까요. 한미 FTA가 발효되면 지식 재산권의 국가적 관리도 지금과는 비교할 수 없을 정도로 중요해져야 합니다. 기술 개발에서 법률가가 차지하는 비중이 R&D의 주역인 엔지니어만큼 커진다는 말이죠. 삼성전자가 애플과의 여러 분쟁에서 패소하는 데에서 알 수 있듯이, 삼성이 변호사나 변리사를 수백 명씩 고용하여 이 부문에서 상당한 능력을 갖추고 있는데도 쩔쩔 매고 있잖아요. 그런데 중소기업이나 벤처 기업은 물론이고 대기업 중에도 지식 재산권 관련 처리 능력이 약한 회사들이 많다고 합니다. 그렇다면 특허를 보호하고 관리하는 일을 도와주는 공공 기관을 제대로 만들어 정부가 관련 서비스를 제공하는 것이 중요해지죠. FTA 시대에 대응하는, 새로운 형태의 산업 정책이라고 할 수 있어요.

이종태 말씀을 듣다 보니 이런 생각이 드는데요. 지금 한미 FTA와 관련해 가장 걱정되는 점이 투자자-국가 소송제 때문에 복지 같은 공공 정책을 수행할 수 없게 된다는 거잖아요. 외국인 투자자들이 '너희 나라 복지 제도 때문에 내가 벌 만큼 못 벌었다'며 한국 정부를 제소할 수 있으니까요.

그렇다면 복지 정책이나 재벌 규제 같은 공공 정책을 준비할 때 외국인들에게 여기에 투자하면 앞으로 많이 못 벌 수 있다는 걸 미리 알려 주면 어떨까요. 예를 들어 정치권이 앞으로 '건강보험 하나로' 같은 공공 의료 정책을 대폭 강화할 계획인데, 국내외의 생명보험 회사들에게 앞으로 의료 관련 보험 상품에서는 큰 수익을 내지 못하거나 심지어 손해 볼 수도 있다고 공시하는 겁니다. 이를테면 투자자들에게 미리 투자 정보를 주는 거죠. 그러면 이걸 알면서도 국내 생명보험 시장에 투자한 외국인은 투자 리스크를 알고서도 투자한 셈이 되고, 그러면 설사 나중에 국제중재위로 가더라도 한국 정부가 훨씬 유리한 입장에 설 수 있지 않을까요?

정승일 그러니까 '우리는 앞으로 5~10년간 건강보험 혜택을 대폭 늘릴 거다. 사전에 알려 줬으니 투자하든지 말든지 해라' 하자는 거죠. 그래서 나중에 소송이 들어와도 '그 리스크를 알고 투자한 거 아니냐. 그런데도 왜 일방적으로 손해 봤다고 하느냐'고 하자, 그런 이야기죠? 좋은 아이디어네요. 가능한 아이디어는 모두 찾아 가면서 심사숙고할 필요가 있다고 생각해요.

아무튼 복지국가를 주장해 온 사람들은 이제 벼랑 위에 선 처지가 됐습니다. 한미 FTA 이전까지는 '복지국가, 천천히 하면 되지. 영리 병원이 허용되어도 나중에 다시 폐지하면 될 거 아니야'라며 생각하는 게 가능했습니다. 그런데 한미 FTA가 발효된다면 다른 시장주의 시스템이 뿌리 내리기 전에 시급하게 복지국가 시스템을 만들어야 하고, 영리 병원제는 절대 도입하지 못하게 해야 합니다. 한미 FTA 체제하에서는 되돌릴 수 없으니까요. 이젠 발 한번 잘못 디디면 벼랑 아래로 떨어집니다. 정말 장하준 교수님 말씀대로 단호하게 가야 합니다.

이종태 2011년에 프랑스의 레지스탕스 출신 지식인 스테판 에셀이 양극화, 금권 정치 등 프랑스 사회의 불의에 대해 『분노하라』는 책을 써서 세계적 화제가 된 적이 있어요. 그런데 한미 FTA에 대한 두 분의 결론은 '단호하라'군요. 두 분이 몇 번씩이나 '단호함'을 강조하셔서 저까지 비장해졌습니다. 솔직히 저 역시 지금까지 한미 FTA로 우리나라의 농업, 사회 서비스 부문은 몰라도 제조업은 큰 이익을 볼 것으로만 생각해 왔습니다. 그런데 한미 FTA 때문에 한국이 아직도 진출하지 못한 첨단 산업 부문은 영원히 발전하지 못할 수도 있다는 건 매우 충격적이네요.

그러나 말씀하신 대로 한미 FTA로 인한 변화는 천천히 진행될 것입니다. 대비할 시간이 있을 거라는 거죠. 그리고 말씀대로 한미 FTA도 사람이 하는 일인데 어찌 빈틈이 없겠습니까. 이런 측면에서 지금보다 더 빨리 복지국가 시스템을 만들고, 더욱 교묘하고 담대하게 첨단 산업을 육성하고, FTA 발효 이후에는 되돌릴 수조차 없는 영리 병원 같은 반사회적 제도는 필사적으로 막아야겠습니다. 한미 FTA가 사람이 만든 거라면 이를 극복하는 것 역시 사람이 할 수 있는 일일 테니까요.

6장

복지는
우리 모두를
위한
공동 구매다!

산업 고도화가 뭡니까?
낡고 수익성 낮은 산업에서 새롭고 수익성 높으며
첨단 기술이 활용되는 산업으로
자금과 인력이 옮겨 가는 거잖아요.
그렇게 하려면 끊임없는 구조 조정이 필요한데,
이게 복지 제도 없이 가능할까요?

이종태 우리 사회에서 복지국가가 진정한 정치 사회적 이슈로 부상한 건 2010년을 전후해서였습니다. 광복 이후 초유의 사건이었죠. 그전까지만 해도 복지국가는 정치에서 그다지 인기 없는 메뉴였습니다. 기업 투명성과 재벌 개혁, 중소기업 살리기 등에 주력해 온 개혁파는 복지국가 같은 '사소한 것'에는 별 관심이 없고, 보수파는 복지국가를 공산주의 비슷한 거라며 빨간색을 칠하기가 일쑤였으며, 복지국가에 가장 큰 관심 가져야 할 진보주의자들마저 복지국가는 '이 더럽고 부정한 자본주의를 근본적으로 변혁하는 걸 가로막는 개량주의'라며 외면했기 때문입니다.

지난 50년 동안 그랬습니다. 그런데 2010년 들어 김상곤 경기도 교육감이 시작한 '무상 급식'과 복지국가소사이어티가 제기한 '건강보험 하나로'가 정치권과 시민 사회에 중요한 이슈로 떠오르더니, 그야말로 순식간에 복지 이슈가 정치판 전체를 태풍처럼 휩쓸었습니다. 복지가 사회복지 연구자들만의 협소한 논의가 아니라 사회 전체의 논란거리가 되어 버렸어요.

저는 이런 변화에 두 분이 특별한 책임이 있다고 봅니다. 지금의 복지 열풍이 만들어지기 한참 전인 2005년에 발간한 『쾌도난마 한국경제』에서 한국 경제의 대안으로 시장 개혁을 주장하는 분들의 경제 민주화가 아닌 북유럽 식 복지국가를 제시한 바 있고, 이후 그 생각을 공유하는 이들과 2007년 복지국가소사이어티를 설립했으니까요.

그런데 먼저 궁금한 부분이 있는데, 두 분은 복지국가를 신자유주의의 대안 차원에서 논의하셨습니다. 하지만 상식 차원에서 보자면 복지는 분배 문제 아닌가요? 거칠게 말하면 시장, 즉 경제 생활 영역에서 탈락한 가난하고 없는 사람들에게 먹여 주고 입혀 주는 정도 아닌가요? 좀 더 확대해서 무상 의료까지 간다 해도 그 역시 값비싼 의료비를 낼 수 없는 가난한 환자들을 돕는 사회보험 정도에 불과하잖습니까? 그런 복지가 어떻게 신자유주의의 대안이 될 수 있다는 거죠?

신자유주의는 일종의 경제 시스템입니다. 앞서 두 분이 금융 시장과 재벌, 중소기업 등에 관해 말씀하셨듯이, 신자유주의는 자본과 노동의 조직화에 관한 하나의 생산 시스템이죠. 그런데 자본과 노동 같은 '생산'의 영역은 건드리지 않는, 한갓 '분배'에 불과한 복지가 어떻게 경제 시스템, 생산 시스템을 대체할 수 있다는 거죠? 이 질문과 관련하여 현 정부를 비롯해서 많은 정치인과 학자들은 지금도 '복지 늘리면 경제가 망한다'고 겁을 주고 있습니다. 그런데 올해 총선, 대선에서 경합할 정당들이 하나같이 복지를 공약으로 내세우는 걸 보면 앞으로 한국 경제가 무너지는 건 기정사실이 아닐까 심히 걱정됩니다.

정승일 이른바 '복지 망국론'에는 여러 가지 버전이 있는데, 그중 대표적인 것이 미국 공화당의 레이건 대통령이 1980년대에 선보인 버전입니다. 즉 세금이 높으면 부자들이 투자를 하지 않아 경제가 어렵게 되는 반면에, 감세를 하면 부자들이 투자를 해서 일자리가 많아지고 국민소득도 오르며 그에 따라 정부의 조세 수입도 늘어난다는 거예요. 따라서 감세 정책으로 경제를 성장시키고 일자리 많이 늘리는 게 최고의 복지지, 뭐하러 세금 많이 내는 복지를 따로 하느냐는 거죠. 이 논리를 강만수 전 장관이 지난 20년 동안 열심히 설파해 왔는데, 이명박 정부가 그걸 국정 기조로 채택했어요.

장하준 그 밑에 깔려 있는 생각이 뭐냐 하면, 복지를 늘리면 사람들이 게을러져서 일을 안 한다는 겁니다. 복지국가 스웨덴을 보니 빈둥거리는 사람들이 엄청나게 많더라는 등의 이야기죠.

복지는 생산과 분배의
'선순환 시스템'

이종태 지난번 무상 급식 논쟁 때도 비슷한 이야기가 많이 나왔습니다. 공짜 밥을 주면 아이들이 게을러지고 자활 의식이 없어지므로 나중에 고난을 이기기 힘들 뿐만 아니라 열심히 공부하려는 의지도 잃게 된다는 거죠.

장하준 그런데 그렇게 말하는 분들은 과연 자기 자식을 굶기나요? 굶어봐야 자활 의식이 생긴다고 하면서요? 아주 저열하고 낡은 논리입니다. '복지는 나라에도 좋지 않고 개인에게도 나쁜 거다, 사람들을 게으르게 만든다, 사람은 무릇 배를 곯고 가난을 알아야 일하는 존재다, 그러니 원칙적으로는 한 푼도 공짜로 주면 안 된다. 어쩔 수 없이 복지 혜택을 베푼다 해도 굶어죽지 않을 정도로만 줘야 한다'는 18세기 유럽의 복지관 그대로니까요.

정승일 저는 오히려 복지 안 하면 나라가 망한다고 생각합니다. 우리가 정말 경제 성장을 원한다면 복지국가를 해야 한다는 거죠. 경제 성장을 하려면 복지 같은 건 하면 안 된다고 말하는 전경련 사람들도 앞으로 우리나라 산업이 계속 고도화되어야 한다는 데에는 동의할 겁니다. 그런데 산업 고도화가 뭡니까? 낡고 수익성 낮은 산업에서 새롭고 수익성 높으며 첨단 기술이 활용되는 산업으로 자금과 인력이 옮겨 가는 거잖아요. 그렇게 하려면 끊임없는 구조 조정이 필요한데, 이게 복지 제도 없이 가능할까요? 한진중공업 사례에서 봤듯이 노동자들 처지에서는 구조 조정에 격렬히 저항할 수밖에 없어요. '정리해고는 살인'이라는 말이 한국에서는 맞는 말입니다. 현재 노동자들은 자신의 생존에 필요한 모든 걸 기업에 의존하고 있어요. 그러니 일자리를 잃으면 삶 자체가 무너집니다. 실업수당도 얼마 되지 않고, 건강보험 체계가 미국보다는 낫다고 하더라도 큰 병에 걸리면 가계가 파탄 나는 건 순식간이에요. 게다가 공교육이 부실해서 엄청난 사교육비를 감당해야 하고, 대학 등록금은 또 얼마나 비쌉니까. 기업체에 정규직으로 취업해 퇴직 때까지 일해야 그나마 그럭저럭 생활을 꾸리지, 거기서 잘리면 그 순간 모든 걸 잃게 되는 상황인 거죠. 이런 조건에서는 노동자들이 구조 조정을 죽자 사자 반대할 수밖에 없어요.

장하준 미국에서 기업이 구조 조정을 하기가 스웨덴이나 핀란드보다 훨씬 더 힘든 것도 바로 그래서예요. 더욱이 미국에서는 국민건강보험이 대단히 부실하기 때문에 괜찮은 직장에 취업한 사람들만 건강보험 혜택을 받을 수 있습니다. 회사에서 잘리면 병원도 못 가는 거죠. 그러니 미국 노동자들도 목숨 걸고 구조 조정을 반대할 수밖에요. 우리나라와 상황이 똑같아요.

정승일 따라서 진정으로 한국 경제의 성장과 산업 고도화를 바란다면 노동자들의 삶을 공적으로 보장하는 장치, 즉 복지국가가 필요한 겁니다.

실직해도 큰 문제없이 생활을 꾸려갈 수 있는 수준의 실업수당은 기본이고, 더 중요하게는 일자리가 줄어드는 사양 산업에서 방출되는 실직자들이 새롭게 고도화된 산업에서 일할 수 있도록 하는 전직 훈련도 제공되어야 하고요. 그 비용도 실직자 본인은 감당하기 힘드니만큼 복지국가가 적극적으로 지원해 재취업 교육을 시켜서 다른 회사나 산업으로 이어 주는 거죠. 이런 게 바로 적극적 노동 시장 정책입니다.

장하준 그런 점에서 오늘날의 현대 경제는 복지국가를 더욱 필요로 한다고 말할 수 있어요. 과거에는 산업과 경제 구조가 비교적 단순했기 때문에 노동자들에게 그다지 높은 기술이 요구되지 않았어요. 한 회사에서 다른 회사로 옮길 때 그저 몇 주 정도의 전직 훈련만 받으면 적응할 수 있었으니까요. 그런데 오늘날은 산업이 기술적으로 상당히 고도화되어 있기 때문에 직종을 바꾸는 경우 상당 기간 재교육이 불가피합니다. 그런데 그에 따른 부담을 실직자가 감당할 여력이 있을까요? 이 부분에 국가적 대책을 마련하지 않으면 국가 경제 전체의 산업 고도화가 아주 힘들어지는 거죠.

간단히 말해 우리가 말하는 복지는 '경제 발전으로 이제는 먹고살 만큼 파이가 충분히 만들어졌으니, 이제부터는 그 파이를 모두 나눠 먹자'는 차원이 아닙니다. 복지국가는 그렇게 한갓 분배 문제로만 봐서는 안 되는 거예요.

이종태 앞에서 제가 신자유주의는 자본과 노동을 조직하는 하나의 생산 시스템이라고 했는데, 그렇다면 복지국가 역시 하나의 대안적인 생산 시스템이라고 볼 수 있겠군요.

정승일 물론 복지에는 분배의 측면도 강합니다. 문제는 그것만 하자고 할 경우예요. 예컨대 미국이나 영국에서 발전한 복지 제도는 주로 가난한 사람들의 소득과 소비를 보완해 주는 데 집중해요. 국가 재정으로 소득을 재분배해 소비를 늘리고 경기를 활성화하고자 하는 케인스주의 경제학에 입각한 정책이죠. 이런 나라들도 기업에서 퇴출된 노동자에게 어느 정도의 실업수당은 줍니다. 그렇지만 산업 고도화를 위한 직업 재교육 같은 건 별로 없어요.

반면에 스웨덴이나 독일 같은 복지국가에서는 실업수당을 넉넉하게 주는 건 물론 정부가 돈을 대서 이직이나 전직을 위한 재교육도 시켜줌으로써 산업 고도화와 경제 성장이 더 잘 이루어지도록 합니다. 복지국가가 실직자와 그 가족만 돕는 게 아니라 말하자면 기업과 자본도 돕는 셈이죠. 미국과 영국처럼 복지국가가 소득과 소비의 재분배에만 집중한다면 경제 성장에 별 도움이 되지 않아요.

장하준 다른 예로 노동자가 타 도시에 직장을 구하면 이사를 가야 할 거 아닙니까. 그런데 지금 살고 있는 집이 팔리지 않으면 어떻게 하죠? 스웨덴에서는 정부가 주택 구입 비용을 빌려 줍니다. 그 대출금은 나중에 살던 집이 팔렸을 때 갚으면 되는 거죠. 또 스웨덴은 탁아나 보육에도 매우 적극적으로 복지 정책을 펼치고 있습니다. 스웨덴 여성들이 마음 놓고 직장에 나가 일할 수 있는 것도 그 덕분이고요. 과거와 달리 현대 여성들은 교육도 많이 받았는데, 이런 여성들이 노동 시장에 들어가 제대로 일할 수 있다면 기업들에도 좋은 일 아닌가요? 이렇듯 복지국가는 경제 효율성 증대와도 긴밀하게 연결되어 있습니다.

정승일 덴마크나 노르웨이, 핀란드 같은 북유럽 복지국가들이 신자유주의 성향이 농후한 다보스 포럼에서 조사하는 '기업 하기 좋은 나라' 설문 조사에서 매년 1~5등을 차지하는 게 우연이 아니에요. 복지국가의 특징 중 하나가 기업 하기 좋은 나라라는 겁니다.

이종태 그런데 복지라는 말만 나오면 '왜 생산은 않고 분배만 하려 드느냐'고 따지는 분들이 이른바 보수 쪽에는 꼭 있어요. 복지라는 것에 이렇게 생산적 측면이 강한데도요.

장하준 그렇게 말하는 이유는 미국식 복지밖에 모르기 때문이에요. 미국 같은 나라의 복지는 시장에서 탈락되어 빈곤의 늪에 빠진 사람들만 골라 겨우 밥 굶지 않을 정도의 혜택을 제공하는 시스템이거든요. 이른바 '잔여적 복지'라고 하죠. 이런 미국식 복지는 생산 그 자체에는 별 도움이 되지 않아요. 그야말로 생산은 않고 분배만 하는 거죠.

정승일 반면에 우리가 말하는 건 복지와 생산이 긴밀하게 연결되어 선순환을 하는 '생산적 복지국가'라고 할 수 있어요. 이런 복지를 하는 나라는 북유럽, 독일 같은 나라들이에요. 여기서는 미국, 영국처럼 일자리 찾기도 힘든 극빈자들만 복지 혜택을 받는 게 아닙니다. 버젓이 직장을 가진 현장 노동자는 물론이고 사무직 중산층에서 의사, 경영자에 이르기까지 모두 복지 혜택을 받아요. 이런 걸 '보편적 복지'라고 하는데, 미국식 잔여적 복지에 대비되는 개념입니다.

그런데 우리나라에서는 '생산적 복지'라는 개념이 아주 왜곡된 채 받아들여졌어요. 그렇게 된 이유가 있습니다. 우리나라에 사회복지 정책이 본격적으로 도입된 건 1997년 말 IMF(국제통화기금) 사태가 터지고 나서였어요. 당시 수많은 사람들이 일자리를 잃고 빈곤층으로 전락하자 김대중 정부가 2000년 10월 기초생활보장제를 도입합니다. 절대 빈곤층이 최저 생계를 유지할 수 있도록 1인 가구에 32만원, 2인 가구 54만 원 등의 기초 생계비를 지원하는 잔여적 복지였어요. 우리가 말하는 유럽 식 복지와는 다른 미국식 복지를 한 거죠. 그런데도 김대중 정부는 그걸 생산적 복지라고 불렀습니다. 이유가 뭐겠습니까. 지금도 마찬가지이지만 당시는 훨씬 더 심했던, 사회복지는 '빨갱이' 정책이라며 이념 논쟁으로 몰고 가는 사람들 때문이었어요. 그런 비난을 피하려고 미국식 복지인데도 일부러 '생산적'이란 용어를 붙인 겁니다. 그게 지금까지 용어상 오해를 낳고 있고요.

장하준 저는 복지가 반(反)경제적이고, 반(反)생산적이라고 말하는 분들께 여쭤 보고 싶은 게 많아요. 만약 그렇게 복지가 나쁘다면 스웨덴과 핀란드의 경제 성장률이 제2차 대전 이후 지금까지 미국과 상대할 수 없을 정도로 높은 건 어떻게 해석해야 하죠? 스웨덴과 핀란드는 국민 소득 전체에서 복지 지출이 차지하는 비중이 미국의 2배 반이나 되는 나라들인데 말입니다.

정승일 더욱이 지금 같은 글로벌 금융 위기 시대에 유럽에서 복지 지출이 가장 낮은 편에 속하는 그리스는 사경을 헤매고 있지만 복지가 가장 발달한 스웨덴은 성장률이 3퍼센트 내외에 이르고 있어요. 선진국들 중에서는 가장 높은 수치죠.

이종태 반(反)복지파들은 그런 문제에도 명확한 답을 내놓던데요. 스웨덴은 우파가 정권을 잡았기 때문이라고요.

장하준 제가 복지 문제를 제대로 연구해 보기 전에 자칭 우파라는 스웨덴 사람을 만난 적이 있는데, 비장한 어조로 '지금 스웨덴의 조세 부담률은 50퍼센트나 된다. 너무 높다'고 말하더군요. 그런데 결론이 예상밖이었어요. '그래서 45퍼세트 수준으로 내려야 한다!'는 거예요. 이런 스웨덴 우파를 한국에 데려오면 보수 세력은 아마 빨갱이라고 욕하지 않을까요. (웃음)

정승일 스웨덴 노동자들은 심지어 아파서 병가를 내도 그 기간 동안 급여의 90퍼센트까지 받았대요. 그러다 보니 꾀병을 부리는 사람들도 좀 있었다는군요. 이런 걸 우리나라 보수파들이 봤다면 당장 '꾀병을 조장하는 병가 급여 자체를 아예 폐지해 버리자'고 했겠죠. 그런데 스웨덴 우파들의 정책은 '겨우' 90퍼센트에서 80퍼센트로 깎자는 거였어요. 실제로 최근 우파가 집권해서 펼친다는 복지 축소라는 게 대개이 정도예요.

장하준 그렇습니다. 실업수당도 월급의 80퍼센트 수준에서 65~70퍼센트 수준으로 내리자는 게 스웨덴 우파의 정책이죠.

시장은 본래 공정하게 분배하지 않는다

이종태 알겠습니다. 그런데 생산적 복지에다가 미국의 잔여적 복지, 스웨덴의 보편적 복지 하는 식으로 복지 앞에 다양한 수식어가 붙으니 조금 혼란스러워지는군요.

정승일 무상 급식 논란 때 오세훈 전 서울 시장이 가난한 아이들만 선별해서 무상 급식을 하자고 했습니다. 굳이 부잣집 아이들에게까지 무상급식을 할 필요가 있느냐는 거죠. 가난한 사람들만 골라서 혜택을 주는 걸 '선별적-잔여적 복지'라고 합니다. 합리적인 것 같죠? 정말 복지가 필요한 사람들만 골라서 주니까요. 그렇지만 사회적으로 상당한 문제를 일으킬 수 있어요. 먼저 가난한 사람이 누구인지를 가려내야 하잖아요. 그런데 그 과정 자체가 선별된 사람들에게 큰 상처를 줄 수있습니다. 선별을 하려면 소득 조사도 해야 하고 가정 조사도 해야 하니까요. 예전에 학교 다닐 때 했던 거 기억나지 않나요? 선생님이 그러잖아요. "모두 눈감아. 집에 텔레비전 없는 사람 손들어…" 좀 잔인하지 않나요? 이렇듯 선별 과정 자체가 '사회적으로 낙인찍기'라는 문제를 일으켜요. 더구나 선별 과정에서 많은 인력과 예산이 투입되어야 하고요. 그러느니 그 예산으로 모든 아이들한테 급식을 하자는 거죠.

장하준 그에 반해 '보편적 복지'는 빈곤층뿐 아니라 중산층은 물론 부유층에게까지, 그러니까 모든 국민에게 복지 혜택을 제공하는 시스템입니다. 적어도 대한민국 국민으로 태어났다면 누구도 인간 이하의 삶을 살지 않도록 마땅히 받아야 할 기본적 권리가 있다는, 시민권에 기초한 복지 개념이죠.

그런데 저는 '무상'이란 표현에 불만이 많아요. 무상 급식이건 무상 보육이건 국가가 절대 공짜로 주는 게 아니거든요. 가난한 사람도 부가가치세는 다 내지 않습니까. 그런데 어째서 그게 공짜죠? 그리고 보수 세력의 무상 급식 반대론 중 하나가 '왜 재벌 아들까지 공짜로 밥 주냐. 부자 복지다'라는 건데, 이것도 틀린 말입니다. 왜냐하면 부자들은 누진소득세를 내기 때문에 다른 사람들보다 이미 세금을 더 많이 내고 있거든요. 부자들은 같은 복지 혜택을 받더라도 훨씬 더 많은 돈을 내고 받는 것이니 보수 세력에서 말하듯이 부자 복지가 아니에요.

이종태 그러고 보니 우리나라 국민건강보험은 부자건 가난한 사람이건 병원 가면 똑같은 혜택을 받아요. 그러나 보험료는 고소득자이고 부자일수록 더 많이 내지요. 보편적 복지의 좋은 예입니다. 게다가 이렇게 복지 혜택이 보편적으로 주어져야 시민들이 세금도 잘 내지 않을까요?

장하준 그렇죠. 그런 의미에서 정치적으로도 보편적 복지가 중요합니다. 부자들도 복지 혜택을 누릴 수 있어야 세금을 잘 낼 거고, 그래야 복지 국가가 확대되고 더 잘 유지될 수 있거든요. 그게 아니면 복지 혜택에서 소외된 중산층 이상 사람들은 '내가 낸 세금으로 왜 다른 사람만 도와주느냐'는 불만을 갖기 쉬워요. 바로 미국이 지금 그런 식이죠.

이종태 진보 진영에 속한 어떤 분들은 복지국가소사이어티 같은 복지 운동 단체들이 오로지 '2차 분배'에만 관심을 기울인다고 질타합니다. 좀 생경한 용어인데, 2차 분배라는 건 부자로부터 세금을 걷어 가난한 사람에게 더 많은 복지 혜택을 주는 일종의 '소득 재분배'를 의미하는 것 같습니다. 이분들은 복지는 곧 소득 재분배라고 간주하는 거죠. 그러면서 그들은 '2차 분배보다 더 중요한 것이 1차 분배'라고 말합니다. '1차 분배'라는 말은 기업과 시장에서의 분배, 즉 '원천적 소득 분배'를 가리키는 것으로 보입니다.

예컨대 어떤 회사가 한 달에 1000만 원을 벌었는데 사장과 종업원이 각각 600만 원, 400만 원으로 나누어 가져갔다면 이를 1차 분배로 부를 수 있는 거죠. 이렇게 1차 분배가 이루어진 다음에 사장의 개인 소득 600만 원에서 정부가 100만 원을 세금으로 거두었고, 그걸 가지고 사회복지 정책을 펼쳐 결과적으로 그 회사 종업원들이 100만 원어치의 혜택을 보았다면 바로 100만 원의 2차 분배가 이루어진 거고요.

정승일 주로 경제 민주화를 주장하는 분들이 우리의 복지국가론에 한계가 있다면서 그런 식으로 비판을 해요. 한마디로 시장 경제에서 얻는 '원천 소득'을 시장에서 더 공정하고 공평하게 분배하면 되지 왜 세금을 더 거두어 복지를 늘리는 2차 분배를 더 하느냐는 거죠. 그 말 자체는 맞습니다. 시장에서 일어나는 원천적 소득 분배가 공정, 공평하다면 굳이 정부가 나설 필요가 없겠죠.

그런데 문제는 시장이라는 게 본질적으로 소득 분배를 잘하는 기제가 아니라는 데에 있어요. 제아무리 공정한 시장이라도 어쩔 수 없어요. 공정 시장이라는 건 단지 시장 경쟁이 공정하다는 걸 의미하거든요. 시장 경쟁이 공정하게 이루어지기만 하면 아무리 경쟁 승자와 경쟁 패자 간에 차이가 많이 벌어져도 그건 공정하다고 말해야 해요.

공정 시장론자들은 마치 자본주의 시장은 본성적으로 공정한데, 시장에 완전 경쟁을 왜곡하는 어떤 요인이 있기 때문에 빈부 격차가 심해지는 양 말합니다. 시장 개혁을 주장하는 이분들에 따르면 그런 시장 왜곡 요인의 하나가 바로 재벌 체제예요. '왜곡된 시장'을 바로 잡아 '합리적 시장'을 만들기 위해서는 재벌 개혁을 해야 한다는 거죠. 그래야 비정규직 문제도 해결되고 대기업의 중소기업 수탈도 차단하여 1차 분배를 개선할 수 있다는 겁니다.

간단히 말하면 2차 분배인 '보편적 복지'만 가지고는 한계가 있으니 반드시 1차 분배 정책인 '경제 민주화'를 함께 해야 한다는 거예요. 그런데 과연 그럴까요? 주주 자본주의 재벌 개혁으로 대기업들이 총수의 이익이 아니라 소액주주들, 즉 주식 펀드와 개미 투자자들의 이익에 따라 운영되면 비정규직이 살 만하고 중소기업주들이 만세 부르는 해방된 세상이 될까요?

이종태 재테크에 혈안이 된 주식 투자자들이 대기업의 정리해고를 반대하고 하청 단가 인하를 극구 만류하는 그런 일은 없을 것 같습니다. 말씀하셨다시피 주주들에게 가장 중요한 건 자기가 투자한 회사의 주가가 빨리 오르는 것이니까요. 회사가 정리해고와 하청 단가 인하를 검토하거나 단행하면 주가가 오르는 경향이 있다는 것도 사실입니다.

장하준 그런 재벌 개혁이라면 경제가 민주화되기는커녕 1차 분배를 더 악화시킬 가능성이 높아요. 경제 민주화를 주장하는 분들이 따라 하려는 미국만 봐도 그렇습니다. 미국이야말로 원천 소득 면에서 세계에서 가장 불평등한 나라 아닌가요? 또 미국의 불평등은 주주 자본주의를 시행한 지난 30년 동안 급격히 상승했고요.

정승일 미국에 대해 그렇게 말하면 경제 민주화를 주장하는 분들은 '우리는 레이건-부시 식이 아니라 클린턴-오바마 식으로 가자는 것'이라고 반박합니다. 영국 블레어의 '제3의 길', 미국 클린턴의 '신민주당' 노선이라는 거죠.

장하준 클린턴 대통령 때 미국의 원천 소득 불평등도가 얼마나 높았는데요. 게다가 클린턴 정부는 그런 문제를 해결할 의지도 그다지 높지 않았던 걸로 압니다. 제 생각에 1차 분배를 강조하는 분들은 아마 북유럽 식 복지국가에 대해서 잘 모르고 단순히 미국식 잔여적 복지와 비슷할 거라고 생각하니까 그런 말을 하는 겁니다. 아까 미국의 잔여적 복지는 일자리를 갖기 힘든 사람들에게 최저 생계를 제공하는 정도라고 했잖아요. 물론 그 자체도 의미는 있죠. 하지만 그런 식의 복지는 이미 말했듯이 아무리 늘려 봤자 생산에 큰 영향을 미치기 힘들어요. 그에 반해 우리가 말하는 복지국가는 단지 최빈곤층 지원뿐 아니라 퇴출된 노동자가 재교육을 통해 재기할 수 있는 기회를 제공함으로써 산업 고도화도 이룩하자는 거예요. 즉 생산 영역을 변화시켜 1차 분배가 더 잘 이루어지도록 하자는 거죠.

정승일 다행히 요즘엔 경제 민주화를 주장하는 분들도 보편적 복지의 필요성을 부인하지 않습니다. 단지 '보편적 복지만으로는 1차 분배 문제를 해결할 수 없으니 반드시 경제 민주화가 뒤따라야 한다'고 말하죠. 그렇지만 그분들이 말하는 경제 민주화는 한마디로 사이비 경제 민주화입니다. 그분들이 좋아하는 미국의 클린턴-오바마 민주당 정책이라는 게 금융 시장 규제를 대폭 완화해 금융 자본주의, 주주 자본주의를 발전시키자는 건데, 그렇게 되면 사실상 1차 분배가 더 악화되거든요.

다친 사람 치료 이전에
아예 다치지 않게 하라

이종태 우리나라에서 시장 개혁을 주장하는 분들과 미국의 리버럴에게
는 공통점이 하나 있습니다. 바로 헤지펀드와 사모펀드, 투자은행 등으
로 대변되는 금융 시장과 금융 자산가 계급을 사회와 경제의 주축으로
만들려고 한다는 점이죠. 둘 다 금융 자본이 더 쉽게 돈 벌 수 있는 방향
으로 자국의 경제 구조를 바꾸려고 했고, 실제로 그렇게 바꿨습니다.

장하준 그게 미국 리버럴의 철학이에요. 금융 자본과 주주 자본주의를
허용해 부자들이 재테크를 통해 마음껏 돈을 벌게 해 주고, 그 대신에
그렇게 해서 돈을 번 부자들로부터 세금을 거두어 빈곤층을 돕겠다는
거니까요. 이건 마치 차를 모는 사람들이 더 편하게 다니도록 교통 규
칙을 없애고, 그 과정에서 늘어난 교통사고 피해자들에게는 차 몰고
다니는 사람들에게서 세금을 더 거두어 보상금을 주자는 말이나 비슷
해요. 금융 자본주의의 핵심은 주주의 이익, 금융 투자자의 이익을 위
해 기존 기업에서 최대한 이윤을 뽑아 내는 겁니다. 구조 조정으로 노
동자 자르고, 정규직을 비정규직으로 전환하고, 하청 단가를 깎아 가
면서요. 그래 놓고는 금융 자본주의로 인생을 망친 정리해고자와 빈민
들에게 복지 혜택이랍시고 최소 생계는 유지시켜 주겠다는 게 바로
'제3의 길'을 말하는 좌파예요. 심하게 말하면 도둑질을 장려한 다음
그 도둑들로부터 돈을 조금 거둬 도둑맞아 피해 본 사람들에게 나눠
주는 격이죠.

정승일 그런데도 경제 민주화를 주장하는 분들은 우리를 '복지 만능주의'
라고 비판합니다. 우리가 재벌 독식이나 대기업-중소기업 문제, 정규

344

직-비정규직 같은 1차 분배의 문제는 전혀 건드리지 않고 모든 문제를 오로지 2차 분배인 세금과 복지만으로 풀려 한다는 거죠. 정말 어처구니없는 일입니다. 따지고 보면 시장 개혁, 경제 민주화를 주장하는 분들이야말로 복지 만능주의 아닌가요? 금융 자본, 주주 자본주의를 강화해 원천적으로 소득 분배와 경제 안정성을 파괴하면서도 거기서 불거지는 모든 문제를 소득 재분배와 복지로 해결하겠다는 거니까요.

미국에서는 리버럴이나 보수주의자나 모두 월스트리트가 주도하는 펀드 자본주의를 마음껏 허용해 증권 투자자들의 천국을 만들자는 점에는 동의해요. 단지 리버럴은 그렇게 돈을 왕창 번 금융 자산가들에게서 세금을 거둬서 가난한 이들에게 복지 혜택을 좀 더 주자는 것인데 비해, 보수주의자들은 아예 세금도 걷지 말고 복지도 하지 말자는 차이가 있을 뿐이죠. 그런 점에서 저는 경제 민주화를 주장하는 분들과 미국의 리버럴은 다를 바가 없다고 봅니다.

이종태 우리나라의 시장 개혁, 경제 민주화를 주장하는 분들이 여전히 클린턴-블레어 모델을 따라 하고 있다고 말씀하셨는데, 여러 복지 중에서 유별나게 보육과 교육, 직업훈련 같은 교육 복지를 강조하면서 그것을 '사회 투자 국가론'라고 부르는 점에서는 정말 똑같더군요.

장하준 블레어의 제3의 길 노선이나 클린턴-오바마의 신민주당 노선도 그렇지만, 미국의 공화당 같은 자유 시장 지상론자들도 공유하는 믿음이 바로 '기회의 평등이 중요하지 결과의 평등은 중요하지 않다'는 겁니다. 결과의 평등을 이루려고 하다가는 기존 사회주의권의 몰락에서 보았듯이 경제가 망한다는 거죠. 그런 이유에서 복지를 하더라도 국가의 자원을 교육에 투자하는 이른바 교육 복지만 하겠다는 거고요.

정승일 교육은 인적 자본, 즉 '자본'을 형성하는 것이니만큼 '생산'에 해당되고, 따라서 교육 복지는 생산과 경제 성장에 도움이 되는 거의 유일한 복지라는 주장이죠.

장하준 그런데 달리기에서 출발선만 같으면 공정한 경쟁인가요? 만약 어떤 아이는 다리가 하나밖에 없다면요? 그건 공정한 경쟁도 아니고 기회의 균등도 아닙니다. 다리가 하나인 아이가 다른 소년들과 그나마 공정하게 경쟁할 수 있게 하려면 의족도 달아 주고, 따로 특수 교사를 붙여서 달리기 연습도 시켜 줘야 해요.

가난한 나라 이야기이지만 인도 같은 나라에서 나온 연구에 따르면, 아침밥을 못 먹고 등교한 아이들은 다른 아이들과 지능지수가 비슷해도 학업 성적이 떨어진다고 해요. 수업 시간에도 배가 고프니 집중하기 어려워서죠. 심한 경우는 태어날 때는 정상이었는데 유아기에 제대로 먹지 못한 탓에 두뇌 발달이 되지 않아 지능이 떨어지는 아이들도 많다고 합니다. 한마디로 가정 형편이 어려운 아이에게 다른 아이들과 같은 학교 교육의 기회를 제공한다고 해서 기회의 평등이 완전히 확보되는 건 아니라는 겁니다. 어느 정도 결과의 평등도 보장되지 않으면 진정한 기회 평등도 있을 수 없다는 거죠. 생각해 보세요. 아버지가 실업자로 전락하고 어머니는 매일 눈물바다인데, 어떻게 아이가 학교 가서 제대로 공부할 수 있겠어요?

정승일 시장주의자들은 교육을 무슨 만병통치약처럼 활용합니다. 그러면서도 정작 국가의 역할은 교육 기회의 균등을 보장하는 것이고, 그후에는 아이들 각자에게 책임이 있다는 식이죠. 그 경우 개인의 생산성만 강조할 뿐 그 개인이 몸담고 있는 사회적 맥락을 완전히 무시한다는 맹점이 있어요.

이종태 그런데 우리나라의 시장 개혁을 주장하는 분들과 미국의 리버럴은 교육 복지에 대한 강조 말고 또 하나 공통점이 있습니다. 교육과 직업훈련 같은 이른바 생산적 복지는 아주 강조하면서, 노인들을 위한 사회복지 같은 건 소비적 복지라고 보며 등한시한다는 거예요.

정승일 그게 바로 제3의 길이에요. 미국과 영국은 원래부터 잔여적 복지 위주의 사회복지 프로그램을 가지고 있었고, 그 덕택에 빈민층에게 '결과의 평등'을 어느 정도는 제공할 수 있었어요. 그런데 이런 선별적·잔여적 복지는 앞서 지적했듯이 생산이나 생산성 향상과는 별 관계가 없는 소비적 복지예요. 이걸 반성하면서 '복지를 하더라도 생산이나 생산성 향상에 도움이 되는 그런 복지를 하자'고 해서 나온 게 인적 자본이나 지식 자본을 강조하는 사회 투자 국가론이에요. 교육 복지를 통해 생산적 복지를 해 보자는 거였죠.

그런데 반성 자체는 좋았으나 방향이 어긋났어요. 교육 복지만 강조하다 보니 노인들과 장기 실업자들처럼 가난할 뿐만 아니라 생산에 참여하지 못하는 분들의 소비와 생존을 어느 정도 보장해 주던 복지 제도들까지 소비적 복지라고 비난하면서 예산을 크게 줄여 버렸으니까요. 장하준 교수님이 누누이 강조하셨듯이, 그 결과 과거에는 어느 정도 보장되던 결과의 평등마저 무너지면서 실제로는 기회의 균등마저 불구화되어 버린 겁니다. 거기에 금융 자본주의가 결합되었고요.

장하준 클린턴이나 블레어, 한국의 경제 민주화를 주장하는 분들이 말하는 기회의 균등은 사실 시장 자유주의와 별로 다를 바가 없습니다. 한마디로 재벌 기업이나 노동조합처럼 완전 경쟁을 방해하여 시장을 왜곡시키는 '힘센 놈'만 없다면 만사 문제될 게 없다는 식이니까요.

정승일 자본 시장과 노동 시장에서 자유로운 완전 경쟁을 가로막는 특권 세력, 예컨대 재벌 같은 기업집단이 없어진다면 시장이 보다 공정하게, 즉 기회의 균등이 보장되면서 효율적으로 굴러갈 수 있다는 거죠. 경제 민주화를 주장하는 분들 중 일부는 노동조합도 그런 특권 세력의 하나라고 봅니다. 장하준 교수님 말씀대로 시스템적 접근이 중요합니다. 생산적 복지를 통해 좋은 교육을 받은 졸업자들이 많아지고 노동자들에게 직업 재훈련을 시켜 봐야, 기업들이 그에 상응하는 좋은 일자리를 창출하지 못한다면 무슨 소용이겠습니까?

이 문제를 해결하려면 대기업들이 경영권 불안 때문에 새로운 산업에 과감히 장기 투자를 하지 못하는 상황도 해결해야 합니다. 주주 자본주의, 금융 자본주의하에서는 기업이 그런 식으로 투자를 하는 경우 오히려 주가가 내려갈 수 있고, 그래서 손해를 본 투자자들이 연합해서 적대적 M&A(인수합병)로 대주주나 경영자를 갈아치울 수가 있으니까요. 재벌 규제도 중요하지만, 보다 넓은 맥락에서 주식 자본과 금융 자본주의를 규제하는 게 전제되어야 합니다. 그렇게 했는데도 기업들이 일자리를 많이 만들어 내지 않는다면 그때는 정부가 나서서 산업 정책을 쓰고 기업의 투자를 적극 유도하거나 강제해야죠. 이렇게 시스템 전반에서 복지 정책과 경제 정책을 결합시켜야 우리의 목표를 이룰 수 있습니다. 이게 바로 진정한 경제 민주화고요.

장하준 복지 정책과 금융 시장 규제, 산업 정책이 서로 결합되지 않으면 영국처럼 돼요. 영국은 금융 규제 완화로 금융 산업의 수익을 키워 주고, 거기서 세금을 거두어 복지 정책을 수행하자는 것 외에는 특별한 산업 정책이 없었어요. 교육 투자를 많이 했다고 하지만 생산성 높은 인적 자본이 크게 육성된 것도 아니었고요. 그러니 금융 위기 이후로는 나라 전체가 방향을 상실해 버릴 수밖에요. 제3의 길이 헛수고가 되어 버린 거죠.

진짜 경제 민주화는 '1원 1표'가 아니다

이종태 2012년 총선과 대선을 앞두고 여야를 불문하고 복지 공약은 기본입니다. 흥미로운 점은 경제 민주화론에 입각한 재벌 개혁을 요즘에는 박근혜 의원 쪽도 일부 따라 하고 있다는 점인데, 두 분 말씀에 따르자면 이제 여야 모두 복지를 하면서도 금융 자본주의를 하는 클린턴-블레어 식으로 가고 있는 거네요.

정승일 한나라당, 그러니까 지금의 새누리당마저 복지 확대를 말하니 야권은 정책 차별화 차원에서도 재벌 개혁과 경제 민주화에 매달리고 있어요. 그런데 그것마저 새누리당이 일부 따라 하니까 이번에는 야권에서 재벌 해체 구호까지 등장하고 있고요.

장하준 그분들이 말하는 경제 민주화는 진정한 경제 민주화가 아니에요. 주주 자본주의의 원칙은 1원 1표입니다. 주식을 1원이라도 더 가진 주식 투자자가 기업 경영과 순익 분배에서 더 큰 몫을 차지하는 구조인 거죠. 반면에 민주주의의 원칙은 1인 1표입니다. 그런데도 1원 1표를 민주주의라 주장하는 건 시장 자본주의를 민주주의로 착각하는 것과 다를 바가 없어요. 설사 그분들 말씀대로 공정 시장이라 해도 사정은 달라지지 않습니다. 그렇다고 해서 1원 1표의 원칙이 바뀌는 건 아니니까요. 민주주의는 정말 소중한 가치인데, 그걸 아무 데나 막 갖다 붙이는 건 좀 곤란하죠.

이종태 영국 블레어 정부의 복지 정책이 결국 산업 정책의 미비로 실패했고, 직업 재교육이 복지 정책의 일환으로 거론되지만 산업 고도화 정책이기도 하며, 주주 자본주의하에서는 생산적 복지가 소기의 목적을 달성할 수 없는 만큼 금융 규제를 강화해야 한다는 이야기를 듣고 나니 왜 두 분이 신자유주의의 대안 경제 시스템으로 복지국가를 내세웠는지 이해가 갑니다. '복지는 2차 분배의 문제' 운운 하는 것도 잘못된 관점에서 나온 말이라는 것도 알겠고요.

정승일 경제 민주화를 주장하는 공정 시장론자들은 복지국가의 역할을 오직 '(2차) 분배'에만 한정시키고 나머지는 모두 '합리적 자유 시장'에 맡기자고 합니다. 가령 정부의 금융 시장 개입은 관치 금융이라 반대하고, 산업 정책 역시 근본적으로 비효율적이며 정경 유착이라고 비난하는 식이죠. 하지만 지금까지 보았듯이 복지국가는 단지 분배만 많이 한다고 되는 게 아닙니다. 복지는 노동 시장 정책이나 산업 정책, 금융 규제와 긴밀히 연결되어야 성공할 수 있기 때문입니다.

일례로 정부가 직업 재교육을 성공적으로 시행하려면 앞으로 어떤 산업이 발전할지를 잘 예측해야 할 거 아닙니까? 그러려면 정부와 기업이 긴밀하게 협력해야 해요. 예컨대 앞으로 첨단부품, 첨단소재 산업이 유망하다고 해 보죠. 그러면 이 산업에 얼마나 많은 인력이 필요할지 기업들과 상의한 다음, 인력 부족이 예상된다면 적극적인 노동 시장 정책으로 그에 필요한 인력을 양성해야 합니다. 또 그런 미래 성장 산업이 시장에서 저절로 육성될 것 같지 않다면 정부가 나서서 이를테면 한시적인 진입 규제 같은 경쟁 제한도 하고, 연구개발 지원 같은 것도 해야죠. 이런 모든 것들을 가리켜 산업 정책이라고 부릅니다. 그런데 이른바 경제 민주화를 주장하는 분들은 한편으로는 적극적 노동 시장 정책을 하자고 하면서, 다른 한편으로는 절대로 산업 정책 같은 건 하면 안 된다고 하니 앞뒤가 맞지 않는 거죠.

한국은 성공적인 산업 정책을 쓴 전통이 있는 나라예요. 지난 40여

년 동안 산업과 기업을 육성한 경험으로 축적된 산업 기술 정책의 노하우와 조직이 고도로 발전해 있는 나라라는 말입니다. 말도 많고 탈도 많기는 하지만 외국과 비교해 볼 때 중소기업 지원 및 육성 제도도 대단히 탄탄한 편이죠. 물론 정경 유착과 관료주의라는 위험 요소도 있습니다. 그러나 그런 위험 요소 때문에 산업 정책 전반의 효용을 부정하는 건 물 버리려다 갓난아이까지 버리는 것과 다를 바 없습니다.

이종태 그러고 보니 경제 민주화를 주장하는 분들은 산업 정책은 격렬히 공격하면서도 직업 재훈련 같은 적극적 노동 시장 정책은 옹호하는 이율배반적인 면이 있네요. 일관된 체계 없이 그럴듯한 정책들을 여기저기서 끌어다 쓰다 보면 나중에 정권을 잡은 후 큰 문제가 생기겠어요.

장하준 어떤 분들은 북유럽 복지국가들은 마치 산업 정책을 쓰지 않았던 것처럼 말하는데, 핀란드만 해도 국영 기업 부문이 상당히 큽니다. 노키아 같은 기업도 정부에서 키워 준 거고요. 스웨덴 역시 정부가 보호 무역이나 특정 산업 지원 같은 산업 정책을 통해 에릭손 같은 기업을 육성했습니다. 스웨덴 노동 운동이 연대임금제* 같은 정책으로 산업

• 스웨덴의 연대임금 정책은 같은 일을 하는 노동자에게는 같은 임금을 제공하도록 규정한 것이다. 사회적으로는 노동의 대가를 균등하게 함으로써 노동자들의 동류 의식(노동자 계급 의식)을 높이는 정책이라고 볼 수 있다. 여기서 주목할 점은 연대임금 정책이 동시에 산업 고도화 정책이었다는 것이다. 예컨대 같은 산업의 회사들은 같은 일을 하는 종업원에게 모두 같은 임금을 줘야 하는데, A라는 고효율 기업의 평균 연봉은 3000만 원인 데 비해 B라는 저효율 기업의 평균 연봉은 1000만 원이라고 가정해 보자. 이 경우 연대임금 정책을 통해 A와 B의 종업원 모두 연봉 2000만 원을 지급하도록 규정하면, B 기업은 생산 구조를 합리화해서 전체 인건비를 낮추거나 아니면 공장 문을 닫을 수밖에 없다. 그러나 A 기업은 종업원 1인당 1000만 원의 인건비를 줄일 수 있고 이 돈을 재투자해서 규모와 효율성을 더욱 높일 수 있다. 결국 연대임금 정책을 통해 저효율 기업은 퇴출되고 고효율 기업은 더 성장하는 산업 고도화를 이루어 냈다. 노동자들이 가장 싫어할 만한 용어인 구조 조정이 스웨덴에서는 진보 정당의 사회적, 경제적 무기였던 셈이다.

고도화를 추진할 수 있었던 것도 일종의 산업 정책이라고 봐야죠.

이종태 두 분 말씀을 듣다 보니 복지국가 시스템이 잘 돌아가려면 노동 운동의 역할도 많이 바뀌어야 할 것 같습니다.

정승일 정말 노동 운동의 역할이 중요합니다. 지금까지 우리나라 노동 운동가들은 노동조합이 기업의 생산성 향상에 협조한다든가 하면 기회주의니 개량주의니 하고 욕을 퍼부었어요. 하지만 이제는 노동 운동의 판을 바꿀 때가 왔다고 봐요.

지금 한국의 노동조합은 개별 기업 단위로 조직되어 있는 탓에 자기 기업 노동자들의 이익만 챙기는데, '노동 있는 복지'가 가능하려면 우선 산별 노조의 강화가 필요합니다. 금속노조 같은 산별 조직이 있다 곤 하지만 현대자동차 노조나 한진중공업 노조에 영향을 미치기는커녕 오히려 그런 개별 노조에 휘둘릴 정도로 허약한 실정이거든요. 스웨덴의 연대임금 정책이 가능했던 것은 산별 노조와 중앙 교섭이 있었기 때문이에요. 산별 노조와 중앙 교섭이 없다면 대기업-하청 기업 간, 정규직-비정규직 간의 동일 노동 동일 임금 원칙을 관철시킬 수가 없고, 따라서 1차 분배의 개선도, 산업 고도화도 그만큼 어렵습니다.

예컨대 조선소의 경우 용접공들이 많은데, 문제는 조선업이 고도화되면서 용접공 일자리가 점차 줄고 있는 거예요. 회사들이 용접공을 로봇으로 대체하고 있거든요. 그렇다고 로봇을 안 쓸 수도 없습니다. 단가를 맞추지 못하면 망하니까요. 이런 경우 기업별 노조는 매우 난처한 상황에 빠지게 됩니다. 일자리를 유지하기 위해 로봇 도입에 반대하면 회사가 망할 수 있고, 반대로 로봇 도입에 협력하면 회사는 살겠지만 노동자들이 잘리게 되지요. 자기 회사 종업원만 위하는 기업별 노조는 이런 진퇴양난의 딜레마에서 빠져나올 수가 없습니다.

그렇지만 만약 조선업 전체의 노동자들을 대표하고 개별 회사 노조에 영향력을 미치는 강력한 산별 노조가 있다면 문제는 달라집니다. 산별 노조는 조선업 자본가들과 협약을 체결해 로봇 도입 등 구조 조정을 도와주고, 그 대신에 조선업에 새로 생기는 직종에 기존 용접공들이 채용될 수 있도록 그들에게 직업 재훈련을 제공하라고 회사와 정부에 요구할 수 있죠. 조선업 전체의 산업 고도화에 노조가 적극 동참하는 겁니다. 이렇게 하면 기업과 산업의 구조 조정에 따른 노동자들의 피해를 없앨 수 있어요.

장하준 노동조합의 각성이 필요하다는 데는 동의합니다. 그러나 노조를 일방적으로 조직 이기주의로 몰아가는 건 좀 지나치다고 생각해요. 예를 들어 대기업 노조원들은 연 8000만 원을 받는데 나는 비정규직이라 그 절반도 못 받는다고 해서 대기업 노조를 깨자는 식으로 가면 모든 노동자들에게 이익이 되지 않습니다. 더욱이 노조라는 게 원래부터 자기 이익 지키라고 있는 거잖아요. 다만 대기업 정규직 노조의 이익 지키기가 자기 회사 노동자들의 먼 미래와 다른 노동자들, 심지어 실업자와 국가 경제까지 넓고 큰 안목으로 끌어안을 수 있을 정도로 승화되면 좋겠지요. 프랑스의 노동조합은 실업자도 노동자라며 끌어안는데 한국에는 비정규직 노조도 제대로 없지 않습니까.

세금 증액 없는 복지?
불가능한 구호다

이종태 말씀을 들어 보면 아무리 생산적 복지라 해도 그에 필요한 국가 재정은 지금보다 훨씬 늘어나야 할 것 같습니다. 노인 복지 같은 소비적 복지에 필요한 예산도 많고요. 그러려면 당연히 세금을 더 거두어야 하겠죠. 그런데 노무현 정부가 종부세(종합부동산세) 외에는 세금을 더 거둔 일이 없는데도 한나라당이 '세금 폭탄' 운운하며 조세 저항을 선동했던 일이 기억납니다. 그리고 이명박 정부가 집권해서 임기 5년간 100조 원의 감세를 추진했고요. 지금도 민주당은 종부세 악몽 때문에 증세 논의를 공론화하는 걸 주저하고 있는 형편입니다. 이런 상황에서 세금 문제를 어떻게 해야 할까요?

장하준 감세론자들에 따르면 세율이 낮아지면 개인이 더 많은 돈을 챙길 수 있으니까 더 열심히 일해서 더 많은 돈을 벌고 저축도 더 열심히 해서 결국 정부가 세금을 더 많이 거둘 수 있게 된다는 거예요. 탈세도 덜하게 되고요. 기업들도 세율이 낮아야 투자를 더 해서 일자리를 더 늘리고, 장기적으로 경제 성장도 촉진된다는 거죠. 그러나 논리와 현실은 차이가 많았어요.

정승일 이명박 정부의 초대 기획재정부 장관인 강만수 씨가 감세, 특히 부자 감세를 주창한 대표적 인물이에요. 그런데 미국 최고의 갑부이자 투자가인 워런 버핏이 2011년 자신의 소득세율은 14퍼센트에 불과한 데 비해, 자기 비서는 소득의 35퍼센트를 세금으로 낸다며 '나 같은 부자들에게 증세하라'고 해서 큰 주목을 끌었어요. 이런 어이없는 일이 벌어지는 이유는 버핏의 비서가 내는 세금이 일종의 근로소득세이기 때문입니다. 월급을 많이 받으면 개인소득세 최고 세율인 35퍼센트가 적용될 수밖에 없는 거죠. 반면에 금융 투자자인 버핏의 소득은 대부분 주식 배당이나 증권 매매 차익에서 나온 금융 수익인데, 그런 투자 소득에는 14퍼센트라는 낮은 세율이 적용되는 겁니다. 레이건 시절부터 그렇게 낮아졌다고 해요. 땀 흘려 번 근로 소득보다 쉽게 번 금융 투자 소득을 더 우대해 준 거예요. 그래야 부자들이 투자를 많이 해서 경제가 활성화된다는 논리로 부자들에게 특혜와 특권을 준 거죠.

장하준 미국의 최고 소득자들은 대부분 주식이나 채권 같은 금융 자산을 엄청나게 소유한 금융 투자자들입니다. 그러면 부자 감세의 결과 정말 경제 성장이 더 잘 이루어지고 일자리가 더 늘었나요? 실제로는 이런 부자 특혜가 없었던 1950~1960년대에 미국의 경제 성장률이 훨씬 높았어요.

이종태 한나라당, 그러니까 새누리당도 그런 비판 때문에 요즘은 감세 주장을 철회했습니다. 아무튼 복지국가를 만들려면 그에 필요한 국가 재정이 적지 않을 텐데, 앞으로 예산이 추가로 어느 정도 필요하다고 보시나요?

정승일 우리가 향후 10년에 걸쳐 만들고자 하는 복지국가가 북유럽처럼 높은 수준을 기대하는 건 언감생심이고, 일단은 그보다 훨씬 낮은 OECD 평균 정도라도 가야 해요. 그렇게 해 봐야 지금 이탈리아 수준도 되지 않습니다만. 어쨌든 2007년 OECD 평균으로 보면 GDP(국민총생산) 중에서 정부의 복지 예산 비중이 19.3퍼센트입니다. 스웨덴 같은 나라는 30퍼센트가 넘고, 건강보험이 허술한 '식코'의 나라 미국은 13~14퍼센트 수준입니다. 그러면 우리나라는 어떨까요? 2011년 현재 GDP 대비 9퍼센트로 OECD에서 멕시코에 이어 끝에서 두세 번째입니다. 복지 수준이 OECD에서는 꼴찌 그룹인 거죠. 따라서 우리가 만약 OECD 평균 수준의 복지국가로 가려면 지금보다 GDP 대비 복지 예산을 10퍼센트 더 늘려야 해요. 2012년 기준으로는 약 140조를 더 늘려야 하는 거죠. 2012년에 책정된 복지 예산이 92조이니까 여기에 140조를 더한 230조 정도는 복지에 투입해야 겨우 이탈리아 수준의 복지국가가 된다는 겁니다.

이종태 엄청난 액수네요. 그만큼 우리가 복지 후진국이라는 뜻이겠고요. 그런데 복지 예산이 한꺼번에 그렇게 많이 늘어난다면 사회 경제적 충격이 대단히 클 것 같은데요.

정승일 그렇죠. 그래서 매년 단계적으로 복지 예산을 늘려 앞으로 10년 뒤에야 OECD 평균의 복지국가를 만드는 그림을 그리고 있습니다. 일종의 '복지 개발 5개년' 계획인 셈이죠. 예컨대 2012년의 복지 예산이 90조 원이라면 그것을 출발점으로 해서 2013년에는 20조 원을 추가해 110조 원으로, 그 2년 뒤인 2015년에는 다시 20조 원을 추가해 130조 원으로, 그 2년 뒤인 2017년에는 다시 20조 원을 추가해 150조 원으로 늘려 가자는 거죠. 이렇게 해도 2017년의 GDP 대비 복지 예산 비중은 미국 수준밖에 되지 않습니다. 아무튼 그렇게 복지 예산과 복지 혜택을 단계적으로 확대해서 거둔 성과를 가지고 2017년 말 선거에서 국민들로부터 심판을 받은 다음, 2018년부터 다시 5년간 단계적으로 복지 예산을 늘려서 2022년에는 이탈리아 수준의 복지국가를 만들겠다는 겁니다. 겨우 이탈리아 수준이니, 소박하죠?

이종태 그 모든 일정이 순조롭게 달성된다면 2023년부터는 다시 스웨덴 수준의 복지국가를 향한 대장정을 10년 동안 진행하겠다는 구상이군요. 아무튼 앞으로 그 막대한 예산을 어떻게 마련하느냐가 큰 논쟁거리가 될 것 같습니다. 그런데 어떤 분들은 토목 건설 등의 불요불급한 정부 사업을 중단하고 부자들 탈세만 잡으면 충분히 복지 재원을 마련할 수 있다고 주장하면서 굳이 국민이 싫어하는 증세까지 할 필요가 있냐고 말하던데요?

정승일 세금 더 거두기 전에 탈세부터 잡아내라는 말은 맞아요. 특히 의

사와 변호사 같은 고소득 전문직들이 소득 신고를 제대로 하지 않는 경우가 많았으니까요. 그런데 이 문제는 노무현 정부를 거치면서 상당히 개선되었습니다. 의사, 변호사 같은 고소득 자영업자들도 의무적으로 현금 영수증을 발행하고 사업용 은행 계좌를 사용해야 하므로 지금은 탈세 비율이 많이 줄었죠. 거의 OECD 평균 수준까지 개선된 것으로 알고 있습니다. 문제는 이렇듯 탈세를 적발하는 것만으로는 복지국가에 필요한 세수를 획기적으로 늘릴 수가 없다는 겁니다.

복지는 우리 모두를 위한 공동 구매다

이종태 또 시장 개혁을 주장하는 분들 중에는 우리 경제가 직면한 핵심적인 문제는 신자유주의가 아니라 박정희 체제의 유산인 토건주의라는 분들이 많은데, 이런 분들은 '토건 죽이기'를 만병통치약처럼 들고 나오더군요.

정승일 그런 분들은 마치 토건 예산 줄이고 토건 관련 세금만 잘 거두면 대학 등록금도 완전 무상으로 할 수 있는 좋은 세상이 올 것처럼 말해요. 예컨대 선대인 같은 분은 『프리라이더』를 통해 4대강 사업 같은 거 안 하고, 토목 건설 정부 예산을 줄이기만 해도 매년 30조~40조원 정도의 복지 예산을 마련할 수 있다고 합니다. 솔깃하죠. 그런데 자세히 읽어 보니 치명적인 계산 오류를 범하고 있어요. 토목 건설의 정부 지출만 계산하고 정부 수입은 계산하지 않은 거죠. 예를 들어 LH공사가 공단이나 아파트를 지으면 지출만 있는 게 아니고 그 공단 부지나 아파트를 분양해서 그만큼 수입도 들어오거든요. 그런데 그걸 계산하지 않은 겁니다.

이종태 믿어지지 않네요. 그리고 꼭 필요한 토건 사업도 있지 않나요?

정승일 그렇죠. 정부 토건 사업 중 가장 적자가 많이 나는 부분이 바로 서민을 위한 공공 임대 주택인데, 이런 걸 줄일 수는 없잖습니까? 산업 정책의 일환인 공단 부지 조성을 줄이는 것도 신중해야 하고요. 따라서 토건 예산을 아무리 줄여도 연 10조 원 이상을 절약할 수 없다고 합니다. 그 이상은 비현실적입니다.

그리고 다른 무엇보다 부동산 관련 세금으로 복지 예산을 마련한다는 것 자체가 무리한 발상입니다. 종부세를 한번 보세요. 노무현 대통령 시절 가장 많이 징수했을 때가 3조 원 정도였어요. 요즘은 부자 감세 덕분에 1조 5000억 원 정도일 겁니다. 그런데 그런 세금으로 어떻게 수십조 원을 마련한다는 거죠?

종부세로 안 되면 토지·건물분 재산세를 올릴 수도 있겠죠. 가진 건 집 한 채밖에 없는 서민들도 재산세는 내야 하니까 세금 더 거두는 데는 도움이 될 겁니다. 그런데 현재 재산세 세수가 합쳐 봐야 5조 원 정도예요. 만약 재산세로만 30조 원을 거두려면 지금보다 세율을 6배나 올려야 합니다. 서울의 20평대 아파트 재산세가 현재 연 40만 원이라면 그걸 240만 원으로 올려야 한다는 거죠. 국민이 받아들일까요?

이종태 재벌에게 세금을 많이 걷으면 되지 않느냐는 사람들도 있던데요.

정승일 재벌들에게 세금을 징수하는 데는 크게 두 가지 방법이 있습니

● 재산세는 부동산을 보유하고 있으면 무조건 내는 세금이다. 따라서 서민도 집과 땅을 가졌으면 무조건 납부해야 한다. 반면에 종부세(종합부동산세)는 부동산을 일정 수준 이상으로 보유하고 있을 때 내는 세금으로, 일종의 부유세 성격을 띠고 있다. 종부세 납세자는 전국 가구 수의 2퍼센트 정도이다.

다. 첫 번째는 재벌 가족 개인들로부터 소득세를 더 많이 거두는 방법이에요. 종합소득세 최고 세율을 지금의 35퍼센트에서 50퍼센트 정도로 높이는 것도 방법이고, 재벌 가족들이 보유한 주식과 증권, 예금 같은 투자 자산에서 나오는 투자 소득에 더 높은 세율을 적용하는 것도 방법이에요. 바로 워런 버핏이 요구한 것이지요. 이런 세율 인상은 재벌 가족들만이 아니라 모든 금융 자산가 계층에도 적용되니 일석이조인 셈이죠. 이렇게 하면 연 5조 원 이상은 마련할 수 있다고 합니다.

두 번째는 재벌 회사로부터 법인세를 더 거두는 방법입니다. 우선 그간 대기업들에 갖가지 명목으로 법인세를 감면해 주던 제도들을 폐지하는 거예요. 예컨대 '연구개발비 세액공제' 제도라고 해서, 기업이 연구개발에 투자했을 때 법인세 일부를 돌려주는 제도가 있어요. 그 덕택에 삼성전자 같은 경우 연간 5조 정도를 연구개발비로 쓰면 그중 1조 정도를 세액공제로 돌려받는다고 해요. 그런데 삼성전자나 현대자동차 같은 대기업은 연간 순이익만 10조~15조에 이르고, 그중 상당 비율을 주식 투자자에게 배당하고 있어요. 이렇게 수익이 높고 현금 보유고가 차고 넘치는 대기업들에게까지 국가가 손해를 보면서 '비과세 감면'을 적용할 필요가 있느냐는 거죠. 또 '임시투자 세액공제'처럼 설비투자를 하면 법인세를 돌려주는 제도도 있는데, 이 또한 대기업에는 폐지할 필요가 있죠. 연구자에 따라 다르지만, 이렇게 할 경우 추가로 복지 재원에 쓸 수 있는 돈이 연 5조 원 정도는 될 것으로 추정하더군요.

이종태 그동안 재벌계 경제연구소들은 이른바 '무상 시리즈'니 뭐니 해서 '복지는 포퓰리즘'이라는 보고서를 연이어 발표해 왔는데, 정작 대기업들은 자기 회사의 투자도 국가로부터 '무상 지원'을 받고 있었군요. 그런데 지금까지 말씀하신 방법으로도 5년 뒤 복지 예산을 추가로 60조 원까지 늘릴 수 있을 것 같지 않네요. 탈세 잡고, 토건 사업 줄이고, 재벌과 금융 자산가들로부터 소득세와 법인세 더 징수해도 대충 계산해 보면 25조 원 정도이니 이걸로는 턱없이 부족합니다. 그런데 우리나라 정치권은 말로는 보편적 복지를 주장하면서도 그에 필요한 재정 마련 방안을 적극 개진하는 모습은 거의 본 적이 없는데요.

장하준 세금 올리자고 하면 인기가 떨어지니까 증세 말고 다른 방법으로 이것저것 개선해서 복지 재원을 마련하겠다는 심산인 거죠. 저는 진심으로 복지국가를 만들겠다는 정치인이라면 국민에게 증세가 필요하다고 적극 호소해야 한다고 생각해요.

불가능한 일 같지만 시각만 좀 바꾸면 대단히 어려운 일이 아닙니다. 복지 지출을 늘리는 게 국민이 각자 시장에서 따로 사던 물건을 국가가 공동 구매를 통해 저렴하게 제공하는 것이라는 사실을 알리면 되거든요. 다시 말해 증세를 통한 복지 지출의 증가가 국민의 돈을 빼앗아 가는 게 아니라, '복지 서비스'에 대한 국민의 소비 방식을 바꾸는 일일 뿐이라고 지적해 주는 거죠. 세금을 '빼앗기는 돈'이 아니라 '같이 쓰는 돈'으로 보고, 복지 지출을 '공짜'가 아닌 '공동 구매', 그러니까 요즘 하는 말로 '공구'로 보면 증세를 말하기가 쉬워집니다.

예를 들어 의약품을 보세요. 어떤 사람이 개별적으로 약국에 가서 사는 것보다는 국민건강보험공단 같은 정부 기관이 직접 제약 회사와 협상해서 구입하는 편이 훨씬 쌀 겁니다. 국민건강보험공단은 한꺼번에 많은 의약품을 사는 만큼 당연히 값을 깎자고 요구할 수 있고, 국민 전체를 등에 업고 있으니 협상력도 강하기 때문이죠. 이런 원리는 약품이나 의료만이 아니라 교육, 노인 연금에도 마찬가지로 적용됩니다.

한국뿐 아니라 다른 나라에서도 복지에 반대하는 사람들 중에는 '정부가 내 돈 가져가서 태워 버린다'고 생각하는 사람들이 의외로 많아요. 그러나 조금만 더 깊이 생각해 보면 세금이 병원이고, 세금이 연금이고, 세금이 학교입니다. 세금과 복지 예산의 증가는 내 돈이 사라진 게 아니라 우리가 개별적으로 민간 시장에서 구입하던 걸 공동 구매로 바꾼 겁니다. 저는 심지어 '조세 부담'이라는 용어도 바꿀 필요가 있다고 생각해요. 엄밀히 말해서 부담이 아니거든요.

정승일 입만 열면 보편적 복지를 말하는 민주당의 경우에도 2011년 8월 말에 '증세 없는 복지 재정 마련 방침'을 표방한 바 있는데, 그게 실망스러운 수준이에요. 만약 노무현 정부 당시의 세제를 이명박 정부가 손대지 않고 그냥 두었으면 2012년 말의 조세 부담률이 22.5퍼센트에 이를 전망이었어요. 그런데 이명박 정부가 덜컥 감세하면서 그게 현재 19.4퍼센트로 떨어진 거죠. 그런데도 민주당이 향후 집권 5년 차인 2017년의 조세 부담률을 21.5퍼센트로 낮추어 잡아 놓았어요. 노무현 시절보다도 낮은 세수를 가지고 보편적 복지를 하겠다는 겁니다. 그러면서도 집권 5년간 지금보다 매년 30조~40조 정도의 복지를 더 하겠다고 해요. 이건 앞서 우리가 계획한 것보다 매년 20조 원가량이 부족해요. 5년 뒤인 2017년에도 선진국 최하위인 미국 수준에도 도달하지 못하는 게 바로 현재 민주당의 구상이에요.

오히려 박근혜의 새누리당이 조세 부담률 22퍼센트로 민주당보다 연 7조 원 정도를 더 복지에 쓰겠다고 합니다.

장하준 정치인들이 너무 소극적이에요. 말하자면 세금은 어쩔 수 없이 징수해야 하는 '필요악'이고, 세금은 걷지 않을수록 좋다는 생각이잖아요. 그러니 시민들도 세금을 나쁜 것으로 여기며 기피하려 하죠. 이번 기회에 차라리 '세금은 공동 구매 자금'이라고 적극적으로 이야기 하면서 시민들의 정서를 바꾸겠다고 생각해야 복지국가를 만들 수 있습니다.

영국만 해도 스웨덴 같은 나라에 비해서는 허술하지만 전 국민 의료 보험 등 보편적 복지를 시행하는 나라니까 한국에 비해 세율이 꽤 높아요. 연 소득 5000~6000파운드(약 1000만 원)까지는 면세지만 거기부터 3만 파운드까지는 20퍼센트, 그 이상은 40퍼센트의 세율로 소득세를 거두고, 2008년 금융 위기 이후에는 15만 파운드 이상의 소득에 50퍼센트 세율을 도입했으니까요. 하지만 이 세율도 과거에 비해 많이 떨어진 거예요. 1960년대에는 개인소득세 최고 세율이 80퍼센트에 달했고, 1970년대 말에는 90퍼센트가 넘었으니까요. 그러다가 1980년대에 마거릿 대처가 집권하면서 최고 세율을 40퍼센트로 떨어뜨립니다. 이후 토니 블레어의 노동당 정권 역시 부자 감세 기조를 그대로 유지하고요. 그런데 2008년 말 영국이 금융 위기에 빠지고 대규모 구제 금융으로 재정 적자가 엄청나게 늘어나니까 브라운 노동당 정권이 50퍼센트 최고 세율을 도입했고, 이걸 현재의 보수당-자유당 연립 정부가 유지하고 있는 겁니다.

1인당 월 1만 1000원이면 무상 의료도 가능

이종태 아무튼 2017년에 지금보다 60조 원 많은 150조 원으로 복지 예산을 늘리려면 앞에서 말했듯이 불요불급한 재정 지출을 줄이고, 탈세 막고, 재벌들로부터 세금 더 많이 거둬도 여전히 많이 모자라는데, 그에 대해 어떤 복안이라도 갖고 계시나요?

정승일 민주통합당이 이미 발표한 방안을 참조해서 계산해 보면 돼요. 민주당은 보편적 복지 재원 마련을 위한 5년 계획(2013~2017)을 제시했고, 그 기간 동안 연평균 33조 원의 추가적인 복지 예산을 마련하겠다고 했어요. 그중 12조 3000억 원은 토목 건설 예산 감축 등 재정 지출 감소를 통해, 14조 3000억 원은 비과세 감면 혜택의 축소와 일부 부자 증세를 통한 조세 수입 증대로, 그리고 나머지 6조 4000억 원은 건강보험료 인상 등 4대 보험료 인상을 통해 조달하겠다고 했어요. 결론적으로 보면 증세도 조금 하고 보험료도 조금 올리는 방안인데, 다만 세금을 새로 만들면서 복지국가를 하지는 않겠다는 거예요.

아무튼 그렇게 해서 집권 1년 차인 2013년에는 지금보다 20조 원, 그리고 집권 5년 차인 2017년에는 지금보다 약 40조 원 많은 추가 복지 예산을 확보하여 쓰겠다는 겁니다. 이 경우 2017년 기준으로 우리 구상보다 20조~30조 원가량 모자랍니다. 그렇기 때문에 우리는 연 20조~30조 원의 추가 세수를 거두는 '복지국가 목적세' 같은 새로운 세금의 도입이 필요하다고 보는 거예요. 앞으로 5년 뒤에 미국, 10년 뒤에 이탈리아 수준의 복지국가로 가겠다는 목표를 가졌다면 그 정도 증세는 해야 하지 않느냐는 거죠.

장하준 한국의 국민소득 대비 소득세 담세율은 브라질보다도 낮으니 올릴 필요가 있어요. 그러나 이 또한 하루아침에 가능한 일은 아닙니다. 세정(稅政) 능력이 개선되어야 하고, 세금에 대한 시민들의 의식도 달라져야 하니까요. 그렇지만 복지국가 건설을 위해 증세가 필요하다는 사회적 합의만 이루어진다면 방법은 많습니다. 복지 재원을 소득세로만 충당하는 게 힘들다면 언젠가는 부가가치세 등 간접세를 올릴 수도 있으니까요. 유럽 대부분의 나라에서는 부가가치세가 20퍼센트 내외입니다. 우리는 10퍼센트이고요. 하지만 무엇보다 중요한 건 세금에 대한 인식을 바꾸는 거예요. 저소득자는 좀 적게 내고 고소득자는 더 많이 내는 차이일 뿐이지, 모든 국민이 세금 더 내는 데 십시일반으로 참여해서 복지를 공동 구매하는 게 모두에게 유리하다는 걸 국민이 받아들여야 합니다.

정승일 역사적으로 볼 때 부자 증세는 스웨덴보다 미국이 오히려 더 강했어요. 미국은 최고 소득세율이 무려 90퍼센트까지 간 적이 있는 데 비해 스웨덴은 75퍼센트 정도였으니까요. 그러나 보편적 복지를 실현한 나라는 스웨덴입니다. 우리 상식과 달리 스웨덴은 부자가 아닌 중산층에도 개인소득세를 많이 걷는 편입니다. 덴마크도 마찬가지이고요. 그 대신에 월급쟁이들이 돌려받는 복지 혜택이 세금으로 낸 것보다 더 많습니다. 반면에 미국의 중산층은 우리나라 중산층처럼 신용카드 공제니 사교육비 공제니 하며 온갖 비과세 감면 혜택을 많이 받는데, 대신에 정부로부터 받는 복지 혜택도 별로 없어요. 과연 어느 나라가 더 좋은 걸까요?

우리가 스웨덴 식 복지국가로 가려면 당장은 재벌 증세, 부자 증세부터 해야 하지만, 언젠가는 모든 월급쟁이들이 지금보다는 세금을 좀 더 낼 각오를 해야 합니다. 예컨대 지금은 연 소득 2000만 원이 안 되는 분들은 개인소득세를 연 1만 원 정도밖에 내지 않는데, 이분들도 2017년에는 연 10만 원은 내도록 하자는 겁니다. 그리고 지금은 연 소득 5000만 원 넘는 중산층이 개인소득세를 연 100만~200만 원 정도 내는데 이분들도 2017년에는 연 300만 원 정도는 내도록 하자, 이거예요. 대신에 이분들 모두가 복지국가로부터 돌려받는 혜택이 연 600

만 원이 넘도록 하면 되잖습니까.

　지금처럼 극빈층에 최저 생계를 보장하는 잔여적 복지국가가 좋다면 소득세를 더 많이 내지 않아도 됩니다. 하지만 중산층마저도 현재 주택이나 대학 등록금, 사교육, 노후 대비 등의 문제로 고통스럽지 않습니까? 이걸 해결하려면 부자들만 아니라 다른 분들도 자기 소득에 비례하는 누진적 증세에 동의할 필요가 있어요. 그렇지 않고서는 젊은 이들 결혼도 가로막히고, 노인들을 자살로 이끄는 심각한 문제를 근원적으로 해결할 수가 없습니다.

이종태 글로벌정치경제연구소 오건호 박사의 경우, 부자들에게만 내라고 요구하지 말고 보편적 복지를 바라는 대다수 시민들도 복지 재정에 참여해서 '우리도 내자!' 그러니까 '나도 낼 테니 너희도 내라!' 운동을 벌여야 한다고 제안한 바 있어요. 중간 계층이 복지 재원 마련에 적극 참여해야 부자들에게도 더 많은 책임을 요구할 수 있다는 거죠.

장하준 보편적 복지와 함께하는 보편적 증세는 사회 정의에도 타당하지만 정치적 지속성 측면에서도 필요합니다. 유럽의 복지국가가 지속될 수 있는 이유는 누구나 다 세금을 내고 그 혜택이 모든 시민에게 돌아가기 때문이에요. 이와 대조적으로 미국 같은 경우는 부자들에게 세금 조금 더 걷어서 극빈층에만 복지 혜택을 제공하는 식입니다. 그러니까 '복지는 내 것을 일방적으로 빼앗아 나와 상관없는 사람들에게 나눠주는 것'이란 인식이 광범위하게 퍼지게 되는 거예요.

정승일 바로 그래서 오바마 대통령이 추진했던 건강보험 개혁이 힘들었던 겁니다. 그 개혁으로 새로운 혜택을 받을 게 별로 없는 백인 중산층이 반대를 많이 했거든요.

이종태 그러고 보니 지난 2010년부터 복지국가소사이어티 등이 '건강보험 하나로' 운동을 추진했습니다. 모든 가입자가 건강보험료를 1인당 1만 1000원씩만 더 내면 유럽에서 시행 중인 사실상의 무상 의료가 가능하다는 내용인 것으로 알고 있는데, 그게 조금 전에 말씀하신 보편 증세-보편 복지 원칙과 비슷한 점이 있더군요.

정승일 그렇습니다. 건강보험 가입자가 자진해서 보험료를 더 낼 테니 기업과 국가도 그에 상응하게 함께 더 내서 더 많은 무상 의료 재원을 조성하자는 거예요. 알다시피 건강보험료는 직장인이 10만 원 내면 기업도 10만 원 내야 하고, 정부는 그렇게 조성된 전체 보험료 수입의 20퍼센트를 부담할 의무가 있습니다.

그런데 지금 우리나라 건강보험의 보장률이 60퍼센트를 약간 웃도는 수준이에요. 환자의 치료비가 1억 원인 경우 건강보험공단에서 6000만 원을 내는 대신 환자 본인도 4000만 원을 내야 한다는 겁니다. 이렇게 되면 큰 병에 걸릴 경우 환자 부담이 너무 커서 웬만큼 부잣집이 아니면 감당하기 힘들어요. 그러니 건강보험의 보장률을 OECD 평균인 90퍼센트까지 올리자는 겁니다.

그에 필요한 돈을 계산해 보니 2010년 기준 12조 원 정도인데, 그걸 마련하려면 매달 개인이 1만 1000원을 더 부담하면 되더군요. 생각보다 간단하죠? 가입자 일인당 월 평균 1만 1000원을 더 내면 회사도 매달 1만 1000원 추가 부담을 해야 하고, 그러면 정부 분담금도 자동적으로 더 커져서 매년 12조 원을 추가로 마련할 수 있는 겁니다. 이렇

• 1만 1000원은 평균치이고 실제 부담하는 금액은 개인별 소득에 따라 달라진다. 예를 들어 우리나라의 소득 계층을 20개의 분위로 나눌 때, 가난한 하위 3분위는 추가 보험료 면제, 4분위는 월 2000원을, 중간 계층인 10분위는 월 8000원을 매달 더 내면 되고, 최고 소득 계층인 20분위는 월 4만 원을 더 내면 된다.

게 하면 환자 본인이 병원에 직접 내는 진료비도 연간 최대 100만 원으로 제한할 수 있다고 합니다. 사실상 '무상 의료'가 실현되는 겁니다. 이렇게 평균 월 1만 1000원만 내면 고가의 MRI 촬영이나 암 수술, 척추 수술, 백혈병 같은 대부분의 치료가 건강보험만으로 가능하고, 따라서 시민들은 개인적으로 드는 생명보험이나 상해보험을 크게 줄일 수 있지요.

이종태 제가 본 자료에 따르면 2008년 기준으로 20세 이상 성인의 70퍼센트가량이 보험 회사들이 파는 생명보험이나 상해보험에 가입해서 1인당 월 평균 10만 원을 내고 있다더군요.

정승일 월 1만 1000원을 더 내는 것으로 매달 10만 원을 대체할 수 있다면 환상적이죠. 건강보험만이 아니라 국민연금도 이런 유의 운동을 벌였으면 좋겠어요. 연금보험이니 종신보험이니 해서 노후 대비로 나가는 민간 보험액이 너무 비싸거든요.

이종태 아까 장 교수님이 '공동 구매를 하면 가격을 낮출 수 있다'고 하셨는데 '건강보험 하나로'는 그 좋은 예가 될 것 같습니다. 다만 다른 보험사도 그렇지만 특히 삼성생명을 주력 계열사로 두고 있는 삼성그룹과 이건희 회장은 '건강보험 하나로' 같은 운동에 꽤 긴장할 것 같네요. 그동안 보험 시장을 키우려고 영리 병원 도입까지 추진해 왔는데 '건강보험 하나로'가 실현되면 보험 회사들의 입지가 매우 줄어들 테니까요. 그런 면에서 보면 '건강보험 하나로'는 동시에 재벌 개혁 운동이기도 한 셈입니다. (웃음)

정승일 복지국가 운동 따로, 경제 민주화 운동 따로 갈 필요가 없어요. 복지국가 운동 그 자체에 이미 재벌 개혁이 포함되어 있습니다.

이종태 오늘 확연히 드러난 것은, 두 분이 그동안 이야기해 온 복지국가가 흔히 '2차 분배'로 거론되는 복지와는 결이 다른 개념이라는 사실입니다. 이 복지국가는 세금 많이 걷어 '없는' 사람들에게 나눠 주자는 게 아니에요. 오히려 1997년 이후 심화되어 온 신자유주의 질서를 송두리째 바꾸자는 함의를 강력하게 싣고 있는 거군요. 또 경제 민주화란 구호 아래 진행되고 있는 주주 자본주의 운동이야말로 자칫 경제 부문의 활력과 소득 분배를 더욱 악화시키고, 그 결과 불거지는 각종 사회 문제들을 2차 분배로 해결하려는 '복지 만능주의'로 귀결될 수밖에 없다는 말씀도 매우 인상 깊었습니다.

그런데 이런 복지국가를 건설하려면 부유층 이외의 시민들 역시 '복지는 공동 구매'란 의식을 갖고 소득에 따른 증세에 참여해야 할 거 같습니다. 특히 노동 운동이 더욱 적극적으로 '계급적 이익'을 추구해야 생산적 복지국가를 건설할 수 있겠다는 생각도 드네요. 이런 측면에서 다음엔 복지국가 운동의 노동 정책에 대해 이야기 나눠 보겠습니다.

7장

노동도 부동산도 결국 복지 문제다

우파들이 스웨덴이나 덴마크의 예를 들며
유연 안정성을 이야기하는 건,
영양실조 걸린 사람에게 옆집의 뚱뚱한 사람이
다이어트하는 걸 언급하면서
너도 다이어트를 해야 한다고 말하는 거나 다를 바 없어요.
영양실조 걸린 사람에게 다이어트를 하라고 하면
어떻게 되겠어요.

이종태 2010년부터 복지국가 논의가 크게 부상하면서 진보적 노동 운동 쪽에서는 뭔가 불편한 기색이 역력합니다. 주로 진보 정당이나 민주노총 쪽 인사들이 하는 말인데, '노동 없는 복지는 허구'라는 비판입니다. 그런데 이 발언이 실제로 무엇을 의미하는지는 아리송합니다.

장하준 노동 없는 복지라니? 그게 무슨 뜻이죠? 어느 나라나 그렇지만 우리 국민 역시 대부분은 일해서 월급 받아 사는 노동자들이고, 모든 복지 제도는 기본적으로 노동자들을 위해 만들어진 제도예요. 세계 역 사상 최초로 만들어진 복지 제도는 19세기 독일의 산업재해 보험으로 이것 역시 노동자들을 위한 것이었습니다. 그만큼 복지 제도의 탄생에 서 가장 절실한 것이 노동 현장의 문제였던 거예요. 그다음에 만들어 진 것이 노동자들의 은퇴 후 생계를 보장하는 연금 제도입니다. 이어 1905년 프랑스에서 세계 최초로 실업보험이 도입되고, 30여 년 만에 대부분의 선진국이 이를 채택했고요. 이렇듯 복지 제도는 대부분 노동 과 연결되어 있는 건데, 노동 없는 복지라니요?

정승일 주로 민주노총 사람들이 노동 없는 복지는 허구라고 비난하고 있 습니다. 그런 비난이 나오는 배경에는 민주노총의 주력 사업장인 대기 업이나 공공 부문에서는 이미 기업별 복지가 잘 되어 있다는 문제가 있어요. 즉 대기업이나 공공 부문 종사자들 입장에서는 이미 복지 제도가 충분히 갖춰져 있는데 왜 굳이 또 다른 복지가 필요하냐, 괜히 세금만 더 내야 하는 것 아니냐는 걱정이 깔려 있는 거죠. 솔직히 말하면 대기업과 공공 부문 종사자들의 이기심이 배경이라고 봐도 됩니다. 그런데 노동 없는 복지는 허구라는 말에 내포된 또 하나의 문제의식은 '정리해고나 비정규직 문제를 해결하기 위해 복지 확대가 무엇을 할 수 있느냐'는 거예요. 주로 진보적인 노동계 인사들이 제기하는 질문이죠.

장하준 그 문제 제기도 이해가 가지 않는데요. 앞서 보았듯이 재벌 문제와 주주 자본주의, 노동 문제는 서로 연결되어 있어요. 노동 문제 역시 복지 쟁점과 연결되어 있고요. 그런데 자기들이 중요하다고 생각하는 비정규직 문제를 직접 거론하지 않는다고, 전체는 보지 않고 일부만 보면서 엉뚱한 비난을 하고 있는 것 같네요.

정승일 바로 그겁니다. 실은 비정규직 문제를 제대로 해결하기 위해서도 비정규직 노동자와 중소기업 노동자들을 위한 복지 체제, 기업별 복지가 아닌 국가적 복지 체제, 보편적 복지 체제를 만드는 것이 중요한데 그 점을 놓치고 엉뚱한 비난을 하는 겁니다.

장하준 유럽의 경우에도 우리나라보다 훨씬 덜하지만 과거에 비해 비정규직 일자리가 증가했어요. 그럼에도 한국만큼 중요한 사회 문제로 부각되지 않는 이유는 복지 제도가 잘 되어 있어서입니다. 직장에서 정규직만큼 대우 받지 못하더라도 기본적인 시민권 차원에서 국가가 보편적 복지 혜택을 보장하니 큰 문제가 안 되죠.

정승일 4대 보험을 제외하면 우리나라 복지는 상당 부분이 기업별 복지예요. 공무원과 공기업, 학교와 대학, 대기업과 은행 등에 정규직으로 들어가면 일단 월급도 많지만, 상당히 훌륭한 사내 복지 혹은 직종 복지 혜택이 제공됩니다. 말하자면 해당 기업 정규직들만 특혜를 받고 있는 거죠. 우리나라의 대졸자 청년들이 기를 쓰고 그런 회사나 직종에만 취업하려 드는 것도 바로 이 점 때문이에요. 그런데도 한국에서 노동 운동을 하는 분들은 이런 특혜적 복지를 바꿔서 전 국민이 골고루 혜택을 받는 국가적 복지로 만드는 일에 관해 문제의식이 약해요. 엉뚱하게 노동 없는 복지국가는 허구라는 말을 하면서요. 물론 말은 맞죠. 심각한 비정규직 노동 문제를 해결하기는 해야 하니까요.

장하준 복지가 바로 노동 문제 해결의 중요한 부분을 차지하는 건데, 그걸 분리해서 따로 떼어 놓고 보는 건 말이 안 되죠. 복지 제도라는 것이 대부분 노동 시장에서 일어나는 문제를 보정하고 해결하려고 만드는데 말입니다.

이종태 한번 구체적으로 따져 보죠. 4대 보험 이외에 기업별 복지로는 어떤 게 있을까요?

정승일 예컨대 건강보험에서 보장해 주지 않는 의료비 청구 항목들이 있어요. MRI 촬영 등이 그런 예죠. 그런데 현대자동차의 경우 노사 단체 협상을 할 때 MRI 촬영도 회사 측이 비용을 부담하도록 협상을 맺는다는 거예요. 그렇게 되면 현대자동차의 정규직 노조원들은 전 국민이 MRI 촬영을 무료로 할 수 있게 건강보험을 개선하는 데 더 이상 관심을 갖지 않겠죠.

복지국가소사이어티 등을 중심으로 현재 60퍼센트가량에 불과한 건강보험 보장률을 90퍼센트로 확대하는 운동을 하고 있는데, 이렇게 전 국민 의료 복지 혜택을 강화하자는 운동에 대해 현대자동차 노조만이 아니라 대기업과 공무원, 공기업 종사자들과 노동 운동을 하는 분들이 시큰둥한 이유가 이런 데 있어요. 금융권 노조도 마찬가지고요.

장하준 어차피 자기들은 다른 식으로 이미 혜택을 받고 있다는 거군요.

미국식 복지로
복지를 논하지 마라

이종태 2011년 여름에 한참 반값 등록금이 이슈였는데, 울산을 방문하고 돌아온 한 시민 단체 인사의 말이, 울산 노동자들은 반값 등록금 운동을 왜 하는지 이해를 못한다고 하더군요.

정승일 현대자동차나 현대중공업 같은 경우 정규직 종업원에게 대학생 자녀가 있으면 대학 등록금을 회사가 기업별 복지 차원에서 전액 지원하니 그렇게 되는 거죠.

장하준 대학 등록금 전액 지원이라니, 정말 놀라운 사내 복지 혜택이네요.

정승일 현대자동차와 현대중공업만 그런 게 아니에요. 은행과 증권사, 공기업, 공공 기관 등도 이런 사내 복지 또는 직종별 복지 혜택을 누리는 데가 많아요. 그러니 전체 일자리의 15퍼센트 정도에 불과한 이런 소수의 좋은 일자리를 얻으려고 스펙 쌓기니 취업 재수니 하는 이상한 현상이 벌어질 수밖에요.

장하준 그게 바로 미국식 복지 시스템이에요. 정말 밥도 못 먹을 정도로 가난한 극빈층에만 국가적 복지 혜택을 제공하는 잔여주의 복지 체제에서는 혜택에서 제외된 대다수 국민은 저임금에 사내 복지 혜택도 없는 비정규직으로 힘들게 살아가야 해요. 반면에 선별된 아주 일부는 좋은 직장에서 일하면서 훌륭한 사내 복지 혜택까지 받고요.

이종태 이런 좋은 일자리에 있는 분들은 구조 조정 같은 걸 당하기라도 하면 정말 곤란하겠네요.

장하준 그렇죠. 원래 복지 제도가 절실하게 필요한 순간이 바로 일자리 잃고 소득이 사라지는 시점인데, 바로 그때 복지마저 끊겨 잃어버리는 꼴이 되니까요. 그러니까 구조 조정에 죽기 살기로 저항할 수밖에 없는 겁니다.

정승일 쌍용자동차나 한진중공업 파업도 그런 거죠. 대기업 정규직이 일자리를 잃어버리면 단지 일자리만 잃어버리는 게 아니에요. 많은 사내 복지 혜택을 다 잃어버리는 거죠. 그러니 목숨 걸고 싸우는 게 주류 경제학자들이 말하는 이른바 '합리적 선택'일 수밖에 없어요. 또 요즘 대학생들이 죽기 살기로 스펙 쌓기를 해서 대기업과 공공 부문, 은행에 취업하려는 것도 시장 논리, 즉 자유 시장 논리가 잘 작동하는 환경 속에서 취업자들이 선택할 수 있는 매우 합리적인 선택인 셈입니다.

이종태 이런 문제점을 제대로 알려 주면 노동 없는 복지는 허구라는 말이 안 나오지 않을까요?

정승일 문제는 바로 기업별 노조 체제가 기업별 복지를 조장하고 있다는 점이에요. 만약 현대자동차 노조가 하청 중소기업 노동자들과 외주 비정규직 노동자도 포함된 산별 노조에 속해 있고, 그 산별 노조가 대학 등록금 지원 혜택을 모든 노조원들에게 제공하기 위해 열심히 싸워 왔다면 별 문제가 되지 않겠죠. 전 세계적으로는 이런 산별 노조가 많은데 한국과 일본에는 유별나게 기업별 노조가 많아요. 물론 일본의 기업별 노조는 일본 기업들의 성공 요인으로 많이 언급됩니다. 종신 고용을 보장 받은 종업원들로 결성된 기업별 노조가 자발적으로 회사의 생산성 발전에 크게 기여했다는 거죠. 도요타 등 대기업에 근무하면 종신 고용과 함께 사내 복지 혜택이 굉장히 많다고 하더군요. 그렇지만 대신에 일본 역시 국가의 복지 혜택은 약해요.

장하준 일본이 유럽에 비해 복지 혜택이 적다고 하지만 그래도 미국보다는 복지 지출이 많아요. 게다가 우리나라처럼 상위 10퍼센트, 20퍼센트의 종업원들에게만 종신 고용을 해 주는 게 아니라 기본적으로 전체 종업원의 절반에게 종신 고용 혜택을 주고 있고요. 일본의 기업들은 20년 장기 불황의 위기 속에서도 종신 고용을 지켜 주었어요. 그만큼 일본과 우리는 상황이 달라요.

이종태 노동자 중 절반 정도가 종신 고용이라니, 놀랍군요.

장하준 일본 경제가 한창 잘나갈 때 대기업 종업원의 3분의 2, 중소기업은 3분의 1이 종신 고용이라고 추산했어요. 나머지는 비정규직으로 채용해 고용 유연성을 유지한 건데, 그게 2000년대 들어 고이즈미 개혁 이후 조금씩 깨졌지요. 그렇지만 아직도 평균적으로 절반 정도는 종신 고용이라더군요. 물론 근로계약서에 명시된 게 아니라 관행적으로 이루어지는 거라 정확한 추산은 힘들다고 해요. 종신 고용을 포기한 기업도 일부 있지만 대부분은 아직 유지하고 있으니 대략 절반 정도 아니겠냐고 보는 거죠.

정승일 우리나라도 1997년 외환 위기 전까지만 해도 일본식 노사 관계를 많이 도입했고, 대기업들은 암묵적으로 일본식 종신 고용 쪽으로 가고 있었죠. 그러다 외환 위기가 터지면서 보수와 진보 할 것 없이 미국식 체제가 더 나은 게 아니냐고 했고, 그 결과 지금처럼 살벌한 고용 체제가 된 겁니다. 대기업의 경우 핵심적인 소수 정규직만 남겨 놓고 현장 노동자, 사무직 할 것 없이 마구 해고하고, 분사하고, 외주를 주고 한 거죠. 이게 바로 민주 정부 아래에서 경제 민주주의의 이름으로 일어난 일이에요.

그 결과 소수의 정규직을 중심으로 하는 기업별 노조가 아주 강해졌어요. 민주노총, 한국노총 등이 말로는 산별 노조 강화를 과제로 주장하지만 실제로는 현대자동차 노조, 국민은행 노조 등 기업별 노조가 훨씬 강해지고 있어요. 경제 민주화를 주장하는 분들이 요구하는 이른바 '합리적 시장'의 필연적 결과인 '합리적 선택'이 노조원들에 의해 이루어지고 있는 거죠.

이종태 소수의 아주 좋은 일자리들은 월급도 많고 복지 혜택도 좋습니다. 노조가 강해서 해고도 쉽지 않고요. 그런데 대다수의 일자리는 월급도 낮고, 복지 혜택도 부족하고, 노조도 없죠. 이건 불공정하고 불공평한 거 아닌가요?

정승일 맞습니다. 그래서 이른바 진보 진영에 속한 사회디자인연구소의 김대호 소장 같은 분은 이렇게 이중화된 노동 시장이 불공정하다고 비판해요. 예컨대 현대자동차에 근무하는 40대, 50대의 철밥통 정규직 노동자들 때문에 정작 20대 청년들이 현대자동차에 취업하지 못한다는 겁니다. 그런 말을 듣다 보면 마치 현대자동차 정규직의 철밥통 일자리를 지켜 주는 민주노총을 깨 버리면 청년들이 좋은 일자리를 얻을 수 있는 것처럼 느껴져요. 그런데 이런 이야기를 김대호 같은 분만 하는 게 아닙니다. 전경련과 보수 언론도 똑같이 말해요.

장하준 그렇게 되면 청년들은 좋은 일자리를 얻겠지만 중년 실업자가 크게 늘어나겠네요. 그런데 왜 청년 실업만 걱정하죠? 그 청년들 부모가 바로 노조원들 아닌가요? 결국 부모 세대는 해고하고 그 자리에 자식 세대를 취업시키자는 건데, 말도 안 되는 주장이라고 봅니다.

우선 국민 경제로 봐도 손해예요. 그 노조원들은 생산 현장에서 20년, 30년 일한 사람들입니다. 그동안 현장에서 획득한 기술이 얼마나 많겠어요? 그런데 그들을 임금이 싼 젊은 노동력으로 교체해 버리면 그들이 가진 경험에서 얻은 기술과 노하우도 함께 사라져 버리는 겁니다. 그게 과연 기업에, 국민 경제에 이익일까요? 게다가 정작 근본적인 질문은 경제 민주화를 했는데 왜 좋은 일자리가 더 많이 생기지 않느냐는 것 아닌가요? 이런 질문에 답하려면 주주 자본주의의 문제점이나 산업 정책의 약화 등에 대해 말해야 하는데, 그런 말은 하지 않고 젊은 사람들 취직 못하고 있으니 기존에 있는 사람들 쫓아내자는 건 말이 안 돼요.

신고전파 포퓰리즘은 하향 평준화 노선

이종태 그러니까 장 교수님은 노동 시장 불공정보다는 근본적으로 왜 좋은 일자리가 늘지 않는지를 고민해야 하고, 그런 점에서 주주 자본주의나 산업 정책의 약화 같은 문제에 대한 언급 없이 노동 시장 유연화만 대안으로 제시하는 것은 문제가 있다, 이런 말씀이죠?

장하준 그렇죠. 근본적인 차원에서 문제를 풀 생각을 하지 않으니 정규직 노조는 노조대로 노동 시장 유연화에만 반대하면 되는 줄 알고, 비정규직은 비정규직대로 정규직을 향해 '저것들은 연봉 7000만 원, 8000만 원 받고 사내 복지 혜택도 누리면서 자기 것만 지키려 한다'고 비난만 하다 보면, 결국 노동자들이 분열되어 힘이 약화될 수밖에 없으니 아주 좋지 않은 방향이에요.

정승일 주의해야 할 점은 김대호 소장 같은 사고방식이 노무현 정부 때는 아예 국가 정책으로 등장했다는 겁니다. 그 대표적인 사례가 2006

년에 노무현 정부의 노동부 장관이 된 김대환 교수예요. 참여연대의 대표까지 한 분인데, 장관이 되자마자 시도한 일이 민주노총을 깨려고 한 거였습니다. 정말 많은 사람들이 황당해했죠. 하지만 당시 참여연대로 대표되는 진보적 지식인들 내에서는 김대호 소장과 같은 정서와 논리가 아주 강했습니다. 대기업 정규직 노조원들이 누리는 고임금과 사내 복지 혜택은 지나치게 불공정하다, 이걸 해결하려면 기득권 세력이 된 민주노총을, 노조라는 독점체를 깨야 한다고 생각한 겁니다.

장하준 자유주의를 주장하는 진보적 지식인들이 신봉하는 시장 이론에 따르면 노동 시장에서 노동조합이라는 독점체가 없어지면 완전 경쟁이 보장되어 시장이 공정해진다고 하죠. 그런데 공정한 완전 경쟁 노동 시장에서는 정규직의 임금과 복지 혜택 역시 비정규직 수준으로 하향 평준화됩니다. 그게 바로 신고전파 경제학 논리예요. 완전한 시장 경쟁이 되면 최고의 효율성이 나타난다고 보는 거죠. 그 경제학에서는 기술과 숙련은 외적으로 주어져 있다고 봐요. 즉 기술 혁신은 시장 외부에서 일종의 외적 충격으로 일어나는 것이지, 시장에서 내재적으로는 일어나지 않는다고 보는 거죠. 결국 시장 경쟁을 강화해서 하향 평준화하자는 게 신고전파 경제학인 셈입니다. 이 경우에도 마찬가지예요. 노동자들의 일부만 생활이 안정되고 나머지 대다수는 불안한 지금 같은 상황에서 우리 같은 사람은 그렇다면 다 같이 안정화시켜 주자, 평준화할 수는 없겠지만 가능한 한 맨 아랫사람의 수준을 끌어올려 '상향 평준화' 하자는 것인 데 비해, 신고전파 경제학의 자유 시장 이론을 신봉하는 이들은 다 같이 불안정한 수준으로 '하향 평준화' 하는 것이 공정하고 공평하다고 생각하는 거죠.

정승일 당시 김대환 장관의 생각은 주주 자본주의적 재벌 개혁과도 직결되어 있어요.

장하준 맞습니다. 참여연대가 주장하는 방향의 재벌 개혁도 결국은 위에 있는 재벌들을 끌어내려서 모두 다 중소기업화하자는 거죠. 말하자면 하향 평준화하자는 겁니다.

정승일 현대자동차나 대우자동차 노조원들은 당시 참여연대 등 진보적 시민 단체들이 주장하던 재벌 해체 또는 재벌 개혁에 부정적이었어요. 재벌 해체와 재벌 개혁이 진행되면서 대규모 기업 구조 조정이 일어났고, 그것이 바로 인력 구조 조정으로 직결되었으니까요. 당시 참여연대나 경실련에 가까운 진보적 경제학자들이 이런 노조의 구조 조정 반대를 지적하면서 대기업 정규직 노동자들은 재벌 체제를 옹호하는 '구조적 보수'라고 비판합니다. 1990년대 초반 러시아의 '개혁적' 옐친 대통령을 편들던 서구의 자유주의 세력이 공산당과 레닌 지지자들을 '구조적 보수'라고 비난하던 모습과 닮은꼴이죠.

장하준 그런 사고방식이 우리나라에만 있는 게 아니에요. 다른 나라에도 많아요. 어떤 이들은 이것을 신고전파 포퓰리즘이라고 표현합니다.

정승일 신고전파 포퓰리즘이라…. 정말 딱 들어맞는 표현이네요. 앞으로 이 표현을 많이 써먹어야겠습니다. (모두 웃음)

장하준 점진적 시장 개혁을 수행 중인 인도에서도 신고전파 포퓰리즘이 강해요. 물론 요즘은 사람들이 조금 제정신을 차리고 있는데, 그럼에도 여전히 국영기업 민영화를 반대하는 노조를 깨는 것이 마치 진보이고 올바른 개혁인 양 포장하는 이들이 많아요. 실은 노조를 깨서 다 가난한 농민으로 되돌려야 한다는 논리인데 말입니다.

이종태 그런 주장을 하는 분들도 개혁파인가요? 이른바 진보와 민주주의를 내거는 개혁적인 분들이 그런 주장을 해요?

장하준 우파적으로 포장이 될 수도 있고 좌파적으로 포장이 될 수도 있지만, 결국 논리는 신고전파 이론의 완전 경쟁론에 기초해 있어요. 정치적 민주주의를 제대로 하려면 큰 놈들은 싫으니 다 쪼개서 작은 놈들을 만들자는 포퓰리즘적인 발상이에요. 그래서 신고전파 포퓰리즘이라고 비판하는 거죠.

정승일 재벌 대기업만이 아니라 공기업에 대한 비판에서도 신고전파 포퓰리즘이 강해요. 우리나라 공기업 노동자들의 경우 임금이 높고 사내복지 혜택도 좋은데, 이를 두고 보수 언론에서는 걸핏하면 '신이 내린 직장'이라고 비아냥거립니다. 일반 국민들은 월급 깎이고 복지 혜택이 줄고 있는데, 너희들은 뭔데 이렇게 특권과 특혜가 많냐며 포퓰리즘식으로 비난하는 거죠.

장하준 우파 논리는 앞뒤가 맞지 않습니다. 진보 쪽 사람들이 재벌 기업이나 금융권이 돈을 너무 많이 받는다고 공격하면 '너희들 좌파는 왜 자꾸 하향 평준화시키려 드느냐'고 반박해요. 그러면서 다른 한편으로는 '큰 정부는 나쁜 정부'라는 신자유주의적 신념에 위배되는 공기업과 공무원 등 공공 부문 종사자들에게 '너희가 뭔데 이렇게 돈을 많이 받아?'라고 욕하면서 하향 평준화를 주장하니, 이런 자가당착이 또 어디 있겠어요.

정승일 대기업이나 공기업 종업원들이 누리는 상대적으로 높은 임금과 복지 혜택 때문에, 그런 좋은 일자리를 얻지 못한 대다수 청년과 국민들 사이에는 대기업과 공기업, 공공 기관 종사자들을 미워하는 정서가 강합니다. 불공정하고 불공평하다는 거죠. 물론 그 생각이 틀리다고는 할 수 없습니다. 하지만 그런 이유로 공기업을 민영화하자, 재벌 그룹도 해체해 버리자는 논리를 택하는 것은 정말 잘못된 거예요. 진보 개혁 인사들 중에는 이런 신고전파 포퓰리즘 논리에 편승해 마치 재벌과 공공 부문의 특권과 특혜를 없애면 공정과 공평이 확보되는 양 착각하는 일이 많아요.

장하준 앞에서 김대환 장관의 민주노총 깨기가 주주 자본주의적 재벌 개혁론과 직결되어 있다는 지적에서도 언급했지만, 노조를 깨야 공정하고 공평한 사회가 된다는 주장은 예컨대 삼성그룹의 경제력 집중과 독점력이 너무 강하니 삼성그룹을 해체해서 20명씩 고용하는 중소기업 4만 개를 만드는 것이 좋다는 것과 비슷한 논리예요.

정승일 그렇죠. 삼성과 현대자동차 등 재벌 그룹을 부분 해체 또는 완전 해체하고 그 대신 수만 개의 벤처 기업, 중소기업을 육성하여 중소 벤처 기업 위주로 경제 구조를 바꾸어야만 공정과 공평이라는 경제 민주화의 꿈이 달성된다는 주장인데, 그야말로 신고전파 포퓰리즘이죠. 김대중 노무현 정부 시절 공기업 민영화와 주주 자본주의적 재벌 개혁, 노동 시장 유연화에 앞장섰거나 침묵했던 사람들이 바로 경제 민주화를 내걸고 시장 개혁을 주장하는 지식인들이었어요. 그럼에도 자신들의 과거 행적과 발언은 숨긴 채 다시 '노동 탄압하는 재벌, 중소기업 착취하는 재벌, 사악한 재벌을 타도하자!'고 외치면서 진보 언론과 대중의 열렬한 환호와 갈채를 받고 있어요.

면허제는 시장 논리로
따질 게 아니다

이종태 의사, 변호사 면허 제도의 타당성에 대해서도 이야기가 많던데요.

정승일 김대호 소장 같은 시장 개혁을 주장하는 분들에 따르면 의사나 변호사 면허 제도로 인해 의사와 변호사의 숫자를 자유 시장의 수요-공급 논리에 따라 조정할 수 없다는 겁니다. 간단히 말하면 면허 제도도 일종의 독점이니까 깨야 한다는 거예요. 물론 의사협회나 변호사협회 같은 곳에서는 당장 반박하죠. 예컨대 변호사는 높은 직업윤리가 있어야 하는데, 시장 논리에 따라 변호사 숫자가 폭증하면 돈벌이에 눈 먼 변호사들이 횡횡하면서 온갖 사기를 칠 수 있으니 면허 제도가 정당하다는 거죠.

장하준 이 경우에는 의사와 변호사들 주장이 맞다고 봐요. 제가 금융 시장에서 파생상품을 엄격히 규제해야 한다고 주장하면서 그 근거로 의약품 규제의 사례를 들었는데, 복잡한 것은 물론이고 인간의 생명과 생존을 좌우하는 업무에서는 보수적으로 접근해야 합니다. 흔히들 '의사 면허 제도를 없애 누구나 다 의사 노릇 할 수 있게 하다가 돌팔이 의사가 생기면 그때 잡아들이면 되지 않느냐'고 주장하지만, 그때는 이미 문제가 생긴 후입니다. 품질이 낮은 전자 제품을 팔아 자꾸 고장이 나는 것과는 차원이 다른 문제예요. 사람 목숨이 왔다 갔다 하는 의사 업무, 잘못 변호하면 사람이 감옥에 갈 수도 있는 변호사 업무는 엄격한 인허가 제도로 규제해야 해요. 의약품도 사람의 생명을 좌우하기 때문에 인허가 제도를 만든 건데, 그걸 무조건 폐지하자고 주장하는 게 바로 신고전파 경제 논리예요. 완전 경쟁이 좋으니 의약품이건 파생상품이건 모두 값싼 라디오처럼 똑같이 시장 논리로 접근해야 한다는 건 정말 어처구니없는 말이죠.

정승일 요즘 좋은 대학 나오고 스펙이 좋은 소수의 청년들만 공기업과 대기업, 금융권에 취직해요. 더 공부 잘하는 청년들은 의사, 변호사를 선호하고요. 시장 개혁을 주장하는 분들은 이런 상황에서 조건이 좋지 않은 대다수 청년들에게 확 와 닿는 이야기를 해요. 아예 의대, 변호사 면허 제도를 없애거나 정원을 대거 늘리면 되지 않느냐는 거죠. 사법 고시 같은 시험 제도도 없애고요. 법학전문대학원, 의학전문대학원 같은 미국식 전문대학원 제도가 노무현 정부 아래에서 진보 개혁을 주장하는 지식인들의 지지를 받으며 출범한 것도 이런 신고전파 포퓰리즘 분위기에서였어요.

장하준 그런 정책을 많이 하는 게 미국이에요. 의사는 그렇지 않지만 변호사는 그런 시스템이죠. 그 결과 변호사 숫자가 엄청 많은 탓에 온갖 폐해가 생겨요. 예컨대 앰뷸런스 체이서(ambulance chaser)라고, 교통사고가 나면 어떻게 알고 왔는지 변호사가 금방 사고 현장에 나타나서 피해자를 부추겨요. '너 저거 고소하면 돈 많이 받을 수 있다'고요. 그러니 터무니없는 소송이 늘어나 법정 비용이 커질 수밖에요. 어떤 통계를 보니 1990년대 미국의 인구 1인당 변호사 숫자가 일본의 10배예요. 그렇다고 미국이 더 안전한 나라인가요? 일본보다 훨씬 더 범죄가 많지 않습니까? 사기 치는 변호사도 엄청 많고요. 미국에서는 양심 없는 변호사들이 많아서 말도 되지 않는 억지 소송을 하라고 고객들을 부추깁니다. 그 변호사들은 그렇게 하지 않으면 생계가 막막하니 그러는 거죠. 그런데도 변호사들도 시장 경쟁 하면 좋다는 단순한 신고전파 논리가 횡횡해요. 물론 신고전파 경제학자들 중에서도 좀 깊이 공부한 사람들은 그렇게까지 말하지는 않지만요.

이종태 그래도 우리나라의 경우 변호사 수가 좀 적은 게 사실 아닌가요?

정승일 적은 건 사실인데 너무 급격하게 늘어난 나머지 사기에 가까운 업무를 하는 변호사들까지 생기고 있다고 합니다. 예컨대 청소년들이 인터넷에 접속해서 무심코 파일을 다운로드했는데, 그걸 저작권법 위반으로 소송을 제기해 다운로드 한 건당 합의금 명목으로 수십만 원을 합법적으로 갈취하는 일을 전문으로 하는 법무 법인들이 버젓이 활동하고 있다고 합니다. 그래서 합의금을 마련하지 못한 청소년이 자살하는 일도 일어났고요. 심지어 변호사가 늘어나 생존 경쟁이 치열해지면서 민변 변호사들조차 먹고사는 데 바빠 과거보다 활동 폭이 줄었다는 이야기도 들리더군요.

사실 시장 개혁을 주장하는 경제학자들과 함께 이른바 진보적, 개혁적 변호사들이 재벌 개혁의 일환으로 증권 집단소송제에 집착하는 것도 일거리 확보와 직결되어 있어요. 미국을 보더라도 증권 집단소송제 덕택에 변호사들의 일이 다른 나라보다 훨씬 많거든요.

장하준 변호사 수가 너무 적으면 그들끼리 담합해서 수임료를 높이니까 국민이 법률 서비스를 받기 힘든 면이 있어요. 그런데 그 경우 정부가 가난한 이들에게 보조금을 줘서 제대로 된 법률 서비스를 받을 수 있게 하면 되는 것 아닌가요? 영국에는 그런 제도가 있어요. 우리처럼 쥐꼬리만 한 돈을 받는 국선 변호인 제도가 아니고요. 그런 식으로 해결하는 게 훨씬 합리적이란 생각이 듭니다.

이종태 아무튼 의사와 변호사처럼 면허 제도의 보호를 받는 소수의 고소득 직업군이 있고, 대기업 정규직이라는 상대적 고소득자들이 있어요. 이들의 존재로 인해 사회적 격차와 함께 불공정, 불공평 문제가 나타나는 것도 사실이고요. 그렇다면 중요한 것은 어떻게 이 문제를 해결하느냐는 겁니다. 노동조합과 면허 제도 등을 없애 완전 경쟁 시장을 구축하면 과연 공정한 사회를 만들 수 있나요?

장하준 그게 환상이라는 겁니다. 의사나 변호사 면허 제도가 폐지된다 해도 자본주의 시장 경제가 해체되는 건 아니에요. 자본주의 시장의 제1원리인 1원 1표는 그대로 존속하는 거죠. 그런 상황에서 면허 제도가 없으면 돈 없는 사람들은 기본 자격이 미달되는 의사, 변호사를 쓰게 되는 상황이 벌어질 겁니다.

정승일 시장에서 나타나는 불공평과 불공정의 문제를 해결하는 해법이 바로 복지국가예요. 예컨대 의사 면허 제도 등의 독점 제도에 내포된 합리성을 인정하면서도 그로 인해 발생하는 소득 분배 악화는 소득 재분배 정책을 통해 해결하는 거예요. 의사와 변호사 등의 고소득 직종에는 높은 소득세를 물리고, 이를 통해 마련된 국가 재정으로 보편적 복지국가를 만들어 비정규직과 중소기업 노동자들에게도 재분배하는 거죠. 굳이 시장주의 논리를 따를 필요가 없어요.

장하준 복지국가로 가면 다 같이 상향 평준화가 돼요. 반면에 신고전파 포퓰리즘으로 가면 대부분의 사람은 하향 평준화가 되고, 맨 위의 최고 부자들은 오히려 더 많은 힘과 부를 누리는 체제가 됩니다.

유연 안정성을 말하기 전에
안전망부터!

이종태 그런데 공정, 공평론을 내세우며 시종일관 복지국가론을 비판해 온 김대호 소장 같은 분은 한진중공업 정리해고에 맞선 희망버스 운동을 비판하면서 갑자기 복지국가론을 받아들입니다. 그러고는 정리해고를 자유롭게 하는 대신 복지국가를 만들면 되지 않느냐고 민주노총을 비판하더군요. '희망버스는 절망버스'라고 공격하면서요. 한마디로 한진중공업이라는 대기업의 정규직들도 정리해고를 받아들여야 한다는 거예요. 그래야만 대기업 노동자들의 특권이 사라진다는 거죠.

정승일 경제 민주화를 주장하는 핵심 인물 중 하나인 김기원 교수도 김대호 소장과 똑같이 '자본주의 시장 경제에서 정리해고는 기업의 정당한 권리이며, 그로 인한 문제는 복지국가를 만들어서 해결하면 된다'고 주장해요. 얼핏 들으면 그럴듯하지 않나요? 이러다 보니 우리 같은 복지국가론자들은 졸지에 김대호 소장이나 김기원 교수와 무슨 차이가 있느냐는 비난을 듣게 생겼습니다. 특히 '노동 없는 복지는 허구'라고 주장해 온 민주노총 사람들은 우리까지 한통속으로 비판해요. 그런데 김대호 소장이나 김기원 교수의 주장에서 허점은, 정리해고는 당장 이루어지지만 높은 수준의 실업수당과 직업 재훈련 등 제대로 된 국가적 복지 제도를 정착시키려면 빨라야 5년, 길게는 수십 년이 걸린다는 거예요. 지금 길거리에 나앉게 생긴 한진중공업이나 쌍용자동차 노동자와 그 가족에게는 당장 아무런 대안도 되지 않을 터무니없는 주장을 한 거죠. 정리해고는 반드시 규제되어야 합니다.

장하준 그런 이야기를 들으니 나치 독일 시대에 마르틴 니묄러라는 목사가 쓴 글이 생각나네요. 그 목사는 자유주의자였는데, 나치가 처음에 공산주의자들을 잡아갈 때 박수를 쳤다더군요. 그다음 나치가 유대인과 사회민주당원, 노조 지도자들을 잡아갈 때도 좀 마땅치 않았지만 침묵했고요. 그러다 나치가 자유주의자인 자기마저 잡아갈 때가 되니 정작 자기를 도와줄 사람이 주변에 아무도 없더랍니다. 지금이 바로 그런 상황인 것 같아요. 한진중공업에서 돈 많이 받던 정규직 노동자들이 정리해고를 당하는 건 나와 상관없다며 수수방관하다 보면 결국 그나마 있던 노동권도 모두 침해받게 되고, 결국에는 비정규직 인권마저 침해당하는 사태가 오게 되는 거죠. 근시안적으로 생각하면 문제를 풀 수 없습니다.

정승일 김기원 교수 같은 분의 주장은 스웨덴이나 덴마크 같은 나라처럼 복지국가를 만들면 노동자들도 정리해고 같은 고용 유연성을 받아들여야 한다는 거예요. 이른바 유연 안정성 테제죠. 말하자면 스웨덴, 덴마크 정도의 복지국가(안정성)를 만들면 정리해고(유연성)가 되더라도 실업수당도 많이 받고, 자식 교육과 주택 걱정, 의료비 걱정 등의 염려가 없을 정도로 든든한 사회 안정망이 갖춰지니 문제가 없지 않느냐는 거예요.

장하준 김기원 교수 같은 분들, 과거에는 스웨덴을 한물 간 나라로 여기는 것 같았는데 아닌가 보죠?

정승일 요즘 견해가 조금 바뀐 모양이에요. 2008년의 미국발 금융 위기 이전만 해도 한국은 '빅 스웨덴(Big Sweden)'이 아니라 '리틀 아메리카(Little America)'로 가야 한다고 주장했는데 말입니다. 대다수 진보 언론인들 역시 마찬가지 논조였고요.

이종태 아무튼 김대호 소장이나 김기원 교수처럼 스스로를 진보라고 말하는 분들이 희망버스 운동을 절망버스라고 비판한 것은 상당히 충격적이었습니다. 말이 나온 김에 유연 안정성 테제에 대해 좀 더 이야기해 보죠.

정승일 이분들이 말하는 유연 안정성 테제는 사실 노무현 정부의 노동 정책까지 연결됩니다. 당시 김대환 장관이나 그 옆에 있던 진보적 지식인과 시민 단체들 대부분이 유연 안정성 테제를 신봉했어요. 아마 노무현 대통령 역시 마찬가지였을 겁니다.

당시 김대환 장관의 생각은 결국 민주노총으로 대표되는 경직된 노사 관계에 문제가 있으니 유연화, 즉 정리해고의 전면 허용을 시행하자는 거였습니다. 문제는 당시의 노무현 정부에는 복지국가 구상이 전혀 없었어요. 결국 이른바 진보적이라는 노무현 정부가 안정성 확보에 관한 구상도 없이 유연성만 강조한 채 노동자들을 해고하고자 한 거죠. 그걸 가로막는 민주노총은 약화하거나 해체하겠다고 했고요. 그러니 전경련과 중소기업연합회는 신이 났죠.

하지만 스웨덴이나 덴마크가 유연 안정성 테제를 내걸고 유연성을 강조하기 시작한 건 1990년대의 일이에요. 즉 1930년대부터 시작하여 거의 50년에서 60년에 걸쳐 대단히 높은 수준의 복지국가를 만들어 놓아 삶의 안정성이 최고도로 높아진 것을 전제로 해서 정리해고나 비정규직 등 약간의 고용 유연성을 이야기한 거죠.

장하준 그렇죠. 복지국가가 성숙 단계에 들어섰기 때문에 고용 유연성 이야기가 나와도 그 사회가 큰 무리 없이 받아들일 수 있었던 거예요. 일은 순서대로 해야 합니다. 먼저 복지국가부터 만들어 놓고 그다음에 유연성을 말해야 하는 거죠. 막말로 서커스에서 외줄타기를 할 때도 먼저 그 밑에 안전망부터 쳐 놓고 올려 보내지 않습니까. 그런데 밑에 아무런 안전망도 없는데 외줄 위에 올라가 뛰어다니며 연습하라고 하면 황당하죠. 아주 좋게 해석해도 '너희들이 올라가서 외줄타기를 하는 동안 내가 알아서 안전망 쳐 줄게'라고 받아들인다 쳐도 따져 보면 그 사이에 몇 명이 죽건 말건 알게 뭐냐는 거잖아요.

이종태 안전망을 갖추는 데 시간이 꽤 걸린다는 말씀이죠?

정승일 시간이 꽤 걸릴 뿐 아니라 노동 운동 하나가 움직여서 될 일이 아니에요. 복지국가를 만들려면 정치권과 시민 사회 등 온 나라가 움직여서 전체 시스템을 바꾸어야 하는데, 그게 그리 쉬운 일이 아니죠.

장하준 게다가 복지라는 게 돈만 쓴다고 되는 게 아니에요. 설사 우리나라 국민의 마음이 갑자기 확 바뀌어 내년부터 우리가 세금 40퍼센트를 낼 테니 복지를 대폭 늘려 달라고 해도 그렇게 갑자기 늘릴 수가 없어요. 아동 보육이나 노인 돌봄, 정신 질환자 요양소 같은 것을 운영하려면 전문 인력이 엄청나게 필요한데, 그런 인력을 양성하는 데에도 시간이 필요하니까요. 복지는 하루아침에 이루어지는 일이 아니에요. 지금부터 차근차근 준비해도 10년, 20년이 지나야 제도가 정착되고 본격적으로 효과가 나타나는 일이죠.

그리고 스웨덴이나 덴마크에서 유연 안정성이란 말이 나온 건 복지 국가 잘 만들어 놓고 노동권도 많이 강화해 놓으니 좀 문제가 있지 않은가 해서 관련 규제를 어느 정도 풀어 주었다는 의미예요. 우리나라에서 유럽처럼 복지 많이 하면 나라 망한다고 하는 분들은 주로 우파쪽 사람들입니다. 그 사람들이 스웨덴이나 덴마크의 예를 들며 유연 안정성을 이야기하는 건, 비유해서 말하자면 영양실조 걸린 사람에게 옆집의 뚱뚱한 사람이 다이어트하는 걸 언급하면서 너도 다이어트를 해야 한다고 말하는 거나 다를 바 없어요. 영양실조 걸린 사람에게 다이어트를 하라고 하면 어떻게 되겠어요.

정승일 덴마크나 스웨덴 같은 경우 1980년대가 되자 노동자들이 100퍼센트 정규직이었는데, 실제로는 비정규직이 필요한 경우가 꽤 있더라는 거예요. 예를 들어 전업 가정주부의 경우 아이를 키워야 하니 직장을 갖더라도 파트타임 일자리가 좋은데, 정규직 일자리는 주5일 근무에 정시 퇴근 같은 각종 의무를 준수해야 하지 않습니까. 이게 불가능하니 아예 취업을 포기하게 된다는 거죠.

그래서 노동법에 비정규직 제도를 만들어 하루에 5시간 정도만 일해도 모든 노동권을 동등하게 인정받게 하고, 작가의 경우에는 프리랜서로 일하는 것이 가능하게 하고, IT가 발전했으니 재택근무도 가능하게 하는 식으로 다양한 노동 수요를 합법화한 거죠. 비정규직에게도 높은 수준의 보편적 국가 복지 혜택을 동등하게 제공하고요.

그런데 지금 우리나라에서 이야기하는 노동 시장 유연화는 그런 게 아니잖아요. 하루 10시간, 12시간씩 일하는 정규직 노동자를 마구 해고할 권리를 기업에 주자는 거니까요. 그것도 복지국가라는 안전망도 전혀 만들지 않은 상태에서 말입니다.

노동 복지는
소비가 아닌 생산이다

이종태 그렇다면 앞으로 노동자들을 위한 복지로 가장 시급한 것이 뭘까요? 지금까지 복지국가소사이어티에서 이야기해 온 복지 강화 플랜이 여러 가지 있더군요. '건강보험 하나로' 운동도 있고, 기초노령연금을 65세 노인 모두에게 내년부터 당장 매달 18만 원씩 지급하는 것들도 있고요. 그런데 이런 복지는 특별히 노동자라고 해서 더 제공하는 게 아니라 모든 국민이 보편적으로 누리는 거 아닙니까?

정승일 그렇죠. 하지만 노동자를 위한 복지에서 가장 중요한 건 고용보험 혜택을 받는 사람들의 범위를 획기적으로 늘리는 거예요. 지금은 아예 고용보험에 가입하지도 못한 사람들이 너무 많아요. 요즘 경제민주화를 주장하는 분들이 대형 마트들을 집중 비판하면서 '대형 마트가 동네 가게 다 죽인다'고 외치고 있는데, 사실 그보다 더 큰 문제는 동네의 구멍가게 상인들은 고용보험에 가입하지 않아 가게가 망해도 실업수당조차 받지 못한다는 점이에요. 동네 식당 주인과 식당 종업원들 역시 실업자가 되어도 고용보험 혜택을 받지 못하고요. 동네 이발소나 미장원, 철물점, 문방구, 피자집과 맥줏집, 고깃집 등에서 일하는 주인이나 종업원 모두 고용보험에도, 국민연금에도 가입하지 않은 경우가 태반입니다. 이런 영세 자영업자들과 그 종업원들이 전체 경제 활동 인구의 3분의 1 정도라고 해요. 결국 전체 경제 활동 인구의 3분의 1가량이 현재 복지 혜택의 사각지대에 있는 셈이죠. 이 점에 대해서는 이미 박근혜 대표가 앞장서 나갔어요. 고용보험 사각지대에 놓인 사람들에게 정부가 고용보험료를 대신 납부해 주겠다는 거죠.

장하준 정말 진보적인 정책인데요. 많이 앞서 나갔어요.

정승일 반면에 민주통합당은 요즘 엉뚱하게 재벌 타도하여 영세 상인 살리자며 재벌 개혁에 집중합니다. 정작 영세 자영업자들을 위한 보편적 복지 정책은 등한시하고요. 박근혜의 도전에 대해 민주통합당이 앞으로 긴장해야 할 거예요. 아무튼 영세 자영업자들을 위한 종합적 대책을 마련하려면 고용보험만으론 부족하고 직업 재훈련이 필요해요. 예컨대 피자집 하다가 망한 가게 주인과 종업원에게 뭔가 전망이 밝은 분야의 기술과 노하우를 가르쳐야 할 것이고, 스스로 교육비를 댈 돈이 없다면 정부가 공공적 직업 재훈련을 해 주어야 하는 거죠. 또 청년 실업자들은 몇 년간 취업이 안 되는 경우도 많은데, 이 친구들에게 구직 수당을 줘야 한다는 말도 나오고 있어요. 중소기업에 취업한 청년들에게는 정부가 임금 보조금 같은 것을 제공하는 프로그램도 앞으로 연구해 볼 필요가 있고요.

장하준 산재보험도 더 보강해야죠. 삼성전자 반도체 공장에서 백혈병 환자가 빈발하고 있는데, 그 사실을 어떻게든 부인하려는 삼성의 불순한 의도도 문제지만 더 큰 문제는 정부의 태도예요. 노동부가 정확하게 조사해서 산업재해를 인정해 주고, 정부가 보험금 지급하고, 삼성전자에 책임을 물어 처벌하고 벌금을 물리면 되는데, 그걸 안 하고 있으니까요. 결국 정부가 공적 책임을 다하지 않으니 삼성이 오리발 내밀면 노동자들은 하소연도 제대로 못하게 되는 것 아닙니까.

물론 이런 것은 작은 의미의 복지 확대 정책이고, 더 크게는 정리해고를 규제해야 해요. 지금 노동 운동계가 주장하듯이 비정규직을 정규직으로 전환할 수 있도록 최대한 규제하고, 어쩔 수 없이 비정규직을 채용하는 경우에는 임금이나 복지 혜택에서 차별을 받지 않게끔 규제해야 하는 거죠.

하지만 저는 복지국가로 가려면 다른 무엇보다 노동 시간을 줄여야 한다고 봐요. 지금 우리나라 노동자들은 공식 통계상 연 2100시간, 실제로는 연 2500시간 근무한다고 하는데, 이건 OECD에서 최장 노동 시간이라고 해요. 유럽인들의 1500~1700시간과 비교하면 엄청나게 많이 일하는 셈이고요. 후진국들은 이런 통계를 내는 것 자체가 쉽지 않은 데다 농민들이 많아서 정확히 누가 몇 시간 일했는지 알기 힘들어 뭐라 말하기 어렵다는 점을 감안하면 우리나라가 산업화된 나라들 중에서는 노동 시간이 세계 최장이라는 건 분명해요. 그러니 인생이 고달픈 거죠.

이종태 저 같은 주간지 기자들도 참 괴롭습니다.

장하준 아, 그런데 주간지 기자들은 어느 나라나 그래요. 아니, 심지어는 미디어 직종이 다 그런 것 같아요. 제가 자주 기고하는 영국 『가디언』 기자들도 비슷한 거 같으니까요. 그러니 직종 선택을 잘못해 놓고 불평하지 마세요. (모두 웃음)

정승일 문제는 노동 시간을 줄이는 방법인데, 이른바 진보 진영에 속하는 어떤 분은 그와 관련해 대기업 정규직들이 이기적이어서 노동 시간을 줄일 수 없다는 식으로 대기업 정규직을 비난하더군요. 말하자면 현대자동차 노동자들이 평일 잔업과 휴일 특근을 자진해서 하는 지금 상황에서 어떻게 노동 시간을 줄일 수 있느냐는 거죠. 말은 맞아요. 노동 시간 단축에 앞장서야 할 노동 운동 지도자들도 조합원 눈치를 보면서 주춤하고 있으니까요. 그렇지만 삼성전자 공장에서 일하는 생산직이건 아니면 삼성전자 본사에서 일하는 대졸 사무직이건, 누가 매일 12시간, 14시간씩 일하고 주말에도 일하고 싶겠어요.

　결국 이렇게 일하게 되는 이유는 아이들 사교육비 벌고, 노후 대비해 저축하고, 주택 대출금 갚으려고 어쩔 수 없이 그러는 거잖아요. 그렇다면 보편적 복지국가 운동이 성장해서 앞으로 공교육을 잘 만들고, 노후를 국가가 보장하고, 전월세난 겪지 않게끔 누구나 싸고 질 좋은 주택에 살 수 있는 주택 복지를 제공하면 그렇게 죽어라 일만 할 이유가 없어지는 거죠. 독일이나 스웨덴 등 복지 선진국들은 직원들이 자진해서 철야나 특근을 하고 싶어 해도 그것을 법으로 금지해요. 그것도 그냥 1인당 일주일에 50시간 이상 일하지 못하게 하는 정도가 아니라, 그 이상의 근무 시간에는 아예 임금 지급을 금지하는 식으로요. 우리도 이렇게 엄격하게 해야 해요.

장하준 그런데 우리나라에서는 일주일에 70시간씩 일하잖아요. 우리 근로기준법에는 그런 금지 조항이 없나요?

정승일 우리나라 근로기준법에도 일정 시간 이상 일하지 못하게 하는 조항이 있기는 하죠. 문제는 예외 조항이 굉장히 많다는 거예요. 어떤 분은 근로기준법의 예외 조항들만 폐지해도 근로 시간 단축을 법으로 강제할 수 있다고 하더군요. 그러니까 아무리 직원 본인이 자진해서 '나는 우리 가족을 위해 철야 근무, 휴일 특근해서 돈을 더 벌어야 한다'

고 해도 '당신의 건강을 위해, 따라서 궁극적으로 당신의 가족을 위해, 당신은 주 50시간 이상은 일하면 안 된다'고 강제해야 해요. 조기 퇴직하지 않고 건강하게 65세까지 일하려면 일주일에 50시간 이상은 일해선 안 된다고 법으로 엄격하게 금지하는 거죠.

재벌 개혁보다는
최저임금 규제를!

이종태 복지 제도 자체가 노동권과 노동 조건, 노동 시간을 긍정적인 방향으로 변화시키는데 힘이 될 수 있다는 거군요. 그렇다면 중소기업 종업원들의 열악한 노동 조건과 저임금, 장시간 노동 문제는 어떻게 해결해야 할까요? 현재 경제 민주화를 주장하는 분들은 재벌을 개혁하고 원하청 거래(하도급) 규제를 잘해서 중소기업들의 매출과 수익이 높아지기만 하면 중소기업 노동자들의 저임금, 장시간 노동 문제가 저절로 해결될 것처럼 말하던데, 가능할까요?

정승일 중소기업 노동 문제 해결에 보다 큰 힘이 되는 제도는 재벌 개혁이나 하도급 규제가 아니라 보편적 복지와 강력한 노동 시간 규제, 최저임금 규제예요. 우리가 복지국가로 선진국으로 가려는 상황에서, 하루 12시간씩 일을 시키면서 한 달에 100만 원도 못 주고, 대학 나온 고참 경력자에게 월 200만 원도 못 주는 중소기업들을 그대로 방치할 수는 없으니까요. 그런데 문제는 이런 작은 회사들이 굉장히 많다는 거예요. 이런 소규모 회사의 직원과 노동자 월급도 대기업의 70퍼센트, 80퍼센트는 받도록 해야 하는 거 아닙니까? 그런데 우리나라에는 식당과 구멍가게는 말할 것도 없고, 중소기업에도 그 정도 월급을 줄여력이 없는 경우가 수두룩해요.

장하준 큰일이군요. 생산성이 받쳐 줘야 임금을 많이 지급할 수 있는데…. 그래서 기업도 업그레이드가 되어야 합니다.

정승일 그런데 경제 민주화를 주장하는 분들은 중소기업들의 생산성이 떨어지고 임금이 낮은 것은 재벌들이 착취하고 수탈하기 때문이라고 비판합니다. 물론 그런 점도 있고, 그래서 하도급 규제를 해야 하는 것도 맞습니다. 하지만 하도급 규제를 제대로 하려면 동시에 주주 자본주의에 대한 규제도 강화해서 재벌 대기업들로 하여금 단기 수익성 위주의 주주 중시 경영에서 벗어나도록 유도할 필요가 있어요. 그런데 또 다른 문제는 설령 이 모든 노력이 성공하여 대기업들이 납품 단가를 높여 준다 하더라도, 과연 중소기업 기업주들이 자진해서 종업원들 임금 올리고, 장시간 노동을 줄이고, 그래서 더 많은 인력을 채용할 것 같지가 않다는 거예요.

이종태 좀 구체적인 사례를 통해 논의를 진전시켜 보죠. 한 예로 안철수 교수가 '소프트웨어 벤처 기업들이 삼성 동물원에 갇혀 있다'고 지적한 이래로 삼성SDS나 LG-CNS 같은 재벌계 IT 서비스 회사들에 대한 비난 여론이 아주 강합니다. 이 재벌 회사들이 하도급 거래에서 납품 일정이나 단가에 혹독하게 구는 바람에 하청 받아 일하는 중소 소프트웨어 개발사 사장들이 직원들 월급도 제대로 못 주고, 납품 기일에 맞추기 위해 직원들 잠도 못 자게 하며 하루 15시간씩 일을 시킨다는 거죠. 이런 점에서는 결국 '모든 게 못된 재벌 탓'이라는 비난도 일리가 있지 않을까요?

정승일 저는 안철수 교수 같은 IT 업계 중소기업 사장들의 지적이 절반은 맞고, 절반은 틀렸다고 생각해요. 소프트웨어 업종이 원래부터 개발 회사들 간에 기술력과 품질에서 별 차이가 없고, 주된 경쟁 요인이 누가 낮은 납품가를 제시하느냐에 있을 뿐이라면, 게다가 납품가의 주된 결정 요인이 인건비 인하라고 한다면, 제아무리 진보적인 정부가 들어선다 하더라도 최저 낙찰가를 제시한 업체가 선정되는 시장 논리를 바꾸기는 힘들 겁니다. 설사 안철수 교수가 대통령이 되어 '하청 단가를 올려라'고 규제해도 실패할 겁니다.

그런데 한번 논리적 인과관계를 뒤집어 보면 어떨까요? 원하청 가격에 대한 공정 거래 규제에 주력할 것이 아니라 거꾸로 모든 중소기업 노동자들의 저임금과 장시간 노동을 규제하는 데 주력하는 거죠. 물론 이를 위해서는 노동권 신장과 그 일환인 중소기업 노동조합 설립, 단체협상 활성화, 이를 통한 근로기준법 준수 등에 정부의 규제 노력이 집중되어야 하겠죠. 그리고 이 경우 노조는 당연히 산별 노조여야 하고요. 그렇게 되면 소프트웨어 개발사를 비롯한 모든 중소기업들에서 하루 10시간 이상 노동은 엄격히 금지되고, 산별 노조의 활동 결과 직원들 급여 수준도 올라갈 겁니다.

물론 이 경우 중소기업들의 인건비 부담이 급증하겠죠. 하지만 그 부담을 감당 못할 정도로 비효율적이고 생산성 낮은 회사들은 도산하여 더 효율적이고 더 생산성이 높은 회사로 인수·합병되면서 규모가 커질 거고, 그렇게 규모가 커진 회사는 재벌계 원청 회사와 협상력을 높일 수 있습니다. 이런 식으로 소프트웨어 개발 회사들의 직원과 노동자들이 모두 산별 노조로 똘똘 뭉쳐서 노동 시간 단축과 함께 업계 전체 임금 인상을 이루어 낼 경우 제아무리 삼성SDS와 LG-CNS라 하더라도 과거 수준의 낮은 하청 단가를 관철할 수는 없겠죠. 왜냐하면 업계 전체에서 저임금과 장시간 노동 관행이 이미 사라졌으니까요.

이종태 결국 삼성 동물원에서 벗어나기 위해 해야 할 일은 별로 실효성 없는 대기업-중소기업 간의 하청 단가 규제보다는 중소기업 노동권 보호와 산별 노조라는 말씀이군요.

정승일 스웨덴이나 핀란드, 독일, 스위스 같은 나라들에는 원하청 규제가 없어요. 그런데도 중소기업 하청 단가가 별로 문제가 안 됩니다. 그런 나라의 폭스바겐이나 에릭손 같은 대기업들이 우리나라 재벌 기업들과 달리 양심적이고 자비로워서 납품 단가를 후하게 쳐 주는 것도 아닙니다. 자본주의의 시장 경쟁 속에서 자비로운 기업이란 없어요. 자비로운 순간 바로 시장 경쟁에서 도태되어 퇴출되니까요. 그렇다면 이들 나라는 어떻게 문제를 해결했을까요? 바로 강력한 산별 노조와 산업별 단체협상이 산업과 업종 내의 중소기업-대기업 간의 임금 격차 문제, 즉 노동자 간의 불공정·불공평의 문제를 해결한 겁니다.

우리도 이런 식으로 저임금을 확실하게 규제하여 임금 수준을 전반적으로 높이는 게 중요해요. 이를 위해서는 한편으로는 법적 최저임금을 단계적으로 계속 높여야 합니다. 다른 한편으로는 영세 기업, 중소기업을 포함한 모든 종업원과 노동자들을 포괄하는 노동조합을 조직해야 해요. 진정한 산업별 노조, 업종별 노조가 설립되어 산업별·업종별로 임금과 노동 조건, 근무 시간 등을 놓고 기업주 단체와 단체협약을 체결할 수 있어야 한다는 거죠. 바로 이 점이야말로 박근혜 의원이나 김종인 박사로 대표되는 보수주의 복지국가 담론, 즉 질서 자유주의 담론이 도저히 따라 올 수 없는 복지국가예요.

이종태 그런데 산별 노조 건설은 노동 운동가들이 할 일 아닌가요?

정승일 노동 운동만 가지고는 그럴 힘이 없어요. 산별 노조와 산별 단체협약이 중소기업을 포함한 모든 회사 모든 사업장에 적용되도록 법률을 제정하는 등 상황을 바꾸어 나가려면 결국 정치권이 같이 움직여야 해요. 많은 사람들이 '우리는 스웨덴 식의 복지국가를 못 만든다. 왜냐하면 스웨덴에서는 노동 운동이 강해서 복지국가를 만들었는데, 우리에게는 그런 것이 없지 않느냐'고 지적하는데, 실은 그렇지 않아요. 스웨덴의 경우 1920년대 후반까지만 해도 노조 조직률이 30퍼센트 정도였습니다. 그런데 사회민주당이 집권하여 노조에 가입하지 않으면 불리하도록 여러 법률을 만들어 나가니까 노조 가입률이 80퍼센트, 90퍼센트로 높아진 거예요.

이종태 여담입니다만 노동자 집회에 가 보면 '선배들의 피와 죽음으로 얼룩진 자본주의 체제를 뚫고 나가자'는 투쟁가를 절절하게 불러요. 그런데 그 사람들에게 국민연금 사각지대에 놓인 소외층에게 임금의 0.2퍼센트만 갹출해서 도와주자고 말하면 반대합니다. 우리가 왜 책임지느냐는 거예요. 이런 말을 할 수밖에 없는 게, 사실 산별 노조에 가장 반대하는 쪽이 민주노총 조합원들이거든요.

정승일 왜냐하면 자기들에게는 기업별 노조와 기업별 복지 체제가 좋거든요. 진짜 산별 노조로 가면 기업별 노조가 산별 노조에 통제당하고, 기업별 복지도 자기 맘대로 못하니까요. 그래서 우리나라에서 산별 노조를 제대로 만들려면 모든 걸 노조 지도자들에게 일임해서는 안 돼요. 노조가 산별 노조, 산별 단체 교섭 쪽으로 가도록 당근도 주고 채찍도 휘둘러야 해요. 그러려면 시민 사회를 포함한 정치권 전체가 움직여야 하고, 필요하다면 새로운 법률도 만들어야 합니다.

토건과 경제 체제는
별개의 문제다

이종태 그렇게 되면 노동 없는 복지라는 말은 더 이상 나오지 않을 것 같습니다. 그런데 노동자를 괴롭히는 또 하나의 문제는 부동산입니다. 경제 민주화를 주장하는 분들에 따르면 이 부동산 문제는 이른바 토건주의와 관계가 있다고 합니다. 과연 그런가요? 사실 4대 강 사업으로 상징되는 토목 건설, 이른바 토건주의는 현재 이명박 정부의 상징이나 다름없습니다. 그리고 반(反)토건 역시 안티 이명박의 상징이나 다름없고요.

　한마디로 우리 사회는 지금 토건 대 복지, 또는 토건주의 대 복지국가라는 전선이 형성되어 있습니다. 우파 보수주의자들은 복지 때문에 국가 재정이 거덜난다고 비판하지만, 실은 각종 토건 사업에 들어가는 국가 재정 때문에 재정 상황이 악화되고 있습니다. 서울시의 경우에도 전임 오세훈 시장이 벌여 놓은 각종 토건 사업 때문에 그것을 담당해 온 SH공사가 큰 빚을 짊어지고 있다고 하니까요.

정승일 지방 자치 단체마다 토지주택개발공사가 있어요. 서울의 경우에 그게 SH공사고요. 그런데 SH공사의 부채가 이명박, 오세훈 시장 시기에 12조 정도로 급증했답니다. 경인운하니, 한강대교 예술섬이니, 한강 수변 개발이니 하는 토건 사업을 많이 추진했기 때문이라더군요. 이명박 정부도 4대 강을 파헤쳐 생태 환경을 망가뜨리는 한편, 그렇게 인위적으로 조성된 4대 강 강변에 호텔과 카페 등 온갖 상업 시설을 유치하겠다고 하고 있고요. 이런 점에서 우리나라에 토건주의의 폐해가 심각한 건 맞습니다. 하지만 그걸 너무 과장하는 것도 문제예요.

장하준 그렇죠. 어느 경제에서나 주택 건설이나 사회간접자본 건설은 필요한데 그걸 다 뭉뚱그려서 '건설만 하면 모두 다 토건주의'라는 식으로 매도하면 곤란하죠. 지금 이명박 정부가 잘못하고 있는 토건 프로젝트들도 많지만, 1930년대 대공황 때 미국의 루스벨트 정부는 뉴딜 정책이라고 해서 일부러 테네시 계곡 개발 같은 거대 토건 사업을 계획하여 실업자를 위한 일자리도 만들고, 동시에 후버 댐도 지었거든요. 박정희 정부도 경부고속도로를 건설해 한국 경제에 기여했고요.

정승일 토건주의를 비판하는 시장 개혁을 주장하는 분들이나 생태주의자들은 토건주의 역시 박정희 체제의 유산이라고 비판합니다. 현대건설과 삼성물산 같은 재벌계 건설 회사들이 모두 1970년대, 1980년대에 성장했고, 그들을 밀어준 게 정부의 토목 관료와 경제 관료라는 거죠.

장하준 그렇지만 박정희식 국가 개입주의를 많이 한다고 해서 꼭 토건을 많이 하는 것도 아니고, 또 역으로 국가 개입주의를 없애는 시장주의로 나간다고 해서 토건을 덜 하는 것도 아니에요. 영국의 마거릿 대처는 박정희와 정반대인 신자유주의 노선을 걸었는데 주택 개발, 토지 개발 붐이 일어났거든요. 1990년대 초에 영국이 큰 어려움을 겪은 것도 그 거품이 꺼졌기 때문이에요. 그러다가 2000년대 초반부터 다시 영국의 주택 가격이 미국처럼 크게 상승하면서 주택과 상업적 토지 개발 붐이 일어났죠. 이게 모두 신자유주의적 금융 자본화의 결과였어요. 이 부동산 거품도 2008년 말 리먼 브라더스가 파산하면서 꺼졌죠.

정승일 말하자면 영국과 미국의 경우에는 박정희식 국가 개입주의가 아니라 그와 반대로 시장 만능주의로 행동한 정부들이 부동산 시장 거품, 토목 건설 붐을 일으킨 거네요.

장하준 영국의 마거릿 대처와 토니 블레어는 부동산 거품을 계속 만들면서도 정작 필요한 토건 사업은 안 했어요. 1993년에 국영 철도를 철로 회사 레일트랙(Railtrack)과 25개 지역별 여객차 운영 회사, 6개의 화물차 운영 회사로 쪼개서 민영화해 버렸는데, 수익성만 노리는 민영 철로 회사가 투자를 안 하니 걸핏 하면 신호 고장이 나고, 전기선이 파손돼서 열차가 지연되는 바람에 기차가 붐비고, 사고도 빈번하게 나고 하더군요.

1999년인가 제가 옥스퍼드에서 강연할 일이 있어 케임브리지에서 기차 타고 가다가 레딩이라는 곳에서 갈아탄 적이 있어요. 그런데 갈아탈 기차가 하도 오지 않기에 확인해 보니 그 역을 지나는 기차의 3분의 1이 운행 취소되고, 3분의 1은 연착이래요. 전체 기차의 3분의 1만 제대로 다니는 거죠. 게다가 매년 열차 사고가 나서 몇십 명씩 죽거나 다치니까 결국 2002년에 노동당 정부가 철로 회사를 조용히 재국유화해 버리더군요.

그러니 무조건 토목 건설은 나쁘다고 비판하는 건 문제가 있다고 생각해요. 게다가 이른바 경제 민주화를 주장하는 분들은 토건주의를 박정희식 관치 경제의 핵심으로 보고, 정부가 개입을 덜 하는 합리적 시장을 만들면 토건주의가 없어지는 양 말하는데, 그건 맞지 않아요.

정승일 지금 토건주의를 비판하는 분들 중에는 생태 환경의 중요성을 강조하는 경우도 많고, 정말 공감되는 면이 많습니다. 예컨대 박정희가 1970년대 초에 경부고속도로를 만드는 것까지야 어쩔 수 없다 하더라도, 요즘은 한적한 시골길까지 온통 아스팔트로 덮어 버려서 거의 공해 수준이거든요. 경치가 수려한 산과 강에 주민 숙원 사업이라는 명분으로 자동차 도로를 만들어 경관을 망가뜨리는 일도 허다하고요.

문제는 가치관인 것 같습니다. 이제는 도로 건설, 댐 건설보다는 생태 환경을 더욱 중시하는 가치관의 전환이 필요해요. 그런데도 여전히 공무원과 관료, 정치인들 사이에는 마치 토목 건설 사업을 많이 하면 큰 실적이라도 올린 양 생각하는 경향이 있더라고요. 또 그 뒤에 건설 회사의 이해관계가 걸린 경우가 많고요.

하지만 미국의 경우 2007년 태풍 카타리나가 뉴올리언스 덮치고 미시시피 강이 범람했을 때 가장 큰 문제로 지적이 된 게 바로 공공 인프라의 문제였잖아요. 미국에 부시 공화당이 집권하고 '큰 시장, 작은 정부'를 외치며 연방정부의 토건 예산을 줄이는 통에 댐과 다리 같은 공공 인프라를 수리도 못하고 수십 년간 방치한 탓에 그런 참사가 빚어졌으니까요.

장하준 그렇죠. 뉴올리언스에 방파제만 제대로 만들었으면 피해를 훨씬 줄일 수 있었는데 그걸 하지 않아 피해가 커졌으니 정작 필요한 토건을 방치한 셈이죠. 제가 말하고 싶은 것도 바로 그런 점이에요. 토건 그 자체는 나쁜 게 아닙니다. 꼭 필요한 토건도 있죠. 영국과 미국은 신자유주의를 하면서 필요한 토건도 하지 않은 거고요.

정승일 캐나다에서 한국을 방문한 진보적 경제학자와 이야기를 나눈 적이 있는데, 이분이 한국의 KTX를 보고 감탄을 하더군요. 캐나다도 미국처럼 1970년대 이후 지금까지 고속도로나 철도 같은 인프라에 정부가 투자를 안 했는데, 한국은 토목 건설 인프라에 정부가 투자를 많이 하는 걸 보니 좋은 나라라는 거죠.

게다가 생태 환경 위주로 전환하기 위해서도 반드시 필요한 토건이 있어요. 예컨대 도로를 많이 건설하려 들지 말고 철도를 더 늘려야 해요. 박정희 시절을 보더라도 고속도로는 많이 늘렸지만 철도 노선은 거의 늘리지 않았어요. 식민지 시대에 건설된 그대로였거든요. 잘못된 토건 사업을 줄이는 게 중요하지, 토건 사업 자체를 모두 죄악시할 필요는 없다고 생각해요. 생태 환경 복원도 어떤 면에서는 토건 사업이거든요.

부동산 거품도
주주 자본주의가 키웠다

이종태 그렇지만 연말마다 보도블록을 새로 까는 건 정말 불필요한 토건이라고 봅니다. 토건 쪽 예산 낭비의 상징이나 다름없죠.

장하준 그런 문제는 박원순 서울 시장이 조례를 바꿔서 규정을 고치면 큰 어려움 없이 해결할 수 있는데, 그걸 마치 경제 체제에서 비롯된 문제인 것처럼 말하면 곤란하죠. 게다가 최근 15년간 우리나라가 경험한 부동산 개발 붐은 과거 박정희 시대와는 다른 이유에서 출발한 겁니다. 한마디로 우리나라 은행과 금융 시장이 미국식 월스트리트 모델로 바뀌면서 발생한 것이고 그 과정에서 시장 개혁, 경제 민주화를 주장하는 분들이 크게 기여했어요. 신자유주의 개혁을 통해 토건주의의 문제가 더 심각해진 면도 있는데, 그걸 자꾸 박정희 때문이라고 말하면 문제의 초점을 흐리는 거죠.

정승일 공무원과 정치인들이 땅 파서 건물 짓는 것만큼 업적 과시하기 좋은 게 없다는 풍토는 정말 문제가 많아요. 예컨대 노인 복지 한다고 해서 가 보면 노인 복지 시설 건물 자체는 금세 지어요. 건물 지으면 구청장과 공무원들이 사진 찍어 자랑하기도 좋고, 또 건설 회사들과 결탁해 챙길 것도 많으니까요. 그런데 정작 노인 복지 시설이 지어진 다음에는 운영비도 모자라고 인력도 없어서 부실 운영되는 경우가 태반이에요. 지방 자치 단체에 복지 예산이 모자라면 중앙 정부라도 지원해야 하는데, 정작 중앙 정부에는 '복지 늘리면 나라 망한다'고 생각하는 보수적 경제 관료와 정치인들이 예산을 틀어쥐고는 내놓지 않고요.

장하준 그런 문제는 중앙 정부가 지방 정부에 대한 복지 예산 지원을 늘리고, 동시에 정부 규제를 강화해 노인 복지 시설을 지으면 반드시 노인 몇 명당 돌보는 인력이 어느 정도는 있어야 한다는 의무 규정을 만들면 해결할 수 있는 거 아닌가요? 해결 방법을 찾아야지 문제가 있다고 노인 복지 시설을 건설하는 것 자체를 비판하면 안 되죠. 건물 지으면 가시적 효과가 나오니까 자꾸 짓는 건 어느 나라나 마찬가지예요. 그런 문제를 박정희 시대까지 연결시키고 재벌 운운하는 건 너무 침소봉대하는 겁니다.

정승일 맞아요. 아무튼 노인 복지라는 큰 목적을 수행하는 수단으로 건물을 지을 수도 있는 건데, 문제는 수단이 거꾸로 목적이 되어 정작 중요한 노인 복지보다는 건물 짓는 일이 목적이 되고 있다는 거예요. 더 큰 문제는 이와 비슷한 일이 다반사로 벌어지고 있다는 거고요.

이종태 그러니까 토건 대 복지, 토건주의 대 복지국가라는 대립은 일부 유용한 면이 있지만 과장된 면이 많다. 복지국가, 생태 국가를 만들기 위해서 필요한 토건도 있다. 그리고 근본적인 문제는 복지국가냐 시장 자유주의냐의 대립인데, 시장 개혁을 주장하는 반(反)토건주의자들은 이러한 대립 전선을 흐릿하게 만들어 버린다. 대략 이렇게 정리가 되는군요.

그런데 재벌 건설사와 결탁한 경제 관료 등 이른바 토건족을 거세게 비판해 온 분들의 또 다른 주장은 토건주의 때문에 부동산 값이 오르고, 부동산 투기가 이루어진다는 겁니다. 과연 그런가요? 사실 1990

년대 중반 이후 전 세계적으로 자산 가격이 많이 올랐는데, 그중에서도 특히 부동산 가격이 많이 올랐지 않습니까? 또 자산 가격의 지속적인 상승이 세계적인 금융 자본주의를 지탱하는 힘이었고요. 그렇다면 전 세계적인 관점에서 볼 때 부동산 투기는 한국식 토건주의보다는 오히려 금융 자본주의화와 밀접하게 결합된 현상 아닐까요?

정승일 경제 민주화를 주장하는 분들은 우리나라의 부동산 가격 상승과 부동산 투기가 박정희 시절에 비롯되었다고 주장합니다. 박정희식의 관치 경제, 재벌 경제로 인해 물가 상승과 함께 주택 가격이 오르면서 땅 가진 사람들과 재벌이 엄청난 불로 소득을 얻었다는 비판이죠. 부동산 가격 상승과 투기는 김대중 노무현 정부 시절에도 계속되었는데, 이것 역시 여전히 지속되는 박정희식 관치 경제와 재벌 경제 때문이라고 말해요. 따라서 관료와 재벌의 결합체인 토건주의를 해체하면 부동산 거품과 주택 투기, 부동산 불로 소득도 해결할 수 있다는 거죠.

얼핏 보면 그럴 듯하지만 실은 말이 안 되는 논리예요. 1960년대부터 1990년대 초반까지 이른바 박정희 체제하에서는 경제가 고속 성장하면서 사실 집값, 부동산 가격만 대폭 올라간 게 아니라 소득도 급속도로 올라갔습니다. 재벌 대기업을 비롯한 모든 기업이 매년 투자를 크게 늘린 덕분에 정규직 일자리도 계속 늘어났고, 거기서 안정된 소득을 얻는 취업자들이 늘면서 사람들이 월세에서 전세로, 전세에서 자기 소유 집으로 상향 이동할 수 있었던 거죠. 당시 부동산 가격이 계속 올라가고 있었지만 그것을 거품 경제라 말하기는 힘들어요. 왜냐하면 소득과 일자리, 기업 투자라는 실물경제가 빠르게 늘어나면서 그 덕택에 부동산 가격도 올라간 거니까요.

반면에 1998년 이후 이른바 민주 정부인 김대중 노무현 정부하에서 시장 개혁이 진행된 이후에는 정말로 거품 경제가 만들어져요. 경제 민주화의 이름으로 관치 경제와 재벌 경제 해체가 진행되면서 기업들의 투자가 절반으로 줄고, 정규직이 해고되어 비정규직으로 전락하고 실업자가 늘어나면서 대다수 국민의 소득은 늘지 않고 정체되어 있는데, 부동산 값은 유별나게 계속 올라가는 식이었죠. 이거야말로 거품이에요. 금융적인 버블 현상이니까요.

장하준 그렇죠. 전 세계적으로 1990년대부터 부동산 버블이 만연하게 된 가장 큰 이유가 신자유주의와 금융 자본주의화 때문이에요. 금융 규제 완화로 MBS(주택저당증권)니 CDO(부채담보부증권)니 하는 신용파생상품들이 출현하면서 엄청난 양의 돈이 부동산 쪽으로 유입되니 부동산 가격이 오르지 않을 수 있겠어요?

게다가 주주 자본주의가 만연하면서 기업들도 생산적 투자보다는 재테크, 말하자면 유휴 자금 운용을 통해 쉽게 돈을 벌려고 하니 그 돈까지 다시 금융 시장에 유입됩니다. 또 주식 펀드들, 소액주주들의 압력이 심해져 기업들이 배당금을 늘렸는데, 그 배당금도 다시 금융 시장으로 유입되고요. 이런 식으로 전 세계 금융 시장에서 투기적 이익을 겨냥한 유동 자금이 점점 더 커졌어요.

그런 속에서 시장 자유주의에 따라 산업 육성 정책은 약해지고 정부의 사회간접자본 투자도 줄어드니 실물 투자 자금 수요는 자꾸 줄어들고. 그러니 금융 시장에 유입된 유동 자금이 어디로 가겠어요? 1990년대에는 남미와 동아시아에 몰려들었다가 외환 금융 위기를 일으키고, 1990년대 말에는 인터넷과 벤처 쪽으로 몰려들어 IT 거품을 일으키고, 다시 2000년대 초반부터는 주택과 부동산으로 몰려들어 미국과 영국에서 부동산 거품을 일으킨 겁니다. 한국도 1998년 이후 민주 정부가 영미식 시장 개혁을 추진하면서부터 은행과 제2금융권이 주택 대출과 프로젝트 파이낸싱을 크게 늘리면서 부동산 거품이 만들어진 거고요.

1998년 이후 우리나라에서 발생한 집값 상승과 부동산 투기는 저성장과 저투자 기조에도 불구하고 금융 시장의 유동성 공급 과잉 때문에 생긴 금융 거품이었어요. 하지만 과거 1970년대와 1980년대의 집값 상승과 부동산 투기는 경제가 매년 10퍼센트씩 성장하고, 기업들의 실물 투자가 엄청나게 늘어나 일자리가 많아지자 사람들이 도시로 몰려들면서 생긴 실물경제 현상이었어요. 그걸 똑같이 보면 곤란하죠.

정승일 이른바 민주 세력, 시장 개혁 세력이 지난 10년간의 부동산 가격 상승을 박정희 체제 탓으로 돌리면서 과거와 현재의 질적 차이를 인정하지 않겠다는 건 결국 김대중 노무현 시절의 미국식 금융 개혁과 재벌 개혁에 면죄부를 주겠다는 의도로 보여요.

장하준 분명히 말하지만 지금 발생한 자산 시장 버블의 원인은 박정희 체제가 아니라 신자유주의에 있어요. 대표적인 예로 노무현 정부 시절 대통령이 주가 지수가 2000으로 오른 걸 대단한 치적이라고 자랑했을 정도잖아요. 또 2007년 당시 이명박 대통령 후보는 자신이 대통령이 되면 주가를 3000, 5000으로 끌어올릴 수 있다고 했고요. 주주 배당도 못하게 하고, 은행의 주택 대출도 엄격하게 제한하던 박정희 때와는 질적으로 달라요.

정승일 그럼요. 1990년대 초반까지만 해도 은행에서 대출 받아 집 사는 건 정말이지 하늘의 별따기였어요. 대부분 은행들은 기업 대출에만 주력했지요. 기업의 부채 비율이 높기는 했지만 그래도 기업들은 은행에서 빌린 돈을 왕성하게 투자하면서 일자리와 소득이 계속 늘었고, 사람들은 안정된 소득을 바탕으로 자기 집을 구입했고요. 실제로 1990년대 중반까지는 집값이 뛰는데도 도시민들의 주택 보급률이 계속 올라갔어요.

이종태 우리나라 부동산 가격 상승의 원인은 박정희식 토건주의가 아니라 2000년 이후 새롭게 등장한 금융 자본주의로군요. 더욱이 이런 금융 버블이 유지되지 않으면 경제가 곤란해지는 이상한 구조가 되어 버렸고요.

정승일 이렇게 된 원인에 대해 김상조 교수 같은 분들은 '은행 경영진이 방만한 경영을 했기 때문'이라고 설명합니다. 그런데 정작 '그러면 왜 은행 경영진이 방만하게 경영하게 되었느냐'고 물으면 답이 없어요. 물론 은행들이 지난 10년간 주택 담보 대출을 크게 늘리게 된 데에는 바젤(Basel) 규제가 큰 역할을 한 것도 사실이에요. 바젤 규제에 따르면 대출 리스크에 대비해 자기자본을 쌓아 둬야 하는데, 은행 입장에서 볼 때 주택이라는 확실한 담보물이 있는 주택 대출이야말로 기업 대출보다 리스크가 적은 저비용, 고수익 대출이었던 거죠.

그렇지만 앞에서 말했듯이 은행 경영의 주주 자본주의화도 거기에 큰 역할을 했어요. 1998년 외환 위기 당시 국유화되었던 은행들을 매각해 민영화하면서 은행의 지배구조를 KT나 KT&G같이 모범적으로 만들었어요. 지배 주주가 없고, 집중 투표제도 적용하고, 사외이사제도 확실하게 하고, 경영진에게 스톡옵션도 주는 식으로요. 그래서 민영화 은행들은 그야말로 주주 중시 경영의 대명사가 됐어요. 소액주주, 즉 펀드와 개미 투자자들의 천국이 된 거죠. 그 결과 은행들은 단기 수익을 중시하게 되었고, 몇 년 뒤 국민 경제가 망가지건 은행이 도산하건 상관하지 않고 당장 돈이 되고 실적이 올라가는 주택 담보 대출을 크게 늘린 거죠. 그런데도 경제 민주화를 주장하는 분들은 주주 자본주의가 부동산 버블의 원인이라는 것을 인정하지 않으려 해요.

이종태 바젤 규제를 따르고 주주 중시 경영을 하는 건 '방만한 경영'이 아니지 않나요? 개별 은행 입장에서 보면 매우 효율적이고 합리적인 선택 같은데요.

장하준 그럼요. 개별적으로 보면 은행들이 상당히 잘한 겁니다. 리스크 관리도 잘했고요. 부동산 대출을 많이 하는 게 개별적으로는 건전해요. 그런데 케인스가 '구성의 오류'라는 말을 했어요. 개별적으로는 합리적인 게 경제 전체로는 비합리적일 수 있다는 말인데, 애덤 스미스가 말한 '보이지 않는 손'의 원리를 정면으로 부정하는 개념이죠. 이 경우가 바로 거기에 해당돼요. 개별 은행들과 그 은행 주주들, 그리고 은행 경영자 입장에서는 부동산 대출이 대단히 합리적이고 효율적인 선택이지만, 경제 전체로는 자산 시장 거품을 만들어 내니까요.

정승일 시장에서 모든 개별자들이 효율적이고 합리적으로 자기 이익을 추구하면 자연스럽게 전체 시장 역시 효율적이고 합리적이 된다는 것이 바로 애덤 스미스의 '보이지 않는 손'이고, 그것이 바로 오늘날 신고전파 경제학자들이 신봉하는 일반 균형 모델이죠. 그런데 케인스는 그렇지 않다는 걸 보여 준 겁니다.

자산 재분배가 아니라
소득 재분배를!

이종태 마지막으로 세금 이야기를 하나 할까요? 노무현 정부가 여론의 뭇매를 맞으면서도 집값을 잡기 위해 종합부동산세라는 걸 도입했어요. 이른바 종부세죠. 그런데 이게 엄청난 논란을 불러일으켰어요. 앞으로도 논란이 될 거 같고요. 왜냐하면 민주당과 진보 정당이 종부세를 노무현 시절 수준으로 되돌리겠다고 벼르고 있거든요. 이 종부세는 어떻게 보시는지요.

정승일 종부세와 재산세 등 부동산 보유세 인상을 주장하는 분들은 부동산, 특히 토지에서 발생하는 소득은 모두 불로 소득이라고 말해요. 19세기 말의 미국 경제학자인 헨리 조지를 신봉하는 일단의 시장 개혁을 주장하는 지식인들이 이런 주장을 하는데, 사실 헨리 조지 역시 시장 자유주의자였어요. 자유 시장 자본주의는 토지 불로 소득만 없으면 완벽하기 때문에 그 불로 소득에만 종부세나 재산세 같은 부동산 보유세로 중과세하면 경제가 잘된다는 겁니다. 반면에 개인소득세나 법인세 같은 세금은 오히려 자유 시장의 작동을 방해하기 때문에 확 줄이거나 아예 폐지해야 한다고 말하고요. 그래서 밀턴 프리드먼 같은 신자유주의자들은 헨리 조지를 참 좋아합니다.

 그 논리를 우리나라에 그대로 적용시켜 보죠. 박정희 시절부터 지금까지 토지 가격이 수십 배는 올랐을 거 아닙니까? 그게 다 불로 소득이니 모두 세금을 때려서 환수해야 한다는 겁니다. 그럴싸하죠? 그런데 이런 논리에는 한계가 있어요. 예를 하나 들어 설명해 보죠. 2000년부터 2005년까지 5년 사이에 서울·경기 지역 아파트 값이 3배나 뛰는 일이 벌어졌어요. 금융 거품으로 3억짜리 아파트가 5년 만에 10억이 되는 식이었죠. 그런데 이런 상황에서 그 아파트에 10년 전부터 살던 사람을 투기꾼으로, 불로 소득자로 비난하면서 그 시세 차액을 종부세로 환수하겠다는 게 과연 정의롭고 공정한 걸까요? 엄밀하게 책임을 묻는다면 오히려 주택 대출에 열심이었던 은행과 보험사들, 그 경영자와 주주들, 그리고 그들을 그렇게 만든 시장 개혁, 경제 민주화를 주장하는 분들이 책임져야 하는 거 아닌가요?

이종태 노무현 정부의 의도는 그 땅 가진 사람들보고 팔라는 거 아니었나요?

정승일 그렇죠. 아파트와 땅 가진 사람들에게 종부세 내기 싫으면 팔라고 한 거예요. 그래서 대량으로 매물이 나오면 아파트 값, 땅값이 떨어지지 않겠냐는 거였죠. 그런데 원리적으로 문제가 있는 게 종부세가 강화되어 세금이 과중해지면 소득이 적은 사람부터 못 견디고 집을 내놓을 거 아닙니까? 그런 상황에서 과연 누가 그 부동산을 사겠습니까? 종부세를 감당할 정도의 고소득자들 아니겠어요? 결국 종부세가 고소득자들이 싼 값에 아파트를 매입하게 도와주는 거예요.

장하준 그러니까 근원적으로 소득세로 풀 문제를 재산세, 다시 말해서 소유 과세로 풀려고 해서 문제가 생긴 거군요.

정승일 그렇죠. 노무현 정부가 고소득자들에게 소득세를 높여서 소득 재분배를 할 생각은 하지 않고, 소유 과세를 통해 부동산 소유를 재분배하면 된다고 잘못 생각한 거죠. 이게 모두 당시까지만 해도 노무현 정부 안의 진보적 인사들이 소득 재분배는 외면한 채 자산 재분배, 즉 소유 재분배에 주로 관심이 있었기 때문이에요. 종부세나 소액주주 운동은 모두 자산 재분배를 하자는 거예요. 다행히 요즘에는 그분들도 복지국가와 소득 재분배 이야기를 많이 하지만요.

그런데 자산 재분배의 논리는 결국 소득 상위자들에게 자산을 더 집중시키는 꼴이 돼요. 종부세만이 아니라 소액주주 운동 역시 고소득자들의 주식 투자, 주식 소유 확대를 도와준 셈이었어요. 경제 민주화의 이름으로 좋은 대학 나온 고소득 중산층 386세대, 아니 지금은 486세대라고 하던가, 어쨌든 그들의 재테크를 도와준 거죠.

이종태 그렇다면 종부세 말고 부동산 가격을 떨어뜨릴 어떤 다른 방안이 있었나요?

정승일 부동산 가격 거품이 발생한 근본 원인이 은행 등 금융권의 주택 대출 급증에 있었으니 그걸 막으면 되는 거였죠. 다행히 노무현 정부가 2006년부터 은행권의 부동산 대출을 엄격하게 규제해요. 그게 『쾌도난마 한국경제』가 나온 지 6개월 뒤였는데, 어쩌면 그 책이 정책에 영향을 미쳤을지도 모르죠.

장하준 주택 대출 규제 자체가 이미 자유 시장 논리에 어긋나는 규제예요. 하지만 우리나라는 다행히 2006년부터 주택 대출을 정부가 엄격히 규제한 덕택에 아직까지 미국이나 영국 같은 부동산발 금융 위기를 모면한 겁니다.

정승일 노무현 정부가 도입한 종부세 덕택에 부동산 가격이 잡혔다고는 아무도 생각하지 않아요.

이종태 그렇다면 종부세보다는 차라리 양도세를 올리는 게 더 낫다는 건가요?

정승일 그렇죠. 양도소득세를 올리는 게 훨씬 낫죠. 왜냐하면 10년, 20년 별 생각 없이 살던 사람들에게 갑자기 '아파트 가격이 올랐으니 불로소득이다. 종부세를 내라'고 한 거고, 집을 한 채 가진 보통 서민들에게도 '집값이 올랐으니 재산세를 더 내라'고 한 건데, 이건 부동산 투기꾼과 자가 주택 소유자들을 아무 구별도 하지 않고 무차별적으로 불로 소득 죄인 취급을 한 겁니다. 그러니 보통 사람들의 반발이 심했던 거죠. 부동산 투기꾼만 골라 중과세를 하려면 양도소득세를 더 강화했어야죠.

장하준 그게 조세 원리에도 맞아요.

정승일 그리고 2주택, 3주택을 소유했다고 해서 무조건 종부세나 재산세를 중과세 하는 것도 문제가 있어요. 예를 들어 주택을 다섯 채 소유했다 하더라도 그 목적이 월세 놓는 임대 사업이 분명한 경우에는 소유 과세가 아닌 소득 과세의 원칙에 따라 그 임대 소득에 소득세를 부과하면 되는 겁니다. 지금 우리 주변의 흔한 월세집 주인들은 아무런 임대 소득세도 내지 않고 있어요. 월세 30만 원, 50만 원짜리 주택들이 사실은 모두 세금을 내지 않는 지하 경제인 거죠. 주택 임대 소득세 부과가 종부세 강화보다 훨씬 더 중요합니다. 모든 월세, 전세 주택에서 발생하는 소득에 과세를 해야 해요.

게다가 문제는 2주택 소유자라고 해도 월세 수입이 한 달에 100만 원도 안 되는 노인들이 꽤 많아요. 그들은 국민연금을 납부한 적이 별로 없으니 연금 소득도 없고요. 이런 분들도 그 소득을 다 국세청에 등록하게 해야죠. 그렇지만 연 소득이 면세점 이하라면 신고를 해도 실제로 종합소득세를 낼 게 별로 없을 겁니다. 1970년대, 1980년대에 직장생활을 하면서 성실하게 산 노인들 중에는 이런 분들이 많아요. 나름대로 착실하게 저축하여 자기 집을 마련한 거죠.

장하준 그렇죠. 예를 들어 노인들이 큰 집에 살다가 소득도 없고 자식들도 형편이 좋지 않아 용돈도 받지 못하면 자기들은 작은 전세 아파트로 옮기고, 자기 소유 주택은 월세를 놓아서 먹고사는 거죠. 별다른 국가적 노인 복지가 없는 상황에서 나름대로 자구책을 마련한 겁니다.

이종태 그렇지만 종부세는 기본적으로 집값이 6억이 넘는 경우에만 해당되는 거 아닌가요?

정승일 그런데 금융 거품으로 부동산 가격이 크게 오르면서 서울 지역의 웬만한 아파트는 6억이 넘어 버렸어요. 어떤 분들은 전국에 6억 넘는 집이 얼마 안 되니 그런 곳에 사는 사람은 특권층이라고 하는데, 실은 서울에 산다는 이유로 별로 소득도 없는데 특권층이 되어 종부세를 내야 했어요. 그 특권층이라는 사람들 중에는 월 소득이 100만 원이 안 되는 저소득 노인들도 꽤 있었거든요. 게다가 6억 이하 주택의 경우에도 재산세 공시 지가가 크게 뛰면서 재산세 부과액이 크게 늘었거든요. 노무현 정부가 노인 복지는 별로 한 게 없으면서 이렇게 재산세 높이고 종부세 도입하니, 집은 갖고 있지만 소득은 별로 없는 노인들이 크게 손해를 본 겁니다. 이런 노인들이 이명박 정부의 감세 정책과 종부세 폐지에 감사하게 된 거고요.

장하준 하여튼 근본적으로는 노무현 정부가 고소득자들에게 소득세 높이는 소득 재분배 방안은 고민하지 않고 자꾸 자산 재분배만 고민한 것이 문제였어요. 특히 은퇴한 분들은 소득은 없고 재산만 있는데, 그분들에게 직접적인 손해를 입힌 셈이죠. 앞으로는 소득세를 중심으로 생각해야 해요. 원대한 복지국가 구상을 하면서 개인소득세를 중심으로 조세 체계 전반의 개편을 고민하지 않았던 것이 노무현 정부의 한계였어요.

이종태 특히나 '삽질'을 좋아하는 정권 덕분에 토건 대 복지, 심지어 토건 대 민주라는 대립 구도가 사회적 의제로 설정되면서 전자(토건)는 악, 후자는 선으로 보는 '안일한' 쏠림 현상이 있었던 거 같습니다. 지식 사회 일각에서 토건 관련 공공 사업만 삼가면 반값 등록금 등의 복지 재정까지 충분히 마련할 수 있다는 이야기가 나오게 된 것도 그래서이겠지요.

오늘 주제인 '노동 복지'에서는 복지국가가 어떤 성격의 나라인지가 확연히 드러났다고 생각합니다. 제가 보기에 그것은 노동 운동이 분배 뿐 아니라 생산까지 의제로 삼는 나라입니다. 그러니까 두 분이 노동 운동 이야기를 하면서 좋은 일자리가 부족한 이유는 무엇인가를 화두로 제기하고, 다시 주주 자본주의 규제를 주문했겠지요. 노동조합이 지금과 달리 '자기 회사'를 넘어 전체 산업과 다른 노동자들까지 시야에 넣어야 한다고 강조한 것도 그 때문일 터입니다.

동시에 그 복지국가는 비정규직뿐만 아니라 영세 자영업자와 그 종사자들까지 지금의 정규직 노동자처럼 복지를 보장 받는 나라이기도 한 거 같습니다. 고용보험 대상을 골목 상권으로까지 획기적으로 늘리고, 정리해고를 규제하고, 노동 시간을 단축해야 한다는 말씀에서 그런 느낌이 들었어요. 아무튼 지금 정규직/비정규직, 대기업/중소기업으로 양분되어 있는 노동자 계급 내부의 분열을 저지하려면 개혁적 시장주의자들이 주장하는 노동 시장 유연화가 아니라 '복지국가를 통한 상향 평준화'가 어렵지만 올바른 길이라는 생각이 듭니다.

경제를 발전시켰듯이
복지도 발전시킬 수 있다

2005년 여름 장마철의 어느 날 『쾌도난마 한국경제』가 나왔다. 그 책의 결론은 시장 개혁이 아니라 시장 통제, 경제 민주화가 아니라 복지국가였다. 그 책의 영향이었는지 몰라도 2006년 노무현 정부는 우리 역사상 최초로 이른바 '비전 2030'이라는 국가적 복지 프로젝트를 입안했다. 날로 심각해지는 저출산과 인구 고령화 문제에 대처하기 위해 2030년까지 우리나라를 지금 미국 수준의 복지국가로 탈바꿈시키겠다는 원대한(?) 구상이었다.

그렇지만 거기에는 치명적인 약점이 있었다. 그런 복지국가를 만들기 위해 필요한 국가 예산은 어떻게 마련할 것인지에 대한 구상이 없었던 것이다. 노무현 대통령이 퇴임 후 쓴 『진보의 미래』에서 가장 후회한 대목이다. 하지만 더 큰 문제는 한미 FTA였다. 노무현 정부는 1년의 내부 준비를 거친 후 2007년 초부터 본격적으로 한미 FTA 체결에 국운을 걸었고, 그 이후 모든 사회적 대립의 핵심 쟁점이 한미 FTA 찬반으로 쏠리면서 '비전 2030'은 아무도 관심을 갖지 않는 잊힌 구상이 되고 만 것이다.

『쾌도난마 한국경제』에서 우리가 새로운 국가 비전으로 제시한 것은 스웨덴 같은 북유럽형 복지국가였다. 하지만 거기에 도달하기 위해서는 복지국가에 대한 더 많은 학습, 더 구체적인 기획이 필요했다. 그런 과정에서 2007년부터 복지국가소사이어티의 결성을 향한 움직임이 나타났다.

싱크 탱크인 복지국가소사이어티에는 다양한 사람들이 결합했다. 경제학이나 정치경제학 쪽에서 복지국가에 접근한 사람들도 있었고, 사회복지 연구자들도 함께했다. 이렇게 여러 분야의 사람들이 하나로 결합하자 폭발적인 시너지 효과가 생겼다. 그에 힘입어 『복지국가 혁명』(2007)과 『한국 사회와 좌파의 재정립』(2008), 『역동적 복지국가의 논리와 전략』(2010), 그리고 무크지인 『역동적 복지국가의 길』(2011) 등이 발간되었다. 이 책들을 통해 우리는 더 구체적이고 더 현실적이면서 실천 가능한 국가 비전을 제시할 수 있었다.

2010년 11월 장하준의 『그들이 말하지 않는 23가지』가 나오면서 복지국가 담론은 더욱 확산되었다. 2008년 가을 발생한 글로벌 금융 위기는 신자유주의 체제에 조종(弔鐘)을 울렸다. 그런 상황에서 장하준은 『그들이 말하지 않는 23가지』를 통해 신자유주의의 대안적 체제로 북유럽 식 복지국가를 꼽고 전 세계적 이행이 필요하다고 역설했다. 당시 보수 세력의 선진화·시장화 담론에 맞설 대안적 담론을 희구하고 있던 진보 개혁 진영은 가뭄에 단비 만난 듯 복지국가 담론의 등장을 환영하면서 '복지 국가 담론은 새로운 시대의 대안이 될 수 있는가', '복지국가 담론으로 민주·개혁 진영이 연대하고 통합할 수 있는가'라는 새로운 화두에 매달렸다.

이후로 우리 정치권은 복지국가라는 의제를 중심으로 새롭게 재편성되었다. 2010년 6월 2일 지방 선거에서 보편적 무상 급식이 정치 쟁점으로 떠오른 뒤부터 민주당과 진보 정당이 '보편적 복지'를 수용하였고, 요즘에는 새누리당도 이를 일정하게 받아들이는 방향으로 나아가고 있다. 한마디로 2010년 6월부터 2011년 여름까지 복지국가라는 의제가 우리 사회와 정치권을 완전히 지배한 것이다.

그렇지만 거기까지였다. 2011년 가을부터 '경제 민주화와 재벌 개혁'이라는 낡은 화두가 다시 득세한 것이다. 우리가 이번 책을 본격적으로 기획하기 시작한 것은 바로 그때부터였다. 그렇지만 당시로서는 매우 조심스러웠다. 경제 민주화와 재벌 개혁이라는 큰 대의에는 방법을 달리할 뿐 우리 역시 동의하는 바였고, 경제 민주화를 주장하는 대부분의 인사들 역시 우리가 주장하는 보편적 복지국가론에 찬동했다. 복지국가를 만들어 나가기 위해 모두가 굳건히 단결해도 모자라는 판에 우리의 새 책이 불필요한 파란을 일으키는 것은 아닌지 고민이 되었다.

그러다 2011년 10월에 『박정희의 맨얼굴』(유종일 편저)이라는 책이 출간되면서, 짚을 것은 확실히 짚고 넘어가야겠다는 생각이 들었다. 이 책에서 이른바 경제 민주화론자들은 지금 우리가 겪고 있는 빈부 격차 심화와 양극화라는 심각한 문제의 주원인이 박정희 체제의 유산인 재벌과 관치, 토건주의에 있다고 주장했다. 지금 우리나라가 당면한 여러 가지 경제 문제가 신자유주의에서 비롯된 것이 아니라 기본적으로 박정희 체제에서 나왔다는 것이다.

납득할 수 없는 이야기였다. 끝난 지 이미 30년이 넘었고, 이후 전두환 정부의 '경제 자유화 및 안정화', 노태우 정부의 '재벌 규제', 김영삼 정부의 '세계화', 김대중 정부의 'IMF 개혁', 노무현 정부의 '동북아 허브 정책', 그리고 노무현 정부와 이명박 정부의 합작인 한미·한-EU FTA 등을 통해 청산이 되어도 몇 번이나 청산된 박정희식 경제 체제의 망령을 되살려 내어 그것을 우리 사회를 개선하는 (반면교사적) 나침반으로 삼아야 하는가? 과연 그렇게 하여 우리가 얻을 것이 무엇이란 말인가?

경제 민주화를 주장하는 분들은 특히 재벌 관련 문제들을 강조하는데,

그 의도는 좋을지 몰라도 이는 결과적으로 정말 중요한 해법을 시야에서 가려 버린다. 예컨대 재벌 빵집 논란이나 중소기업 동반 성장을 가로막는 '나쁜 재벌' 논란, 복지보다 더 중요한 것은 재벌의 특권과 특혜의 철폐를 통한 공정·공평이라는 주장 등이 그 대표적 사례일 것이다.

경제 민주화와 재벌 개혁은 낡은 화두이다. 이 책에서 우리가 누누이 설명했듯이 경제 민주화와 재벌 개혁은 1970년대와 1980년대 한국의 민주화 운동을 이끌었던 담론이며, 김대중·노무현 정부하에서 '시장 개혁' 의제로 실천되었던 담론이다. 따라서 그것은 노무현 정부의 실패와 함께 마땅히 사라졌어야 하는 구시대 담론이다.

봉건제와 절대 왕정이 무너진 이래로 시장 경제와 민주주의를 어떻게 볼 것인가, 그리고 시장 경제를 어떻게 민주주의의 이념에 맞게 제어해 나아갈 것인가는 모든 근현대 정치 경제 사상을 관통하는 중심적 화두였다. 그런데 매우 추상적인 개념인 경제 민주화가 현실 속에서 구현되기 위해서는 구체적인 살과 피를 얻어야 하는바, 그 살과 피가 바로 지난 200여 년간 발전한 자유주의와 공산주의, 사회민주주의, 기독교민주주의 등의 이념적 교리였다.

이 이념들은 모두 각각의 세계관에 기초하여 각자의 방식대로 경제 민주화를 이론화해 왔는데, 우리가 주장하는 보편적 복지국가론 역시 그중의 하나이다. 보편적 복지국가론은 유럽의 사회민주주의나 기독교민주주의같이 자유주의와 공산주의의 중간에 서 있는 세계관에 기초한 경제 민주화론이라 할 수 있다. 따라서 우리 입장에서 보면, 우리나라의 이른바 경제 민주화론자들이 주장하는 것처럼 경제 민주화가 따로 있고 복지국가가 따로 있는 것이 아니다. 우리에게는 보편적 복지의 확대가 바로 경제 민주화의 핵심이다.

공정·공평의 의미 역시 경제 민주화처럼 자유주의와 공산주의, 사회 민주주의 등 각기 다른 정치 경제 사상과 세계관에 따라 달라진다. 이런 맥락에서 볼 때, '복지보다 우선적인 것은 공정·공평'이며 '복지국가보다 더 우선적인 것은 특권과 특혜의 철폐'라고 주장하는 사람들은 그 발언에서 이미 스스로가 자유주의 세계관에 함몰되어 있음을 드러낸다. 이와 달리 우리는 재벌이 누리는 특권과 특혜뿐 아니라 모든 특권과 특혜를 철폐하는 것이 중요하고, 그것을 이루는 데 가장 중요한 수단이 바로 보편적 복지국가라고 생각한다.

몽테스키외가 말했듯이 국가의 형태에는 민주 공화정과 군주제, 전체주의 등 여러 가지가 있다. 그리고 자본주의 경제에도 자유 시장 자본주의와 통제된 자본주의, 복지 자본주의 등 여러 형태가 있다. 이 중 박정희 체제는 국가 형태는 전체주의이면서 경제 형태는 통제된 자본주의였다. 반면 우리가 원하는 복지국가는 국가 형태는 민주 공화국이면서 경제 형태는 통제된 자본주의 내지는 복지 자본주의이다. 그러나 진보적 자유주의자들이 요구하는 경제 민주화는 국가 형태는 민주주의이면서 경제 형태는 자유 시장 자본주의라고 요약할 수 있다.

정치적 민주주의가 만개하기 위해서는 반드시 경제적 자유 시장 또는 합리적 시장 경제가 필요하다고 주장하는 사상을 일반적으로 자유주의적 민주주의, 즉 자유 민주주의라고 부른다. 그렇다면 우리나라 경제 민주화론의 근저에 깔린 진보적 자유주의는 자유 민주주의의 한 변종이라고 말할 수 있다. 하지만 1인 1표인 정치적 민주주의와 1원 1표인 경제적 자본주의의 관계는 늘 팽팽한 긴장과 대립 속에 있는 만큼 우리는 진정한 민주주의는 반드시 통제된 시장, 통제된 자본주의를 필요로 한다고 생각한다. 왜냐하면 민주적으로 선출된 정부가 국민을 위해 시장을,

특히 금융 시장을 제대로 통제하지 못한다면 금융 위기를 막을 수 없으며, 심각한 빈부 격차도 해결할 수 없기 때문이다. 국가가 이러한 과제에 실패한다면 민주주의는 껍데기로 전락해 형식만 남게 되고, 국민의 삶은 실질적으로 시장과 자본주의의 지배를 받게 된다. 이는 '진보적 자유주의'였음을 자부한 김대중·노무현 정부 치하에서 절실하게 체험했던 바이다.

고전적 자유주의는 1930년대의 대공황과 제2차 세계 대전을 거치면서 그 생명을 다했다. 이어서 탄생한 20세기 중반의 진보적 자유주의 혹은 사회적 자유주의는 1970년대까지만 해도 그 방점을 자유주의가 아닌 진보(사회)에 두었다. 그렇지만 신자유주의가 만발한 20세기 후반부터 전 세계의 진보적 자유주의는 그 방점을 진보가 아닌 자유주의에 두었다. 바로 이것이 1990년대 중후반 이래 지금까지 우리나라만이 아니라 서구에서도 진보적 자유주의를 주장했던 정파와 지식인들이 사실상 그 행동에서는 신자유주의자들과 별 차이가 없었던 이유이다.

그렇다면 2008년 글로벌 금융 위기 발발 이후 그들은 방점을 옮겼는가? 잠시 그럴 조짐이 보이긴 했다. 그렇지만 2010년 이후 전 세계적인 차원에서 자유주의자들은 우파 신자유주의(오리지널 신자유주의)이건 아니면 좌파 신자유주의(진보적 자유주의)이건 관계없이 다시 자유 시장의 합리성과 투명성, 효율성에 방점을 찍으면서 국가의 시장 통제와 개입에 반대하고 있다. 민주주의 정부일지라도 국가가 시장 경제에 적극적으로 개입하는 것에는 마치 전체주의 독재가 부활이라도 한 양 비판한다.

복지국가를 이야기하면 흔히들 너무 이상주의적이라고 말한다. 그러나 한번 생각해 보라. 우리는 1950년대 당시 미국의 대외 원조 기관인 국제개발처(USAID)의 내부 보고서에서 '밑 빠진 독'이라고 불릴 만큼 경제 개발에 실패한 무능력 국가로 평가 받았다. 1961년 경제 개발에 착수할 당시까지도 1인당 소득이 연간 82달러로, 당시 아프리카 가나의 1인당 소득인 179달러의 절반에도 미치지 못했다. 그런데 오늘날은 어떠한가? 2011년 현재 한국은 환율 기준으로도 GDP(국내총생산) 세계 14위, 1인당 국민소득 연간 2만 3750달러에 달하는 신흥 공업국이 되었다.

우리가 제시하는 보편적 복지국가 역시 이처럼 이룰 수 있다. 지금은 우리의 복지 수준이 OECD 최하위권으로 멕시코와 비슷한 수준이지만, 1961년 경제 개발 5개년 계획에 착수했을 때처럼 전 국민의 힘을 모아 복지 개발 5개년 계획을 세우고 앞으로 10년 후, 20년 후, 30년 후를 바라보면서 힘차게 나아간다면, 10년 후에는 이탈리아 수준, 30년 후에는 스웨덴 수준의 복지국가를 만들어 낼 수 있다.

보편적 복지국가의 모범으로 알려져 있는 스웨덴의 복지국가 시스템이 결코 평탄하게 실현된 것이 아니다. 『비그포르스, 복지 국가와 잠정적 유토피아』(홍기빈 저)에 나오듯이 그것은 1930년대에서 1970년대에 걸쳐 거의 반세기 가까이 온갖 정치·경제적 논쟁과 대립 속에서 좌충우돌하면서 형성된 것이다. 스웨덴 역시 우리와 마찬가지로 재벌 문제와 노동 문제, 복지 문제 등 다양한 정치·경제적 문제들에 직면했으며, 그에 대해 자유주의와 공산주의, 사회민주주의는 모두 다른 해법을 제시했다. 이들 서로 대립되는 이념적 사조들은 스웨덴의 복지국가 형성 과정에서 때로는 협조하고 때로는 대립했다. 오늘날 세계 최고 수준의 복지국가 스웨덴은 그런 과정을 거쳐 탄생했다.

지난 20년간 우리 국민은 온갖 종류의 '시장 담론'으로 인한 경제적, 사회적 변화에 지치고 힘들었다. 아무쪼록 이 책이 우리 국민에게 새로운 희망과 꿈이 되기를 바란다.